東方的意義

中國文明的世界性精神

王世宗 著

三民書局

國家圖書館出版品預行編目資料

東方的意義—中國文明的世界性精神 /
王世宗編著.－－初版一刷.－－臺北市：三民，
2014
　　面；　公分

　　ISBN 978–957–14–5897–7　（平裝）

　　1.文明 2.中國

541.262　　　　　　　　　　　　　103004771

©東方的意義

——中國文明的世界性精神

編 著 者	王世宗
責任編輯	邱建智
美術設計	郭雅萍
發 行 人	劉振強
發 行 所	三民書局股份有限公司
	地址　臺北市復興北路386號
	電話　(02)25006600
	郵撥帳號　0009998–5
門 市 部	(復北店)臺北市復興北路386號
	(重南店)臺北市重慶南路一段61號
出版日期	初版一刷　2014年4月
編　　號	S 650030

行政院新聞局登記證局版臺業字第○二○○號

有著作權‧不准侵害

ISBN　978–957–14–5897–7　（平裝）

http://www.sanmin.com.tw　三民網路書店
※本書如有缺頁、破損或裝訂錯誤，請寄回本公司更換。

獻　給

所有為追尋生命意義而受苦的靈魂

自　序

　　「東方」是「西方」的發明，但了解「東方」不能以「西方」為本，而須從「世界」入手，如此，東方的意義不能由西方定義，卻應是東方的自覺，因為西方是優勢所在，而東方則是發現問題的地方，畢竟西方不是完美的世界而人間是不完美的境域，知己知彼以至盡知是弱者的潛能。中國是東方的代表，這不是中國的本意或宿願，原來所謂中國乃是天下的重鎮、文化的上國，其淪為東方是中國所恨，足見中國堪為東方的代表。「代表」不僅反映其所代表者的一般情狀，而且展現其（可能的）極致成就，以此而言中國確是東方之主，雖然中國之志絕不在此。

　　中國是文明聖地，然非完美之域，因為中國自命與夷狄不類，而夷狄在中國眼中是絕不可教的蠻人，亦即夷狄為下流之地，依理完美的世界不可能與不完美的事物接觸（有所關連），可見中國的優越感不論如何強盛，其原罪感實未曾減少，事實上中國文化的悲觀性正是出自強烈的缺陷感。如此，中國被認作東方其實是人類的不幸而非西方的勝利，因為中國的定義本是「文明的領域」，當中國被西方視為夷狄時，西方的處境以及世間的情況也同時被證明為不完美。若「中國」是理想境地而非政治領域，則「中國人」不可能為土生土長，也不能以認祖歸宗出現，誠如君子不是身份而是人格，可以主張而無須伸張，世人以籍隸中國為傲者是沐猴而冠，而敵視此輩者必然狐假虎威，二者皆為無地自容的愛國專家。上達者為君子，下達者為小人，中國自詡為君子國，世之君子均應加以認同，此所謂成人之美。雖然，現實的中國與理想的中國相去甚遠，中國的國際地位絕不如其文明境界，因為中國的文明目標不在於霸權而在於大同，所以中國永遠是令人失

望的上乘國度，而這並不能歸咎於中國。

東方的意義所呈現者是中國文明的世界性精神，由此西方文明的得失俱可顯現，而人類文明的成敗皆可發現，易言之，此書以東方對照西方，以世界評論中國，其義是欲了解中國須了解西方，欲了解西方須了解東方，欲了解東方必了解中國，而欲了解中國必了解世界，此即欲知任何一事須知一切之事，欲知一切之事須知個別之事，或說「知一」與「知周」無異且為同時進行。

中國文明在形式上與西方文明對立，其實則與之一致，蓋文明為普世不二的進化取向，中國不可能發展文明而與異域文明背道而馳，此即中國文明具有世界性的精神。中國文明篤信真理，然於上帝體認不足而信仰不深，所以中國思想的最高層次主要為天道觀，天人合一是其根本理念與終極目標，萬物各得其所是其理想的宇宙秩序。由於超越性觀念缺乏，中國文明的現實性強烈，關於人性、行道、道德諸問題討論最豐，而對知識與美感則少有本質性或原理性的思考，平和的精神為其文化風格，悲觀的態度則是流行的處世心緒，在上帝探索消沈無力而宗教信仰世俗化之下，中國文化的勢利性與殘酷性更流露不已。中國文明的精神主旨是人文主義，上進淑世是其責任感，但目的終竟不明，止於至善的要求使天人交戰的艱辛無所逃於天地之間，同時呈現人性的高貴與醜陋，悲情乃成中國文明的顯著格調，於是心態逃避退縮的假道學異說盛行不墜，益增正道追求者的困頓與領悟。總之，中國文明的最高境界與希臘古典精神相仿，其間差異則顯示中國為東方代表的特徵，這表示中國在近代的落後是其發覺世界文明真諦的必要經歷，因為中國文明與西方本質無殊，其困境必反映人類求道的癥結與答案。

人在世上皆有故鄉，但宇宙過客豈有鄉愁，遊子所尋乃是見識，心靈所許實為天真，東方西方只是旅途，古代現代不過記憶，若有覺悟必經疑惑，如知所止乃因追求；希望與心願不同，因為永恆不是長

久所致，而求道的目的不是做人，終極真相若在，勇往直前誠為義無
反顧，足跡正是心跡，反省當然必需，懷念卻非必要，該怎麼做就那
麼做，人生至此便可罷了。嚴肅的書出於認真的人，認真者必定用功，
而嚴肅者未必勤奮，所以嚴肅不如認真，而認真則為熱情的努力。東
方的意義顯示普世的價值，然真理的重要何須宣傳，此書問世是對天
交代，人們的漠視與此無違，虔誠的讀者應當自強。

2014 年 3 月　台北花園新城挹塵樓

東方的意義

——中國文明的世界性精神

導論

東西文明的差異及其超越

導論　東西文明的差異及其超越

　　「文明」與「文化」的差別有如「生命態度」與「生活方式」的差別，這是素質與形式的不同，而此一認知乃出於「文明」而非「文化」的觀點，因為「文化」的立場反對價值判斷。事實上以「文化」為「文明」之對，這是「文化」的自絕而非自立，蓋人類歷史先有「文化」然後有「文明」，文明為高級的文化，故「文化」一向相對於政治、經濟、社會等低級的事務，而非相對於「文明」。文明包含文化，而文化塑造文明，文化脫離文明便是自甘墮落，以文化否定文明是沈淪時的自慰。文化是一個狀態，而文明是一種境界，狀態屬於現象，而境界追求真相，所以文化僅有發展，而文明要求進步。文明的變化啟示恆常之道 (civilize→civilization)，文化的變化則表示無常之心，無常理則無變態，主張無常等於默認永恆，「文化與文明的差別」是出於文化一方的要求，卻需要文明一方的支持，因此可憐的文化必然自大。

　　文化既擁護「事實」(fact) 而反對「價值」(value)，則不同的文化實無比較的價值，所謂「文化差異」並無意義；文明止於至善而難以成功，故文明高下有別，而文明的比較展現開化的一定歷程，殊途同歸的各地文明其實是人類唯一的文明（歐洲啟蒙運動的中心思想即在此）。歷史分期乃以「古典」(classical) 為基準而建立，「古典的」便是「典範的」，「典範的」便是「標準的」，這正是文明的概念呈現，故而「歷史」一詞常可以「文明」一詞代替——例如「中國文明」一說等於「中國歷史」——因為歷史發展的精神目的是文明，何況文明的詞義本是「進化的歷程」，於是可知「文明歷史」其實是同義複詞。歷史的含意雖遠較文明豐富，然而值得注意的歷史是「文明的表現」，故以為文明與歷史大不相同者，是欲以「文化」取代「文明」的人。

在人文問題上，「量變造成質變」不是不可能，但絕非必然，因此事不是自然發生，而必有人心或神意蘊含於其中。如此，經驗的增加不必然導致知識的突破，文化的累積不必然造就文明的提升，文明的進展是「以文化為不足」的志向所致，所以文化的累積若果造成文明的提升，這是「意外中的期望」，不是「期望中的意外」。

文化因不如文明而排斥文明，又為掩飾自卑而表示包容文明，其實文化包容文明之道是將文明視為文化的一種型態，此即貶抑文明而將之消滅，這是不自量力的無效之舉，因為下層文化不可能同化上層文化，而一概稱之為文化便是無助的惡意，畢竟文化的主張不是籠統調和。換言之，文明一說無法忽略，因它絕非多餘，「文化」意欲漠視「文明」，卻又不免顯露敵意，這證明文明的真實性。今人常說「古文明」，卻不喜說「現代文明」，這是文化論者自相矛盾的表現，蓋現代有文明與文化之爭，而古代並無文明與文化之別，此因古人以文明觀點定義文化，而今人以批判性學術（文化理論）駁斥批判性思想（文明觀念），前者使文化一義更為精確且與文明共存，而後者使文明一義隱沒卻不能去除，故文化論者言多必失。簡言之，「文化相對於文明」的觀念是文明的產物，而非文化自身的成就，文明進化而無法達到至善所導致的流弊即是文化對文明的背叛，此一背叛不可能成功是因它將造成自毀。

「文化」的觀點是社會科學的知識態度，「文明」的觀點是人文學的求知精神，歷史學為人文學，所以歷史學的取向是文明而非文化，這是說歷史就是文明史。有歷史即有歷史學，歷史學的出現遠早於社會科學，這是歷史學絕非社會科學的最簡潔證據，「社會科學史」的存在也可為此佐證。「文化」既不論高下，則不僅「文化的比較」沒有價值，而且「文化的歷史」也不重要；「文明」講求高貴，故「文明的比較」呈現終極價值，而「文明的歷史」顯示進化意義。歷史包含過去的一切，然歷史學具有高度的選擇性，這表示在價值判斷之下，大部

分的事物不具高度的價值，雖然低度的價值仍有注意的必要。社會科學採取大眾的立場，人文學主張菁英的見地，大眾雖雜但差異微小（天下烏鴉一般黑），菁英雖少但所見不同（英雄所見略同而已），文明的差異是人文見識高低有別所致，此非科學理論可以解釋。

　　文化是文明的基礎（而已），所以文明的出現在獨立發展一途之外，可能由於外來文化的傳入，然而這表示文明畢竟是獨立發展而成。獨立發展說可以涵蓋傳播論，因為「傳播」一說意謂「其來有自」，傳播論終究未能說明文明的起源。「文化」論者支持傳播說，「文明」論者主張獨立發展說，蓋文化之說是物質主義 (materialism)，而文明之說是理想主義 (idealism)，二者差異在於重視精神的程度，亦即真理信仰之有無。物質傳播遠較思想改造為易，如冶鐵技術極可能流傳，宗教信仰卻難以效法，故東西文明的差異若存在，則東西文明必是各自產生，而非文化傳播的結果。文明的目標是真理真相（文明的目的則為不可知的神意問題），所以本質上文明為唯一，但形式上文明為多元，世上文明皆是獨立發展而成，然其性質乃為一致。「文明」論者視差異為過程，而「文化」論者視差異為目的，故文明要求「同化」(assimilation)，而文化只會「異化」(acculturation)，文明教化是要將「文化的震撼」(culture shock) 轉化為心靈的讚歎。東西文明必然交會不是因為世間的狹小，而是因為文明性質的一致，文明性質的一致與文明形式的不一使文明出現強弱高下，由此文明必定接觸互動，終於使文明的單一性顯露，而各個文明的世界性定位從此確立，可知「東方西化」既無可能也無必要。

　　東西觀念的發展不是基於科學，而是出於人文思想，換言之「東方與西方」的認知是「文明觀」而非「文化觀」，雖然東方與西方的界定是根據文化（而非地理）。東方不是為西方而存在，正如西方不是為東方而存在，此因東方文明與西方文明皆是為真理而產生，故史上東

方人不知有西方、而西方人不知有東方，乃是長期的常態，而這並不
妨礙二者的進化。事實上，東方文明往東拓展（中國文明興起於華北
中部而向華東與華南發展）、而西方文明往西拓展（希臘文明興起於東
南歐而往西北歐發展），此情使東西交流的出現必在東西文明相當成熟
之後，於是相互的觀摩與比較才富有意義。

　　東方是日出之地，它象徵開始，西方是日落之地，它象徵歸宿；
人生感受嚮往歸宿，所以西方可能為極樂世界，而東方總不是目的地，
雖然它給人神秘感與希望。簡言之，在想像的世界中，凡人對西方的
好感多於東方。文化意義上的東西觀念是西方人的發明或主張，此見
乃出現於西方人發現自我之時，此即希臘時代。自負不必為自大，因
它涉及能者多勞的承擔使命，這具有替天行道的意義；所以希臘不是
先自以西方自居，然後認定波斯為東方，而是驚覺東方人之無理，故
力主西方（式）的精神，於是東西對抗便開啟文明競逐的進程。亞歷
山大帝國的短暫顯示東方西化之不永，羅馬帝國的西拓決定西方必須
西行，東羅馬的長存使希臘徘徊於東西之際，而終於淪為東方。查士
丁尼西征的徒勞注定東西的分化，而回教帝國的建立進一步阻隔東西
世界，因其文化為不東不西或既東且西。

　　中古基督教世界是現代西方的源頭，其發展的限制暗示普世性不
即是影響力，而影響力有限不意味普世性不足。十字軍東征並非西方
的壯大，也非西化的推展，而是西方自立的宣示，它以反對回教伸張
「獨特的真理」（如神學實為基督教所專有而非一神教的共同論證），
強調「相似則為不類」，富於自尊心。十五世紀之後，西方現代化使西
方成為正方而東方成為反方，故現代化與西化之辨其實是東方的問題
而非西方的困擾，文藝復興、宗教改革、科學革命、啟蒙運動、工業
革命等皆為天下事而非國史，不循序經歷則不進化，東歐為近東而近
東不為西方，即因此故。十九世紀時，東西世界首度直接接觸，因它
是西方東拓的結果，故此時西盛東衰之情已不言而喻；然即在東西差

異發展至極時，東西之別的重要性隨即消退，蓋西方文明的素質雖高於東方，但此事所啟示者為終極真理而非西方價值，故西勝東敗的局勢一出，人類文明的結論成為歷史研究主旨，東西各自的地位不再是知識重點。

西方現代化使東方反西化更甚，這一方面表示現代化即是西化（對東方人而言顯然無異），另一方面表示東西同化終無可能，所以帝國主義是西化必然的手段和歷程，歐洲列強所謂的「東方問題」(The Eastern Question) 其實意指瓜分之事，這是「同化不成索性征服」的想法。宗教與語文是東西融合的二大障礙，然物質文明的危機（尤其是生態破壞與核武戰爭）終究為東西統合的驅策因素，加以大眾文化使東西差異為人所忘，國際政治令世界一家假象屹立，商業科技以「全球」取代「宇宙」，凡此皆造成無東無西、無古無今的「大同」觀，這是「厭惡同化而一心簡化」的流行文化表現。

事實雖未必符合真理，然必有啟示真理的作用。**東方性與西方性**的對比雖不是文明真相，然必有歷史意義，而差異所暗示者乃是通義（無標準則無異常），故東西文明的比較必展現通貫東西的文明義理。

因東西觀念是西方本位思想所致，故西方具有單一性而東方具有複雜性，乃是必然的現象。此事簡單說即是西方小而東方大，在地理範疇上西方原來僅含有西歐，而東方則是西方以外的世界（東歐以至東亞），因其廣大遠闊，故有「近東」、「中東」、與「遠東」之分，而近東與中東區域不大且重疊甚多的現象，更證明西方人對東方所知極為有限、卻勇於唯我獨尊以觀天下。這個態度雖有無知之處，但無知是人類的原罪，不是西方的弱點，故從自我出發去認識世界本為不得不然，反對西方本位的立場必為東方本位，其理亦然。以歷史觀點而論，東方是西方的發明，然則稱「歐洲人發現美洲」並無不可，蓋缺乏自覺或精神追求即不可能有所發現，東方人身處東方與美洲人身處

美洲，若其不能自知，則須外人提醒乃得定位，所以世界地圖由西方人所創作，這是遠見使然，不是偏見可以造就。自我為單一而外在世界為複雜，故西方性為單一性而東方性為複雜性，誠屬自然。在文化上，西方的單一性表現在西歐純為基督教文明，而東方的複雜性則表現在它包括俄國、回教世界、印度、與中國等各具特質的文明；在思想上，西方較東方單純的表現，是一元論的主張在西方最為強烈，而二元論或多元論的色彩則愈往東愈鮮明。

　　西方性與東方性的又一對比是普世性與領域性之別，這意謂西方文明較有求道的素質，而東方文明注意於人生問題的處理，所以西方文明優於東方文明，因為文明本不是生活方式而是高級文化。西方文明是人類文明的典範或最高成就，可以「放諸四海皆準」，而東方文明不是反對西方，只是不如西方，蓋東方文明也具有真理性──否則不得稱為文明──且東方文明即使不是獨立發展，也絕非為對抗西方而存在，故東方文明的現實精神較強乃是因其層次未能提升，而非因其進化的目的即在於此。普世性是真理的性質，領域性是求生的取向，而求道必須求生，故此二者的對比是高下問題，不是衝突現象。宗教、哲學、科學、藝術、與政治是文明創作的主要範疇，東西世界於此均有成就，然西方宗教為上帝信仰而東方宗教為多神崇拜、西方哲學為真理論述而東方哲學為人生省思、西方科學為物理研究而東方科學為物質利用、西方藝術為美學表現而東方藝術為美感享受、西方政治為法律設計而東方政治為權力支配，然崇拜眾神是信仰上帝的初步、省察人生是發現真理的基礎、利用物質是研究物理的動機、享受美感是領略美學的條件、支配權力是設計法律的根據，故東方其實是西方的先驅，而西化是東方的結局。於此，文學似乎屬於例外，事實上文學源於語言，而語言各地不同，所以文學的普世性存在其藝術與哲學的表現，「世界文學重鎮」不能出現乃因語文隔閡無法消滅，但文學絕不僅有領域性，普世性實是文學的價值所在。東方文學不如西方的說法

不多見，此因語文不同使人難以比較（比較文學不是要比較文學的優劣），若比較東西文學中的藝術表現，且見各有千秋，而若比較其中的哲學表現，雖好壞判分無疑，但凡人又多視此為文學以外之事，可見西方文學即使不優於東方，也反映了西方文明高於東方的事實。西方學術的理論性強於東方，這即證明西方文明富於普世性，如政治行為東西差異無多，但政治意識型態（政治理論）卻全然是西方的提議，東方國家反帝國主義的思路是西式的政見，這都證明東方文明的領域性是普世性不足的狀況。正因西方性是普世性而東方性是領域性，故而有所謂「西化」卻無所謂「東化」。

　　東西文明最大的差異在於宗教，因為宗教是行為總則，故可說造成東西文明差異的關鍵因素是宗教。西方式宗教為上帝信仰，東方式宗教為多神崇拜，上帝信仰為終極的真理觀，多神崇拜則為初級的世界觀，在宗教史的演進上多神信仰是一神教發展的基礎，可知東方宗教是幼稚的，而因其堅持無改，乃成迷信。信仰上帝固為正確，然上帝深具超越性而不可知，故單純信仰上帝（僅有信仰對象）並不構成宗教，於是所有的一神教皆號稱「得天獨厚」，受上帝啟示真理，藉此信仰內容宗教的形式乃能建立。相對於西方的「啟示性宗教」，東方信仰是「非啟示性宗教」，它是人對世界運行之道的普通觀感，其信念不過是自然法則或人生期望，而人既為萬物之靈，此種宗教終究是人類的自信而非真正的信仰（不信上天啟示故重自我啟發）。信仰上帝者承認「原罪」，而忽視神意者圖求「圓滿」，於是西方信徒祈求「得救」，而東方信徒務求「解脫」，然既可能圓滿則無須解脫，可見東方宗教的矛盾性。信仰上帝必重視真理，但天道難知，因而可知者必要求知，不可知者絕不妄想，西方宗教認定人生一世，而東方宗教奢談輪迴轉世，其間差異正是「敬天」與「法祖」之別（祭祖是中國文化與非洲傳統的特色，可見其信仰上的謬誤）。上帝信徒必視宗教為最崇高之事務，歐洲史上政教關係密切，其理是凡事皆與宗教有關且應受其指導，

宗教改革為歐洲現代化運動之本，是理所當然；在東方，宗教常被視為私事，神權統治與宗教戰爭罕見不是因為寬容之心，而是因為信仰不虔誠，「民間信仰」一說也證明宗教只是地方性的習俗。其實東方信仰是無神論，而西方信仰是教條主義，二者俱有缺失，然錯誤大小差別頗巨，蓋不信上帝則必以世俗為念，東方宗教斷絕了神聖性與真理性，人文主義因此無法弘揚，庸俗與退縮成為東方的「文明病」（世俗中人最以庸俗為忌諱）。

人文主義為文明精神的根本，故東西文明皆有深厚的人文主義素質，然西方的人文主義含有上帝信仰，而東方的人文主義則為人本立場。完整的宇宙觀當包括上帝、人、萬物三層次，人為萬物之靈的覺悟其實是出自天道感受，而不是人與萬物的比較，因為萬物之靈的觀念是「通天的」，而專注於人與萬物的比較則是墮落的思想。文明的開創是源於人的自許，這即是「人類主義」的提出，也就是「人不是禽獸」的主張，由此文明的任務不是求生而是求道，故人文主義是文明的根本精神，而絕不是文明的最高觀念。中國先秦時代的儒家即已呈現深刻的人文主義，此與古希臘在西方歷史上的成就相似，然中國的人文主義數千年中無有提升（甚至改變不多），而希臘無神信仰的人文主義至文藝復興時，已轉變為「究天人之際」的「基督教人文主義」(Christian humanism)；東西方人文主義的歧異顯然出現在「否定人文主義的階段」，此即歐洲中古時期，換言之「篤信上帝而深感自卑」是人文主義「見山不是山」的歷程，這是成熟的人文主義必經的反省過程，非此不能領悟人所以為萬物之靈的真正意義或終極目的。正如東西宗教的差異，西方的人文主義富有天人交戰的緊張性，而東方的人文主義展現樂觀自信的平和精神；若以人的感受而言，東方的人文主義強於西方，但若以知識深度而論，西方的人文主義勝於東方（「中庸」之說的不知所云是其證據）；總而言之則西方的人文主義高於東方，因為「美」不如「善」而「善」不如「真」，人文主義不是真理而

是追求真理的主義，困頓是君子處世之局，自滿竟是反人文主義的。

　　在社會文化上，西方性是個人主義而東方性是集體主義，集體主義是個人主義的前導，或說個人主義是突破集體主義的結果，可見西方性較東方性先進。一人無法營生，兩人構成人際關係，三人即造成社會，國家必建立於集體主義之上，因為個人主義反對政府（集體勢力），所以文明的探索是在集體主義結構中尋找個人自我實現的可能，然後聖人乃可以有為而淑世。凡人的自我認識起初皆是藉由認同社會開始，然後透過反對集體勢力而肯定自我，接著才思索各人在世的天命而終於獲致自知之明，這顯示集體主義、個人主義、認命精神是人格成熟過程中的三個心境。正確的人際關係應該出自天人之際的省察，也就是說個人一切行事均當依據天理，人際關係與天人之際的關連是「手段與目的」，集體主義不是正道，因它是一種人際關係的主張。「究天人之際」是個人性的問道——集體求道是教條化的行為——小我與大我的分別是個人良心與人類良心的分別，其形式有異但本質無異，故集體主義若可能為善，則組成集體的所有個人皆必為善，否則集體主義便是壓迫力量，而迫人為善乃為不善。「三姑六婆」是東方的民族性，團結卻不是東方社會的常態，畢竟「犧牲小我完成大我」是個人主義而非集體主義的作為，而「說人閒話」則是集體主義而非個人主義的心思。即因個人主義較集體主義更須面對天人之際，而面對天人之際是宗教情操，所以西方個人主義的提倡始於宗教改革，而非政治革命；東方人的宗教情懷甚為淡薄，類似西方宗教改革的運動未曾出現，這是東方文化缺少個人主義的旁證。古代東西文化均以集體主義為主流，如專制是所有古代政權的統治方式，而專制是集體主義而非個人主義的作法（獨裁亦然），西方首先推行民主，這即表示西方先於東方主張個人主義，蓋民主的原則雖是「多數決」，然這是眾多個人抉擇的結果，不是集體性的預設。個人主義重視自由，而集體主義重視安全，故個人主義是自由主義的先驅，而集體主義是社會主義的

立場，自由與安全不必衝突，但常無法兩全，正如生命與生活不必違背，但輕重有別，可見自由的價值高於安全，因為生存不是人存在的目的。奉行個人主義者必感孤獨，孤獨使人自覺，依從集體主義者必好名，好名使人迷失，所以東方是西方的發現，理當如此。

在知識態度上，西方性是理性主義而東方性是經驗主義，理性主義容納經驗而經驗主義否認理性，這與其說是理性主義較為周全，不如說是經驗主義不足以自立，因它若不接受理性主義的有效性，則無法將經驗推論為知識，於是可知東方的學術遠較西方偏枯。理性主義與經驗主義俱為知識論，故經驗主義者不可能承認其對知識的重視不如理性主義者，然而經驗主義的知識取向是現實而功利的，這使大量無立即效用的知識問題盡受忽略或否定，所以經驗主義顯然不如理性主義尊崇知識，因為知識是對真理的了解，而真理具有超越性，大量的知識本不具有凡人所認知的實用價值（在真正的求道者看來所有的知識都有實用性）。東方人不如西方人重視知識的一大例證，是東方缺乏西方科學知識數理化的發展，蓋科學知識的數理化是理論性與終極性知識的傳達，這是高度的求知精神表現，不是關注效用者所在意的事。「現實」(practical) 一詞在西方意謂切合實際，在東方則含有勢利媚俗之意，這是因為東方人原本即甚為現實而缺少理想性格，卻為此暗覺不安（良知的作用），故而既現實又不以現實為榮，在此心病下現實一語便染上價值色彩。能坦然且正確認知現實者，必是富有理想而不趨於現實的人，對其而言「現實」是指「非理想」而非「不夠理想」，理性主義者強調理性，而理性是理想境界的能力，所以理性主義者能視現實為現實，絕無曖昧的看法。相對於此，經驗主義者強調經驗，而經驗是現實的產物，然單憑經驗實不足以建立知識，所以經驗主義者對於現實既肯定又缺乏信心，因為他們不信理想性或超越性世界的存在，故對其而言「現實」的定義不是「非理想」，卻有「不夠好」的意思，這若不是經驗主義的自相矛盾，也是其尷尬之處。（同

理,「世俗」在西方意謂非宗教性,在東方則有庸俗的含意,這是因為西方為宗教社會,故有世俗一詞用以表示異類的情境,而不具價值判斷之意;東方為世俗性社會,然自覺有所不當,故世俗一意無法單純定義為非宗教,而隱含著意味世俗流弊的貶意,此即是庸俗。)理性主義精神使西方的教育以啟發為重,而經驗主義態度使東方的教育以灌輸為主,西方人尊賢而東方人敬老,西方人誠實而東方人識相,其理亦相似。理性須以經驗為素材立論,而經驗不得以理性為工具決疑,因此理性主義者積極進取,而經驗主義者老成世故,西方人好學而東方人持重,西方人對東方的探究強於東方人對西方的探討,這注定東方被迫接受西方且誤會其所以然。

　　在藝術方面,西方的藝術表面上獨立而其實為道術服務,東方的藝術表面上地位不高但與人生觀結合而作用重大。自古以來,藝術反映現實生活的程度隨著文明的進化而降低,相對地藝術呈現精神意念的層次則逐漸提高,這一方面是指在創作技術上美感增加,另一方面是指在創作理念上義理強化。如此的發展在西方較為完整,在東方則頗為不全,換言之西方的藝術較東方更為全面且深刻。藝術理論或美學是西方的創見,這表示西方藝術的知識性甚高於東方;「為藝術而藝術」(art for art's sake) 是西方的口號,這說明西方藝術較東方更具有獨立性;「現代藝術」(modern art) 是西方的特產,這證明西方藝術的發展變化較東方更豐富;「偶像破除運動」(iconoclasm) 是西方的史事,這顯示西方藝術較東方更服從真理;裸體人像是西方的主題,這意謂西方藝術較東方更天真純粹。建築、雕刻、繪畫、與音樂是藝術的主要領域,以其各自包含的種類或形式而言,西方藝術顯然較東方更具多樣性,亦即更為完整,因藝術在廣義上是指人為的創作,故藝術型態多(量)即表示創意高(質)。相對而言,西方是宗教社會而東方是世俗世界,因此西方藝術主流是宗教藝術,而東方藝術主要是生活藝術,宗教藝術表現真與善,而生活藝術著重抒情寫意。傳道的藝術使

藝術家富於尊嚴，而其作品使人生敬，然藝術地位雖高，終究依附於道統而存在；傳情的藝術使藝術家受人喜愛，而其作品引發同感，但藝術地位並不高，畢竟它是妝點人生的多餘性飾品（如琴棋書畫是中國文人自明身份的「雅興」）。偉大的藝術是「以美傳真」，平凡的藝術是「以美寫實」，前者呈現現實的不完美，故審美可能使人感到不安，後者企圖將現實美化，故能討喜邀功，西方的戲劇以悲劇為典型，而東方的戲劇（悲劇與喜劇之別不明）以抒發人心為要，這是對「美」的定位看法不同所致（「真、善、美」層次之別是西方的見識）。傳統繪畫的表現風格不外是自然主義與寫實主義，然因技巧與材料的限制，高度的自然主義與寫實主義不易達成，於此西方繪畫較東方成就更高，然西方繪畫創作從此朝向知識概念的表達，乃有抽象畫的興起，而東方繪畫因著重心境情緒的表現，故向不十分自然與寫實而永為「寫意」，此風之外且無新猷，可見西方藝術最終成為道器，而東方藝術始終只是文具。

東西文明在性質上最為相近的事是政治，然政治是人性原罪之下的必然之惡，故此事是不足為奇的普遍人禍，東方性與西方性的差異並不因此而減少（若以政治為「必要之惡」則更不能以此論斷東西文明的差異），但其中細微的差別卻使兩者的不同更為彰顯。政治是群體之事，亦即社會性活動，其核心元素是權力，若說「人是政治動物」，不如說「人是動物故愛政治」，人的權力慾與禽獸為求生而爭奪地盤或相互殘殺的行為動機原本無異，只是它發展得太過分，因權力的追求大都超出生存所需，所以人儘管可稱為政治動物，然其政治性格之強烈使禽獸堪稱是非政治性的動物。政治既然是人的原罪性行為，東西古今的政治表現乃大同小異，因為政治的同質性高，政治的本質幾無進化可言，所謂「歷史重演」差不多盡是政治情事，比較東西政治的探討最無求知的價值（啟發性最少），而所有關於東西政治差異的說法都含有誇張的成分。例如中國人自稱「愛好和平」（許多國家皆然），

此在中國邊區的民族看來絕非事實，歐洲人有謂「東方式專制」(oriental despotism) 以暗示西方式專制較為合理合情，其實東西專制的差異主要是形式而非內涵的問題；歐洲史上的「君權神授」與中國的「奉天承運」在政治意義上少有不同，類似中國的「正統」之爭也出現在歐洲中古以後「羅馬帝國」的政權傳承上（東正教與羅馬公教的對立亦有相似之義）；民主政制也絕非是西方的發明，它是權力鬥爭的過程中少數貴族終將敗於大眾的結果，表面上近代東方國家的民主化是西方政治的移植，其實東方若無西方的衝擊，遲早也將演化為民主之局，此由東方政權開放的歷史趨勢可以見得，所以東方「引進」西式民主的含意主要是「西方文明較東方文明進展更快」，而非「東方政治具有反對民主的特質」，否則東方根本不可能民主化，近代民族主義興起於西方而後盛行於東方之情，其意義與民主政治普世化之理相同。雖然在本質上西方政治並不比東方政治更為高明，但形式上西方政治確實較東方政治發展得更為成熟，而此事表示西方文明整體上必較東方文明進化，因為政治不僅為文明的一環，且為最具支配性的勢力，不可能單獨發展。同時，在行為表現上西方政治確較東方政治「文雅」（有如「吃有吃相」的優點），此因上帝信仰使西方人不似東方人無法無天（肆無忌憚）地鬥爭，「政治為必要之惡」的說法出於西方即可以為證；蓋「知恥近乎勇」，惡人自知為惡之不當，則至少在作法上將有所收斂，但忘惡而為惡較自欺欺人更可惡，因為以「不知者無罪」自解者必有意作惡，且其惡行將無所節制。本質上政治既然無法進化，所謂的政治現代化理當是「減少必要之惡」（既稱「必要」乃無減少的可能，所當減少者是以必要為藉口的惡政），也就是「減少政治性」，易言之「政治的進化正是政治的自我消滅」，若此事難以實現，則形式上的改善便成為政治進化之道，因而——不幸地——法治是政治的上乘格局，而守法是高貴的政治精神，以此而論西方文明的層次亦高於東方文明，或說西方的惡少於東方。

西方性優於東方性的總體證據，可見於西方歷史分期遠較東方完整一事，因歷史分期顯示文明進化的歷程，故東方歷史引用西方歷史分期而難以適用的情形，證實東方不如西方開化，而此事東方人若有感覺（否則不至於採用西式標準）。歷史的現象是變化（不變則無時間性，無時間性則無歷史性），西方歷史較東方歷史富於變化，而其變化的脈絡有跡可尋且具方向或目標，故為直線式的 (linear) 發展；相對於此，東方歷史變化不大且以安定為宗，常於一治一亂之中探求平衡，在思想方面尤其少有突破，因此循環的 (cyclical) 史觀盛行。西方優於東方的情勢明顯出現於近代，或說西方性與東方性的差異是在於現代性的有無，以歷史階段而論，這是說西方較東方進化乃因為西方經歷中古而現代化，東方則無中古時代而自古至今大略一成不變。上古 (ancient) 是以求生立國為要務的時期，古典 (classical) 為文明永恆價值確認的時代，中古 (medieval) 是否定與放棄古典價值的階段，現代 (modern) 是重振古典及發揚真理的文明永世。一個文明不能自我批判則無法自我超越，中古的「停滯」是由於反省，唯其如此故終將變為「過渡」，而得以承先啟後繼往開來，將復古與革新合一，確立永恆的人類生命。總之，沒有中古則無法進入現代，沒有現代則歷史不能進步，沒有進步則不知進步之有限，能知進步之有限則知永恆之無限。進步觀 (idea of progress) 出現於西方而罕見於東方，此非東方文化不如西方的直接證據，因為進步觀不是高深的哲學概念而是普通的處世感想，進步觀的流行所反映的事實是一般人生活的改善，然而物質文明的提升必具備精神文明的條件，所以進步觀在世上呈現的狀況也間接證明西方文明強於東方。進步觀含有「人定勝天」的想法，依理東方的人本主義應使此見成為普遍的認知，而西方的基督教信仰則應使其成為褻瀆之說（基督教的歷史觀是末世論），然而事實正好相反，東方人對世運常持悲觀之見，而西方人卻從理論與實情上建立樂觀的未來主義。此事顯示西方文明的豐富性（複雜性）和東方文明因簡單而

致的緊張性，蓋進步觀是強盛的理性精神，它在古希臘已經浮現，其後因基督教流行與民生經濟進步緩慢，而不為常人所信，至十八世紀時因啟蒙運動與工業革命的興起，進步觀開始廣受肯定，但也深受學者批判，這表示「人為萬物之靈」的成就到達時，上帝的偉大或人的渺小便成為新發現，天人之際的省思於此乃無可迴避；而在東方，假性的宗教或無神思想加上人本主張，使進步觀在理論上成為必然，但長久以來物質生活困苦而改善有限，且知識未受高度崇敬而理性主義不振，故進步觀在現實上不是凡人的觀感，在思想上也非學者的推論，此種不合理的現象暗示，人文主義原本出於無神觀，然而無神觀將阻礙人文主義徹底的發展，因為只有覺悟「天生我材必有用」時，才可能將人的價值發揮至極限。在西方，進步觀甫出即遭（智者）質疑且受（戰爭）挫敗，這是西方人文主義和理性主義充分發展的結果，也是西方文明完整進化的例證，因為人有原罪而世間絕不完美，所以文明無法止於至善，卻於成就最高時陷入反省自察的困局；在東方，進步觀理當成為主流的文化思想而事實不然，此乃東方文明在物質與精神兩方面皆進步遲緩所致，因東方歷史成長不全，而西方入侵更使其不能自然成熟，東方在西方拋棄進步觀時追逐此念，這不僅表示東方落後於西方，並且表示東方的傳統已於世界一體出現時斷絕，亦即東方歷史融入世界歷史而結束。

　　俄國、回教世界、印度、與中國是東方式文明的主要型態，而中國文明又為東方性的代表。東西世界人種相貌的差異以西歐及東亞二地的對比最強，其間則改變漸進而連續不絕，世界各地文化的變化亦然；如此，西歐是西方的基地，俄國是西方性不足的東方邊區，回教世界是不東不西的中間地帶，印度是既東且西的文明交會地，而中國則是東方性十足的另類世界。

　　西方的「歷史區域」即是希臘羅馬文化的發揚地，以此俄國向在

化外，彼得大帝 (Peter the Great, 1682–1725) 對於俄國西化的重要性即暗示俄國本非西方國家，而西化絕不可能使東方變成西方，所以俄國在近代雖極力認同歐洲立場，但終究被西方視為「半歐洲式的」(semi-European) 國家。十一世紀中期東正教與羅馬公教的分裂已顯現俄國的東方性，雖然俄國在東羅馬帝國滅亡後 (1453AD) 自命為其傳統的繼承者，但東羅馬在西方人士眼中並非羅馬正統所在，故俄國即使承接拜占庭文化（拜占庭一稱是不認同東羅馬的人所用的「史筆」），亦不足以成為西方的一員。十五世紀以下西歐所經歷的現代化運動——文藝復興、宗教改革、科學革命、啟蒙運動、工業革命、乃至法國式的政治革命——在俄國皆未有可觀的表現，這使俄國文化如同其他東方國家一樣缺乏現代性，故俄國的現代化也與東方國家一樣，須以西化的模式進行，其結果不僅不佳，而且偏向物質性與制度性的變革，使西方性的內涵因此更受忽略與排斥，近代「泛斯拉夫主義」與「泛日耳曼主義」的抗衡 (Pan-Slavism vs. Pan-Germanism) 即表示俄國與歐洲之不類。在西化不利的情形下，俄國改以共產主義為立國精神，這使其西方性不足的國格更加顯現而難以改造，蓋共產主義是被上層裝飾的下層思想，其主張本無東方性或西方性的特質，但它名義上是西方人的倡議，故俄國採行共產主義彷彿有西化的意義，然實際上這與俄國固有（東方）傳統本無二致；這是說不具東西之別的事其實可視為東方性文化，因為東西之別是高下之別，不具東西之別者乃屬於下等，亦即屬於西方開創人類文明極致之前舉世可見的平凡（甚至是惡劣）作為，共產主義的思想普見於古代世界，故現代國家推行共產主義可謂為東方性表現，而歐美國家的反共即是西方性表現。

回教世界所在地如同俄國，向與西方有所接觸但感染不深，然回教世界的東方性更強於俄國，故俄國有親西方傾向，而回教世界則持反西方態度。「回教世界」一詞顯示當地原無高深的文化傳統而受回教陶化乃成新風土，事實上回教世界原來是生活艱辛的文明落後地區，

回教能在此流行正因其教義簡單而予人救贖希望，這使回教徒無需深刻改造即能自覺更生，故回教的源頭雖具西方性，但回教世界的東方性卻不因此而稍減。回教是一神教，因其為上帝信仰，故形式上回教相對於多神教是正確的信仰，但除此之外回教並不比一般東方宗教更富有思想深度，卻是其一神信仰的形式反而使回教教義更為粗糙簡陋（多神信仰與無神論的自圓其說不能如此簡易）。在內涵上，回教號稱是西方一神教發展的結論，但這仍是形式上的推演而非知識性的探索，因它將猶太教與基督教視為「過渡性的真理」——其功用是展示回教為終極真相——而深受西方教徒拒斥；在不得西方認同之後，回教徒的東方立場便十足展現，這是「非友即敵」的表態，畢竟「像」即「不同」，在信仰上「失之毫釐差之千里」的問題特別嚴重，「相關」（相似）所造成的衝突較「無關」（不似）更為劇烈，回教世界與基督教世界的相近使東西對立趨於惡化。總之，回教世界的反西方一方面是出於其東方性本質，另一方面是由於它與西方的密切接觸，而二者互動的結果回教世界的西化表現更不及遠東國家，因為後者較能知己知彼地正視西方（為異域），而回教世界卻不能去除與西方糾纏的歷史關係，於是它只能漫不經心地扮演著東西交流的媒介。回教起源於阿拉伯地區，而阿拉伯地區確為「文化的沙漠」，其所學習的文明主要來自拜占庭與波斯，因此二者俱為東方國度，故回教文化的發展其實是「東方荒地的東化」，也就是東方性的強化。回教世界的選擇性西化主要是一神教與科學的引進，藝術乃是其次，而其他則依循「本土化」發展，因科學的性質無分東西，而回教與西方一神教貌合神離，故回教世界的西化實乏善可陳，同時其東方性又不如印度與中國文明，這使回教世界既不堪稱東方典範，且不可謂西方近親，它在世界文明中只做了個「不流浪的遊子」，無根卻固執，意外地導致東西兩方分別更大。

　　對比而言，西方性是天性，而東方性是人性，於是印度文明處於「東西之際」，也就是「天人之間」；它具有東西的一致性，此即東西

各半，因東西之別是高下之別，不可能以「各取所長」或「截長補短」之法造就至善，故所謂東西各半必有所失，因其不如西方，所以屬於東方。印度人是印歐語族 (the Indo-European family) 的成員，可謂是「東方的西方人」，其最具西方性的文化表現是趨向上帝信仰的印度教。印度教源於婆羅門教，然超越婆羅門教不多，婆羅門教已從多神信仰進化至單神崇拜 (monolatry)，其取向是上帝信仰，但印度人始終未建立真正的一神教，這是印度無法超越東方的關鍵。回教雖為一神教，但回教是穆罕默德採擇西方宗教內容所創 (610AD)，它不是一個文化傳統長久演進所得，所以印度教表面上雖是低於回教的信仰層次，但以思想素質而論則遠在回教之上，而此事其實反映印度較回教世界更為文明。印度的哲學與宗教關係緊密，甚至可稱合一，這表示印度人的知識與信仰皆以真理為對象或目的，同時表示印度文化兼具理想性與現實性，但因「天人各半」，超越性總嫌不足，雖然這也可說成實踐性充分 (故印度的靈修運動蓬勃)。印度思想的超越性發展至佛教時愈為稀少，佛教原本是一種心理態度，或是一種建立於價值判斷的人生觀，它持無神論，以抑制自覺尋求心靈平靜，此乃務實之見而非宗教信仰，它已遠離婆羅門教以來印度長久的求道傳統，而目空一切。佛教「重人輕天」，因它在本質上與印度文化精神相違，故不能在印度本土發揚光大，反而東傳順利，在中國生根茁壯，這證明中國文明較印度文明更富於人本主義，或說中國較印度更多東方性。印度在世界文明中顯得獨特，這是因其「東西之交」的文化性質所致，回教在印度頗能傳播但無法普及 (卻促成結合印度教與上帝信仰的錫克教)，英國在印度能長期統治但不能轉化民心 (西方文化被接納但不受歡迎)，科技與民主在印度能改變生活方式但未得動搖信仰觀點 (如種姓制度名廢實存)，「兼容並蓄」不足以解釋此等現象，東西各半的文明性格才是印度處於東西衝突時，能逆來順受而安然度過的原因。

　　顧名思義，「中國」為世界重鎮，甚至是宇宙中心，這是人類所能

想像的最偉大國度。中國自居於天下中樞，卻被西方人稱為「遠東」，然後中國人又不知不覺地引用遠東一詞自稱，以展現其國際化的意向，從歷史觀點看來，這確是中國的世界地位之淪喪，亦即東方不如西方的證明。兩河流域、埃及、印度、與中國是人類四大古文明，然兩河流域與埃及二地鄰近且交流繁密，而印度文明又與近東聯繫不絕，於是中國文明成為世上唯一孤立發展的文化傳統，中文是舉世僅存的象形文字系統，這即使是偶然也不令人大感意外，因為中國文化與西方的差異處處皆是。中國歷史悠久，然絕無五千年，此種誇張說法的盛行反映現代中國人強烈的自我意識，這固然與外患的衝擊有關，但傳統中國人缺乏對外認識，也表現了同樣的自重態度；同時，中國歷史悠久，但其文明性格數千年間卻轉變不多，這使中國的文化定義既明確且穩固，中國的自尊因此更甚，它與外國的比較向來不是中國文人所認可的課題，因為「中外」既不平等也不相似，而文化上國可以學習但不可以類比。長久以來中國雄據東亞而藐視四方，這個優勢與偏見使中國成為史上最早繪製世界地圖卻不竟其功的國家，顯然自大者既不能看清也無心重視外界，因為此事一時並無危害，所以最終乃成大患。在文明的版圖中，中國距西歐最遠，這是東西的兩端，而近代東西接觸是「西力東漸」的結果，此時中國的落後已大至令西方人訝異，十九世紀歐洲人指中國為「半文明」(semi-civilized) 國家，這與其說是出於惡意，不如說是出於驚異，因為他們並未使用「半野蠻」一詞。中國的獨立與其自大是相輔相成的，中國對西方的無知與對其鄰國的忽略是相當的，因其在物質上與精神上均可自足，中國除了政治霸氣之外其實是保守而寡欲的（例如中國向無外交觀念而有和番政策），所以中國一方面知道世界廣大，另一方面卻偏安一隅，同時又自以為是。西方文明高於東方，依理西方人不難了解東方，而且西方人確有認識東方的盛意，然西方人對東方最大的不解是關於中國，這證明中國為「東方中的東方」，其不可理解處實為形式上的獨特所致（內

涵問題乃非重點）；反過來說中國人對西方「一視同仁」，往往不加以
細分明辨，其有所不解不僅是因為能力有限，而且是因為心意不足，
所以中國人的西方知識常有「漢化」現象——如將「神」喻為「聖」
而將「上帝」視為「天」——中國西化的困難與偏失實是由於中國人
無法相信「非中國式的精神世界」之存在。

　　中國人對於中國文化的特殊性少有察覺，這是中國文化特殊性的
一個佐證，因它顯示中國的高度封閉或獨立，而此情即是造成中國文
化特殊性的原由之一。最可為中國文化特殊性的代表者是中文，蓋語
文為傳達思想的工具，也是塑造或限制思想的因素，中文是中國文化
的表徵，也是中國文化的發展根據。世上最早的文字系統是象形文字，
而世上主流的文字系統是拼音文字，這表示象形文字的文化層次不如
拼音文字，事實上象形文字絕不足以符合所需，因為文明絕不止於物
質的開發，精神觀念的發展使拼音文字取代象形文字，而中文也因此
由象形文字演化為表意文字 (ideograph)。書法藝術以中文成就最高，
事實上中國藝術最為獨特或優異的表現正是在於書法，其形式上的原
因是中文本為象形文字，其字體既是構圖，中文書法乃自然發展成繪
畫般的創作，何況中國人不擅或不喜符號與抽象。中文經由「六書」
（象形、指事、會意、形聲、轉注、假借）的推演而成功定型，然這
亦使其「具象性」太高而「概念性」不足，換言之中文較諸拼音文字
顯得不夠精確而想像力有限，它抒情有餘而論理維艱，文學色彩濃而
哲學精神稀，所以中文文法鬆散而有賴體會以學習；這造成或反映了
中國文化的「中庸性」，士人以「不求甚解」為意境，以「心領神會」
為知識，因在求道與傳道上中文有其妙用又障礙重重，所以中國式的
真理討論莫不流為「心學」。情意深者不趨現實，中國文化的現實性與
中文的特質未必相關，但因中文拙於辯理，而凡夫感情不豐且少文學
涵養，以致一般中國人的現實態度強烈（無理無情則必勢利）；這意謂

人性與天性相對，俗念的減少須憑靈感的增進，而知識屬於天理，語文中的理性不強則人的理性亦弱，理性薄弱則知識貧乏，知識貧乏則靈感微眇，如此世俗性必盛，中國文人多情而中國百姓篤實，此與中文的籠統性質一致。中文的與眾不同使中國人學習西文以及西方人學習中文，皆甚為困難而莫名其妙，但相較之下西方人學習中文似比中國人學習西文容易，因為象形文字較拼音文字為粗淺，而且中文的「望文生義」條件使其易於掌握，雖然這也使精通中文成為無比艱難的事。值得注意者，因中文是舉世唯一由象形文字演化成功的書體，故中文成為世上流傳最久而變異最小的文字，這使中國學者得以輕易縱橫數千年歷史，透過展卷讀書而「上友古人」（中國歷史的悠久與中文的持久乃相投相稱），文化傳統的認同與承繼因此更為堅實有力，中國的獨立性也油然而生（因延續不改而獨樹一格）。

　　天道觀是中國文明精神的最高呈現，這表示中國人缺乏上帝信仰，但又表示中國人以真理為不足，因為天道是介於神意與自然法則之間的宇宙變化道理。真理一詞在古代中國未曾流行，而上帝（存在）的探索則延續一、二千年之久，因其功虧一簣（隋唐之後顯已放棄），「天」的概念終於取代「神」成為世界主宰，而真理之說始終無法成立，蓋狹義的真理處於神意之下，而廣義的真理「包括」上帝，然不論何者，若不能警覺上帝，則真理一說的價值幾無（若上帝不存在則萬事無可無不可），更遑論其定義含糊將使其用處大為減少。「天」既是上帝與自然之間「不存在的假設實體」，則「天」難免淪為「人」而美其名便成「天人合一」之境。簡言之，中國的天道觀就是天人合一的宇宙觀，其精神與亞理斯多德主義 (Aristotelianism) 相同，亦即與黑格爾主義 (Hegelianism) 相合，於此中庸之道意謂「天人各半」的取向，「心即理」的主張實為否定超越性真理的唯心論（不是理想主義），它是簡易而樂觀的處世思維。中國的主流思潮是儒家，然而儒家絕不提倡前說，但因原始儒家學說止於人文主義而不及天道，這使中國的

宇宙觀成為異端邪說滋生之域，道家、佛家、陰陽家、理學家皆厠足
其間，競相「補充」傳統形上知識之不足，由此可見中國的天道觀不
是中國正統的世界觀，其樂觀態度與儒家的悲觀精神違背，即是明證。
不過這並不表示前述的天道觀不能代表中國文化，因為完整或最高的
知識必包含對神意真理的探討，而儒家既缺乏此說，旁門左道的理論
因此入流乃無可厚非，這畢竟是中國學術對於宇宙終極義理的意見，
如此「陰陽」與「氣」的說法亦應連帶視為主流。陰陽為二，然必互
動或調和乃能成事，故陰陽之說表面為二元論，其實仍為一元論，此
與「氣一為善」之見相符，同理天人合一之說也是一元論，可知中國
的天道觀固然不高明，但確為唯一真理之探索，其失敗是因不能肯定
上帝的存在，然未因此而誤入歧途。

　　因為對上帝的存在感覺若有若無，而對人為萬物之靈的信念堅決，
中國的人性觀顯得複雜而深沈，它一方面肯定人的天賦良知，另一方
面又承認人的邪念惡意，於是「君子」主張成為教育宗旨，而「小人」
作為則被視為自然。在西方一神教的觀念下，神性為善而人性為惡，
人所以能為善乃因人性中的神格，此非矛盾而是不完美，故原罪不妨
礙善舉，反而使道德富有意義，蓋以不善的條件力求至善固非偉大卻
是高貴。在中國，因上帝信仰闕如，人性既非相對於神性，所以人性
可能為善亦可能為惡──如此乃有所謂「人性的光輝」與「人性的黑
暗」等相對性說法──孟子與荀子的人性辯論實為無神觀傳統下的必
然爭議。然而中國文明的人性觀終究是「人性本善」而非「人性本
惡」，蓋文明的主張是高貴的精神，性善說不僅較性惡說更為高貴並且
更為高明，因為「惡是善的不足」但「善不是惡的缺乏」，人性本善的
觀點可以同時解釋人的善行與惡性，而人性本惡的觀點則無法說明人
何以行善，故足以為中國人性觀之代表者理當是見解較佳的性善說，
何況這也符合歷代所擁護的道統定論。再者，荀子雖稱人性本惡，但
其呼籲乃是克己復禮以為善，可見其說具有內在的緊張性，而且分別

善惡者必有善意，知惡之為惡即是知恥，而知恥乃是善，如此荀子其實間接肯定人性本善，中國的人性觀畢竟未有二說（揚雄與韓愈的說法並無新意）。性善說即使為主流，人間罪惡之深重繁多仍使人難以釋懷，而且性善說也不能解釋道德之原與善惡報應之理，在此種困乏無奈的心情中出現了中國式的「隱性原罪觀」，這是中國古人探索上帝的模糊心得，顯示其對宇宙主宰的有限信仰。人對神的信仰不明必導致人對自己的認識不清，中國的人性觀富有悲情即是因為未能正確認知人在宇宙中的定位，它高估人的地位，使人在失敗時不能坦然認命，又使人在成功時無法安心享受，這個「君子有終身之憂」的情懷固然是上進表現，卻也是終極思想不深所致的苦悶。因為強調能者多勞的承擔精神（義務觀念），中國古代雖有「力」的主張但絕無「權力」的觀念（權字古意為「權變」），人權之說不存不表示中國提倡「強凌弱」的文化，其實這是因它推崇菁英主義，傳統中國學術具有「反社會科學」的特質，也是此種「大人」思想的影響。「天人之際」的探究是中國文明的特點，但其成果甚微，這本是注定之事，不足為奇，蓋「天」是空說，天人之際其實是人的極限，而人的極限豈可能深論；西方的「神人之際」探討能較有成績，乃因神為上帝而上帝為真實之本，神人之際是指人的神性表現，省察此事必能有所覺悟。「天人合一」的觀點既有人的自大也有其自卑，因為天是藐視神的說法，然天比人高，天人合一必致人的負擔過多，而造成人的自苦，於是典型的中國偉人是悲劇英雄，凡人見此注意悲劇而不欲效法，然悲劇性為何則始終不為人所知（悲劇性實為原罪所造成的悲愴性），這是中國人性觀的可貴與可悲所在。

　　真正的知識乃是對真理的了解，籠統的天道思想使中國的知識觀具有嚴重的偏失，這即是著重實用而忽略道理，因此所謂知識常只是訊息而已（系統性的訊息方為知識）。中國人將「神」視為「天」，又以為「天」「人」同格，這使人超越萬物之靈而晉升至宇宙主宰的地位

（宇宙主宰為唯一故不可能為人類），此種「小看上帝」的真理觀造成知識層次的降低，結果知識成為人的處事工具而非求道依據。中國沒有完整或純粹的哲學，其中尤其缺乏知識論或反知識論的學說（'epistemology' 是知識論也是認識論，這表示中國並無一個同時探討知識有效性和正確求知之道的學術傳統），卻不少輕視知識的論調，可見中國文化含有「反智主義」(anti-intellectualism)，這也可由中國缺乏「烏托邦思想」(utopianism) 和「無政府主義」(anarchism) 的情景獲得證實，因為不重視知識便不重視理想（卻極可能陷入妄談怪力亂神的夢想，又責怪追根究底者「想太多」）。勉強而言，中國的知識論取向是經驗主義，中國學者幾乎一致地主張「知行合一」，或強調「知不如行」，其意是「不能實行的知識若非不是知識也沒有知識的價值」；中國學術幾無「超越性」的觀念，對於「非理性」也少有涉及（不論支持或反對），這都是實用主義 (pragmatism) 立場的呈現，然而實用主義一說又未曾出現，此為無比強烈的實用主義精神所致（實用主義是一理論故仍有非實用的精神）。實用一說是出於人本態度，這符合人為萬物之靈的觀點，換言之實用主張不是唯物主義，而是強調人對外物的需求，所以中國的知識觀雖講究現實，但中國學術仍明顯以人文學為重而輕視科學，雖然輕視科學是輕視知識的反映。理性主義的成立必以確信天賦觀點 (innate ideas) 及真理真相為前提，因為理性本身是天性，而求知是為求道，故理性主義是肯定真理的知識論，也是追求真理的方法論。中國傳統並非反對先天性知識，也絕不反對求道，但因對超越性真理感受太少，以致其知識觀不進則退乃淪為經驗主義，而同樣地經驗主義一說未曾產生，這是中國學術缺少理論性和精確性的表現，也是中國文明固守本位卻少有自覺的表現。

「人本的天道觀」造成中國文化濃厚的道德感，蓋道德是人類特有的問題（一般生物絕無道德問題），而道德的根據乃是天理而非人道，故「天人之交」的領域主要是道德課題。中國自詡為「禮儀之

邦」，而禮在傳統釋義中為道德的體現，可知中國自以為「以道德取勝」，或說中國文化具有一種「泛德思想」，中國史學的道德批判特質是其例證。中國哲學最可與西方哲學相提並論的範疇正是道德論述，西方倫理學所處理的議題大都可見於傳統中國的著述中，而論深度中國亦不多讓，因為在「神、真、善、美」的真理體系中，道德與上帝的關係為間接，善惡的斷定終極而言雖須訴諸上帝，但大體上理性知識已足以論定，所以中國人薄弱的上帝信仰對其道德思想，尚不至於造成嚴重的蒙蔽。道德是普世的行為準則，所以否認善惡之別則已，一旦欲論道德之義便無不同意——其異議僅在於何以人有道德之舉——這是東西道德觀一致不二的緣故，易言之道德觀不是東方性與西方性差異的要點。然因為對知識的重視不足而對天人合一信以為真，中國史上並無倫理學一說，畢竟倫理學是知識性研究，不是天人互動的摸索，中國的道德觀是天道思想的一部分，富有信仰成分，卻又多悱憤疑慮，可見中國的真理觀「為德不卒」。但正因中國的道德觀是天道思想的一部分，而中國的天道思想又缺乏上帝信仰，故中國文明對於人的高尚尤有冀望，這即是要求人負責到底，而不能寄託於神恩，此種基於人本主義所樹立的唯德主義，造成宗教氣息淡薄的中國竟富有「殉道」的歷史情懷。一般中國人對宗教的內涵體認膚淺，總以為「宗教勸人為善」，或以為「只要是勸善的宗教皆可認同」，這是將「善」置於「真」之上的錯誤世界觀，其思想精神即是唯德主義。如此，「以德報怨」的宗教式道德觀在中國未曾受到推崇，「以直報怨、以德報德」的理性化道德觀乃是至理，而「善有善報、惡有惡報、不是不報、時機未到」的因果報應說，則成為令人質疑又備受歡迎的觀念。大體而言，中國的道德觀與希臘化時代的斯多克主義 (Stoicism) 相似，它的「半宗教」性質使道德標準嚴峻卻根據不明，執行者在「替天行道」時只能「反求諸己」，所以「嚴以律己、寬以待人」，原則似有不一，「超凡入聖」顯得「不近人情」，高行為人「敬而遠之」，道德

的實踐性因此反而減低。中國文化最重視的德目是仁、義、孝三者，仁是極致的人格表現（「仁者人也」），義是應當之舉（故曰「正義」），孝是天倫的實行（是謂「孝道」），三者皆是高層次的德性，故彼此相關而含有天命——「仁」「義」一體而「不孝」乃「不仁不義」——其受推崇不僅證明中國道德觀的正確性，並且顯示中國文明具有宗教性；但三者之中最普受遵奉者是孝，然而孝的重要性實不如仁義（「做人」的價值重於「為人子女」）——故「大義滅親」——這又說明中國文明的宗教性不足，以及因此所致的「曲高和寡」現象，蓋信仰不深則行為不篤，「德」出於「道」，漠視真理者必以為道德只是人倫，而凡人以為「百善孝為先」，即因孝遠較仁義更富於「人味」。總之，道德觀是中國最完備而少錯誤的學術，它反映中國文明臻於「天人之際」的地步，而其上帝信仰的缺乏導致「天人交戰」的緊張氣氛瀰漫於道德情境中。

　　整體而言，中國文明所代表的東方性是人文主義，然而人文主義在中國並未充分發展——此由人文主義一詞不是中國固有可以見得——其所以如此乃因上帝信仰未能確認，蓋人為萬物之靈是上帝的設定，人若不能發現神則不能認清自身，而將誤以萬物之靈為宇宙主宰或被迫採取此見，造成人文主義的扭曲。簡言之，中國式的人文主義是「將神人格化」且「將人神格化」的道學，然其人本主張實強於認命精神，所以中國的人格典範不是信徒而是學者，甚至不是聖人而是君子，因為聖人樂天知命，彷彿有恃無恐，但君子「鞠躬盡瘁、死而後已」，只能盡人事而不及聽天命，這才徹底表現人的高貴性。中國傳統對神「存而不論」的態度並非形成於起始，而是出現於無法更進一步之後，於是聖人崇拜代替上帝信仰而起，君子文化成為中國人文主義的本體，因聖人可敬而不可學，君子希聖而不能成聖，必待終身行道之後乃可能被後世崇奉為聖（如孔子不自以為已超凡入聖），所以中國文明的「極限感」特強，也因此而能維持其極致表現。君子其實不

是相對於小人而是超越小人，故其責任是「為生民立命」，「淑世」與「義利之辨」不可分別，正因淑世是君子的義務而君子並非不好利，君子使小人難受則因他顯示了小人的良心，所以只有小人欺負君子，而無君子安慰小人。君子是大人，大人不是相對於小人而是超越小人（小人可以長大），於是君子必須照顧小人，並且恩及萬物，這使君子擔當了部分的「神職」，而其注定的失敗使中國文化充滿悲劇性。「天人同道」的思想在中國極為盛行，此說是無神觀的人文主義取向，它與原始儒家的觀點不同，富有樂觀精神，為儒家與道家結合之見，但因知識深度不足，且於世道人心欲振乏力，故終究是孔孟之外的偏統，這是中國人文主義無法突破之下的自安表現。因對上帝感受微弱，中國人文主義逼近極限但未達極限，這便是極限感橫生之情由；受苦必有意義，但不明就裡的受苦使意義降低，中國自視太高而自知太少，以致君子勇氣多而信心薄，中國文明顯然因此「白白受了許多苦」，而其意義只有在東西對比時方才彰顯。

　　總之，中國文明因形式上與西方文明差異甚大，常使人誤以為東西無從比較，或東西文明的素質不分高下，其實中國文明的層次絕對不如西方，因它與西方文明的進化方向相同而處於落後，故西方理念足以解釋中國文明的狀態，而中國理念不足以說明西方文明的境界，反對此說者大約是反對一切通論的人（翻譯的困難或缺陷只不過是技術性的小事），而此輩必屬於落後的一方。中國文化與其他東方文化仍為不同，若說中國文化是東方性代表，這並不意謂俄國、回教世界、與印度的文化共同性集中於中國，也不表示由俄國、回教世界、以至印度的文化轉變趨勢完成於中國，中國濃厚的東方性雖與其地理位置居於極東（相對於西歐）的狀況吻合，這畢竟是不可思議的天意安排，不能以為東方性與西方性是物質環境造成的文化格調，於是可知中國文化所以為東方性代表，乃是因其獨特而非因其類似其他的東方文化。西方認定東方起初是基於文化本位立場，其後則是出於文明普世標準，

這表示在東西觀念下，「西方較東方進步」的事實後來已為「東西方都不夠開化」所取代，由此可見東方不是為西方而存在──反之亦然──卻是為彼此啟發而存在，而當此事大功告成時東西之別便無意義，因為文明的唯一性是出自為人價值的單一性（好人只有一種而壞人形形色色），東西是為文明而存在，所以文明必定超越東西而泯除其界。

　　東西觀念產生於文明早期，而東西觀念的成熟以及東西全面的接觸必出現於文明晚期，然此時世界一家的假象又使人忽略東西對立的意義，蓋歷史雖是所有人構成的，但歷史知識卻是胸懷天下的人才能獲得的。在近代，**西方的東方政策是帝國主義，而東方的西方思想則呈現於現代化（西化）運動**，二者相抗又相親的緊張性，暗示東西文明精神一致而成就高下有別的狀況。「文明是人類的」，其意一方面是人而非其他生物才能創造文明，另一方面是文明的價值通貫人世而不限於民族，所以文明的力量和趨向是同化，先進管教後進不僅是征服野心所使然，也是道德的要求。單憑「以力服人」只能建立帝國，加以「以德服人」方能造就帝國主義，如此東方有帝國卻乏帝國主義（帝國主義是西方的論述），而西方列強不是「船堅砲利」而已。帝國主義兼具權力慾望與教化使命，所以西方國家的殖民擴張與傳教事業總同時開展，「社會達爾文主義」(Social Darwinism) 與「白種人的負擔」(The White Man's Burden) 二說皆是暴力與善意的整合，其錯誤是在罔顧「教育不能強迫」，但衝突是學習與改良的必經歷程（如康德所示），帝國主義是促進世界文明的原罪行動。對發動者而言，帝國主義可能義利兩全，但它絕非有利而無害，因為「力」與「德」性質對立，其雙管齊下必有不祥，蓋欲以德服人則不能以力威脅，這使西方列強的作為深受東方國家質疑，其教化若非成效不佳，即是造成罪己（現代的西方思潮本具有反帝國主義的精神），而受教者茁壯之後更將不利於帝國的命脈，可見帝國主義因善意不足而自取其咎，這是其必敗之由。

此事顯示，「假公濟私」儘管可能有利，但在道理上終將自損，因為公義不可能被私心利用而受害，反而可能造成偽君子假戲真作而「被迫上進」，這即使無真正的效果，也不會使心術不正者獲得精神上的勝利。事實證明帝國主義是歐洲沒落的一大原因，蓋「新帝國主義」推行開發教化而不如舊帝國主義執行重商政策 (mercantilism)，這使西方列強的優勢難以長保，其版圖擴張導致國力分散與消耗，而國際競爭不僅造成戰爭互殘，更惡化列強追求帝國榮耀的迷惑，終於在失去海外領土時又賠上國本。帝國主義顯然具有自毀性，這呈現在帝國主義的覆亡主要不是因為受人推翻，而是因為其發展至極而轉成內鬥，由此可知帝國主義的致命傷是尋求無止境的征服，故帝國主義的生命是盛極而立衰，幾乎可謂自噬（不是自食其果）。教育為長久大計，征服為短時行動，帝國主義兼有二者，所以常因政治野心而自壞長城（急於立功見效而失於培育改造），即使它的教化事業成功，帝國主義也難以為繼，因為在世界大同時，帝國主義便成為不容存在的惡念。總之，帝國主義的興起證實西方的先進，然其內在緊張性也反映了西方文明的缺失，不幸的是東方由帝國主義的崩解認定西方的錯誤，卻未能從沒落而不頹廢的歐洲文化肯定西方的進步。

　　在西方的觀點中，現代化當然即是西化，否則西方亦當面臨現代化的困難，事實上現代化是東方而非西方的普遍問題，這是現代化即為西化的證明，若有西方國家處於現代化的困境中，這只是表示其西方性不足。「新帝國主義」的文化定義可說是「強迫性的西化運動」，它並不標舉現代化一說，這不僅因為歐洲列強只有西化而無現代化的觀念（現代化是二次大戰後才流行的「包裝」說法），而且因為列強既有優勢迫使東方西化則無需美化其事。在性質上，西化所以即是現代化乃因西方性具有普世的價值，或者因東方性的層次不及西方性，故東方的現代化必經由西化，蓋後進向先進學習為理所當然，而且西方性就是現代性，否則世上並無東西之外另一文明可提供現代化的標準，

何況近代思潮是拋棄真理信仰，現代性的提出事實上不是考察東西文明之後所發覺的超凡（非東非西）理想。由此可見，現代化若由西方推行則東方必覺受迫，而稱其為西化，但西化若由東方主動採行則必被認定為現代化，而引以為榮，此情正是二次大戰前後亞洲國家的常見現象。帝國主義所以終究不利於西方在此已充分顯示，蓋東方遲早要西化，而東方西化必致西方優勢的消失，西方強制東方西化不僅引發衝突、造成傷害，而且在事倍功半甚至導致反效果之外，更將「提早」結束西方的霸權時代；這個怪象暗示歷史是上帝的安排而非人的決定，故當西方性成為文明最高素質之時，西方不能獨享其成就，卻必須將其世界化，從而歸屬並隱沒於人類一體的新世局中，這是「天下為公」的文明發展之道。簡言之，因為西方性富有普世性，所以西方性不能長久獨存，而須取代東方性以為世界性，又因此時是在現代，故西方性成為現代性，於是東西之別的歷史階段告終，西方的勝利也失去意義（正如東方西化的成功可視為東方的失敗）。以國際公法為例，它是西方近代的建樹，十九世紀時西方列強以此根據做為「收服」東方國家的理由，當時國際公法確有維護既得利益者（西方）的優勢之效果，但它既然是公正的原則，必也保護了東方國家的權益，或使其一時的地位得到永久的承認，土耳其帝國未被瓜分、統一的印度獲得肯定、清朝版圖成為中國領土，皆是國際公法保障的結果，其後東方國家復興，更以國際公法伸張其權力，使西方不再擅場。與國際公法一例相似的是資本主義，資本主義精神在東方亦有，但完整的資本主義體制與思想乃出現於西方，西方將東方引進資本主義運作的世界，這使東方陷入不利的處境，幾乎是制度性地被剝削，但經長久改革建設之後，東方實力大增而能以資本主義作法反攻西方，於是西方也無法逃脫這個世界性的經濟機制而自保，畢竟物質主義不是西方的優點或東方的弱點（資本主義與社會主義的對比並不符合西方性與東方性的對比），東西商業競爭不可能是西方常勝。西方性能使東方受惠，這

證明東西實有同質性，而西方較東方更文明，但因西方仍非至善，所以東方學習西方時不能只是模仿而須反省，在求道的意義上這是東方優於西方之處，因為西方難以效法東方或向東方求教。

　　西方性即是現代性，故現代化即是西化，然因現代化或西化實際上是政治性和社會性運動，所以東方西化常是表面工夫，亦即專注於物質建設與制度規劃，而不著重思想精神的改造；這表示現代性是現代化的依據，但現代化常不深刻，其現代性不足的問題一方面是由於東方的反西方態度，另一方面是因為高深的觀念本不能全然落實，故西方的現代化也不盡理想。東方西化的動機主要是抵抗西方，所以其重點是軍事與科技的強化，此種改革僅具工具性價值，絕無西化即為現代化的體認，既不識東西差異的本質，且誤以為物質文明與精神文明可以分離（技術性的西化亦將導致東方精神傳統的喪失）。「師夷之長技以制夷」的主張不僅出現於中國，也出現於土耳其，東方世界兩端的國家皆有此想，這只是表示東方是由東方性所構成，而反對西方性是其一貫的意識。科學與民主是東方最重視的西方文化，然而此二者絕不是西方性的最高表現所在，蓋科學為物質的探索，其知識層次不如人文，而民主為大眾化制度，其立場是下層社會要求，不是西方文明觀念，可見東方的西化並不紮實，它只是東方本身加速的進化，因為科學與民主亦存在於東方傳統中而能逐漸發達，未必需從西方引入乃能興起。東方的自信在西方強迫東方改革時（常化為「不平等條約」的規定）尚存，因為此時東方仍以為西方只是武力強大而非文化先進，然至東方主動西化時，維持東方自尊的力量不過是民族主義，東方的消失因此不為東方人所察覺，但確是無可挽回的事實，此由現代東方人對東方傳統的無知可以證明，蓋民族主義只是情緒而非知識，所以民族主義使人自大卻無法自知。上述的變化在東方近代史的呈現，即是由「東西對抗」改為「新舊之爭」，這表示西方先進（新）而東方落後（舊）之情逐漸為人所察，而在革新勢力全面取勝後西化成為主

流，然其宣傳必稱現代化，待時日一久東方的新世代已成「世界公民」，東方於是消滅，它連做為一個地理名詞的用法都不再流行。然東方西化不可能徹底，而且不識天下大同之義者必懷鄉土思緒，所以東方常在「國際化」與「本土化」之間徘徊遊蕩──形成「全球性的局部化」('glocal') 心態──因西方同時出現文化多元主義和後現代主義等反菁英思潮，使東方在改進不足（無力提升）時猶以合乎世界潮流自慰，可見東方是滅亡於「東西之間」，不知所終。在人類歷史中，「仇外」(xenophobia) 是普遍而自然的族群態度，至二十世紀時東方出現「崇洋媚外」風氣（在西方對東方特具好感者始終是少數人），這個怪象是東方末世的徵兆，其證明是它總造成西方人對東方的「美好誤會」，卻使東方因此更為自卑 (cf. 'slave morality')。總之，東方現代化的有成是因東西文明的一致性，而其有限則是因東方性不如西方性，東方人對於「現代化即是西化」的反感，已暴露東方不如西方（故）而其現代化無法大成的問題，蓋不論如何現代化是從西化而來，東方若反對西化則難以現代化，「見賢思齊」者何暇批評「賢不如聖」，「現代化不等於西化」的觀念必須從超越東西的真理探索產生，不是以反對「五十步笑百步」的立場提出。

西方超越東方的一項力證是西方率先發現「世界」而向東方介紹，因東西長久對立，這個「世界觀」被東方人認定是西方本位思想而不受歡迎，所以現代世界觀的推廣有賴歷史觀的重建，也就是今人對古代世界觀的塑造（偏執解釋），這便是「世界史」觀念的形成緣由及其困境所在。世界史必是文明末世或歷史後期的觀點，故以世界史的觀點看待過去難免曲解史實，尤其現代並非大同世界，卻是人類生存危機逼近之時，出於現在的道德期望去解釋歷史發展的目的，顯然是「人定勝天」似的妄圖，既無知識且不虔誠。然而真相的發現若是意外，這也不妨礙求知，世界史的提倡雖有心術不正之處（政治動機），但其

探討確實有助於一切見識的提升，因為這是思考人類文明的必要結論。人既有原罪，文明發展至最後必逢障礙，真理不因學術的進步而大白，東西對立的歷史演變至二十世紀已轉成上下對抗，其結果是大眾化的勝利，於是真理越辯越不明，文明不能繼續進步，各種矛盾衝突的現象啟示，歷史性的反省才是終極真相的發覺之道，世界史的學風便是此道之一途。然則世界史理當是人類通史，而不是區域史的集合，它至少是貫通東西的文明史。

　　世界之大在於人的認知，所以世界之大遠遠超乎一般人的認知，現代的世界史範圍雖較凡人所設想者廣大，但絕不如理所當然者廣大。一般所謂的世界史其實是「世界化的歷史」，它是東西擴張所形成的國際史，不是世界性的人類史，其範疇雖超過國別史，但觀念上則不然。凡人所以為的世界是物質世界，所以時下流行的世界史只是空間擴大的歷史，它仍以政治史為主，討論東西世界由衝突改為整合的國際關係變化，含有強烈的當代價值取向，而罕有精神世界的探索。如此的世界史與現代史關連緊密，可謂為現代世界史或世界現代史，總非世界之史。事實上世界史首倡於冷戰時期，這是世界二分的時代，故世界史之說的善意是談和，然吾人應以善意求知，卻不應以善意決疑——「善」本於「真」而非「真」出於「善」——以和為貴的世界史缺乏批判，不學無術，這使「兩極化」(bipolar) 的世界觀既不能張揚，「第三世界」的聲浪也不受重視，而美國稱霸的結果亦非光榮，一切似乎勢必「挫其銳、解其紛、和其光、同其塵」。因為事實上世界史是危機的產物，所以冷戰的結束使世界史觀點表面上更受肯定，但實際上其探討的動力與概念卻有減無增，可見求知或求道若只為解決問題而非發現問題，必將成就有限，甚至自我蒙蔽。大同是古代世界的理想，世界史的出現卻是在大同理想近乎衰竭之時，所以世界史的理念不是世界大同而是世界一家，這是同舟共濟的要求，不必是萬眾一心的事實。世界史的流行是人類共存共生的需求所致，它使世界史的真諦難

以展現，因為文明的目的不是求生，而求生也非現代文明真正的危機；世界史的重要性受人矚目，這是高度文明的現象，但世界史的意義普受誤解，這是文明極限已達的跡象，可知世界史一出現即消滅，這是文明發展的「反高潮」(anti-climax) 結局。世界史觀點的普及主要是政治性與經濟性因素使然，其限制與錯誤亦因此而生，所以在世界一體的主張盛行時，民族主義的勢力也方興未艾，這是凡夫的世界觀及群體認同需求相互結合的表現，也就是說世界對一般人而言是生活環境，不是宇宙，故陌生的世界令人害怕而不被人相信。以歷史的主角而論，世界史的形成實是大眾化的結果，因大眾化是歷史的宿命，所以世界史的出現乃為必然，不論近代世界是否危機叢生；然大眾不如菁英文明，故世界史的出現必是文明墮落之時，蓋文明教化愈為成功，則受教者愈多，但英才本來不多，受教者未必是可教者，受教者一多則教養標準必定降低，文明整體素質因此沈淪，可見文明歷史盛極而衰不是「物極必反」之理，而是人類原罪或天意安排所致。然而正如「知道愈多愈知所知不多」，現代文明困境的出現不意謂文明本為錯誤，而是呈現文明本有極限；由此可見首先達到人類文明極限者，實為世上先進之國，文明的危機與困境是西方率先發現或遭遇，這不表示東方在現代反敗為勝，而是證明西方至今的領先。世界史是西方的倡議，這是西方先達人類極限的反應，亦即西方勝乎東方的證據，然世界史的觀點不容西方優勢的強調，此種自抑的作為是「登高自卑」的表現，更加展現西方的先進。總之，世界史的提倡象徵西方的自我超越企圖，其失敗不當視為可恥，東方於此世界化運動中的自戀與迷失，才是可歎之事。

　　世界史研究不是專業，而是超越專業的通貫性思考，雖然專精與博通絕無矛盾或衝突，但因各人的時光與心力有限，現實中二者確有相互排擠的情況，所以世界史探討必須與史學專題研究同時進行，然在相當時候以後則須全力投入，方能精進，且免玩物喪志。關於人文

問題的了解，「量變」未必能造就「質變」，也就是說訊息的累積未必能造成知識，因為「整體大於部分的總和」，所以世界史研究應由個人獨立從事，而非集合專家共同進行，世界史的知識應是「一以貫之」的見解，而非各式專題或區域史綜合的風貌。如此，正確或高明的世界史論述必與一般學者的認知不符，更不吻合常人的印象，其金字塔型結構的價值體系只有少數智者可以理解，畢竟史實與真相不同，不能以真理解釋歷史者必淪為歷史的上當者。同理，東西文明是世界史的主要題材，但世界史真相並不是以東方評論西方或以西方評論東方而獲致，其探索須以普世的道理為準，同時佐以神意的解釋，才能覺悟；蓋差異的發覺乃是源於超越性標準的感受（如說甲比乙美，這是根據「美」而非根據甲或乙所做的評判），不是由具體的比較而生（或說比較其實是一種理性判斷而非經驗積累），東西文明差異所啟示者是世界性的理想文明，或者確認東西文明的差異須憑世界性文明的理想，所以世界史探討實為真理探討，此事亦可以「世界史包含一切」為證。

　　因為西方勝於東方，故人性上西方易於輕視東方，而東方不得不重視西方，這使世界史的探討興起於西方（知識性高），然更受東方矚目（實用性強），但因東方認識西方的動機過於勢利，所以其世界史觀偏差嚴重。東方對西方的認識主要出於「知己知彼」的需求，而乏世界性的思考（例如中國人慣用「中西」「中外」等詞以概括世界），此種心態的最高善意表現是尋求文明的「互補」，其惡意則是為謀「百戰不殆」，因求知態度不正確，故常「以己度人」或「以東解西」，在曲解西方之餘又造成自欺。由此東方學者在上層文化方面，注意東西相似處而忽略其相異處，對於西方性更無察覺，這促進東方的自我認同，殊不知西方之「怪異」或難解事情才是其高明所在。東方以本位主義看待西方，使其一方面反對歐洲本位觀點，另一方面則將西方視為一個廣泛的外在世界（故「歐」「美」並稱），此二者共同造成東方學習西方的失敗，因為歐洲本是西方的重地，而美洲與澳洲只是西化邊陲，

其文化素質不及西歐，將美國視為西方主力是低估西方的想法，也是東方自大的表現。東方人對西方宗教與哲學等高層次觀念，常以「想當然爾」的方式了解，簡化與比附的缺失隨處可見。東方的西學重點是科技，文藝不為所重，東方的西方史研究略古詳今，並且著重取材而輕忽解釋，這皆是實用主義的學習取向，於此重異輕同是其原則（「他山之石可以攻錯」原本是實務之說）。「文明交流」的討論迴避文明高下之別，故其說偏重物質傳播，蓋高度文明必有先進的產品，但低度文明則無高深的思想，史上東西交流的重點是物資，而近代東西關係的要點不是交流而是征服，文明交流是東方強調（所愛）的世界史事跡，其心意是掩飾其未足以與西方論道的落後窘境。因為東方自知不如西方，其所採納的世界史觀是將東方匯入西方近代的歷史脈絡，於是東方傳統的循環史觀突然消失，取而代之者是一次大戰後在西方已經式微的進步史觀；然東方人對於進步的意義其實多無所知（進步觀並非與循環觀相對而是與末世觀相對），進步觀在東方西化時興起於東方，表示東方對西方的心悅誠服及一知半解，其樂觀是出於對西化的信心，也是出於消除自卑的動機。如此，東方的世界觀已成「無東無西」的當代史觀，這是東方忘本之後的心智狀態，它不具歷史感或時間感，恆以今視古而不見傳統，於是史學淪為人性的研究（人性本無史），其「社會科學化」乃是必然。東方性與東方歷史一起逝去之後，「西方性即是世界性」雖未獲得東方承認，但這是東方自覺逐漸消失所致，而非其仇外意識使然，故不知不覺中西方已變成全世界，這連西方人也多無體察。

　　世界由東方與西方組成，但世界不是東方與西方的整合，不論東西何者為優，世界性總高於東方性或西方性，東方西化固然合理，但因此以為西方文化是世界準則，這是大幸中的不幸，因為典範不是真理，西化最多只是世界化，而世界化不能真正體現世界性（正如「希

臘化」只造成「希臘似（式）的」文化）。東西融合絕無可能，因為形式上東西文明並不相同，二者融合必然扞格不入，故須取捨，然則東西皆有損。萬事萬物的存在皆有其不可易之地位，東西文明既然各自獨立，豈可能以人意使之合一。東西互補不是不可，然非達成至善之道，西方文明優於東方乃是事實，但西方文明亦有其弊，這表示真理超越事實——事實的不完美是理所當然——若以為東方觀念是救濟西方或現代文明之失的答案，這是不信真理者的淑世怪論，將使文明退化。東方與西方可以相互啟示，但東西文化無法結合以造就更高的文明，文明的極限即是文明的末世，此時**真理的探索必以思考「東西之別」入手，而以發現「東西之上」為要**。總之，求道必讀史，歷史呈現文明進化，其通貫性要求超越差異，其時間性提示超越當代，其層次性指引超越物質，文明終極境界必為大同而永恆的精神，所以正確的歷史解釋當以目的論 (teleology) 為意旨。西方雖是文明的勝地，但未必是求道的福地，因為凡人成功則驕傲，而失敗者較能反省，且其反省須兼考成敗二方情由，所以東方人的可悲不是無能而是無心，現代的可喜不是進步的快速而是極限的到來，於此有心的東方人必能較自信的西方人見識更廣而深。

第一章　上帝信仰

第一章　上帝信仰

完整或正確的世界觀必具有上帝信仰，中國文明不是沒有上帝信仰，而是信仰不深或認識不足，於是「天」取代「神」成為宇宙最高主宰；在上帝的人格靈性 (personality) 逐漸被忽略之後，上帝信仰更不可能發展，天道或自然法則 (natural law) 的思想畢竟是中國形上學的極限。如此，中國文化傳統的超越性與抽象性思考甚為薄弱，但同時教條化與上層（學者）迷信的問題也極輕微，因其取向永在「天人之際」，故人文主義成為中國文明最深刻的精神。

一、上帝信仰的探索

世上所有古文明皆有濃厚的宗教氣氛，其神明信仰的演進概為由多神轉向一神、由公共神轉向個人神、由自然神轉向政治神，此三脈絡同時發展（互動而整合），終究造成上帝信仰的確立。這個演進歷程在西方完整出現，愈往東愈不完全，至中國則是半途而廢，亦即中國的宗教信仰層次處於多神與一神之間、公共神與個人神之間、自然神與政治神之間，因知識份子於此態度保留，所以中國的宗教主要表現為「民間信仰」。「天蒼蒼而高也，上果有帝耶?」（《李義山文集》〈李賀小傳〉）人於上帝所以有問，這是智慧與苦難交融的境況，文明由此發皇而始終無法釋疑，然如今其成就已豐而人可以自慰，足見「大哉問」是面對困惑的求生精神。

古代中國絕不似後代之現實或世俗，先秦時期「國之大事在祀與戎」（《左傳》成公十三年），此情至秦漢猶然，甚至因統一政局已定，「國之大事實先祀典」（《後漢書》〈蔡邕傳〉）的新說成為定論。初民因謀生困難而感人力渺小，「其誰敢不戰戰兢兢以事百神」（《國語》〈楚

語〉下），「並告無辜于上下神祇」《尚書》〈湯誥〉）*1*，顯然當人自覺為萬物之靈卻感力有未逮時，神便是其直覺驅使的思考對象，於是「山林川谷丘陵，能出雲、為風雨、見怪物，皆曰神。」《禮記》〈祭法〉），這是多神信仰 (polytheism) 的階段。中國古字「神」未必為今意的神明（名詞），而常意謂神奇（形容詞），然而當時凡人感到神奇者往往加以神格化，故「神明」由形容詞轉為名詞，也就是由人的心理感受變成信仰對象，此非迷信（迷信是正信的扭曲）而是探索真相的初級過程——或可說是上帝所安排的人類發現上帝的歷程——所以古人不信則已，一旦信神必信萬般皆是神。如此，「天神、人鬼、地示〔祇〕」《周禮》〈大宗伯〉）的分類其實是眾神大小的區別，而非表示神與鬼或祇為相對；所謂「天阿者群神之闕也」《淮南子》〈天文訓〉），意味高於人者即（皆）為神，而非表示人間與天闕為相對。總之，人類既然為數眾多，而事物亦然，故人自然以為支配世間的神明也必繁多，後人看待此見不應強調其粗淺，而應重視其突破（超越性），何況多神信仰的錯誤必須以上帝觀念糾正，而上帝信仰無法先於多神信仰出現。

文明初期為集體化社會，因古人須群策群力始易於求生，故其奉神亦非私事，或說其所信仰者乃是處置萬民而非關照個人的公共神；這顯示人的思想確與生存環境關係密切，但其程度隨文明進化而降低，故個人神在公共神之後產生，此乃人心思索所得，非外在條件所造就，蓋個人主義在歷史中始終不曾興盛為社會主流思潮（即使如此也不可能是物質因素所致）。公共神流行的時代必是自然神為主之時，因為公共神信仰符合集體營生的心理需求，而農業是當時的求生本務，務農乃於大自然中掙活，「神靈之動民者莫如時雨，百姓之歸依於神者莫如旱禱」《彭城集》〈重修廬州蜀山廟記〉），故自然神順理成章是人民信仰的對象；再者，人所面臨的自然具有萬象，所以自然神在先民的設想中絕非單一，於是自然神信仰必為多神信仰，而多神信仰的對象主要

1.《論語》〈述而〉：「禱爾于上下神祇。」

是公共神，若說「山林川谷丘陵，能出雲、為風雨、見怪物，皆曰神」
（《禮記》〈祭法〉），則其所信當為眾多（多神）決定群體禍福（公共
神）的物質界神明（自然神）。中國廟宇至今盛行「國泰民安」（《夢梁
錄》〈山川神〉）、「風調雨順」、「有求必應」等宣傳說法，這反映中國宗
教的原始性甚強，蓋「國泰民安」是公共神的信仰觀點，「風調雨順」
是自然神的信仰目的（祝融時為可怕的火神），而「有求必應」勉強帶
有個人神的信念卻不充分（有求必應則非神），這些說法顯示中國宗教
確有進化但又極其有限，其大眾化色彩則暗示中國文人大約不是信徒。

　　相信「天於人欲本無私」（《王臨川集》〈送李才元校理知邛州〉），既
是古代公共神信仰的立場，也是智者教化人民與探究真理所必持有的
觀點，「天無私覆、地無私載、明無私照」（《禮記》〈孔子閒居〉）的說法
不僅為宗教觀（兼有自然神與公共神信仰），而且是道德觀，然因儒家
強調人道而罕言神意，故說「聖人於鬼神也……恃其公……幸其不私
與人福也。」（《春秋繁露》〈祭義〉）據稱「三代明王皆事天地之神明，無
非卜筮之用，不敢以其私褻事上帝。」（《禮記》〈表記〉）此種推想是基
於虔誠，而非因為神明難測，蓋「上帝，公神也」（《論衡》〈死偽〉），只
能效以公心，不能以私意取悅，換言之神是人服從的主宰，不是人溝
通的對象，此事並非深刻的神學可改。如此，「鬼神不可以私求」（《讀
通鑑論》〈晉安帝〉十八），所謂「私神立則公神廢」（《嵇康集》〈釋難宅無
吉凶攝生論〉），一方面表示個人神觀念乃是在公共神信仰之後才出現，
另一方面則表示當人以私心求神時宗教便無存在的價值。公共神是人
類原始的需求，而學者又加以道德化，這使中國宗教幾有發展為無神
信仰的趨勢，因為它對後人而言，若非成為多餘（神高高在上），即是
造成壓力（神大公無私），總無撫慰人心的作用。若以為「神心無私，
民靡不撫，遠邇之間，奚有捨取」（《司馬溫公集》〈又祭晉祠文〉），便知
奉神絕無實效或莫有私利，然則信眾豈可能形成；而在問道者看來，
「日月無偏照，何由訴蒼昊」（《李太白文集》〈經亂憶舊遊書懷贈江夏韋太

守）），這不是失望的問題，而是無理，故不可為。

　　公共神信仰的具體表現是部落神或地方神崇拜，這即是「保護神」觀點的由來，所謂「神不歆非類，民不祀非族」（《左傳》僖公十年），乃是其反面的論述。公共神信仰是集體主義的思想，而集體主義是古代政權的治國政策，所以公共神觀點常有政治秩序的寓意，此為政教合一現象。「夫鬼神之所及，非其族類則紹其同位，是故天子祀上帝，公侯祀百辟（神），自卿以下不過其族，（士庶人不過其祖）。」（《國語》〈晉語〉八）2 此說以宇宙次序合理化社會階級，將人事視同天命，其意與印度種姓制度的設計相似。因為位高者祭大神，位低者祭小神，而統治地位的尊卑代表領地的多寡，所以大小神明也有大小不等的管轄範圍3，這表示最大之神是掌管宇宙的上帝，眾多小神則僅據守一方──此即所謂「神壹不遠徙遷」（《國語》〈周語〉上）──故「有天下者祭百神，諸侯在其地則祭之，亡其地則不祭。」（《禮記》〈祭法〉）而為鞏固此種「神人相應」的階級觀念，乃又說「非其所祭而祭之，名曰淫祀，淫祀無福。」（《禮記》〈曲禮〉下）公共神觀念除了與文明早期的經濟狀況配合之外，也與政治要求結合，所以公共神信仰持續甚久，但其宗教精神卻極稀薄，這個中國式的政教合一局面使上帝信仰難以產生，因為上帝既不是公共神，更非政治思想所能了解。

　　在中國宗教中，從公共神至個人神的演進並不顯著，正如從自然神至政治神的轉變並不徹底，而這與上帝信仰的模糊是一致的事，蓋人不能從人事問題（而非自然現象）去省察個人（而非社會）的生命意義，則無法感受上帝的存在。所謂政治神是指掌理人事的神明，因

---

2. 又見《說苑》〈辨物〉。《國語》〈楚語〉下：「天子遍祀群神品物，諸侯祀天地三辰及其土之山川，卿大夫祀其禮，士庶人不過其祖。」《公羊傳》僖公三十一年：「天子祭天，諸侯祭土，天子有方望之事，無所不通，諸侯山川有不在其封內者則不祭也。」

3. 《抱朴子》〈登涉〉：「山無大小皆有神靈，山大則神大，山小即神小也。」

人為萬物之靈的想法在中國早已出現4，所以政治神也是中國古老的觀念。《左傳》有言：「山川之神，則水旱癘疫之災於是乎禜之；日月星辰之神，則雪霜風雨之不時於是乎禜之；若君身，則亦出入、飲食、哀樂之事也，山川星辰之神又何為焉？」（昭公元年）此說表示自然神不能控制人事，它暗示了政治神乃至個人神的必要性（個人福祉不能盡憑公共神庇佑），但因政治神信仰在當時絕不興盛，故其意更可能是以「神力有限」為由強調其不可信，這是人文主義的無神觀建議。人事的重要性高於自然，但人需求自然而不應反抗自然，故政治神的層次高於自然神，但政治神兼理自然而非與自然無涉，同理個人神的層次高於公共神，但個人神絕非無力兼顧公眾之事；由此可見宗教的進化是朝向發現上帝，而不可能停留於政治神與個人神的信仰，中國宗教未發展至成熟的政治神與個人神觀念，故不可能產生真正的上帝信仰，卻極可能永遠停滯於「準政治神」和「準個人神」的階段5。在此種狀況下，中國宗教定型於多神信仰而非單神信仰 (monolatry)，「祭祀百物之神」（《周禮》〈鼓人〉）成為習俗，神明數量與時俱增，而祭祀典制日趨繁複6，同時上帝信仰卻逐漸消沈。朱熹曰：「古者天地未必合祭，日月山川百神亦無一時合祭共享之禮⋯⋯豈有祭天卻將上下百神重沓累積併作一祭耶。」（《宋史》〈禮志〉三）7 此種現象顯露由多神信仰趨向無神信仰的訊息，因為輕忽大神而將其與小神雜混，乃是宗教

---

4. 《尚書》〈泰誓〉上：「惟人萬物之靈。」

5. 《漢書》〈郊祀志〉上：「八神將自古而有之⋯⋯八神一曰天主，二曰地主，三曰兵主，四曰陰主，五曰陽主，六曰月主，七曰日主，八曰四時主。」此例即顯示中國宗教的「神格」是介於自然神與政治神之間。

6. 宋神宗命樞密直學士陳襄等詳定郊廟奉祀禮文，其說以為：「古者神位寡、祀事簡，故兆守有域以為遮列屬禁而已；後世神位既眾、祀事亦繁，故為三壇以嚴內外之限。」（《文獻通考》〈郊社〉四「郊」）

7. 諫官司馬光曰：「近代祀明堂者皆以其父配上帝，此乃誤釋《孝經》之義而違先王之禮也。」（《宋史》〈禮志〉四）

信仰的反進化現象，它表面上維持禮拜儀式，然而漸失虔誠之心。

　　中國的上帝信仰顯然僅存在於少數學者之間，其認知的產生主要不是靠經驗想像，而是理性推論，於此中國的上帝說與西方觀點頗為一致，但其內容不如西學深刻和完整。由多神觀演進為一神觀的過程必歷經**單神信仰**，所謂單神信仰是在相信眾神存在時特別敬拜其中之一，不論此神在眾神中的地位如何，對其崇拜者而言祂是「神中之神」（神上之神），這便是上帝信仰的精神前兆；然而對理性清明者而言此「神中之神」乃是「眾神之主」，其為上帝應無疑義，只是上帝信仰不篤或對上帝的性質體認不足，則將兼納眾神，這正是中國傳統的上帝觀，可謂為模糊的上帝信仰。《尚書》與《詩經》屢言「上帝」，其意約略為人間主宰，祂雖不是宇宙唯一之神，但確是人心中終極的信仰對象，也就是神中之神。《尚書》〈舜典〉云：「類于上帝，禋于六宗，望于山川，遍于群神。」這即表示上帝是眾神中最尊者，後世引用此文者甚夥8，顯然其說早已成為共識，所以類似之說為數更多9。所謂「上下神示〔祇〕」（《周禮》〈小宗伯〉；《國語》〈晉語〉八）或「大神示〔祇〕」（《周禮》〈大宰〉）、「大小之神」（《史記》〈五帝本紀〉）諸說，皆隱含上帝信仰，其明白的說法是數見於《墨子》的「上帝鬼神」，這表示上帝是信仰眾神之時不得不認定的最大神──如墨子說「上帝山川鬼

8.《史記》〈五帝本紀〉：「類于上帝，禋于六宗，望于山川，辯于群神。」孔穎達《尚書》疏曰：「名曰六宗，明是所尊祭者有六，但不知六者為何神耳……漢世以來說六宗者多矣。」此說間接證明上帝被認定是神上之神，蓋六神可議而上帝不可議。

9.《詩經》〈時邁〉：「懷柔百神，及河喬嶽。」《國語》〈周語〉中：「上帝山川百神之祀。」《禮記》〈月令〉：「皇天上帝、名山大川、四方之神。」（亦見《呂氏春秋》〈季夏紀〉）《呂氏春秋》〈季冬紀〉：「畢行山川之祀，及帝之大臣、天地之神祇。」《桓子新論》〈辨惑〉：「祀上帝，禮群神。」凡此皆表示上帝存在而眾神亦存在，然上帝雖是最大之神，卻非真正之大，蓋「至大無外」，若有無所不在且無所不能之上帝，則又何需眾神多事。

神必有幹主」(《墨子》〈非命〉上）——同時表示宇宙次序是人所以信神
與發現上帝的知識性因素，而此因素實為天賦（理性感受），故上下大
小之意從來無庸解釋。朱熹說：「一國三公尚不可，況天而有十帝乎？」
(《朱子語類》〈易〉四）此說是信神的智者對於唯一上帝的理性推論，
幾乎是中國傳統中獨有的高見 10，它不是神蹟感受也非感性意見，故
其信仰堅定而永久。陸九淵說：「惟神正直，盡道舉職，以贊上帝，以
蘇下民。」(《陸象山集》〈謝雨文〉）這雖也表示上帝是最高主宰，但其對
神格正直而慈悲的間接強調，反而顯示對上帝信仰之不堅，因為此說
是在「合理化」上帝的存在（陸氏此說實為官話），而其對眾神的肯定
亦是上帝觀念不清的徵象。蘇軾稱：「既祀上帝，則天地百神莫不從
也。」(《蘇文忠公集》〈上圓丘合祭六議劄子〉）這對上帝的主宰性確有見識
（較陸九淵更高明），但又嫌不足，因為上帝理當是唯一之神，以眾神
推崇上帝其實是對上帝的褻瀆。明朝洪武三年六月癸亥詔曰：「夫岳、
鎮、海、瀆皆高山廣水，自天地開闢以至於今，英靈之氣萃而為神，
必皆受命於上帝，幽微莫測，豈國家封號之所可加。」(《日知錄》〈古今
神祠〉）11 這是主政者贊神自貶的罕見說法，但它仍暗示君王是人間主
宰，其上帝觀的錯誤與蘇軾之見同，而「英靈之氣萃而為神」之說與
迷信無異，由此可知上帝信仰在中國早已成為（上層或官方）傳統，
然其偏差亦根深蒂固，少有更改 12。尤不幸者，古文中「上帝」一詞

---

10. 王符說：「人有爵位，鬼神有尊卑。」(《潛夫論》〈巫列〉）此見與朱熹之說相
　　似，但它直接以人事推斷天道，缺乏超越性思想，而朱熹所持是「天高於
　　人」的論點，可見其上帝觀之超凡。

11. 《明史》〈禮志〉三「嶽鎮海瀆山川之祀」：「嶽鎮海瀆之封起自唐宋，夫英
　　靈之氣萃而為神，必受命於上帝，豈國家封號所可加，瀆禮不經莫此為甚。」

12. 楊復《祭禮》曰：「禮家或謂郊祀上帝則百神從祀……〔其實〕祀天之後乃
　　祭百神……莫尊於天、莫重於郊祀，精一以享，惟恐誠意之不至，豈容混以
　　百神之祀乎。」(《文獻通考》〈郊社〉一「郊」）此說顯示中國傳統的上帝觀
　　幾乎不具超越性，上帝為「神中之神」的意義僅如君王是貴族之最尊者，上

常被後人註解為含意籠統的「天神」，這一方面未必吻合古人原意，另一方面使趨向於「神中之神」的上帝信仰探索因而不進反退，陷於多神迷信乃至無神觀念的困局中，這是世上古文明發覺上帝的歷程中功虧一簣的普遍下場。

　　對人而言，定義上帝等於承認上帝的存在，此即上帝的性質（神格）是上帝所以存在的因素（理由），這是因為上帝具有甚高的超越性，上帝的存在與上帝的性質在層次上皆遠非人的知識所可確定，所以評論其一實際上如同評論其二，雖然上帝性質的討論理當在上帝存在的問題肯定之後方能進行，吾人於此不能絕對講理，這是上帝偉大而不可測的證明，或是人類渺小而有限的證據，若必全然實證方可接受真理，這只是人的自絕。

　　如此，「唯一」(oneness) 是上帝存在的證據——故上帝被稱為「唯一者」(the One)——也是上帝的性質，這是最簡單而明確的天道論點，蓋真理貫通一切，而上帝為真理之主，相信真理則必須（自然）信仰上帝，然後可知有上帝必有真理，而神若非一（神明眾多或天道有二）則不神矣。「萬法歸一，一歸何處，此千古神奇語，亦千古疑難事。」（《高子遺書》〈復七規〉）「上帝為唯一」的觀念與人對萬事萬物追本溯源或綜合整理的企圖關連緊密13，也就是說人若相信事物有理則非信

帝既離不開群神，「郊祀上帝則百神從祀」的問題實非失禮，而是無知。馬端臨稱：「（漢）諸方士言『天神貴者泰一，泰一佐者五帝。』則太一五帝俱天上之神爾，以神為帝、以祀神為郊，而昊天上帝之祭固未嘗舉行也。」（《文獻通考》〈郊社〉二「郊」）又說：「按泰一莫知其何神……（漢）武帝時採謬忌之說則以為五帝特泰一之佐，於是具泰一祠壇在五帝之上，帝親郊拜，則以事天之禮事之矣。」（《文獻通考》〈郊社〉十三「祭星辰」）這顯示上帝確是信神者必須崇奉的最高對象，但上帝為何（能）追究者甚少，所以祭祀上帝的無禮皆因無理，不應單以禮統批判之，同時凡夫（包括帝王）奉神是為求個人（小我）之福，所以崇拜小神而忽略上帝是常見的事，此情在西方上古時代亦然，這主要也是無知而非不敬的問題。

仰上帝不可，若有相信真理卻不信上帝者——這正是中國盛行的思想——其真理認知必有嚴重錯誤，因為這等於主張一切事物皆有理有由，而唯有真理無理無由。

　　既然信仰上帝必須相信真理，而相信真理在道理上比信仰上帝容易，但實際上相信真理必須講理而信仰上帝常憑感覺，所以信仰上帝似較相信真理容易，或者說信神者常不講理，中國「天一」之說屢遭質疑的原因即在此。「天至尊無對」（《明史》〈徐溥傳〉），天一觀念接近上帝信仰，然靈性不足的學究對於「天」與「上帝」的定義爭議不休，以致天帝二分，天一之說也未必肯定上帝，這是中國主流的異端，也就是探索上帝而誤入歧途最嚴重的邪說14。鄭玄與王肅關於天帝的辯論是中國上帝觀發展分歧的象徵性關鍵，論其對錯則「鄭康成以為有六天，王子雍以為天一而已……王說正大，鄭說穿鑿。」（《文獻通考》〈郊社〉一「郊」）反對「天一即上帝」者大約是重視傳統而不知「真理超越事實」的人，這不是中國傳統的錯誤——畢竟上帝的發現是「從錯誤中學習」的過程——而是無能承先啟後的傳統主義之錯誤，此為教條化而不虔誠的表現。鄭玄的六天說或天帝不同說是出於考據之學，其失誤在於忽略前人說法是探索上帝過程中的心得而非定論，不當直接奉為真理，鄭玄援引權威以代替推理解釋，無異於人云亦云，這對發現上帝所需的前後接力並無貢獻，可見他不是認真的求道者15。若

---

13. 《明史》〈禮志〉二「郊祀配位」：「萬物本乎天，人本乎祖，天惟一天，祖亦惟一祖。」

14. 《宋景文公筆記》〈考古〉：「人莫不本乎祖，祖一而已，尊無二上，故曰率義而上至於祖，祖尊而不親，是所以配天也……奈何曰天、上帝，一耳，不通言則若兩物然。」

15. 「（鄭）康成注二禮，凡祀天處必指以為所祀者某帝，其所謂天者非一帝，故其所謂配天者亦非一祖。」（《文獻通考》〈郊社〉一「郊」）此種以考證論道的方式於發明真理有害無益，如陳祥道《禮書》雖不同意鄭玄之說，但其辯證之法實與鄭說相同，這若不是以訛傳訛，也是將錯就錯。陳祥道《禮

曉道理與本源皆為唯一，則上帝觀念即出，於是乃知萬變不離其宗，上帝之名不一（西方史上的上帝變名多矣），然所指相同 16；上帝數名實為單神信仰進化至一神信仰的過渡現象，但中國古代天帝複名的現象則屬於多神信仰進化至單神信仰的過程，因為或崇天、或崇帝、或信眾神，在此多神崇拜風氣中欲獨尊上帝，乃不易造成共識，更遑論共名，然上帝信仰者只能以「名異實同」解說天帝混稱之情（不免更增爭論或招來非議）。南朝宋建平王劉宏指出：「凡上帝之言無非天也，天尊，不可以一稱，故或謂之『昊天』、或謂之『上帝』、或謂之『昊天上帝』，不得以天有數稱，便謂上帝非天 17。」宋朝楊復《祭禮》曰：「『天』『帝』一也……天固不可以象求也，以象求天是何異於知人之有形色貌象，而不知其有心君之尊也 18。」總之，「人之所尊莫過於帝，

書》曰：「天則昊天上帝也，上帝則五帝與天也……上帝非一帝也。」（《文獻通考》〈郊社〉六「明堂」）又曰：「《周禮》有言祀天、有言祀昊天上帝、有言上帝，有言五帝者，言天則百神皆預、言昊天上帝則統乎天者、言五帝則無預乎昊天上帝、言上帝則五帝兼存焉。……上帝異乎五帝也……上帝異乎天也……上帝非一帝而《周禮》所稱帝者昊天上帝與五帝而已，則上帝為昊天上帝及五帝明矣。……鄭康成以上帝為五帝而不及天，王肅以上帝為昊天上帝而不及五帝，二者之說皆與禮經不合，不足信也。」（《文獻通考》〈郊社〉一「郊」）前說顯示陳氏好學而不好知，所謂「學而不思則罔」於此可見。

16.《明堂大道錄》〈明堂六天〉：「禮記郊特牲正義曰鄭氏謂天有六天，天為至極之尊，其體只應是一，而以為六者，指其尊極清虛之體，其實是一，論其五時生育之功，其別有五，以五配一，故為六天。」

17. 劉宏曰：「〔宋·顏竣〕據《周禮》、《孝經》，『天』與『上帝』連文重出，故謂上帝非天。……凡上帝之言無非天也，天尊，不可以一稱，故或謂之『昊天』、或謂之『上帝』、或謂之『昊天上帝』，不得以天有數稱，便謂上帝非天。徐邈推《周禮》『國有故則旅上帝』，以知『禮天』『旅上帝』同是祭天。」（《宋書》〈樂志〉一；《通典》〈樂〉七「郊廟不奏樂廟諸室別舞議」）

18. 楊復《祭禮》曰：「愚按程朱二先生之言則『天』『帝』一也……天固不可以

託之於天，故稱上帝。」(《宋史》〈禮志〉二) 凡此皆是以理論道（非引經據典），切合要義，因其理甚明，乃至不消多言而可立下結論，故《宋史》「獨斷」地說：「按《周禮》有稱昊天上帝、有稱上帝、有稱五帝者，一帝而已。」(〈禮志〉四) 19 出於簡明的上帝信仰，唐朝起居舍人王仲丘力陳：「上帝之與五帝自有差等，豈可混而為一乎。」(《舊唐書》〈禮儀志〉一) 20 此種論點英雄所見略同——程朱皆持此見而更深入 21 ——其「不足為外人道也」，實因凡夫本無法（不肯）相信上帝，所以長久以來鄭玄之說遠較王說得勢 22。

唐武則天永昌元年九月敕曰：「天無二稱，帝是通名，承前諸儒，互生同異，乃以五方之帝亦謂為天，假有經傳互文，終是名實未當，稱號不別，尊卑相渾。自今郊祀之禮唯昊天上帝稱天，自餘五帝皆稱

象求也，以象求天是何異於知人之有形色貌象，而不知其有心君之尊也。……四圭有邸以『祀天』、『旅上帝』，祀天專言天者，尊天之辭也；有故而祭則曰旅，所以聽命於帝，以主宰言之也。」(《文獻通考》〈郊社〉一「郊」) 又曰：「郊祀配天，明堂配上帝，天與上帝一也。」(《文獻通考》〈郊社〉六「明堂」)

19.《宋書》〈禮志〉三：「五帝即天也，五氣時異，故殊其號，雖名有五，其實一神。」

20.《明堂大道錄》〈明堂六天〉：「上帝雖與五帝為六天，其祀之則仍有別，蓋上帝又為五帝之主宰故也。」

21.程子曰：「六天之說起於讖書，鄭玄之徒從而廣之，甚可笑也。帝者氣之主也……豈有上帝而別有五帝之理。」(《文獻通考》〈郊社〉一「郊」) 朱子曰：「凡說上帝者，總昊天上帝與五帝言之，皆稱上帝也。」(《文獻通考》〈郊社〉一「郊」) 由此可見，程朱皆認為上帝總括一切，有上帝則不必再言五帝，這是接近一神觀的思想，較「上帝高於五帝」之說 (《宋史》〈禮志〉三：「天莫尊於上帝，而五帝次之。」) 更為精進。

22.宋祁奏：「臣切見鄭康成以上天之神凡六，昊天者天皇大帝，五帝者太微五帝，王肅曰天惟一神，以五帝為次神，而諸儒附鄭者多胡據而為說。」(《文獻通考》〈郊社〉七「明堂」)

帝。」(《通典》〈禮〉三「郊天」下) 此說之決議原則上雖為正確，但其論述實取情理的「中間路線」而非正道，所以其見仍非真正的上帝信仰（若知上帝正義則不至於強調「天高於帝」)，亦非探索上帝的知識傳承之結論，也乏啟迪民心的功用。其實中國民眾為求私福乃敬拜眾神，而統治者為自抬身價乃推崇上帝（如郊祀上帝則以五人帝從祀)，同樣心術不正，武則天牝雞司晨、朱元璋出身寒微，故奪權時皆致力於自我標榜，乃有此類「為神正名」的政治奇術，以暗示其奉天承運之聖命。唐玄宗開元三年張九齡上表曰：「天者，百神之君而王者之所由受命也。」(《文獻通考》〈郊社〉三「郊」) 這無疑是中國版的「君權神授」(the divine right of kings) 說，等於主張為提升王權則應宣揚上帝，是可謂「以人驗天」。可怪者，中國皇帝在肯定或倡導上帝觀念之時，也大力支持眾神信仰，蓋帝王欲藉此自我標榜則須定義上帝為「神上之神」，以彰顯其為「人上之人」的對應性地位。由此可知，中國學術史上的上帝觀演進緩慢而成果不足，但中國政治史上的上帝觀卻可不經持續探討而突然以法令定案，這表示中國的上帝信仰不僅始終未成熟，且因權力鬥爭的影響而深受扭曲。

　　推論上帝的又一根據是世間的不完美，此即因人有才卻能力有限，而其所處的世界為具有缺陷與存在錯誤，以致使人設想一至善之域，此為至高無上、無所不在、無所不知、與全知全能的終極主宰，而不止於崇高的精神境界，故不得不加以人格化而視之為「上帝」。完美的境界實非完美，因它不能自我創造或具有支配力量，所以不完美的人間並非相對於完美的世界，而是相對於至善的上帝，這是人所能思考的最高生命或「存有」(being)，但如此的推理其實是上帝灌注於人心的「印象」──即「天賦概念」(innate idea)──而非人的發明。依理，不完美的事物不能使人推斷完美事物的存在，人必先有完美的觀念，才可能有鑑於事物的不完美而發出感慨或期望完美，故完美之想乃是天機，人因世事不完美而感受上帝存在，這是上帝之功，不是聯

想所致，更非邏輯的問題。總之，世間的不完美使人「反推」上帝的存在，這證明人活在有限的世界，而人對此實有警覺，可見人人皆有良知和神性。若謂「物有所不足，智有所不明，數有所不逮，神有所不通」（《楚辭》〈卜居〉），這不表示絕望，而是有所寄望，其最終所託正是上帝，故說「時不若歲，歲不若天，天不若道，道不若神。」（《阮嗣宗集》〈大人先生傳〉）23 進一步而言，「論功莫如神，論大莫如天，悲哉區區人，乃欲逃其間。」（《王臨川集》〈雜詠八首〉四）這是人由世間不完美推度上帝之後，反而深感束縛而無法認命的悲哀心情，它間接對神力無邊再次認定。唯有智如朱熹者乃知「神也者，妙萬物而言者也，盈天地之間皆神。」（《朱子語類》〈禮〉七）此說意謂上帝的普及 (omnipresence) 與內在 (immanence)，坦然承認人之於神為「無所逃於天地之間」24；然而「功無大小、德無多少，人須仰恃賴之者則為美矣」（《論衡》〈感類〉），上帝既為完美，其於萬事萬物的安排也必具有美意，信仰上帝者必「被迫愛神」，這不是因為人須回報「神愛世人」，而是因為神不可能有錯。上帝為至尊，故「舉世譽之而不加勸、舉世非之而不加沮」（《莊子》〈逍遙遊〉），反觀人間，「雖為天子必有尊也，貴為諸侯必有長也，故天子朝日，諸侯朝朔」（《穀梁傳》莊公十八年）；可見人所以自卑其實是因為神而不是因為他人，「強中更有強中手、一山還有一山高」的推測導致「人上有人、天外有天」的想像25，於是乃知「至獨者不孤」（郭璞〈客傲〉），是為上帝，至此人才認清了自己。

23.《阮嗣宗集》〈大人先生傳〉：「時不若歲，歲不若天，天不若道，道不若神，神者自然之根也。」阮籍將自然視為上帝其實是無神觀，這是錯誤的思想，但他以宇宙運作體系（上下次序）推論最高主宰，這在方法上乃為正確，由此可知正確的方法未必可以致知，致知之由實為靈性（理性屬於靈性）或靈感，此即上帝賦予人的良知。

24.《明史》〈樂志〉二「洪武二年享先農樂章」：「神無不在，於昭於天。」

25.《宋史》〈朱熹傳〉：「熹幼穎悟，甫能言，父指天示之曰『天也』，熹問曰『天之上何物?』」

　　由前論可知，完美是不完美之本，然則不完美絕非先於完美而生，並
且不完美不是與完美對立，而是希求完美，如此，人所以感知上帝即
因人不完美而上帝完美，同時人不完美卻有自覺故可能完美。

　　廣義而言，由不完美推求完美是一種因果論 (etiology)，故「以至
善為上帝」與「以原因為上帝」在理論上實為的相同說法。一切「其
來有自」是天賦概念而非經驗認知（許多事看似沒來由），所以真正的
原因必為「第一因」(the first cause)，而第一因即是上帝，此見是上帝
信仰者才可能接受的，因為它不是現實生活的產物，而且凡夫難以同
意原因具有活力，何況許多人無意追根究底。中國文化富有「心平氣
和」的精神，此種心態不重求知而重養性，因為世事不完美，所以看
得清楚常招來煩惱，以致「難得糊塗」竟成雅事，而從追論本原以證
明上帝的簡易作法，也時遭反對或忽略 26。若主張事物「無有頭尾」
（《六祖壇經》〈般若品〉），這是反抗常識的蠻氣；若以為「終始若環，
莫得其倫」（《淮南子》〈精神訓〉），這是見識不足的迷惘；若稱「道無終
始」（《莊子》〈秋水〉）或「道終乎無始」（《列子》〈天瑞〉）27，這是以不
知為知的自愚。上述說法皆呈現「道不能自足」，然則可知真理之上尚
有上帝為一切的根源或依據，故說「道之大原出于天，天不變，道亦
不變」（《漢書》〈董仲舒傳〉），但不得謂「有人，天也；有天，亦天也。」
（《莊子》〈山木〉）依從理性者不得不相信「物無二本、事無二初」（《宋
史》〈禮志〉二）而「始終者萬物之大歸」（《陸士衡集》〈弔魏武帝文〉），
情感真摯者不能不追問「孰致也而生？孰召也而死？焉從而來？焉往

---

26. 在中國古文中，「始終」一詞常為「終始」所取代，依理有始才有終，並非
　　先終而後始，「終始」一詞帶有循環觀，而於一切事物的本原不欲正視；於
　　是可知，正因缺乏「始終」之想，故多「終始」之說，而若「終始」等於
　　「始終」，其意當是「無始無終」。

27.《海石子》〈造道〉：「與道為一，由是以窺無始之祕。」此說可謂裝神弄鬼，
　　不知所云。

而止?」(《柳柳州集》〈下殤女子墓塼記〉),雖「天地果無初乎,吾不得而
知之也」(《柳柳州集》〈封建論〉),然「上帝為第一因與最後果」的答案
於此卻成為必需。

因果觀念既為天資,由此推議上帝乃是自然之舉,中國文明不可
能獨缺此事。所謂「太初者氣之始也、太始者形之始也」(《廣雅》〈釋
天〉)雖非正見,但在推理上已正確指示終極信仰的必要,進一步言則
「無名萬物始,有道百靈初」(《庾子山集》〈道士步虛詞〉六),上帝於此
已呼之欲出。「無中生有」對人而言根本不可思議,但在經驗上人無從
體認最初生育萬物的「本有狀態」,因而「以精神為物質原由」(第二
因)的觀點替代「以第一因為上帝」的解釋,成為追論終極真相的流
行思想,這正是中國最明確的「擬上帝觀」。精神為無形而物質有形,
若精神為物質之原由,則無形造就有形,此事令人驚訝不解──「神
生於無、形成於有」(《史記》〈律書〉)一說在凡眼中已是思過半矣──
但無法拒斥[28];其實若知精神本體或精神之上為上帝,便不覺「無形
生有形」為可怪,因為上帝可為無形亦可為有形,祂不是精神而已,
更有意志,故能創造與安排萬事萬物。唯物論者可能散佈各處,但世
上絕無任一文明主張物質優於精神,中國亦不例外,所謂「有生於無」
意謂有形生於無形,而非無中生有,這是中國的精神主義。若「有形
生於無形」為難以想像,然「無形生於有形」為絕無可能(絕對錯
誤),故說「有形出於無形,未有天地能生天地者也」(《淮南子》〈說山
訓〉)[29],可見「無形者物之大祖[30]」(《淮南子》〈原道訓〉)的觀點是勉
強的推論,但這確是思考超越性問題時必要的決斷,否則存而不論更
將陷於虛無的偽說。朱子曰:「不言無極則太極同於一物,而不足為萬

28.《范文正公集》〈制器尚象賦〉:「異哉,有生於無,不其然乎。」

29.《列子》〈天瑞〉:「有形者生於無形,則天地安從生。」

30.《文子》〈道原〉:「有形產于無形,故無形者有形之始也。」《長短經》〈大
   體〉:「無形者物之君也,無端者事之本也。」

化根本；不言太極則無極淪於空寂，而不能為萬化根本。」(《朱文公文集》〈答陸子美〉一) 此說是未識上帝之前的神道思索，其見合於真理，雖然太極無極之想有礙上帝觀念的產生。上帝固然不是精神而已，但上帝更非物質（而已），故「有生於無」之說是方向正確的上帝觀，不幸此見將上帝「限於無形」，因而無法真正發覺上帝，卻故步自封地停留於唯心空論。有不等於有形，無不等於無形，中國思想無法從「有生於無」的觀點發現上帝，即是因為拘泥於有形與無形之辨，亦即不知上帝的超越性使其兼為有形與無形（有形與無形均非宇宙根源）。「有生於無」之議不足以解釋一切事物的創造與存在，乃因真理之上猶有上帝，論道而不信神仍無法徹底解惑，故若將「有生於無」進一步推敲，則可見「至無者無以能生，故始生者自生也」(《晉書》〈裴頠傳〉)，於是上帝的地位便隱約呈現。總之，物質生於精神，精神源於上帝，「生生者不生、化化者不化」(《文子》〈九守〉「守真」) 31，上帝為造物主，超越所有常識定理而為一切之本 32，何議論之可。

上帝為第一因的觀念在中國仍不完備，但其含意甚為常見，這顯示中國文明在性質上也傾向上帝信仰，因此其素質不如西方乃無可否認。中國傳統中關於「第一因」的指稱可能為「上帝」、「神」、「天」、「道」、「一」、「造物者」等名，其上帝觀的真確性不容忽視，但其思慮不深亦甚明顯，蓋上帝數名是上帝觀念不明的現象。許慎《說文解字》定義「神」為「出萬物者也」，此說簡潔有力，但僅強調上帝的創造力而未及其他，顯然有所不足。劉向曰：「神靈者，天地之本，而為萬物之始也。」(《說苑》〈修文〉) 33 其說著重宇宙的本始而非創造，此

31.《列子》〈天瑞〉：「有生不生，有化不化，不生者能生生，不化者能化化。……生物者不生，化物者不化。」
32.人為上帝所生，而我又為人類之一員，故「人各有我而不容我其我也」(《文史通義》〈經解〉上)。「我」之稱因為對比於「他」而出現，真正的我乃是大我，亦即上帝，「小我」「大我」之說確是中國文明的卓見。

乃低估神力，或未達周至的信仰，故其用詞為「神靈」而非「神」（上進的思考應為「天下有始，以為天下母。」（《老子》五十二））。董仲舒以為「天者萬物之祖，萬物非天不生」（《春秋繁露》〈順命〉）34，其「以天代神」的觀點是上帝信仰的沈淪；由此更退一步便要「以道代天」而稱「通生萬物則謂之道」（《劉孝標集》〈辨命論〉），至此以創造說證明上帝的努力不僅前功盡棄，且將反而導致無神之見，於是「生而無主謂之自然」（同上）竟成結論。在中國傳統中，各種關於第一因的探討，以「道為第一因」的說法最為盛行35，這證明中國的上帝觀絕非闕如但頗膚淺，其發展趨於無神論乃是無可如何（注定）之事，因為上帝信仰的探索必然是不進則退。真理為一貫之道，上帝為唯一之本，故籠統而言「道」與「神」皆可謂「一」，然而「上帝」在「唯一」之上，「一」不足以名「神」，因此以「一」為尊者其實是信道而非信神者。換言之，將「道」視為第一因的觀點既不是真正的上帝信仰，自然易於退卻而改為主張「一」為第一因，於此其所考量的靈性因素幾無。老子曰：「道生一，一生二，二生三，三生萬物。」（《老子》四十二）其說表示「道」在「一」之上，更在萬物之上，亦即道高高在上，彷彿具有神靈；然若據此推定「一者形變之始也」（《列子》〈天瑞〉）36，這是將「道」降格為「理」，其所謂「一」僅是表示宇宙原

33.《尸子》〈貴言〉：「神也者，萬物之始、萬物之紀也。」

34.《漢書》〈董仲舒傳〉：「天者，群物之祖也。」《吳越春秋》〈句踐陰謀外傳〉：「道出於天。」《郁離子》〈神仙〉：「物之大者，一天而無二，天者眾物之共父也。」

35.《管子》〈四時〉：「道生天地。」《鬼谷子》〈本經陰符七術〉「盛神法五龍」：「道者天地之始。」《莊子》〈漁父〉：「道者萬物之所由也。」《韓非子》〈解老〉：「道者萬物之所以成也。」《韓非子》〈主道〉：「道者萬物之始，是非之紀也。」《老子》四十二：「道生一，一生二，二生三，三生萬物。」《淮南子》〈天文訓〉：「道曰規始於一，一而不生，故分而為陰陽，陰陽合和而萬物生，故曰一生二，二生三，三生萬物。」

始的代稱，絕無神格。總之，問道者必感「一」之為大，然「神」較「一」更大，「一」不足以解釋宇宙萬象，意欲「崇一」者必定簡化真相，且將「以一為神」而陷入迷信[37]。

　　人有鑑於事物的存在與發展，乃以因果觀念推論出「第一因」而認定其為上帝，然第一因只是上帝的屬性（之一），而且其義不含創造或安排萬事萬物，可見上帝不僅是一切之本始，更是造成本始的精神力量，這也就是說「上帝是神」（不是道理或生命而已）[38]。「造物者」(Creator) 是介於「上帝」與「第一因」的說法，在感受上這是中國最強烈的上帝信仰表達，因其深具「究天人之際」的心思，故以此發言者常流露豐富的情感。（《莊子》〈大宗師〉：「偉哉！夫造物者，將以予為此拘拘也。」）表面上「神靈所生，其物異形，或夭或壽」（《列子》〈湯問〉），然內涵上「造物者其巧妙、其功深，固難窮難終」（《列子》〈周穆王〉），上帝具有神意，故不僅為事物的第一因，而神意使上帝神秘，人不能不認命。如此，「神者，人之本也，不可以不事也。」（《李泰伯集》〈禮論〉一）由於追本溯源的發現是上帝，「與神復合」(union with God) 成為人心歸向，而「慎終追遠」成為祭祀的意義與心情，所以「報本反始」或「務本」之說原來皆在主張上帝信仰[39]。上帝為造物者，而人為萬物之靈，神與人顯然有特殊關係，所謂命運即是此種

---

36. 劉敞《公是先生弟子記》：「并總萬物，不失其元者，一是也。」

37. 《子華子》〈大道〉：「萬物元同，孰是而孰非，孰知其初，孰知其終，吾無得其所以然也，命之曰一。一者眾有之宗也，道得之謂之太一，天得之謂之天一，帝得之謂之帝一。」

38. 《莊子》〈大宗師〉：「自本自根，未有天地，自古以固存，神鬼神帝，生天生地，在太極之先而不為高，在六極之下而不為深，先天地生而不為久，長於上古而不為老。」

39. 《禮記》〈郊特牲〉：「萬物本乎天，人本乎祖，此所以配上帝也，郊之祭也，大報本反始也。」《禮記》〈學記〉：「三王之祭川也，皆先河而後海，或源也，或委也，此之謂務本。」

特殊關係的表現，實則人之命運即神之命令40；由此可知，「創造」與
「安排」必有關連，上帝為創造者，（故）亦必為安排者，因此「萬事
之生也異趣而同歸」（《管子》〈形勢〉）。「人為萬物之靈」是人類整體的
命運，而人企圖上進以「不忝所生」，此亦為上帝的安排，然則生命乃
是使命，責盡即死，死者歸也（古者謂死人為歸人）41。「鬼之為言歸
也」（《爾雅》〈釋訓〉），此說意謂信神而非信鬼，蓋回歸乃是重返本源
（第一因），亦即歸化上帝；而所謂「視死如歸」不是不怕死，卻是以
死為復原，這暗示生死同源，生為創造而死為安排，二者同命，則其
主宰唯有上帝。

　　中國文明的知識性不強，純以概念推理而認定上帝者極少，因果
論與目的論之外（即宇宙論與本體論）的上帝觀更少，這表示中國的
上帝信仰主要是出於經驗感受。荀子曰：「萬物雖眾，有時而欲遍舉
之，故謂之物。物也者，大共名也，推而共之，共則有共，至於無共
然後止。」（《荀子》〈正名〉）此說是罕見的通則化概論 (generalization)，
它雖未明白指出上帝的存在，但實質上呈現了上帝的內涵，或主張上
帝信仰為必要，因它暗示「大同」為「小異」之本，而差異既為真實，
大同不能為偽。由此說可見，欲論斷真理者必須具有善意或積極之心，
這即是必須相信「不可推翻者概為真」，而不當以為「不可驗證者概為
假」，蓋求道不可能墮落，反對真理者必懷惡意，缺乏追求的熱情卻抱
持「等待被說服」的態度，絕非「公正客觀」而是伺機刁難與逃避。
如此，人應從有限的啟示思考大義，方能發現上帝，斤斤計較者「非
愚則誣」（不是笨就是壞），必自我蒙蔽。「自其異者視之，肝膽楚越
也；自其同者視之，萬物皆一也。」（《莊子》〈德充符〉）「同重於異」的
想法便是大方之見，也就是「問道之道」，因為真理雖大，眼小不能發

40.《左傳》成公十三年：「民受天地之中以生，所謂命也。」

41.《莊子》〈田子方〉：「生有所乎萌，死有所乎歸，始終相反乎無端，而莫知
　　其所窮。」

現，所謂「祀天無尸」(《文獻通考》〈郊社〉一「郊」曲禮疏) 便是不以小心論神。「萬物一物也，萬神一神也，斯道之至矣。」(《譚子化書》〈道化〉「老楓」) 上帝無所不在，凡夫卻渾然不覺，然上帝觀在中國確實存在，因為大觀者不乏其人。

最高而強的讚歎必是針對神，也就是含有上帝信仰，因其為信仰，故此種讚歎皆表達相當程度的超越性感受，或對人間有限性的不滿。「眩眩乎，惟天為聰，惟天為明。」(《法言》〈問明〉) 天之聰明非人可解，有此一說是由於對神的敬仰 (相信上帝的超越性)，不是只以為神比人更有能力，所以頌神之說總是誇張，卻永遠不算太誇張。人的極限使人認為神無極限，然而人既有限則無法思考無限之神，因此上帝之說是將神的無限稍加設限以便了解，於是上帝成為人所認知的極限，形容神的方法不得不是批評人。《禮記》曰：「樂則安，安則久，久則天，天則神，天則不言而信，神則不怒而威。」(《禮記》〈樂記〉) 這一方面以人道次序推定神為宇宙極限，另一方面則以「人道反面」暗示神的無限。同理，「無思也，無為也，寂然不動，感而遂通天下之故，非天下之至神，其孰能與於此。」(《周易》〈繫辭〉上) 這並非直接解說神格，而是「以非人稱神」，所謂「已而不知其然謂之道」(《莊子》〈齊物論〉)，上帝既在而「民無能名」，人只好「顧左右而言他」。人以有限之知探索上帝，其無法確認或盡知乃是必然，但同時人將因此認定神為無所不知，這是由人的不足發覺上帝，可見極限與無限若有關連，人能反省便能識神。人皆欲全知而不能，所以人對於知己者有所畏懼，蓋「知幾其神，是謂天鑒」(《陸宣公集》〈鑾駕將還宮闕論發日狀〉)，故「天道明察，鬼神難誣。」(《後漢書》〈皇后紀〉下) 人多以為先知是知識極致的表現，然先知者必為主宰，而非僅能預測，故說「先知其幾於神乎」(《法言》〈先知〉) 42，但預謀強於先知，人以神為先知，這也

42.《司馬溫公集》〈上皇帝疏〉(治平二年八月十一日)：「天雖至高，視聽甚通，人之所為發於中心，則天已知之，固不待見其容貌形於聲音也。」《舊唐

是由人的有限所推論的神性，其實仍小看了神。總之，以人的有限
（性）推度上帝的無限（性），必於神力有所限制，或於神格有所誤
會，這是人的原罪與上帝的超越性所致，雖無可奈何，然無可厚非，
何況此舉在解釋神性上雖不盡完善，但上帝的存在則於此獲得充實的
證明。

　　上帝不是邏輯可以確定，西方無神論者戲語「上帝能否創造其所
無法舉起之巨石」，以表示上帝不可信，然此說自相矛盾，因它「以無
能為有能」，且於超越性毫無顧慮，在概念上（或定義上）先已否定上
帝。荀子曰：「雖有國士之力，不能自舉其身，非無力也，勢不可也。」
（《荀子》〈子道〉；《韓詩外傳》卷九）此說較前說更具深思與誠意，它顯
示現實的有限性，卻絕不加以戲弄，而能藉以啟發人思索超越現實的
問題，其最終解答必為上帝的信仰。上帝既然無所不在且面面俱到，
故上帝可以理求亦可以情求，然若乏誠心，則不論如何不能感悟。其
實人對上帝的探索乃是上帝的安排，所以探索上帝不可能徒勞無功（正
如上帝所為不可能徒勞無功），上帝必欲人對祂有所發覺，因而人固有
感受上帝的條件或能力，只是凡人未必有此心意，雖然這也是上帝所
注定。了解這番道理將使人積極求道，而不至於消極等待天啟，因為
人必須善盡天職，而不能預測神蹟，由此可知所謂**虔誠**即是盡己，蓋
盡己與事天相等。人若能虔誠必能感覺上帝，因為盡人事則能聽天命，
或者上帝使人虔誠即是使人體會神意，易言之真正的虔誠就是信仰上
帝。孟子曰：「雖有惡人，齋戒沐浴，則可以祀上帝。」（《孟子》〈離婁〉
下）43 這不只表示虔誠才可禮神，其深意是上帝關照一切——無所不
容而無所不管——任何人均非例外，一旦醒悟便是上帝信徒。中國文

　　書》〈禮儀志〉二（左拾遺劉承慶上疏）：「天道雖高，其察彌近；神心雖寂，
　　其聽彌聰。」

43. 《鹽鐵論》〈殊路〉：「惡人盛飾，可以宗祀上帝。」《遺山集》〈葉縣中嶽廟
　　記〉：「謂小人之不可以事神，不可也。」

化以孝為首善，盡孝須有誠心，而大誠近乎天心，故孝順與信仰同義，
「郊社之禮所以事上帝也，宗廟之禮所以祀乎其先也」（《中庸》十九），
「違敬莫大乎廢祀，虧孝莫大乎顯神」（《陸宣公集》〈冬至大禮大赦制〉），
二者所以相提並論正因敬祖之至即為奉神（上帝為一切之始祖）。

　　上帝高高在上，主要不是因其巨大的權威，而是因其超越的性質，
如此信仰上帝確為困難，以「天使」（angel）為神人媒介的觀念因而興
起。天使之說一方面可為上帝信仰的輔佐（及輔證），另一方面卻造成
上帝信仰的腐化，畢竟上帝的不可知若非「多於」也必重於其可知，
透過天使理解上帝類似一廂情願的思念，難怪天使充滿人性而幾無神
格。在中國傳統中天使之說罕見 44，這證明上帝信仰確實存在於中國
但不曾流行，而後來天使之意由「上帝的使者」轉為「皇帝的使者」，
更見上帝信仰的沈淪。

　　與此情相似，**鬼神**之說也反映了模糊的上帝觀及其消沈。鬼神是
籠統的「超人」，這是對上帝認識不清的信仰觀點，本來鬼神為一致
（神為主而鬼為從），其後鬼神二分，於是鬼的地位與世俗性大增，而
神的超越性卻未有提升，神靈信仰因此逐漸惡化為迷信，其徵兆是鬼
神之說由學者論述轉變為民間傳說。中國的鬼與西方的魔鬼不同，魔
鬼之說一方面是人性原罪的（直接）討論，另一方面是完美神性的（間
接）闡揚，故魔鬼象徵「缺陷」，以人的立場而言即是「邪念惡意」；
而所謂的鬼主要是物質性的觀點，它是人對現實世界失望之餘的務實
聯想，與上帝觀念或靈性意境相去甚遠，也就是不信神之下的精神遊

44.《左傳》宣公三年：「鄭文公有賤妾曰燕姞，夢天使與己蘭……。」《左傳》
　　成公五年：「（趙）嬰夢天使謂己：『祭余，余福女。』」《論衡》〈紀妖〉：「在
　　天帝之側皆貴神也，致帝之命是天使者也。」（此種「多此一舉」的定義顯
　　示，天使觀念在當時絕不流行。）《論衡》〈龍虛〉：「如以龍神為天使，猶賢
　　臣為君使也，反報有時……。」《南史》〈孝義傳〉上：「我是天使來相謝
　　……。」

戲。中國的上帝信仰不強，所以其魔鬼之說亦少，但鬼話卻多，鬼神合稱的習慣漸失而鬼道獨興，即顯示神靈探索失敗而俗念盛行。

　　鬼神之名在中國文明早期已甚流行，然其義絕不清晰，這表示鬼神是非人間的精神世界統稱，其不明白乃是當然。據說宰我問孔子：「吾聞鬼神之名，不知其所謂。」孔子對曰：「氣也者，神之盛也；魄也者，鬼之盛也；合鬼與神，教之至也。眾生必死，死必歸土，此之謂鬼。骨肉斃于下陰為野土，其氣發揚于上為昭明，焄蒿悽愴，此百物之精也，神之著也。因物之精制為之極，明命鬼神以為黔首則，百眾以畏，萬民以服。」（《禮記》〈祭義〉）45 此說既以鬼神為真，且表示為教化人心，乃有倡導鬼神信仰之必要，此二者雖不衝突，但其「義利兩全」的論點顯示鬼神難以令人相信，故「愚民政策」所以可行是因「是真的必是善的」，此即鬼神既然不虛（真），為教育而論鬼神（善）乃為正當。不過孔子的鬼神觀顯然富有人文主義而少超越性思想，此見使鬼神的信仰意義未得強化，後世儒家循此立說更使鬼神信仰道德化，至朱熹乃說「鬼是一定底，神是變而不可知底」（《朱子語類》〈易〉四），這才又強調超越性的信仰，然而上帝觀念於此時已大為消散而不易振興。

　　鬼神原非對立，蓋鬼神皆屬超越性世界，加以二分本無可能，尤其文明初期對上帝的探索無法精確，鬼神的區別在信仰意義上並不大，何況鬼與神的對比即使類似人與天，然天人合一為終極境界，故鬼神終究相同或將同歸上帝，可見鬼神二分不是高見，而鬼神不分也非迷信。在上帝信仰的探索過程中，人先感受鬼然後面對神，故鬼為人鬼而神為天神，這是超越性信仰的過渡想法，不是宇宙真相；然而人既

---

45. 《孔子家語》〈哀公問政〉：「宰我問於孔子曰：『吾聞鬼神之名而不知所謂，敢問焉。』孔子曰：『人生有氣有魂，氣者人之盛也。夫生必死，死必歸土，此謂鬼，魂氣歸天，此謂神。合鬼與神而享之，教之至也。』」《論衡》〈論死〉：「人死精神升天，骸骨歸土，故謂之鬼神。」

然求道而欲得道，超凡入聖的期望使鬼的意義提高，因而有謂「精神離形，各歸其真，故謂之鬼。」(《列子》〈天瑞〉) 46 老子曰：「以道蒞天下，其鬼不神。」(《老子》六十) 其意以為鬼神同質而互通，但其說法卻以鬼為本。墨子曰：「有天鬼，亦有山水鬼神者，亦有人死而為鬼者。」(《墨子》〈明鬼〉下) 此說亦以鬼為宗而不尊神，然究其實可知人之崇鬼乃因鬼之親人，鬼為神而不及大神──故說「虧孝莫大乎黷神」(《陸宣公集》〈冬至大禮大赦制〉) ──論鬼而不論神非因不信神，而是出於「由近及遠」的世界觀陳述，其中的人本思想是初民求道的基礎，無足為怪，不當以為是無神論。

信鬼是信神的初步，而信神至極便是信仰上帝，所以鬼神信仰是上帝信仰的探索過程，中國傳統對鬼神的肯定乃為間接的上帝觀表達。《中庸》有云：「鬼神之為德，其盛矣乎，視之而弗見，聽之而弗聞，體物而不可遺 47。」(《中庸》十六) 此說與讚頌上帝無異，可見當時的鬼神信仰與求道精神相符。如此，強調鬼神即是傳道之舉，因鬼神不可見，「甚有之則愚，甚無之則誕」(《嵇康集》〈釋難宅無吉凶攝生論〉)，勸人相信鬼神有如勸善，也就是要人誠心正意以處事而不計現實利害，畢竟「戴天履地，中有鬼神，勿云冥昧而可欺負。」(《北史》〈宇文護傳〉) 因為「神明之事不可以智巧為也」(《墨子》佚文)，所以關於鬼神問題的中國「傳統智慧」(conventional wisdom) 是「寧可信其有，不可信其無」48──亦即「毋瀆神」(《禮記》〈少儀〉) ──其積極說法則為「心誠則靈」49，甚至是「舉頭三尺有神明」，這反映人對超越性真相

46.《列子》〈天瑞〉：「精神離形，各歸其真，故謂之鬼；鬼，歸也，歸其真宅。」《周易》〈繫辭〉上：「精氣（神）為物，遊魂（鬼）為變，是故知鬼神之情狀。」

47. 朱熹注：「其為物之體，而物所不能遺也。」

48.《宋書》〈禮志〉一：「敬誡之事，與其疑而廢之，寧慎而行之。」《孔子家語》〈觀周〉：「勿謂不聞，神將伺人。」

的良知感受。無奈的是信仰與事實常相違背，因此可貴的是雖有信仰卻只圖盡力而不求神恩（盡人事而不及聽天命），秉持「神明不可虛要、天命不可妄冀」（《三國志》〈劉二牧傳〉）之念才是虔誠，此與《聖經》所謂「不可妄稱上帝之名」（「十誡」之三 50）含意相同，「未能事人焉能事鬼」（《論語》〈先進〉）之說亦近似。「聖人於鬼神也，畏之而不敢欺也，信之而不獨任，事之而不專恃，恃其公，報有德也，幸其不私與人福也。」（《春秋繁露》〈祭義〉）這便是惟「聖人可與辨神明」（《說苑》〈政理〉）的道理，其要義是「信神實為公心」。鬼神雖應信仰，然凡夫大都不能掌握其正義，而常流於迷信且專事巫術，故說「務民之義，敬鬼神而遠之，可謂知矣。」（《論語》〈雍也〉）51 朱熹曰：「神之

49.《尚書》〈大禹謨〉：「至誠感神。」《南史》〈梁本紀〉上：「至感通神。」《新論》〈禍福〉：「敬則有福。」《世說新語》〈尤悔〉：「至誠有感者必當蒙祐。」《呂氏春秋》〈士容〉：「誠有之，則神應乎人矣。」《申鑒》〈雜言〉下：「心誠，則神明應之。」《申鑒》〈俗嫌〉：「祈請者誠以接神，自然應也。」《真誥》〈運題象〉二：「貞則靈降，專則神使。」《王臨川集》〈洪範傳〉：「用其至誠，則鬼神其有不應、而龜筮其有不告乎?」《粹言》〈論書篇〉：「卜筮有疑心則不應。」《二程語錄》〈遺書二先生語〉：「卜筮在精誠，疑則不應。」《龜山集》〈語錄〉「餘杭所聞」：「聖人以神道設教而天下服，所謂神道，誠意而已。」「心誠則靈」之說如此廣見，堪稱為中國正統思想，可知其非「宗教投機主義」，而是主張人神同心，或者人達極限即入神域，蓋所謂「心誠」須是「盡己」，善盡人事者必於天命有所感悟，所以心誠則靈不意謂神是人心的產物，而是表示「知人則知天、知生則知死」，反之，勢利者沈溺於現實人情，乃永不能發覺天道。

50. Deuteronomy 5: 11: 'Thou shalt not take the name of the Lord thy God in vain.'

51.《白虎通義》〈闕文〉：「生死殊路，故敬鬼神而遠之。」此說表面上是教條主義，其實富有人文主義精神，因它強調盡人事而不強調聽天命，故雖天人兩隔，卻仍敬神而務實。《禮記》〈王制〉：「假於鬼神時日卜筮以疑眾，殺。」其意不是反對鬼神信仰而是反對巫術迷信，這是針對大眾所採行的宗教政策，同樣是一方面推崇神意天命，另一方面卻致力於改善人事。

有無皆在於此心之誠與不誠，不必求之恍忽之間也。」（《朱子語類》〈論
語〉七）此非唯心之論，而是主張神人有其交集，或者人具神性，因
此人可通神，自重（敬己）即是敬神，或者敬神必先自重（「不要不信
邪」的意思其實是要人守敬持信）。總之，鬼神所以可信是因人有相信
真理的必要性，若現實即為終極真相，則人不必上達，鬼神代表超越
性世界，它對人而言不僅是希望更是理想，人如要上進則須求道，可
見鬼神信仰實為道心，由此而發現上帝乃是自然的善緣。

　　關於上帝的觀念，中國道統未必加以深究，而「小人物」或「旁
門左道」卻偶有超凡的見地，這表示中國文明對上帝的信念不深，而
個別學者可能靈感突發，提供零散但富有啟發性的論點，儒家人文主
義因此受到挑戰、補充、及超越，上帝信仰雖未能於是完整形成，但
終於成為一個小傳統，流行於歷代少數的文人間。如此，若說中國文
明不信上帝，這是曲解，因為文明是文化極致表現，少數菁英信仰上
帝即可謂為文明觀點，然而若說中國文明信仰上帝，這顯然有誇大之
處，可知所謂中國文明缺乏上帝信仰，意謂中國文化對上帝的認知不
如西方深入，而非中國文化不具正確的上帝觀念，畢竟上帝縱然難以
了解，但絕不可能被誤會。

二、神意的解釋

　　確認上帝的存在必由思考上帝的性質下手，而神性與神意關連密
切，故神意的解釋是上帝信仰的展現，或說探索神意者必然是上帝的
信徒。多神信仰對於神意的觀點缺乏一貫性，以致神意不受重視，可
見完整而一致的神意觀理當是上帝信仰的反映。上帝在真理之上，祂
是具有靈性的主宰，或可說是一自有思想的永恆生命，因此以法則定
律為宇宙支配力量者是不信神的人，而相信萬事萬物的存在及變化皆
有其意義者，才可能是信仰上帝的人。若說上帝是最高的安排者，不
如說上帝是唯一的安排者，人的決定其實皆出於上帝的注定，而上帝

為完美至善，其所為不可能是荒謬盲目之舉，而是富有深意的最佳設計——「天故生之，其必有意。」(《韓昌黎集》〈祭馬僕射文〉) —— 所以吾人必須（被迫）相信人間是「可能設想的最好世界」(the best of all possible worlds)。一切事物均蘊含上帝安排之道，而極致之理必有統一性，因此神意可以且應該探討，雖然它無法深知，更遑論盡知。中國文明對於神意的觀感與西方一神教相近，這證明中國確有上帝信仰，但中國的神意觀體系不明，且出處多元，而正統儒家於此常「存而不論」，語多保留，由此可知中國的上帝信仰深度不足。

主宰性是神性之一，然主宰含有精神意念，故主宰性亦可謂為神意之一；同時，多神信仰對於主宰性的體認必是極其有限，所以主宰性的強調是上帝信仰的特徵，也是人對上帝最直接的認識。「神者，天地之所以馭者也。」(《阮嗣宗集》〈達莊論〉) 此說既是上帝的定義，也是神意的解釋，它大約是發自人的無奈感，也就是天人之際的省思心得。人力的渺小不必是深思者方能感受，權威強大者與能力微薄者於此咸有同感，俗諺曰「有緣千里來相會，無緣對面不相識」，這是中國人普遍的神蹟感，亦即間接的上帝觀。居上位者可能自詡「稟靈上帝，受命昊天」(《隋書》〈柳昂傳〉)，然其說仍是承認神力為一切造化之源，絕無「貪天之功以為己力」(《左傳》僖公二十四年) 之意，蓋「物理及諸變之起，皆神之所化也」(《新書》〈道德說〉)，故「自頂至踵，功歸造化」(《任彥升集》〈彈曹景宗文〉)，人何與焉。神意的啟示主要呈現於世事的變化，若事物無變化則人難以思量其意義，故「神」與「化」常為人所聯想，所謂「出神入化」不僅表示奇蹟之感，而且暗示上帝信仰，故曰「就天地言之，化，其生生也，神，其主宰也，不可歧而分也，故言化則賅神，言神亦賅化。」(《戴東原集》〈孟子字義疏證〉「理」)上帝主宰一切，所以「無動非天」(《東萊博議》〈魯饑而不害〉) 52，而其

52.《東萊博議》〈魯饑而不害〉：「天大無外，人或順或違、或向或背，徒為紛紛，實未嘗有出於天之外者也。」《近思錄》〈為學〉明道曰：「視聽思慮動作

安排不僅具有美意且必定成功，故「天之生物，必因其材而篤焉」(《中庸》十七)，其意非謂上帝遷就事物現狀而行動，卻是表示事物的性質與功用皆因神意而產生；同理，在上帝之下，「萬物各得其所」(上帝的存在與神意的作用如同一事)，這未必是宇宙的結局，而是所有時空中的情境，故說「至理之中無一物之可廢，人心之中無一念之可除」(《東萊博議》〈虞叔伐虞公〉)，這表示萬事萬物皆是有意義的(meaningful)，惡的存在亦非例外(壞人處世也有其使命，儘管他自己並不知道)，由此又可見意義超越合理。

上帝為主宰，人無法違背神意實非能力問題，而是形勢問題，或是邏輯問題，所謂「神人對抗」根本是無稽之談，若稱「人眾者勝天，天定亦能破人」(《史記》〈伍子胥傳〉)，這仍是褻瀆之說，因為上帝只是處分人而不需屈服人，若有「人定勝天」之事，這也是上帝的設計，人何得馭神53。上帝為主宰，所以上帝無所不在，人之於神乃「無所逃於天地之間」，因此人不論信仰上帝與否，實際上皆是依從上帝行事，儘管僅有少數人才有「違昊天則非人道」的警覺54。「俗知順人，莫知順天」(《後漢書》〈章帝紀〉)，此因凡夫不知人力實為神力，而僅見得罪於他人的危險，或以為物力即是實力，而不識神意竟是無邊法力。老子曰：「天之道，不爭而善勝，不言而善應，不召而自來，坦然而善謀，天網恢恢，疏而不失。」(《老子》七十三) 55 由此說可以推論，上

皆天也。」

53.《菜根譚》〈前集〉：「人定勝天，志一動氣，君子亦不受造物之陶鑄。」「人定勝天」後來成為中國流行的成語，這表示上帝信仰在中國逐漸消沈，而無神觀相應興盛。其實由「人眾者勝天」一說被改稱為「人定勝天」，已可見得前述之趨勢，蓋「人眾者勝天」猶有「要求盡力」的自尊精神，而「人定勝天」卻有「不必盡心」的自大態度，何況一般人常誤以為「定」字意謂「必定」。

54.《龍門子凝道記》〈君子微〉：「明明上帝，日與汝俱也……無一息與汝相離也，汝當無一息不見帝也，違之則違昊天也，違昊天則非人道也。」

帝的主宰性與其普遍性及全知全能實為一致，因其導引一切而難以理解，故人必須相信「上帝之降衷，雖在昏縱悖亂之中，未嘗不存也」（《東萊博議》〈盜殺僎壽〉），而無法僥倖應變。凡人在不順遂時才較有「問天」之心，平時則缺乏神思，這表示神意合理時令人忽略，當其無理時則大獲重視，然而上帝不可能時有時無，神意有時合理有時無理可能只是人的錯覺，但它卻是上帝超越性的有力證據，不知此理必將誤以為神暴虐無道，或根本懷疑上帝的存在。其實「定數」與「變數」皆繫於神意，雖然重視變數過於定數者，是囿於表象而忽視真相的人，但變數實為定數之所用，而表象不可能與真相無關，故變與常皆應視為天道，只是其本末別須辨認。陸九淵曰：「天下何嘗無勢，勢出於理，則理為之主、勢為之賓，天下如此則為有道之世……反是則為無道。」（《陸象山集》〈與劉伯協〉）56 此說可為中國神意觀的代表，它在承認天意的主宰性之餘，又認為（期望）天道合理，此非矛盾性而是緊張性，因其衝突是源於理想與現實的差異，而非理論上的內在牴牾；這表示人在認命之時常不能服氣，然而上帝支配一切的權威於此更受肯定，人對神意的疑惑與不滿只不過證明了天道的超越性與權威性（故陸氏的「無道」說法其實顯示「勢在理上」）。

中國文明的現實性甚高，此與其上帝信仰的缺乏相為表裡，故中國的神意觀常含有人道思想，而當天人不諧時，上帝的主宰地位絕不受輕視，在此種情形下，中國神意觀的表達最常出現於政治的感想中，

55.《後漢書》〈張衡傳〉：「天鑒孔明，雖疏不失。」老子所說的「天網恢恢」常被今人改稱為「法網恢恢」（而不自知），其意義與前述「人定勝天」取代「人眾者勝天」一例相似，皆為上帝信仰流失的表現，蓋「法網」意指法制而「天網」意謂天道，其轉換乃為世俗化 (secularization) 現象，其實不信神則無守法之必要，而天網若不在則法網不能形成，「無法無天」本是同一事。

56.《陸象山集》〈與趙然道〉三：「非道之難知也，非人之難得也，其勢則然也。」

蓋政治的現實性最強，卻也最多「天不從人願」之事。若信「時哉苟有會，治亂惟冥數」(《江文通集》〈劉太尉傷亂詩〉)，則知「國之存亡天命也」(《國語》〈晉語〉六) 57，任何「事在人為」的主張若非出於勸善，必是違心之論或狂妄之語。因「勢治者則不可亂，而勢亂者則不可治也，此自然之勢也，非人之所得設也」(《韓非子》〈難勢〉)，故曰「聖人能輔時，不能違時」(《管子》〈霸言〉) 58，此非消極被動的心態，而是積極主動且正確的觀點，蓋未來不可預測而神意不可確知，欲依天命行事必先盡了人事，欲推論今後趨勢必先了解過去事跡，可見認命之難在於知命與盡力。中國文化的政治性格強烈，於是中國人傾心於人際關係而常忘卻天人之際，然而政治是人性原罪所致的「必然之惡」，從政不利或為政治所苦者 (為大多數人) 被迫省察其由，乃得以發覺上天是最高的統治者，如此中國文化又從現實解脫而感染宗教情懷。由此可見上帝無所不在，世上只有世俗化的國家而無絕對世俗性的國家，神意可能使人忽略神意，然上帝的造化不可能因而消失 (絕非抵銷)，中國的神意觀雖展現不強，但在其無神信仰風尚中所透露的認命心情——儘管隱晦而短暫——卻以無爭的態度肯定了上帝的主宰地位 (無奈表示屈服)。

神意不是高於人意而已，因它決定一切，故人意受制於神意，而不能與神意互動——可見禱告是瀆神之舉——這即是說上帝是沒得商量的。「夫人不能以行感天，天亦不隨行而應人。」(《論衡》〈明雩〉)「犬馬之誠不能動人，譬人之誠不能動天。」(《曹子建集》〈求通親親表〉) 59

57.《史記》〈六國年表〉：「論秦之德義不如魯衛之暴戾者，量秦之兵不如三晉之彊也，然卒并天下，非必險固便形勢利也，蓋若天所助焉。」

58.《南史》〈宋本紀〉中：「雖周公之才之美，亦當終之以亂，由此言之，得歿亦為幸矣。」

59.《遺山集》〈長慶泉新廟記〉：「古人之於禱祠，不幸而不見答，自咎而已，幸而應焉，則亦不敢以為功。」

上帝是萬事萬物的唯一處置者，若稱「神意不為所動」，這仍是錯誤的說法，與其說「上帝不會被影響」，不如說「上帝是一種不受影響的狀態」。「天道不慆（疑），不貳其命，若之何禳之也。」《晏子春秋》〈重而異者〉六）60 此說雖為正確，但尚非高明，因為它「以人窺天」而自歎弗如，卻不知神所以自主，乃因祂是唯一（可以）作主的性靈。王充曰：「謂惡異可以善行除，是謂善瑞可以惡政滅也。」《論衡》〈異虛〉）此為卓見，因它完全接受上天所為，以致忍受壞事，卻非認同惡行，而有神聖的道德感與鞠躬盡瘁的義務感。遵從神意的主宰性不致使人失去自主性，因為神意絕非簡易而明顯，人須信仰上帝方才探索神意，正確信仰上帝需要龐大的知識，而解釋神意是細膩且深刻的推理，知命才能認命，求道是人文最大的事業，人若不自主則無從求道，所以聽天命其實是盡人事。如此，「為天下主者天也，繼天者君也，君之所存者命也」《穀梁傳》宣公十五年），人皆可為君，人皆應認命，而二者絕無抵觸，因為上帝雖為宇宙主宰，其超越性使人困惑，卻也給人自由（人對天道的不解使人受限減少但責任不變）。

　　人在順境時常自以為是而不覺「造化弄人」，其實人生順逆皆是天，不如意不必視為天譴，而如意不是天助，因一切只是天行。成功使人自大，失敗使人自卑，這是人性表現；若以天性思之，順利令人謙虛（畏懼），挫折令人敏求（覺悟）。「英衰暢人謀，文明固天啟。」《謝宣城集》〈始出尚書省〉）因此「天才」之說皆出於庸才，而智者皆自覺不智，「登高必自卑」指示求道歷程（登高必從低處），也暗示得道心境（登高必感自卑）。「人之為，天成之，終身為善，非天不行，終身為不善，非天不亡。」《淮南子》〈繆稱訓〉）此說顯示人絕無自由意志 (free will)，但仍堅持善惡之別，其天命觀無損道德意識，因為信仰上帝者不敢依賴上帝，人意應當服從神意，卻須自我要求而不能請求指示。不明「盡己以順天」之義者，常一味強調「體察天意」的重要，

60.《左傳》昭公二十六年：「天道不諂，不貳其命，若之何禳之？」

這往往是「自我合理化」的思慮，雖然在名義上它確實肯定上帝的存在。聖賢自覺不足而知畏天，故說「雖有智慧不如乘勢」(《孟子》〈公孫丑〉上) 61，其意與「力田不如逢年」(《史記》〈佞幸傳〉) 及「人算不如天算」的俗話無異，可見神明信仰普及人心，實因人無法自信。「智者不失時」(《孔子家語》〈屈節解〉) 62，蓋「得時無怠，時不再來，天予不取，反為之災。」(《國語》〈越語〉下) 63 若神意可以認定，則「天命不可以謙拒」(《後漢書》〈光武帝紀〉上)，亦不可以怒抗，「逆來順受」是認命，「順來逆受」則是違天，而難處實在於確認神意，事實上發現神意者豈可能有敢抗拒者。「天道助順」之說 (有如西諺 'God sides with the strongest.') 似是而非，因它表面上承認上帝的地位，實則減損其主宰性，此說猶謂「與天意同則無不成之功」(《新五代史》〈王朴傳〉)，然而人意出於天意，豈有天人同意之事，可見「天道助順」是倒因為果之說，正義當為「天道必順」。總之，神意決定一切，人於天命不可有選擇性的接納，事情雖有輕重緩急之別，然這也是解釋神意之所見，非可自作主張，當知「小故，有之不必然，無之必不然；大故，有之必然，無之必不然」(《墨子》〈經上經說〉上)，神意縱使幽邃可怪，然必非無理，人可以質疑，但不可以強辯，更不可以要求，所以禮神只當「祭而不祈 64」。

上帝為至善完美，其所為在道理上當然是好事，而絕非作弄 65 ──

61. 《說苑》〈談叢〉：「五聖之謀不如逢時，辨智明慧不如遇世。」

62. 《呂氏春秋》〈首時〉：「事之難易不在小大，務在知時。」孟子曰：「天時不如地利，地利不如人和。」(《孟子》〈公孫丑〉下) 此說是在強調「先盡人事後聽天命」之義，與前說實不衝突，因為人事是天命的安排，人和乃為天時之一部分，天人合一若是可能而且應當，則人本思想絕不與上帝信仰矛盾。

63. 《說苑》〈談叢〉：「天與不取，反受其咎；時至不迎，反受其殃。」《戰國策》〈宋康王之時〉：「見祥而不為祥，反為禍。」《東萊博議》〈盜殺伋壽〉：「天雖降祥，人無以承之，則祥變而為異。」

64. 《新唐書》〈韋綬傳〉：「漢文除祕祝，敕有司祭而不祈。」

雖然人的感受未必如此——這是「神愛世人」的神學論據。若以人性立場斷言神愛人，這不僅是狂妄而且是幼稚，因為上帝是超越人間的主宰，人既不可能確知神意，更不可執意認定神必愛人，這等於是人對神的規範，誠為荒唐之至。一般上帝信徒（尤其基督徒）號稱神愛世人，乃是出於心理需求而非真理追求，其重視禱告或與神溝通之道乃是自利的表現——為他人祈福亦是自專自用之舉——結果總陷於自我安慰甚至是唯我獨尊的心緒，與無神論者的精神無異。事實上愛恨乃屬人情而非神格，主張神愛世人實為褻瀆，若說此處愛的含意遠遠超越世俗用法，然則神愛世人之說將造成嚴重誤導，同樣不當。然而因為常人無法「以超越性觀點看待上帝」，故無不將神擬人化，於是上帝對人（對己）的態度，便成為一般信徒專注的想像，如此神愛人之說乃不脛而走。認為神不愛人者難以信仰神，自覺為神所棄者將以神為不可信，所以神愛人之說雖不正確，但此說確可為上帝信仰的證據，愈強調神之愛人愈表示信神之熱衷。若必以愛恨二字說明神對待人的態度，則吾人必須承認神當愛人，因為上帝絕無恨人的必要，蓋人為神所造，神恨人是神的自我反對，此無可能，而且上帝無所不能，若人可恨則神可任意處置，而不需加以敵視（恨為能力不足）。再者，人為萬物之靈乃是上帝的安排，人不得不因此認定神愛人類，雖然許多人可能羨慕萬物而苦於為人，但自愛自尊者只有感謝天賜性命。人無法對抗神，人若被迫對神表態，則只有表示敬愛一途，故有「神恩」一說而無「神仇」一詞，可見神愛人之說其實出自人的無助。「天實有人，生之，孰敢言天之仁，殺之，孰敢言天之不仁」（《樊川集》〈祭城隍神祈雨文〉），上帝的主宰性使人不能影響其所為，而其超越性使人不能理解其所為，以人心評論神意誠屬亂性，不可信以為真。總之，神愛世人的說法是世俗化的上帝觀，它反映凡人的信仰熱情及知識貧乏，

65.《吳文正集》〈誠求堂說〉：「誠也者，聖神之用心也。」《魯齋遺書》〈語錄〉下：「天地只是箇生物心，聖人只是箇愛物心。」

其實與其以「愛恨」的觀點思考神意，不如以「慈嚴」的觀點解釋神格，因為愛恨為對立而慈嚴可相濟，上帝具有統一性，祂可能恩威兼施，卻不是能愛而不能恨。

中國雖無神愛世人的流行傳說，但其上帝信仰的傾向也導致類似之見，若考量人們所覺受害於天的情況可能多於受惠，則更可知神愛世人之說確實是信仰熱心的展現。《尚書》有謂「上帝引逸（安樂）」（《尚書》〈多士〉），這不是猜測，也非期望，而是信念，其說毫無根據，故益顯虔誠之心。白居易說：「神者，所以司土地、守山川、率禽獸、福生人也。」（《白氏長慶集》〈禱皂王神文〉）66 此想簡直認定神是為人而存在，其不可信的程度與主張者信神的程度相當，換言之此說主要是信仰的表白，神意的解釋僅為明志。知識淺薄而信仰熱切者喜稱「天之愛民甚矣」（《新序》〈雜事〉一），或謂「天心之仁無非為民計爾」（《黃氏日抄》〈高郵軍社壇記〉），然深思者不能如此樂觀，「天無咎民」（《王文成公全書》〈祈雨辭〉）是其僅有的信心，因為神不可能「跟自己過不去」。若是「百姓無辜，神當愛之」（《司馬溫公集》〈崇龍廟祈雨文〉），這未必可喜，蓋人不可能純真無罪；但人之有罪乃是得罪於天，故以終極真理而言人確是無辜，不過神既是主宰，不需因人之善惡而加以愛恨，所以人只能相信「神愛人是因神造人」。人若自重，則必崇敬其創造者，因此理當信仰上帝，進而認為神愛世人；然人為萬物之靈不意謂人生必因萬物而順利，所以人類謀生之便當絕非神愛世人之證據，宣稱「神莫過於天地，天地不害人，人謂百神，百神不害人」（《論衡》〈難歲〉），其實是殘缺的信仰。不論神為何愛人，信徒必以為神愛人，故曰「其仁如天」（《史記》〈五帝本紀〉），而替天行道者或受命統治者不能不濟世救人67，這不是因為神需人助，而是因為人心必須服從神意68。神愛世人之說常出於祈求解脫人生之苦的心機，所以一

66.《西遊記》第一回：「覆載群生仰至仁，發明萬物皆成善。」
67.《蘇文忠公集》〈祭常山祝文〉一：「上帝與吾君愛民之心一也。」

切上帝救世的說法均為不實，也非神愛世人的例證，反而對於上帝有所污衊，因為此種論調暗示上帝並非全能完善，而且否定神意的超越性（不可知）。《詩經》曰：「皇矣上帝，臨下有赫，監觀四方，求民之莫〔瘼〕。」（《詩經》〈皇矣〉）此說若無錯誤，則「上帝」需解為「皇帝」，可見以期望代替信仰是凡夫的宗教，這確是「無神的信仰」。虔誠的信仰可能令人殺身成仁，神之愛人不是使人趨吉避凶或有求必應[69]，所以信神與求福不能相與，深信「上帝是依無災無害」（《詩經》〈閟宮〉）者，若非無懼於殉道，即可能勇於滅神。

在義理上，相信神愛世人應是相信神必有理而非人必有福，所謂「上天有好生之德」，其意不僅是「天道好生惡殺」[70]，並且是「生命富有意義」，而生命意義的存在表示上帝的創造深藏道理。若說「天之道利而不害」（《老子》八十一），這顯然不能以人的利害觀點認知，而須從天心想像，因為「天之欲利人」（《春秋繁露》〈如天之為〉），不是以人心為念，而是實行神意，故不能以世道評論之。墨子曰：「天之愛人也，薄於聖人之愛人也，其利人也，厚於聖人之利人也。」（《墨子》〈大取〉）此說展現了神意的超越性，教人不能以世間標準衡量天道，並肯定神對人之關愛，即使其愛不是人之所欲，此種脫俗而不厭世的見解可謂知天。有理不等於合理，因上帝以神道愛人而令人不覺受寵，故各人不得以私意論斷神恩，而須相信神恩乃是大公之愛[71]，因此個人之受害無損於上帝之愛人。人必須以人道敬神，然不能求神以人道相應，真正信神者必覺上帝殘酷無情，但又感其偉大而難以置信[72]，此

68.《風俗通義》〈皇霸〉：「燧人始鑽木取火，炮生為熟，令人無復腹疾，有異於禽獸，遂天之意，故曰『遂人』也。」

69.《子華子》〈晏子〉：「夫人之有欲也，天必隨之。」

70.《鹽鐵論》〈論菑〉：「天道好生惡殺，好賞惡罪。」

71.《通典》〈禮〉七十「開元禮纂類」五：「惟神（昊天上帝）覆燾群生，陶甄庶類，不言而信，普博無私。」

種震撼使愛恨微不足道，神恩乃成為人對上帝唯一的觀感，而信心則是莫名其妙的行道精神[73]。

上帝愛民之說表示神意「慈悲」，上帝正直之說則展現其「威嚴」，以人的感受而言，前者意味神意富於人道而易於了解，後者則暗示上帝不近人情而難以理解，換言之上帝的正直形象寓有超越性意涵，中國的「天譴」觀念接近此想。董仲舒曰：「天志仁，其道也義。」（《春秋繁露》〈天地陰陽〉）其說認為神既慈悲（仁）且威嚴（義），此為正解，蓋天理超越人道但絕不與人道相反——若不然則人根本不能求道論理——神不可能不慈悲但亦不可能只是如此，上帝的威嚴無妨其愛，而人在相信神愛世人之時，又必肯定其權威不因此而減少，故神愛人之道（作法）實非人所可會意。神之正直絕非簡單而固定，正直者必有理且堅定，不為世情動搖，故正直的上帝不可能是「依人而行」[74]，雖然吾人必須設想其道「唯德是依」（上帝不可能為不善）[75]。道德源於天理，然專屬於人，故可稱為人倫，由此可見道德是上帝給人的行為指示，但因信神者有限，所以行善者極少；對於上帝的信徒而言，道德是神的命令，不能加以違抗，然神意在道德標準之上，人必須相信為善合乎神意，卻不能以為行善必得神心。然則神為正直非謂上帝依從道德，反而表示人不得以道德標準指望上帝，神為正直之說是人對於世間善惡報應不實，深覺失望卻堅信其理的表達，也就是對於「最後正義」的強調，所以上帝的正直令人恐懼也令人期望，其義理是「神

---

72. 《文獻通考》〈郊社〉三「郊」胡寅曰：「上帝雖無情，而感應之理如響之從聲也。」

73. 《困學紀聞》〈雜識〉：「或問地獄之事於真文忠公（德秀），公曰：『天道至仁，必無慘酷之刑；神理至公，必無賄賂之獄。』」

74. 《左傳》莊公三十二年：「神，聰明正直而壹者也，依人而行。」

75. 《抱朴子》〈廣譬〉：「神聰明而正直，故其道賞真而罰偽。」《魏書》〈禮志〉三：「〔神〕聰明正直，唯德是依，若能以道，不召自至，苟失仁義，雖請弗來。」

不只是善」。

　　中國文化缺乏超越性精神，同時富有道德意識，因此以道德為神格（以德澤為神力）的神意觀極為盛行，「神聰明正直」之說不外乎「神為德主」之意。即因神為正直無私，祭神須以德操，不可媚承，亦不消奢禮煩祀 (anti-ceremonialism)76，此種禮神觀念雖是正確，但其神明信仰卻有所不足。道德化的上帝觀造成中國的「災異」說，這與其說是迷信，毋寧說是不信，蓋「大德不德」77，道德乃為上帝所設而非其所尊，人之為善乃是服從道理而未必是信仰上帝（上帝在真理之上）。若稱「失德以卻災，媚神以丐助，神而有知，且因以譴也」（《新唐書》〈韋綬傳〉），其想法必是無神，因為不德而發達者事實上甚多，若依其理而論則神為無知，但神而無知豈可能為神，可知對於神意一概質疑與毫不質疑者皆不是信神者。災異之說本是為勸善而起，它假借神意正直為理，強調德政為天之所欲，故掌權者失政必受其殃78；此種說法既以道德為本，其於神意的解釋實非主旨，而其用心是在主張愛民，於是上帝的正直威嚴與愛人慈悲已無分別，可見災異之說絕非神學。「災異者天地之戒也」（《漢書》〈宣帝紀〉），「災者天之譴也，異者天之威也。……凡災異之本盡生於國家之失，國家之失乃始萌芽而天出災害以譴告之，譴告之而不知變，乃見怪異以驚駭之，驚駭之尚不知畏恐，其殃咎乃至，以此見天意之仁而不欲陷人也。」（《春秋繁露》〈必仁且智〉）79災異之說是以人君為對象80，其現實取向顯著，

76.《通典》〈禮〉十五「淫祀興廢」後魏孝文帝詔曰：「夫神聰明正直，享德與信，何必在牲。其令有司，非天地宗廟社稷之祀，皆用酒脯。」《魏書》〈禮志〉一：「凡祭，不欲數，數則黷，黷則不敬，神聰明正直，不待煩祀也。」

77.《老子》三十八：「上德不德，是以有德；下德不失德，是以無德。」

78.《舊五代史》〈五行志〉：「天地之道以簡易示人，鬼神之情以禍福為務，王者祥瑞至而不喜，災異見而輒驚，固不寅畏上穹，思答天譴。」

79.《白虎通義》〈災變〉：「天所以有災變何？所以譴告人君，覺悟其行，欲令悔過修德，深思慮也。」

而它雖宣稱神意威重，卻又表示人若反應得當則可消災解厄[81]，這一方面認定神意可知（無超越性）[82]，另一方面認為神人互動，顯然不是出自真正的上帝信仰，故謂「凡人為怪，皆皇極道失。」《蔡中郎集》〈答詔問災異〉）總之，在天人同道的思想下，中國的神意解釋其實常是人事觀點的呈現，神之愛人與正直等說法尤其如此，其強烈的政治意義顯示中國的上帝觀缺乏神聖感與知識性。

　　上帝信仰必含有神意不可測的觀感──「有天焉，未可必也」《小倉山房文集》〈幽光集序〉）──這是超越性的問題所致，而且可知者即不須（應）以信仰態度看待，神意不可測正是構成上帝信仰的先決條件，換言之有感神意難解者大約是信仰上帝的人（多神信徒大都不為神意苦惱）。王充說：「人可以偽恩動，則天亦可巧詐應也。」《論衡》〈定賢〉）又說：「王者居重關之內，則天之神宜在隱匿之中。」《論衡》〈雷虛〉）其說由人事之蹟推論天道，以為神意難測甚是合理，因為人心已不易捉摸，而天心勝於人心，故當然神秘；此見表面上認為神意不可測，但卻忽視其超越性，而以天人相較的理路認定神意為「神異」，有迷信之虞，無深思之功。老子曰：「前識者，道之華，而愚之始。」《老子》三十八）這確認「人算不如天算」，猶有信仰之義，而不以預知為意。《周易》有言「陰陽不測之謂神」《周易》〈繫辭〉上），此說顯示神明必然神奇，然則人可能因感神奇而信仰神明，這是人發現上帝的自然歷程，並無裝神弄鬼的危機。「所謂天者誠難測，而神者誠難明矣。」《韓昌黎集》〈祭十二郎文〉）此種感慨含有敬畏之心，其信仰

80.《孔子家語》〈五儀解〉：「天災地妖，所以儆人主者也。」《三國志》〈楊阜傳〉：「天地神明以王者為子也，政有不當則見災譴。」

81.《呂氏春秋》〈制樂〉：「祥者福之先者也，見祥而為不善則福不至；妖者禍之先者也，見妖而為善則禍不至。」

82.《蘇文忠公集》〈代張方平諫用兵書〉：「天心向背之跡，見於災祥豐歉之間。」《蘇子美集》〈上京兆杜公書〉：「災異之作未嘗妄也。」

儘管不明，終究是誠服的態度，並非懷疑。虔誠的信仰須是有所質疑，亦即頗感困頓，故「天不可信」（《尚書》〈君奭〉）之說不是不信（不信天者必不言天），卻是不可信而信[83]，此為真信。「天命靡常」（《詩經》〈文王〉）是神意難測的一種說法，「上帝甚蹈（善變）」（《詩經》〈菀柳〉）則是對神意難測的一種解釋，故「上帝不常」（《尚書》〈伊訓〉）並不意謂天理詭譎多變，而「天命不徹」（《詩經》〈十月之交〉）也不表示善惡報應不存[84]。

　　以人的利害而言，神意不可測的問題主要出現於「禍與福鄰，莫知其門。」（《荀子》〈大略〉）因神意難知，然必有其厚意，而且求道者不能知命也能樂天，故「吉人凶其吉，凶人吉其凶。」（《法言》〈問明〉）相信「算命」或強求福分所以為迷信，乃因其既知有神有命，又以為神意可知而命運可改，此為自相矛盾，不然則是半信半疑的投機念頭，這不是自信不足的問題，而是信仰不堅的問題[85]，可見錯誤的信仰有如沒有信仰。如此，認為神意可測以致信仰堅定而喜悅者，絕不如深覺神意難知以致消極認命而痛苦者，因為前者愛神而後者敬神，敬必含愛而愛未必有敬，何況神不需要愛卻要求敬，或者神不使人愛卻令人敬，愛神者必誤以為神意可知，此乃自愛卻不自知。依理「難測」與「不可測」不同，神意難測表示猶有可知之處，但因其可知者甚微少，而以此斷事其危險更大於無知，故明智之見必以為神意難測與神意不可測相等。然則畏懼上帝較喜愛上帝更為積極與聰穎，而以特殊

---

83. 既說「不可信」，則不應再說「難以相信」，若二者併陳，其實是信而非不信，此即不可置信卻不能不信，誠屬堅信。《尚書》〈君奭〉一文中「天不可信」、「天棐忱」、「天難諶」（《詩經》〈大明〉：「天難忱斯」）三詞同出，其意正是不可信而信。

84. 《尚書》〈伊訓〉：「惟上帝不常，作善，降之百祥，作不善，降之百殃。」

85. 《論衡》〈命祿〉：「天命難知，人不耐審，雖有厚命，猶不自信，故必求之也。」

神恩為幸者必自陷於危局中，蓋「上帝不考，時反是守，疆索者不祥，得時不成，反受其殃。」（《國語》〈越語〉下）有智者皆知世上「甚美必有甚惡」（《左傳》昭公二十八年），「雖有智慧不如乘勢，雖有鎡基不如待時」（《孟子》〈公孫丑〉上），有德者咸認「卜以決疑，不疑，何卜？」（《左傳》桓公十一年）神意既在真理之上──「道之大原出於天」（《漢書》〈董仲舒傳〉）──故「人能弘道，無如命何。」（《史記》〈外戚世家〉）歐陽修曰：「惟不測與無窮故謂之神，惟神故可以占。今為大衍者取物合數以配著，是可測也，以九六定乾坤之策，是有限而可窮也，矧占之而不效乎。」（《歐陽文忠公集》〈易或問三首〉）此言甚是，蓋神意難知，但人有時必須確定神意方可行事86，故占卜之想並非完全不可，然解釋神意必於人事窮盡之時，且須全憑知識為之，在無可奈何之下方有聽天由命之實，所以一般占卜之誤在於未盡理性之力卻以理性之法問神，此於上帝的超越性顯有忽略或曲解。總之，神意不可測，「弗畏入畏」（《尚書》〈周官〉），「畏天者昌，習天者亡」（《李泰伯集》〈慶曆民言〉「天論」），然「敬天之怒易，敬天之休難」（《宋史》〈鄭清之傳〉），故敬神之義當為信道，奉神之法應為行道，人須以不變之理面臨難測之神，因為上帝雖不可知但必有理，只有上帝不在，人才可以或可能為所欲為87，此乃所謂「慎以畏為本」88。

　　上帝所為必有其理，而有意義即是好，故神為善主，但其務並非

86.《震川先生集》〈洪範傳〉：「事之明者無待於稽，事之疑者聖人亦不能不取決於神。」

87.《宋史》〈富弼傳〉：「人君所畏惟天，若不畏天，何事不可為者。」Cf. 'If there is no God, then anything is permissible.' F. M. Dostoyevsky, *The Brothers Karamazov* (1880), bk. vi, 3.

88.《新唐書》〈隱逸傳〉（又見《慎子》〈外篇〉）：「慎以畏為本，故士無畏則簡仁義……太上畏道，其次畏天，其次畏物，其次畏人，其次畏身。」此說意謂道德來自上天而非人間，確屬真理，然其宇宙次序觀顯有謬誤，正確之見當是「太上畏天，其次畏道，其次畏人，其次畏身，其次畏物。」

救人，因此不是「救世主」，救世濟人者乃是上帝的使者，換言之聖人正是天使。替天行道者尊崇神意卻常不解神意，當其推展真理而困難重重時，只能相信上帝自有安排（用意），同時則自信不減，雖然**神意考驗及磨練人心**的意義也受其重視，因為人不可能「好到不能更好」（'too good to be better'）。子曰：「知變化之道者，其知神之所為乎。」（《周易》〈繫辭〉上）又曰：「道之將行也與，命也；道之將廢也與，命也。」（《論語》〈憲問〉）這是虔誠且自尊的處世態度，也就是對天不亢而對人不卑的信仰精神，因君子頂天立地，不怨天、不尤人，自負而不自大，所以即使天不從人願，也無損人對神意的信心。由於上帝信仰的增進，在傳道不利的問題上孟子乃較孔子更少自責，而敢大言「夫天未欲平治天下也，如欲平治天下，當今之世舍我其誰也，吾何為不豫哉。」（《孟子》〈公孫丑〉下）「天下有道，聖人成焉；天下無道，聖人生焉。89」這並不表示世間的改善是由於人力，卻是表示世道敗壞是聖人存在的良機，因他的使命正是淑世（行道）——故「聖人不畏多難，以因難而圖事耳。」（《宋史》〈劉一止傳〉）——而淑世不成也得以致知（求道），可見仁者對於神意不可測絕不以為惡（例如善惡報應若不爽則道德將因此消滅）。

　　愈為無知愈相信（期待）神之啟示，將神意難測解為磨練與考驗人心之用，並非無稽之談，但卻以此主張神意相當可知，難免自相矛盾，這是以道德（善）解釋天理（真）的失誤——是善的未必是真的——或是以理性斷定非理性問題的錯誤，其誤是不知「超越性」不同於「超越」，蓋超越性一義是理性推論所得，亦即可知的，而超越一事則無從進行，故全不可知。不論如何，世事背後必有意義，「善惡不空出，禍福不妄作」（《新語》〈思務〉），若人無法了解神意，而相信其所遇乃是上帝對己之教導，這確有自誨的價值，雖然此種價值常限於道

89.《莊子》〈人間世〉：「天下有道，聖人成焉；天下無道，聖人生焉；方今之時，僅免刑焉。」

德層面90。古諺曰「好事多磨〔魔〕」，因而「君子之懼非禍者，未必
不為福」(《新五代史》〈趙犨傳〉)，不過這種思考雖肯定神意的存在，卻
於解釋上無多用心。孟子曰：「天將降大任於是人也，必先苦其心志，
勞其筋骨，餓其體膚，空乏其身，行拂亂其所為，所以動心忍性，曾
〔增〕益其所不能。」(《孟子》〈告子〉下) 此說確定得道須經折磨，間
接承認人性原罪，並且勉勵受苦者體會神意，然不保證否極泰來91，
實有探究天人之際的豪情壯志，在眾多類似的說法中最具見解與氣
概92。古話說「多難興王93，殷憂啟聖」94，其意顯然普獲認同，故
有俗語曰「吃得苦中苦，方為人上人」，又有諺云「不受磨難不成佛」。
然而事實上「踴躍常人情，慘澹苦士志」(《杜工部集》〈送從弟亞赴河西
判官詩〉)，能於苦難中尋思而振作者，須於真理有所追求，「君子固
窮，小人窮斯濫矣」(《論語》〈衛靈公〉)，受苦與求道齊行，方可能是
「居不幽志不廣，形不愁思不遠」(《吳越春秋》〈句踐入臣外傳〉) 95，若

90.《新唐書》〈高祖紀〉：「有德則興，無德則絕，豈非所謂天命者常不顯其符，
　　而俾有國者兢兢以自勉耶。」
91.《舊唐書》〈張廷珪傳〉：「古有多難興王、殷憂啟聖者，皆以事危則志銳、
　　情迫則思深，故能自下登高、轉禍為福者也。」此說富有樂觀精神，將神意
　　的主宰性與超越性置諸度外，不僅無知，且有誇張宣傳之嫌。
92.《近思錄》〈致知〉橫渠曰：「人經歷險阻艱難，然後其心亨通。」其說雖無
　　誤，然乏深意與氣勢，顯得平淡無力；因此種觀點甚為流行，若無新意而勉
　　強為言，不免淪為陳腔濫調。
93.「多難興邦」一說為政治教育的口號，其謬誤是主張神人關係的集體性質，
　　其實一切的「天人之際」皆是個人性問題，因所有的生命皆為獨立的靈魂，
　　所以各人均應自我負責或單獨對天負責，集體得救（如猶太教所見）絕無可
　　能，而自甘墮落也不能影響他人。
94.《說苑》〈雜言〉：「人君不困不成王，列士不困不成行。」《孔子家語》〈困
　　誓〉：「君不困不成王，烈士不困行不彰，庸知其非激憤屬志之始於是乎在。」
95.《荀子》〈宥坐〉：「居不隱者思不遠，身不佚〔逸〕者志不廣。」《新論》〈激
　　通〉：「居不隱者思不遠，身不危者志不廣。」《韓昌黎集》〈荊潭唱和詩序〉：

稱「夫人幽苦則思善，故囹圄與福堂同居」（《魏書》〈刑罰志〉七），這只是勸善之說96，絕非事實，可見不能以善意看待神意者必然自沈。因為相信神愛世人（神不可能以凌虐人為樂），又信上帝的嚴苛有其道理（「神理無終否97」），同時深知受苦為學習的代價，故「君子道命愈難識道愈堅」（顏延之〈庭誥〉）。由此而論，「正理存人心，萬世不磨，邪說終不能勝也。」（《文獻通考》〈郊社〉一「郊」楊復《祭禮》曰）相信真理者處世必覺悲觀，而論道必感樂觀，蓋不論人是否禁得起神的試煉，皆將於此實踐上帝的計畫，而求道者儘管失望於現實，卻對神意的開展全然歡迎，故必先苦而後甘。韓愈曰：「觀古人，得其時行其道則無所為書，書者皆所為不行乎今而行乎後世者也。」（《韓昌黎集》〈重答張籍書〉）其理莫非是守道而信神，則君子雖有終身之憂，卻無永恆之愁。

三、「天」與「命」：上帝信仰的變相

中國的上帝信仰雖不明確或深入，但無疑存在，這可以「天」與「命」的觀念證明之，蓋「天」是超越人的精神世界，推究其實乃為上帝，而「命」是神對人生的安排，故不信上帝則不信命運（不然則是迷信命運）。天與神或上帝等詞常相互代用98，可見天的終極真相是上帝，而探討命運必兼論神意，故命運即是天命，也就是上帝主宰性於人間的體現。天與命為主從關係，二者一致是因其具有共同的要素，

「謹愉之辭難工，而窮苦之言易好。」

96.《國語》〈魯語〉下：「昔聖王之處民也，擇瘠土而處之，勞其民而用之，故長王天下。夫民勞則思，思則善心生；逸則淫，淫則忘善，忘善則惡心生。」

97.《司馬溫公集》〈送李汝臣同年謫官導江主簿〉：「人生難豫期，神理無終否。」

98.《尚書》〈益稷〉：「僕志以昭受上帝，天其申命用休〔庥〕。」《隋書》〈柳昂傳〉：「稟靈上帝，受命昊天。」

此即上帝；而天與命的觀念所以流行，實因上帝信仰不發達，蓋若上帝觀念清晰，則以天代神的用法不可能興盛，而以命運替換神意的說法也無法普及。因為中國文化對上帝的探索處於若及而未及的過程，所以含意籠統且層次較低的「天」與「命」，乃成為盛行的神道觀點，兩者關係的密切也因此而生；不幸因其超越性不強而頗適用於現實人生，反而阻礙了上帝觀念的進一步發展（宋朝之後「天」的意思愈為含糊），同時造成上帝信仰的普遍扭曲和簡化，於是天道成為中國文化獨特的概念，而命運成為中國人特別強調的課題。

　　中國古文中的「上帝」與「天」皆是模糊的「神明」，因上帝與天皆非複數語詞，故論究其義，理當是唯一之神，於是可見天為上帝，而非眾神。若說「上帝天也」（《新唐書》〈沈伯儀傳〉），甚至說「上帝亦天也」（《新唐書》〈王仲丘傳〉）、或「上帝亦為天」（《晉書》〈禮志〉上）[99]，這在邏輯上似無不當，然而「上帝」（第一因）的發覺理應在「天」之後──天的籠統含意包括上帝、神意、與真理──所以正確說法當為「天者上帝也」。中國古人所謂之「天」大約是最高境界而未加以細究，以致當「上帝」被確認為神中之神時，乃須加以「歸天」。天的地位既是宇宙極致，因此不可能為大自然而無生命或精神[100]，換言之天必有意志（天志），也就是有神[101]，極言之則「天者神也」（《鶡冠子》〈度萬〉），故「神不可憑，天何足論。」（《元氏長慶集》〈祭禮部庾侍郎太夫人文〉）《爾雅》曰「天之為言神也」（《爾雅》〈釋天〉釋文），然天與神二字之音相去甚遠，此說顯是基於釋義而提出，不是一般的聯想

99.《隋書》〈音樂志〉下：「皇矣上帝，受命自天。」《劉子遺書》〈學言〉三：「天一也，自其主宰而言謂之帝。」

100.《渭南文集》〈進疏〉：「天為群物之祖，可謂極尊。」

101.《明史》〈禮志〉四「馬神」：「天生英物，必有神司之。」《正蒙》〈天道〉：「天之不測謂神，神而有常謂天。」《隋書》〈五行志〉上：「神則陰陽不測，天則欲人遷善。」

比附，這表示天的神格不容忽視，故天神常並稱。真正的神必為唯一，所以在認定天即神之餘，將更進一步發現「天者百神之君也」（《春秋繁露》〈郊義〉；《舊唐書》〈張九齡傳〉）102、或是「天者群物之祖」（《宋史》〈樂志〉五），於是「天為上帝」乃全面顯現，至此若仍以為「不祭天者乃不可祭小神也」（《春秋繁露》〈郊祀〉），這是一神信仰草創時（即單神信仰）的多神觀殘念。

天人相對（「天文」不是相對「地理」而是「人文」），然天在人之上，故曰「人天道殊，卑高定分。」（《魏書》〈釋老志〉）於此天的含意雖不明，但與人相對而勝於人者實為神，而神之代表或真相即是上帝，故天畢竟不是真理而已103，因為真理並非生命，它不是人的主宰，絕無凌駕人的意義。朱熹曰：「夫天，專言之則道也104……分而言之，以形體謂之天，以主宰謂之帝，以功用謂之鬼神105。」（《朱子語類》〈易〉四）這表示天既是真理也是上帝，然上帝在真理之上，而凡人對於真理尚難以相信或有所不知，對於上帝與神意乃更無體認，所以「天」的定義常限於「道」，亦即真理106，但「天道」一說則含有「天意」（天道不是原則定律而是具有意志的力量）——「天命」之說亦然——也就是含有相當的神明信仰，可見天的觀念所以紛紜，實因各人對於終極真相了解的程度有別，這終究顯示「天」是中國人所認知的宇宙

102.《論衡》〈辨祟〉：「天，百神主也。」《春秋繁露》〈郊語〉：「天者，百神之大君也，事天不備，雖百神猶無益也。」

103.《朱文公文集》〈盡心說〉：「天者，理之自然而人之所由以生者也。」《黃氏日抄》〈高郵軍社壇記〉：「神固無異於天，人則未必能盡純乎天。」

104.《粹言》〈天地篇〉：「夫天，專言之則道也。」《朱文公文集》〈讀蘇氏紀年〉：「聖人之所謂道者，天而已矣。」《陳白沙集》〈認真子詩集序〉：「道以天為至。」《元史》〈吳澄傳〉：「道之大原出於天。」

105.《二程語錄》〈伊川雜錄〉：「天與上帝之說如何？曰：『以形體言之謂之天，以主宰言之謂之帝，以功用言之謂之鬼神，以妙用言之謂之神。』」

106.《困學紀聞》〈左氏〉：「天者理而已。」

最高領域，而其看法的差異表現上帝信仰探索的深淺。蘇軾稱：「歲之豐凶在天，非神之所得專。」(《蘇文忠公集》〈祭常山祝文〉一) 此說將天與神二分，看似精深，其實無理，蓋天若非神，豈能具有造化之力。鄭子產曰：「天者神，子惡知之？」(《穀梁傳》昭公十八年) 此如柳宗元所說「舉聲但呼天，孰知神者誰」(《柳柳州集》〈哭連州凌員外司馬〉)，這雖對於天神有所懷疑，但也表示難以否定，其說簡單卻猶有反省力與啟發性，實較蘇軾之見可貴。莊子曰：「神而不可不為者，天也。」(《莊子》〈在宥〉) 反推其意可謂「天，神而有為」，由此可見天為上帝是必然之理，但莊子之意畢竟以為天高於神，這不是「聰明反被聰明誤」，卻是為求自在寬心而絕聖去智，於是可知自然主義 (naturalism) 不是以人為本而是以物為天，然以物為天必無天，故自然主義其實是虛無主義 (nihilism)。

　　誠如「道不可量，德不可數」(《管子》〈幼官〉)，天為無形的存在，故「上天之載（在），無聲無臭。」(《詩經》〈文王〉) 荀子曰：「不見其事而見其功，夫是之謂神；皆知其所以成，莫知其無形，夫是之謂天。」(《荀子》〈天論〉) 天不僅是在人之上，且具超越性，非人所可理解，此情正是人對上帝的感受。子曰：「天何言哉，四時行焉，百物生焉，天何言哉。」(《論語》〈陽貨〉) 這是對上帝主宰性的承認，也是對神意難知的感慨，此茫然之情在後來上帝信仰強化時消減，以「人道之對」設想天道的觀點從此興起。孟子曰：「莫之為而為者，天也；莫之致而至者，命也。」(《孟子》〈萬章〉上) 而董仲舒進一步說：「天不言，使人發其意；弗為，使人行其中。」(《春秋繁露》〈深察名號〉) 此類說法雖表現高昂的信仰，然在其強調天工玄妙之時，也以天人全然相對的論述，減損了天道的超越性（不可理解性）。莊子稱「無為而尊者天道也，有為而累者人道也」(《莊子》〈在宥〉)[107]，其觀點雖與前說不同，但同樣有「以人窺天」的失誤，這是中國上帝觀的普遍缺陷，或

107.《莊子》〈天地〉：「無為為之之謂天。」

可說是中國上帝信仰的極限，在形式上其與西方一神教的差異是缺少天啟說 (revelation)。

　　天超越自然而非自然而已，故曰「異大乎災」《公羊傳》定公元年)，若將天視為自然，這其實不自然，因為天若只是自然，則絕無必要以天代稱之，天比自然更為神聖，此無爭議之餘地。如此，「順其自然」絕非自然之舉，也非敬天表現，因為自然不是自然而然，人性亦非物性而是具有天性，所以人對自然必（應）以超自然觀點看待，若稱「牛馬四足是謂天，落馬首穿牛鼻是謂人」《莊子》〈秋水〉)，這是人的自貶，或是人的自我物化，毫無身為萬物之靈的自許，所謂「人妖」莫此為甚。天力強於人力且不可測，大自然生養萬物又危害生命，所以「天可順而不可恃也」《公是先生弟子記》)；然天有時不利於人，此乃神意難知的展現，而非神與人為敵之意，故人對天不是由愛生敬，而是既愛且敬，因敬高於且包含愛，所以敬天之說常見而愛天之說罕聞。天其實是神，但以天代神是信神不篤的現象，天較神缺少（不強調）意志或人格（神格）的含意，易言之神較天更富有擬人化的意味，因而愛神之說流行而愛天之說幾無。然若論及崇高性，則天與神對於其信徒而言乃是一樣可敬，故敬天之說與敬神之說均甚為合理且盛行，這證明天道觀是識神不清者的「準上帝信仰」，而非旁門左道的邪說迷信，同時可知天的超越性與神的超越性實為同一事。凡人「言敬必及天」《國語》〈周語〉下)——一般的「談天」則是難以用心於大事的不誠不敬漫談——天既是人主，故「聖人自知不自見，自愛不自貴」《老子》七十二)[108]，這是認命的表現。天畢竟是上帝，人對天的敬畏必同於奉神，其心與事親相似，故說「無祖則無天也」[109]。子曰：「君子有

108.《荀子》〈子道〉：「子路曰：『知者使人知己，仁者使人愛己。』子曰：『可謂士矣。』……子貢曰：『知者知人，仁者愛人。』子曰：『可謂士君子矣。』……顏淵曰：『知者自知，仁者自愛。』子曰：『可謂明君子矣。』」

109.《穀梁傳》文公二年：「躋升也，先親而後祖也，逆祀也。逆祀則是無昭穆

三畏，畏天命，畏大人，畏聖人之言。」(《論語》〈季氏〉) 110 這表示天
有神格而人有神性（天格），於是天人一貫，「質諸鬼神而無疑，知天
也」(《中庸》二十九)，人不敬天即不自尊，進一步言人不信神即不自
重，而天神為人生主宰，故「違天不祥」111。

　　天具神性，知天與知神同樣困難，雖然信神者所認為的困難必高
於崇天者，蓋天道觀是簡化或低級的上帝觀，論天而不及神者必以為
真理易於了解。「天道」一說頗為順當，但「神道」一說並不恰當，因
為以信徒所知者相較，天的超越性不如神的超越性，故天的作法較神
的作法更有跡可尋──上帝有作為而不太展示作法──於是可謂有天
道而無神道，其理正如有「天理」一詞而無「神理」一說（神在理
上）。「神意」必較「天意」艱深難解，然上帝創造真理而天的領域也
包括真理，真理雖具超越性但也有理性的部分，所以神與天俱為相當
可知，也因此對於知識不多者而言，天未必比神更易懂。若稱「雖誠
天道難可度知，然其大較猶有本要」(《後漢書》〈祭祀志〉下)，這不能
說是觀念性的錯誤，但若討論實際觀點則必可見其說層次不高，如莊
子說「小而不寡，大而不多，知量無窮」(《莊子》〈秋水〉)，這便是故
弄玄虛而其實簡易的天道觀。總之，天是人心中簡易的神，所以「知
天」為可能而「知神」為妄語，「天意」說是關於天的神化思想，它與
「天道」觀實相去不遠，然因天與神一致，故論天者的意見與探索神
意者頗多相似（研究中國上帝信仰者在資料上可以兼採雙方之說而不
必嚴格區分天與神），但前者遠不如後者深奧，二者相近之處必是基礎
的真理觀，不當視為天道偉大的證據。

　　誠如神愛世人之說，信仰天道者亦有天愛世人之見，所謂「天道
導可而省否」(《國語》〈周語〉下)，其意與「上帝引逸」相同，但它的

　　　也，無昭穆則是無祖也，無祖則無天也。……君子不以親親害尊尊。」
110.《遜志齋集》〈畏說〉：「君子小人之分，觀其知所畏與否而已矣。」
111.《左傳》僖公二十三年：「天將興之，誰能廢之？違天，必有大咎。」

反面說法為「不若（順）於道者，天絕之也」（《穀梁傳》莊公元年），這就與信神者的觀點有所衝突──主張上帝愛人者絕無「背神者必受神害」一說──蓋天道接近真理而神意屬於上帝，上帝在真理之上，然則天道說的超越性不如上帝觀，因此天愛人較神愛人更為具體而現實，人不順天乃較人不從神更為不利（有如一旦違法即被刑罰），或說神之愛人較天之愛人更不可理解，違背神意的下場也就比違背天道難以想像。上帝雖慈悲，但上帝在人道之上，故上帝看似不人道；同理，天雖愛人，但天比人高，故天不因愛人而隨俗。所謂「仁不勝道」即是表示道有超越性 112，道在道德之上，或者德源於道，道不限於善惡之理，而常看似不善，故曰「道與世事不並興」（《抱朴子》〈金丹〉）。道為天道而非神道，因為上帝與真理有別，而神意的表現過於神秘，令人無法確認其道，故所謂道必是兼含靈性與真理的天道，此種籠統的說法是模糊的信仰觀念所致。如此，中國的天道觀加以深究即可成為正確的上帝觀，否則極可能淪為怪誕的迷信，因它既有神明信仰的內涵，又有唯物主義的成分。「萬章曰：『堯以天下與舜，有諸?』孟子曰：『否，天子不能以天下與人。』『然則舜有天下也，孰與之?』曰：『天與之。』『天與之者，諄諄然命之乎?』曰：『否，天不言，以行與事示之而已矣。』」（《孟子》〈萬章〉上）113 此文若以上帝觀念的探索為據解釋其義，則可見恢弘而精深的新意，但若以現實的政治問題討論之，則將以為其說荒唐不經且居心叵測，可見在求道上「不誠無物」，中國的天道觀雖不深刻但非錯誤，讀書人於此若不能精益求精，反而可能誤入歧途（玩物喪志）或輕蔑大義（玩人喪德）114。

112.《穀梁傳》僖公二年：「非天子不得專封諸侯，諸侯不得專封諸侯，雖通其仁以義而不與也，故曰仁不勝道。」

113.《東萊博議》〈王賜虢公晉侯玉馬〉：「為天守名分者君也，天未嘗以名分與人君，天特寄人君俾守之耳。」

114.如稱「天道三千五百歲一治一亂，終而復始，如環之無端，此天之常道也。」

天既在人之上且有神格，則天意在天命亦在，「命者天之令也」
（《漢書》〈董仲舒傳〉）115，命運出於上帝而非真理，故相信命即信仰
天，亦即間接肯定上帝。命為神意，神意注定人事，故命先於事存在
而不為人改變——「雖繫人情，盡由天意」（《新五代史》〈安重榮傳〉）116
——算命不可信非因其說不準，而是因其事根本為虛假，何況「化已
至，雖知之，與勿知一貫也。」（《呂氏春秋》〈知化〉）中國古語有謂「人
所應有盡有，人所應無本無」（《陔餘叢考》〈成語〉），其安分的態度是立
於認命的精神之上，也就是對造物主的設計與安排無有不滿，甚至是
對「人間為最佳世界」的認定，這是上帝信仰的人生觀，絕不是無神
論的表明。命為神意，又為定數，這不表示神無超越性而其意固定，
卻是表示上帝決定一切而人絲毫不能與聞，既不能知豈能求變，故曰
命定。劉峻說：「化而不易則謂之命，命也者自天之命也，定於冥兆，
終然不變，鬼神莫能預，聖哲不能謀。」（《劉孝標集》〈辨命論〉）117此見
大約正確，但因思想未精而不免出錯（「鬼神莫能預」為誤說），蓋上
帝才是萬事萬物的第一因，命與其說是天命不如說是神命，以為天在
鬼神之上，則所謂命便由來不明而不知所云。於此，有所不知而知的
見解是：「莫不受命，不可為名，故謂之神。」（《鶡冠子》〈道端〉）若稱
「逆順之理殊，自然之數定」（《晉書》〈劉胤傳〉），這其實是對命運的誤
信，蓋逆順之理無殊，而定數絕非自然，相信有命卻不知有神，則無
從認命——信神才能認命——其所謂認命必是自棄。總之，無神則無

（《越絕書》〈枕中〉）此說即是簡化天道的看法，天道觀本來已是簡化超越
性真相的看法，故此說可謂是「退縮式的求道」心得，它表面上信道，其實
反對求知，在不進則退的學習處境中，自陷於無知而確信的狀態，自欺欺
人，可憐又可恨。

115.《魯齋遺書》〈小學大義〉：「天命之自然為人事之當然，迺所謂教也。」

116.《梁書》〈侯景傳〉：「雖曰人事，抑乃天時。」《舊五代史》〈漢高祖紀〉下：
「雖曰人謀，諒由天啟。」

117.《陳書》〈徐陵傳〉：「聖人不能為時，斯固窮通之恆理也。」

命，中國人的命運感受極為強烈，其為神明信徒應無可疑，只是其信仰亦常限於命運意識而無法深入。

上帝無所不在，神意無所不管，命運既是從天而降，則「萬事萬物凡所遭遇，無非相命也。」（《嵇康集》〈難宅無吉凶攝生論〉）此種體認幾乎是老生常談，諺云「萬般皆是命，半點不由人」[118]，依理若有命則「何事非命」（《劉孝標集》〈相經序〉），然有此認識者不多，由此發覺上帝者更少，蓋凡人無病則忘醫，其認命僅在無奈之時，「臨時抱佛腳」當然不及學佛，所以承認上帝不是信仰上帝，偶爾思神並非信神。「人事多端，其實由命，天假手於人爾。」（《范文正公集》〈與知郡職方〉）[119]因此「遭遇所得非善惡所致也」（《論衡》〈卜筮〉）[120]，「富貴若有神助，貧賤若有鬼禍」（《論衡》〈命祿〉），這是「皇帝也有窮親戚（草鞋親）」的緣故。朱熹曰「人事盡處便是命」（《朱子語類》〈程子之書〉三），其意是「盡人事然後聽天命」，而非主張人有自主的地位，蓋「既謂之命，奈何有制之者邪。」（《列子》〈力命〉）許慎以「神不福也」解釋「禍」字（《說文解字》「禍」），這表示禍福皆是神意，「禍不可以智逃，福不可以力致。」（《嵇康集》〈難宅無吉凶攝生論〉）俗話說「人算不如天算」、「醫得病醫不得命」，故「有心於避禍，不若無心於任運。」（《鶴林玉露》〈人事天命〉）[121]命運一說其實是命為主而運為從，因為變化來自常道常理，無意義的變化既不存在也無從辨識，有運而無命乃是虛談，命導致運，命為固然，故「改運」曾無可能。世事變化所以為命乃因其「非物非我」[122]，上帝的主宰性不僅表現於人不能控制世

---

118. 《三國演義》一百三回：「萬事不由人做主，一心難與命爭衡。」

119. 《後漢書》〈申屠剛傳〉：「人所歸者天所與，人所畔者天所去。」《讀通鑑論》〈三國〉八：「人之不臧者，天也。」

120. 《廿二史劄記》〈元世祖嗜利黷武〉：「三代以下國之興亡全繫天命，非必有道者得天下，無道者失天下也。」

121. 《南史》〈王彧傳〉：「有心於避禍，不如無心於任運。」

道，而且表現於人不能預知世情，甚至人即使有感於神的支配，依然無法因此改變自己本來的作法與想法。韓愈曰：「其哀之，命也；其不哀之，命也；知其在命而且鳴號之者，亦命也。」(《韓昌黎集》〈應科目時與人書〉) 這是人對神的完全屈服，而此事之出必是由於人對神的清楚認識，不然即是經驗性的迷信所致。康德 (Immanuel Kant) 認為縱使人能知曉未來之事，或者其將來之所為已可 (被) 逆料，道德意識仍將使吾人不改其志地「照舊」做去；這是說人在行善時所具的意志自由，絕不因其得以預判而失去自由，由此可知道德是神命，而為善是認命，不僅「天命有歸，不可以智力爭也」(《三國志》〈諸葛亮傳〉) 123，而且人即使知命也無法變節 (事實上知命者必樂天而不欲逾分) 124。「天命成敗，聖人知之，有所不能救，命矣夫。」(《春秋繁露》〈隨本消息〉) 簡言之，「吉凶可知而不可為也。」(《嵇康集》〈宅無吉凶攝生論〉)「孔子罕稱命，蓋難言之也。」(《史記》〈外戚世家〉) 其意非謂孔子不知命，而是言命無補於凡人之德術，畢竟「非天不中，惟人在命。」(《尚書》〈呂刑〉)

　　命運觀是上帝觀的反映，認命是信神程度的表現，對命運深感無奈者必於上帝認識無多，而對命運坦然接受且能體會其義者是上帝的最佳信徒。儒家的命運感慨主要是針對「應當如此卻不如此」的事情，而非「意外」或「莫名其妙」的現象，因其人文主義信道篤而信神有限，故所當然的事常非儒者論命之所及，而合理卻未得實現的不合理情勢則是其「問天」主因，當「天人之際」問題出現才有命運思考

---

122. 《列子》〈力命〉：「生生死死，非物非我，皆命也，智之所無奈何。」《謝宣城集》〈蒲生行〉：「攝生各有命，豈云智與力。」

123. 《遜志齋集》〈深慮論〉一：「慮之所能及者人事之宜然，而出於智力之所不及者天道也。」

124. 《夢溪筆談》〈神奇〉：「或曰苟能前知，事有不利者可遷避之，亦不然也，苟可遷避則前知之時已見所避之事，若不見所避之事即非前知。」

產生，這不是非命而是人本精神的伸張。相對於此，以為「命也者不知所以然而然者也」[125]，是不信神所致的不識命，將不可理解的人事變化一概視為命實為自大，因為命不即是神，認命不即是奉神，有命無神誠屬狂妄，於是不負責任乃為必然，況且愚者所覺之命更遠多於真命。「命一也，恃焉而弗修，賊乎天者也，安焉而弗求，樂乎天者也。」(《西山文集》〈送張元顯序〉) 然而在認命的問題上，天人合一或中庸之道實無可能，若以為「樂天知命故不憂」(《周易》〈繫辭〉上)，這是一知半解的天真，蓋知命必在樂天之先[126]，而知命無法透徹，且人有原罪，不盡理想是永遠之苦，故「聖人也安得無憂，但聖人之憂憂得恰好，不過憂耳。」(《朱子語類》〈易〉七)[127]然而憂不是愁，為真理正義而憂是能力也是道德，此為能者多勞的承擔，不是為世事不盡人意而耿耿於懷，因為知命則樂天，替天行道者不能撥亂反正也絕不因此擔心天道淪亡。「豈弟〔愷悌〕君子，神所勞矣」(《詩經》〈旱麓〉)，此乃認命者的宿命，然君子必富有自信心，這是其認命所得的力量。「凶人不終，命也。作凶事、為凶人，不助天，其助凶人乎?」(《左傳》昭公二年) 此非行善者的自慰之詞，而是善人通天的知識，其理是好人必定信神，因為只有真理才能造就道德，而惡人無法無天，故無為善的理由，然其自絕終究不是自決。

　　上帝既是宇宙主宰也是一切事物的第一因，所以命運不是人事的變化（果）而已，也是人事所以變化的原由（因），如此「天性猶命也」(《論衡》〈命祿〉)，「人生受性則受命矣」[128]，這與西諺「性格即是

125.《列子》〈力命〉：「不知所以然而然，命也。」《呂氏春秋》〈知分〉：「命也者，不知所以然而然者也，人事智巧以舉錯者不得與焉。」

126.《魯齋遺書》〈語錄〉下：「樂天便是知命，知命便能樂天。」

127.《朱子語類》〈孟子〉一：「樂天是聖人氣象，畏天是賢人氣象。」

128.《論衡》〈初稟〉：「人生受性，則受命矣。性命俱稟，同時並得，非先稟性後乃受命也。」

命運」(Character is destiny. [129]) 相近，甚至「性格決定命運」一說也可謂符合此意，因它仍然間接承認神命。事實上所有人皆為天生之材而有其人間使命，然唯有求道者重視此事，所謂「大德者必受命」(《中庸》十七) 並不表示小人未曾受命，而「不知命無以為君子」(《論語》〈堯曰〉) 之說則暗示小人多不認命；不論如何人人皆是命運之子，識命與否雖無關乎人生的順逆，但卻影響生命價值甚鉅，因為不識個人在世的天職，則不能發揮存在的意義。神意雖注定人命，但其超越性使人獲得實際的自主性 (自由意志因而暫時作用)，為人的尊嚴與高貴乃成可能，可見神以自遠愛人，抱怨神虛無飄渺者當知，非此人無法自在，也無法上達，故可謂「性命是生命之機」。天人合一是認命的意義，或者與神復合是認命的目的，簡言之認命即是行道，故為積極與艱難之事，這可能是苦撐待變，但絕非坐以待斃。命為人事變化之道，而變化與時俱進，所以命為天時，於是聖人認命不過「隨時而已」[130]，然隨時不是隨便，它是應天之舉，兼需智慧與勇氣。由於樂天「信命者亡壽夭」(《列子》〈力命〉)，由於愛道「信命者於彼我無二心」(《列子》〈力命〉)，由於自重「〔君子〕居上位而不驕，在下位而不憂」(《周易》〈乾卦〉)，信神不是要去我，認命不是要忘情，信仰上帝是要自我負責，實踐神意是要發揚良知，因為人命該如此。「古人多言命，後人多言理，異名而同實。」(《戴東原集》〈緒言〉上) 認命為必須乃因人無法逃命，人之認命雖也是命定之事，然有此警覺方能確實認命而有為──不識命而有為常為小行，錯認命而有為常為惡行──故以理代命乃至以「命理」論事者，是受命運捉弄而不自知的人，這不僅無損於上帝的威權，更以其自侮的方式榮耀神意，可見中國的命運觀不論正誤與高下，它確是上帝信仰的有力證明。

---

129. 'Fate and character are the same thing.' Friedrich von Hardenberg, *Heinrich von Ofterdingen* (1802), II.

130.《粹言》〈論事篇〉：「時乃事之端，聖人隨時而已。」

四、錯誤的信仰：無神觀

中國文化的一大特色是祖先崇拜，此與接受基督教之前的羅馬文化相同，因二者俱以現實精神著稱，可知祖先崇拜是世俗性極高的宗教。其實崇拜祖先是介於信神與不信神之間的立場，然嚴格而論「半信半疑」乃是不信，因為信仰的態度是不疑，「姑且信之」根本無從表現。《中庸》曰：「郊社之禮所以事上帝也，宗廟之禮所以祀乎其先也。」（《中庸》十九）拜神與祭祖相提並論，表示論者以為其意義差別不大，足見當中的神明信仰絕非純粹或十分虔誠。祭祖與探索上帝實不違背，但徹底信仰上帝則不祭祖，然則中國文明可能具有正確的上帝觀，不過這絕不是普遍或深刻的信仰。傳統的祭祀態度是「祭如在，祭神如神在」（《論語》〈八佾〉）[131]，其信仰精神一方面為虔敬，另一方面卻是有所懷疑[132]。前者是出於人道，亦即以盡心盡力的善意面對身後與世外問題，故曰「事死如事生，事亡如事存，孝之至也」（《中庸》十九），這是推展人道極致以通靈的苦心，因而「言孝必及神」（《國語》〈周語〉下）；後者則是對於鬼神無從認知，以致只得虛應故事，並不認真計較，如謂「鬼有所歸，乃不為厲……匹夫匹婦強死，其魂魄猶能馮依於人，以為淫厲」（《左傳》昭公七年），這顯然是一種息事寧人的想法，而非真正的信仰。祭祀為天道而孝順為人道，二者相關但不互通，中國文化以孝道祀天並以神道昭孝[133]，其人道含有天性而天道具

---

131. 《禮記》〈玉藻〉：「凡祭，容貌顏色如見所祭者。」

132. 《北史》〈齊宗室諸王傳〉上：「永安簡平王浚……年八歲，謂博士盧景裕曰：『祭神如神在，為有神邪？無神邪？』對曰：『有。』浚曰：『有神，當云「祭神神在」，何煩「如」字？』景裕不能答。」

133. 《禮記》〈祭統〉：「祭者，所以追養繼孝也。孝者，畜也。順於道，不逆於倫，是之謂畜。」《國語》〈魯語〉上：「夫祀，昭孝也；各致齊敬於其皇祖，昭孝之至也。」《國語》〈楚語〉下：「祀所以昭孝息民、撫國家、定百姓也，不可以已。」

有人性，此非適當，因為天人混合的信仰觀缺乏超越性，終究是人本天末、有善無真。曾子曰：「慎終追遠，民德歸厚矣。」(《論語》〈學而〉) 這大約即是中國的宗教真諦，它不乏儀式但少有深意，其信仰宗旨是道德──「宗教勸人為善」是流通於中國民間的非成語──本質上不是非神卻近乎無神。

　　「誤信」在實質意義上與「不信」相當，錯誤的信仰原本與無神論不合，但以終極真相為準而論，則二者俱在化外，可歸屬為同類；而且不信者對於真理當無興趣，無神論卻以推翻真理為志趣，可見其別有信仰，如此「無神信仰」一詞本不恰當──無神則信仰無著──但其實頗為合用，於是可知「不信」也是一種「誤信」。中國並無一個強大而延續的無神論傳統──可見儒家是有神思想──其說散佈於不同的時空中而少有連結，未曾構成「異端」，這一方面是因它的勢力不盛，另一方面是因中國的上帝信仰從不發達 (未成正統)，然而中國的無神論常出於「文化的野人」，具有旁門左道之風。至於先秦的無神觀可視為上帝信仰探索的初期表現，不必嚴格加以認定及批判，但因其見與後來的相關思潮也甚為一致，故不能否認中國確實早已出現無神的想法。

　　正確的真理架構由上而下應是「上帝、神意、真、善、美」，因美的事物多於善，而善的問題多於真，真理由神意設定，而神意出於上帝，所以此架構可以金字塔形想像之 (上帝居於頂端而普及全部)。中國文明的真理體系基礎尚佳但頂部闕如，其含糊或失落的部分是超越性的領域，亦即關於上帝、神意、與高層次之真的問題，正是因此中國的美學極其貧乏，蓋美的問題是真理的枝微末節，若非追本溯源難以究論與發明，故知中國文明的最高成就乃是道德論述 (中國的藝術因特殊而不傑出)，於是神明與天理的道德化或人格化 (道德是人專屬的問題)，便成為中國信仰的特質。

　　因乏上帝信仰，「道至高無上」(《文子》〈符言〉) 便成高見，而為

自圓其說，乃稱「道無鬼神，獨來獨往」(《素問》〈寶命全形論〉)，這個「將道上帝化」的說法顯示中國的天道觀含有上帝信仰的成分，但卻因此成為排除上帝的病態真理思想，蓋半信畢竟是不信，而不信畢竟是反知。神理應在道之上，因為神有其道，而道無其神，故將道神化不能導致上帝，卻將造成假性上帝，而永為無神式的信仰。若覺道非至高無上，而以天為極尊，這猶有發現上帝的希望，因為天較道更富於靈性，也就是更像神明，所以主張道在天之上者[134]，實為堅信無神而強詞奪理的固執說法；如稱「太上之道生萬物而不有，成化像而弗宰」(《淮南子》〈原道訓〉)，這便是賦予道上帝的角色卻因此使其無能暴露，可知上帝是終極之名，任何變相的觀點加以攀附均不可能成功，卻必定自誤。

　　以道代神的思想其實是求以人為本而與神隔絕，此可稱為非神論，然上帝為無所不在的造化之主，人可以不識神卻無法離開神，以「人神雜擾」為憂 (《張河間集》〈應間〉)、或欲「使神人各處其所而不相奸〔干〕」者 (《漢書》〈溝洫志〉)[135]，必是不信上帝的人，雖然「媚神之愚」確是可笑可惱 (《宋書》〈周朗傳〉)。子曰「敬鬼神而遠之」(《論語》〈雍也〉)，其說寓有人文主義的淑世精神 (全文是「務民之義，敬鬼神而遠之，可謂知矣」)，雖求務實，但絕非無神之見；論者以為「生死殊路，故敬鬼神而遠之」(《白虎通義》〈闕文〉)，這不僅是附會曲解，並且是表面敬神而其實非神，有誤導之罪。因於超越性問題未能察覺、卻又不少天性良知的作用，中國文人在感受神明存在的同時，竟多有神人分離的主張，人有神格一義既然不明，學做神仙的想法卻極流行，這是理性化的迷信風氣。「敬鬼神而遠之」一說絕不等於「治世之民不與鬼神相害」(《韓非子》〈解老〉)、或「以道蒞天下，其鬼不神」(《老

134.《慎子》〈外篇〉：「太上畏道，其次畏天。」

135.《舊唐書》〈禮儀志〉二魏徵曰：「人神不雜。」《文史通義》〈釋通〉：「人神不擾，各得其序。」

子》六十）136，因為後者仍有誤信之處，但若以破除民間迷信為念而言，則諸說確有相同之意，這意味誤信不如不信。蘇軾有咒文曰：「汝是已死我，我是未死汝，汝若不吾祟，吾亦不汝苦。」（《蘇文忠公集》〈書咒語贈王君〉）此說將神人關係視為人際關係，顯為無神觀，這與凡夫「迎神」「送神」的思想並無大異（「請神容易送神難」是人性觀）。即因中國宗教缺乏「正信」，「淫德好神」（《史記》〈封禪書〉）的觀點乃成為有識者醒世之言，然而此見又使信仰探索受累，有消滅迷信之功，也有妨礙求道之害，這是中國上帝觀發展的內在困境。

　　與「神人相離」之見相對的是「神人互助」的觀點，這同樣是由誤信所表現的不信態度，也就是「以神非神」的無神思緒。中國士大夫常於官方祭祀活動為文論述鬼神問題，其說大都沿襲傳統觀念，少有個人創見，這一方面顯示中國文人的信仰多不虔誠或深刻，另一方面卻表示中國文化絕不是無神觀取向，可見中國的無神觀是呈現於本質而非形式中，須於一番探討之後方可見得。蘇軾有祈雨文曰：「神食于民，吏食于君，各思乃事，食則無愧。」（《蘇文忠公集》〈祈雨龍祠祝文〉）這即是關於神人關係的官方典型說法，它將神格政治化，呈現神民合作的太平氣象，根本是「上下交相賊」的宇宙觀，毫無可信之處。曾鞏曰：「神能施澤以及物，人能備物以事神。」（《元豐類稿》〈秋賽文〉）此說於神人關係上立論，雖有其誤解——神為人之主宰故實無神人關係可言——但尚不至於認為人可與神平等，故又曰「人於報神之賜，亦曷敢不虔。」（《元豐類稿》〈蘿山祈雨文〉）然而一旦以為神人有互動關係，即使主張神高於人，亦將對神有所扭曲，終竟使其「神不成神」，所以曾氏仍無法突破前人成見而相信神「有依於人」137。如此，「依人者神，在誠者祀」（《舊唐書》〈禮儀志〉六），神人地位相等而需互助乃

136.《宋書》〈禮志〉四：「以道蒞天下者其鬼不神，其神不傷人也。」

137.《元豐類稿》〈諸廟謝雨文〉：「維神尚終惠之，使永有年，則神亦無窮，有依於人。」

能榮顯，可憐神已不神，人之信神成為自信。諺云「人無神不行，神
無人不靈」，又說「敬神如神在，不敬他不怪」，又說「神無大小，靈
者為尊」，合而言之則可稱「夫民，神之主也。」（《左傳》桓公六年）由
此推論，「神以人為主，虐其主則非神」（《舊唐書》〈王璵傳〉），於是人
反而成為造神的力量，「陵虐神主」（《左傳》襄公十八年）一說由先秦以
下流傳千古，可見中國的無神信仰富有共識。

　　人的心靈主要是理性，所以講理應當比信仰容易，然實際上未必
如此，人常受制於情感而言行無理，同時又受限於經驗而不輕易信仰，
「自以為是」乃成為無理且不信的共同表現，因此無神觀不必出於知
識，而極可能只是成見，其說常無道理可言，其人則遍佈世上。中國
最直接或顯著的無神論是「神無神性」的主張，這即是將神視同凡夫，
以為神既非全知全能，亦非永恆不滅，甚至不是良善完美，因而人可
與神鬥，也能加以利用，一如人際關係，其說之矛盾全然顯現於持此
見者竟不捨棄神祇之名，其荒誕可見一斑。《周禮》有「以八則治都
鄙」之說，其首竟是「祭祀以馭其神」[138]，此說不僅表示人可凌駕神，
且視「神事」為政務，暗示神明只是謀士發明的統治工具，絕無真實
性，難怪其書又有「殺神」之法的教導[139]。神若可殺可制則不神矣，
況且以人觀之此必為惡神（例如瘟神），而惡神必非神，蓋「不善不
神」不僅是因人不崇拜惡，且因善為惡之原——不善乃為惡而不惡不
為善——惡非本相，惡神不是真神，故惡神觀念是無神思想。中國傳
統頗有剷除惡神以利百姓的神話[140]，這雖有勸善的美意，卻也因此傳

138.《周禮》〈大宰〉：「以八則治都鄙，一曰祭祀以馭其神，二曰法則以馭其官，
　　三曰廢置以馭其吏，四曰祿位以馭其士，五曰賦貢以馭其用，六曰禮俗以馭
　　其民，七曰刑賞以馭其威，八曰田役以馭其眾。」
139.《周禮》〈壺涿氏〉：「壺涿氏掌除水蟲，以炮土之鼓毆之，以焚石投之；若
　　欲殺其神（水神龍罔象），則以牡橭午貫象齒而沈之，則其神死，淵為陵。」
140.《抱朴子》〈登涉〉：「若有山川社廟血食惡神能作福禍者，以印封泥斷其道

布錯誤的道德觀與知識觀，恐怕惡多於善，蓋邪不勝正，此乃真理，而非慰藉之辭，且善者自善，不必先除惡然後能興善，「惡神除去而善神可致」一說[141]，不僅是無神之見也是偽善之言[142]。一則因為道德考量，二則因為巫術迷信，「役使鬼神」或「威服鬼神」之說流行於世[143]，既然「天有所不能」（《論衡》〈感類〉）[144]而「鬼神有歇」（《管子》〈輕重〉丁）[145]，則「上帝其命難從」（宋玉〈招魂〉）並非不可，「弗與人爭要與天爭」（俗諺）乃成有德的迷信（誤信），而「有錢能使鬼推磨」則為無德的妄念（不信）。由此可知，誤信即使不等於不信，也將導致不信，而事實上誤信的原因常來自不信──因為不信是由於無知──所以誤信畢竟與不信相等。

　　人文主義本不信神──故人文主義即是人本主義──然文明進化過程中人文主義必與上帝信仰同時發展（人文主義的極限啟示上帝的存在與必要），中國文明最後定型於人文主義，其上帝信仰的探索半途而廢或功虧一簣，於是以神道譬喻人道甚至是神不如人的說法便成通說，這若不是無神論即是「半神觀」。俗話說：「白天不做虧心事，夜半不怕鬼敲門。」此說表面上信神，其實以人為尊，或可說是道德化的神明信仰，然則神在道之下，根本是無神之見。在此見之下，「維神以

　　路，則不復能神矣。」

141.《史記》〈秦始皇本紀〉：「今上禱祠備謹，而有此惡神，當除去，而善神可致。」

142.《北溪字義》〈鬼神〉：「正神，能知敬矣，又易失之不能遠；邪神，能知遠矣，又易失之不能敬。」此說認定神有邪正而主張人對神應一概敬而遠之，實為雙重的誤解，與迷信或不信無異。

143.《抱朴子》〈仙藥〉：「可役使鬼神。」《後漢書》〈欒巴傳〉：「能役鬼神。」《後漢書》〈方術列傳〉上：「能役使鬼神。」《戰國策》〈宋康王之時〉：「威服天下鬼神。」《新序》〈雜事〉四：「威嚴伏天地鬼神。」

144.《抱朴子》〈論仙〉：「不可為者，雖鬼神不能為也。」

145.班固〈東都賦〉：「鬼神泯絕。」

功德之美列於祀典」（《元豐類稿》〈齊州謁諸廟文〉）146，「君子藏正氣者可以遠鬼神伏姦佞」（《譚子化書》〈術化〉「澗松」），蓋「神不勝道而妖亦不勝德」（《新序》〈雜事〉二）。人文主義實不與上帝信仰抵觸，因為上帝具有超越性，神的偉大無妨於人的高貴，然而凡人對於超越性少有感受，所以人文主義常陷入無神思想；此情導致人本的宇宙觀，鬼神於是成為人性的化身或道德的工具，可見迷信絕非人文主義的產物，但上帝信仰演進的失敗必然造成殘留而扭曲的鬼神觀念，這與人文主義的興盛同時發生，故常使人誤會人文主義既主無神又有所迷信，「蓋鬼神者，君子不能謂其無，而不可與天下明其有。」（《讀通鑑論》〈漢武帝〉二十二）王符曰：「人無釁焉，妖不自作，是謂人不可多忌。」（《潛夫論》〈巫列〉）其說以人文精神而論堪稱雄豪，但以真理評論之則可見其怯懦畏縮的態度，因它想像鬼神為人所馴化，人之自由竟是基於自我暗示的信仰，實為有勇無謀的道德意氣。古諺說「年衰鬼弄人」（《陔餘叢考》〈成語〉），這是喪氣的感時之言，然其理念卻是人本主義，由此可見「未知生焉知死」是人應有的處世精神，然「未知死焉知生」是人應有的知識觀點，不信神必不能悟道，不知天不足以為人，認為「吉凶者失得之象也」（《周易》〈繫辭〉上）是取天人之際的「中間路線」，既非真正的信仰也非正確的知識。神人不可能平等，既不信神則人將自大，所謂「怨結人神」（《南史》〈宋本紀〉中）意謂得罪於人以致得罪於神，而「天怒人怨」之說表示天怒伴隨人怨，「天忌英才」147、「神不知鬼不覺」等俗話也都表現類似的「超神」觀點，無奈人文主義不能自我突破則將轉為無神主義，這不是邏輯的問題，而是人有神性卻神性不足的危機。

　　「以神道附會人道」的想法必定轉變為「以人道支配神道」的觀

146.《權文公集》〈洪州西山風雨池記〉：「祀之豐約在德之輕重，報之遲速視誠之薄厚。」

147.《曲江集》〈感遇〉四：「高明逼神惡。」

念──例如由人封神而造成「人君為天地百神之主」(《格物通》〈敬天〉
上) _148_ ──這是信神不成反而滅神的自然之舉，因為信與不信無有溝
通之道，故二者之間實無中間立場，若有其事，這必是上帝信仰的探
索過程現象，絕非宗教定型之後的一種派別。祭祖與信神有關，以死
人為鬼而以鬼為神是中國宗教的初期常態，這是「由人及天」的上帝
發覺歷程之一，無可厚非；但在上達無功之後，「由天返人」的假信仰
便開始發展，以神為鬼而以鬼為人心的觀點成為思潮，於此無神論愈
為坦然開展。在中國傳統中，鬼神相同或相通的看法流行，然而惡鬼
之說盛而惡神之說少，這表示中國人確有信神的理想，因而當此事失
敗時乃不欲一舉毀神，於是乃有以鬼為「神的替死鬼」之計，而將令
人失望之神視為淫鬼邪靈，且以世有惡人奸夫之理加以類比解釋 _149_；
以此推論則世有善人證明天有善神，這顯示中國的人文主義本來含有
信神的希望，但因其道德意識強於真理信仰，以致人間普遍之惡使人
誤解神格，終於造成有實無名的無神觀。「生為上公，死為貴神」(《孔
子家語》〈五帝〉) 本是君子論道之說，其後「鬼神不能自成，須人而
生」(《史記》〈三代世表〉) 竟成理論，最後「神者天地之氣而人之心也」
(《日知錄》〈遊魂為變〉) 乃為結論 _150_；其實人可能通天但不能自立，人

148.《蘇文忠公集》〈代宋選奏乞封太白山神狀〉：「伏見當府郿縣太白山雄鎮一
　　方，載在祀典。案唐天寶八年詔封山神為神應公，迨至皇朝（宋）始改封
　　侯，而加以濟民之號。……鬼神雖幽，報答甚著。臣竊以為功效至大，封爵
　　未充，使其昔公而今侯，是為自我而左降，揆以人意，殊為不安。」蘇軾之
　　說雖對帝王封神之舉不表苟同，但其批判之道是以迷信攻擊迷信 (Cf. 'There
　　is a superstition in avoiding superstition.' Francis Bacon, *Essays*, 17, 'Of
　　Superstition'.)，實為將錯就錯，散佈迷信，過大於功，曾不足取。

149.《潛夫論》〈巫列〉：「所謂淫鬼者，閑邪精物，非有守司真神靈也，鬼之有
　　此猶人之有姦。」

150.《李覯叔文集》〈卜論〉：「人不能自神，因天地之氣化天地之物而為神，固
　　無悉然，是亦為怪。」

之自立是自絕於天，通天不成而自立是自暴自棄，以人為神尚有志氣，以神為人僅有稚氣，中國的無神觀是上帝探索的敗績，這是不幸之中的大不幸，因為一知半解變成無知是人為的意外，救人者為求救者所害是人性的天譴，停滯固然不佳，但總比為求改變而墮落更好。

　　在步向徹底的無神觀之前，「存而不論」的鬼神信仰態度必先出現[151]，宣稱「鬼神與人殊氣異務，非有事故何奈於我」(《潛夫論》〈卜列〉) 者，是「不敬鬼神而遠之」的想法，其實鬼神既非實物，不敬鬼神等於認定鬼神不存，故無遠離之需，於是無神之說必隨之而起。無神之見甚為粗鄙，但猶較迷信單純，然而不信與誤信在終極意義上既是相關而且相當，故當中國的無神觀興起時，民間迷信也同時盛行；或許是為破除迷信，朱熹表示「鬼神不過陰陽消長而已」(《朱子語類》〈鬼神〉)，又說「鬼神只是氣」(《朱子語類》〈中庸〉一)，此見與朱熹一貫的思想不合，理當是救世的愚民之論，若然則求道者在亂世中傳道的無奈可想而知。信仰上帝須有智慧，或說信仰上帝是天賜良緣，總之有天性方能知天，因此不信神並非大罪，甚至可謂純真；但若不信神而欲他人不信（己不立而不欲人立）則為邪惡，宣稱「智者役使鬼神而愚者信之」(《管子》〈輕重〉丁) 者必非智者且無善意，此言實為自愚愚人，不僅假冒智者欺世，且以置身事外之姿論事，更遑論其以俗心評聖理的反求道邪念，誠為奸計。此說不只是無神論，而且是積極反對神明信仰的攻勢，亦即非僅知識錯誤，並且具有「不信的意志」(the will to disbelieve)，它出於處世而恨世的世故老成心態，既已不欲認真為人，當然無法發覺天理。墨子既尚鬼又尚賢，二者結合共進則將發現上帝（否則必是尚賢而不尚鬼），天道若興人事必正，故曰「尚賢者天鬼百姓之利」(《墨子》〈尚賢〉下)，這是善導而非愚弄[152]。仁者

151.《陵川集》〈五經論〉「易」：「天地無外，其有外，聖人存而弗論也。」

152.《墨子》〈貴義〉：「凡言凡動，利於天鬼百姓者為之；凡言凡動，害於天鬼百姓者舍之。」

治國可能愚民但絕不欺人，上帝信仰可以提倡但絕不可偽造[153]，不信神理當是消極的態度而不是積極的主張，主政者裝神弄鬼固然可能，但上帝是聰明人的發現而非發明，號稱神明是統治的工具乃是惡意的宣傳，因為政治雖是必然之惡，但善政確為可能並且應當，以政治化觀點看待文明是以小人之心度君子之腹，不僅犯錯更是犯罪。所幸「陰謀論的神學」畢竟是出自玩世不恭者，而此輩（介於出世與入世之間者）為數甚少，所以其害實際上不大，其說也無法形成傳統。

　　當上帝信仰流行，同時必有走火入魔的偏鋒之見，或是強化正統信念的教條化計謀，是為「魔鬼」之說 (Satanism)。在中國，因無真正或深刻的上帝信仰，故魔鬼觀念亦幾無，這可為中國無神觀的一項佐證。若以為「鬼而帶賊，非魔何也」（《南史》〈梁本紀〉中），這不是錯誤，但它不是說明「神格失落以致人格變態」的魔鬼觀念，而是批判道德沈淪的人文教育，故此見與惡鬼之說相近，新意不多。俗話所謂「道高一尺魔高一丈」，並非西方魔鬼論之屬，它其實是無神思想的說法，因它一方面論道而不論神（或是論魔而不論神），另一方面強調效用而不重精神，可見此說至多是有感於行道艱辛的戲謔（自嘲）之語。若說「邪者獲罪於人，妖者獲罪於天，妖尤烈矣」（《讀通鑑論》〈漢元帝〉五），這對邪惡的大小確有認識，但於魔性的解釋仍嫌不足。魔鬼是挑戰上帝的自主性惡靈，它是克服人性而完全信神之前的最後野心，換言之魔鬼是考驗上帝信仰的精神異象，愈有上帝信仰的追求愈

153.《公是先生弟子記》：「率人以教人，其政乃純；率神以事神，其鬼乃神。政之不純，教之過也；鬼之不神，事之過也。……古之事神者，必有則弗徵，弗徵民弗信也，必無則弗畏，弗畏民弗從也，事神若疑，故筮則弗非，盟則弗叛。禱則壹，齋則潔，言則信，令則從，居則謹，行則順，郊則見帝，廟則見先王，奧則見主，而誰思亂。」此說即是主張宗教問題上的愚民而非欺民政策，因它堅持是非善惡之理，只為凡夫智淺，難以教誨，故只得簡化事理以引導之，此事顯示信神總比不信好，而信仰未必需要深知，雖然有知方能深信。

有遭受魔鬼威脅的危險，反之則心魔的問題愈為輕微，故中國的魔鬼論罕見，這不表示中國的上帝信仰堅定而純粹，卻是證明中國的宗教層次不高而現實性甚強。

總之，中國的無神論並不顯著或強烈，此與中國的上帝信仰不盛為一致之事，事實上無神論乃是為反對上帝信仰而存在（誠如懷疑論是為反對真理信仰而提出），它出現於上帝信仰興起之後，以「寄生」為樂而無法自立自足，所以**無神論在中國不發達暗示了中國上帝信仰的薄弱**；但無神論的存在也證實了中國上帝信仰的確立，而中國的上帝信仰既不成熟，無神論於此對上帝信仰的衝擊乃不嚴重，反而有激發上帝信仰進化的作用，因為超越性真相的確認有賴錯誤觀點的批判（間接推論），而非直接的設想。中國士子頗覺「罪莫大於褻天」（《劉子遺書》〈學言〉一），學者對於上帝即使未能深信也絕不輕視，其破除迷信與探索天道之舉並行不悖，只因信仰不篤，始終予人思想含糊之感。在教化上「聖賢不語怪，而教人先內後外，未嘗非神之意」（《文山先生文集》〈龍泉縣太霄觀梓潼祠記〉），然「聖人之事神處於有無之間，致其不可知也，然後民信之，示其不可覿也，然後民畏之」（《彭城集》〈重黎絕地天通論〉），如此上帝信仰雖未得推展但常受維護，這已是中國宗教的最高境界。中國文明確有相當重要的上帝觀念，蓋文明是高級文化，其傳承乃靠菁英的心心相印，「德不孤必有鄰」（《論語》〈里仁〉），在中國雖僅有極少數文人信仰上帝，但其傳統與氣象因此足以展現，何況上帝觀念並不因信眾廣大而提升，中國的上帝信仰雖不如西方深入，但其精神力量不小於西方，因為求道者重視未知之理而不自限於現實之情。

第二章　真理觀

第二章　真理觀

文明必定擁護真理，因為文明的目標即是真理，換言之文明的本義是追求真理，「開化而反對真理」根本是無從想像；真理為唯一，故所有的文明皆為一致，文明之別是素質高下的問題，其形式的差異無關緊要。不論各個文明所認定的真理為何，一切文明皆自認是符合真理，所以文明的衝突不是真理的對抗——真理為一貫故無對抗可言——而是優劣的爭執。這表示世上只有一個文明，亦即人類文明，而文明本就是專屬於人類，故論及文明即思考人類創作，而論及人類即思考文明成就。在精神上文明為單一，但現實中文明散佈各地，所以人們常以文化代稱文明，而隨著多元主義價值觀的興起，形式化的文明定義開始流行，於是文明不僅變成可數的單元，而且其量遽增，竟與文化失去分別。這個變化的因素正是真理信仰的沒落乃至拋棄，當真理被視為多元，文明便喪失方向，於是文化多元主義代之而起成為「現代文明」，但文明多元主義並未隨之出現，因為文明若主多元化，這是文明以五馬分屍之法自殺，不只其念自相矛盾，而且其行無法實施。總之，真理是文明的精神，文明是真理的實現，文明追求真理而不如真理，這是文明可以長久存在的原由。如此，中國文明肯定真理，此乃無庸置疑之事，而本質上或理想上中國文明與西方文明無殊，這也是必然的，其證據是中國的真理觀與西方近乎相同——其相似程度更高於東西上帝觀的一致性——雖然素質上仍有所不及。

一、真理的存在

信仰真理較信仰上帝更為容易，因為真理的超越性不如上帝，而為人的尊嚴與文明的立場皆需基於真理，所以凡人對真理的「自明性」

或「天經地義」性質較有體認，於是證明真理存在的論述及其爭議，乃不似證明上帝存在者繁多，此事在中國亦不例外。「天理」二字始見於《禮記》〈樂記〉《困學紀聞》〈禮記〉）1，這雖表示真理認知在中國出現極早，然實際上其時代應更早於《禮記》成文之際，蓋真理是文明的主張，中國文明並非始於《禮記》的著作，而且天理一詞較真理含意更廣，它不止於道理而涉及神意，上帝為真理的創造者，信仰上帝則必相信真理（相信真理卻未必信仰上帝），可見中國的真理觀早已存在。戴震指出「六經孔孟之言以及傳記群籍，理字不多見」（《戴東原集》〈孟子字義疏證〉「理」），其意非謂中國文化不講理，而是於中國文化的特質有所暗示，故又曰「道理二字對舉，或以道屬動、理屬靜……或道主統、理主分，或道賅變、理主常，此皆虛以會之於事為，而非言乎實體也。」（《戴東原集》〈緒言〉上）這表示真理信仰不必表現於真理一詞（及相關詞彙）的使用，尤其中國因上帝觀念不深刻，**涵蓋上帝、神意、與真理的模糊天道觀成為主流說法**，專論狹義真理、理性問題、或知識真偽之事乃不多見，故不能貿然以用詞為據判斷中國真理觀的興衰變化。在哲學上，終極真理的探索是形上學的主題，然知識論卻是形上學的基礎或依據，因為求道一事涉及人與真理，欲說明真理為何則須探討人如何可能認識真理，所以求道者的自我批判是發覺真理的先決條件。哲學為理性的學術，而上帝與真理皆具有超越性（超越理性），故哲學對於超越性問題必存而不論，而因上帝的超越性遠多於真理，所以形上學成為學術界的真理觀（而非上帝觀）之所在，而知識論則為其真理觀立場（方法論）的呈現。相對於此，中國文化

---

1. 《禮記》〈樂記〉：「好惡無節於內，知誘於外，不能反躬，天理滅矣。」此說表示道德與真理一致，而人道須應和天道，因為人有天性，故不當違天而行。鄭玄註釋此文以為「知，猶欲也。」此非正解，所謂「知誘於外」當是「因知外物而受誘」之意，蓋外物所以誘惑人心，乃因人對外物之感知，非因吾人本來具有物欲而不需接物即欲蠢動。

將上帝與真理混為一談，且對純粹理性知識的探討不甚在意，故中國的哲學極為貧乏，其知識論尤其薄弱，然而這絕不表示中國文人不關注真理，事實上正因忽略超越性一義，中國的真理論述反而不像西方哲學之受限或保守（嚴謹），卻表現無所不談的風發意氣，雖然其空洞疏漏也在所難免。總之，中國的上帝觀與真理觀經常混合，在精神上這是正當的，在知識上這是錯誤的，所以其說氣魄可觀而論點不精，也因此相對而論，其上帝觀含糊粗淺，其真理觀則恢弘正確，蓋知識不足無法深信上帝，而體悟上帝得以認清真理。

　　有上帝即有真理，此後見之明是來自人先發現真理然後發現上帝，易言之發現上帝是靠真理認知，而真理論述是理性的探討，所以上帝雖超越理性卻不是反理性，若有上帝而無真理（有神而無理），則人根本無法認識上帝；反過來說，真理不是亂無章法或自然而然，這使人相信真理有其設計者與創造者，此即上帝，於是可知有真理即有上帝，若有真理而無上帝（有理而無神），則真理便出現漏洞（真理不能自立自解），而失真理之性。「有上帝即有真理」與「有真理即有上帝」二說並不衝突，因為上帝與真理俱在人之上，對人而言二者的高下先後差別不大，何況此二說的主張者必為真理與上帝的共同信徒，二者之分乃非大事（故一般所謂真理包括上帝）；雖然就全面真相而言，上帝在真理之上，先有上帝而後有真理，但以人的求道處境而言，人是先體認真理問題，然後察覺上帝存在，可見此二說皆是反省性或教育性的觀點，其意義相同，畢竟人不可能置身於上帝或真理之外論斷此事。董仲舒說「道之大原出于天」（《漢書》〈董仲舒傳〉），其意若為「真理出自上帝」，然則此說可謂「有真理即有上帝」，也可謂「有上帝即有真理」，總之，真理不僅存在，而且含有神意，這就是中國天道觀的「神」「理」雙重性。

　　上帝為第一因與最終果，唯有上帝不具目的性，上帝在真理之上，故真理猶有目的性，此即指示上帝，所謂「天經地緯，理有大歸」（《左

太冲集》〈魏都賦〉），不僅表示「有天地則有道術」（《太平廣記》〈神仙〉
一「老子」），而且暗示真理亦當有其歸向，此義顯示真理與上帝（對人
而言）有密不可分的關連。相對於前說「由下而上」的推論方式，「有
道即有德，有德即有功」（《文子》〈道原〉）是「由上而下」的說法，這
一樣表現對真理存在的信念，其實二者皆是在確認真理存在（信道）
之後，才有如此的發言，否則前者不必以事論道（以小議大），而後者
不能由天視人（由本推末），況且二說的性質皆是主張多於辯論，其證
據顯然不足。信仰上帝與相信真理常同時產生，其理是因上帝與真理
皆是人理解世事所必需的根據，而因上帝的必需性高於真理的必需性
──可見上帝才是絕對或完全必需──所以**證明上帝存在的論證常較
為熱切有力，而證明真理存在的說法常平和無奇**；畢竟證明上帝比證
明真理更難，信神者必勉力為之，而證明的本身乃是推理，這已是真
理的作用，亦即真理存在的直接證明（若無真理則不可能推理也無須
證明任何事），故證明真理存在的說法常有「理所當然」而「何必多
言」的意味，使不信者更不覺可信。如說「勢有常趣，理有固然」（《潛
夫論》〈交際〉），或說「事有萬殊，而理終一致」（《北史》〈魏長賢傳〉），
這除了宣告真理信仰之外，實無所言，其說服力極微。《詩經》有言：
「天生烝（眾）民，有物有則，民之秉彝（常），好是懿德。」（《詩經》
〈烝民〉）據稱孔子評曰：「為此詩者，其知道乎。」（《孟子》〈告子〉上）
此說顯示真理為上帝所設，聖人信道而於真理存在一節不多辯證。

　　《大學》曰：「物有本末，事有終始，知所先後，則近道矣。」這
在肯定真理存在之餘，稍微有所證明，此即以追本溯源之論（本末、
終始、先後），間接表示真理為事物大小輕重的決定因素，換言之因事
物須區別其大小輕重，故真理必要（必定）存在。由此可知，證明真
理存在的方法與證明上帝存在類似，常是以說明真理的性質為之（證
明上帝存在的說法常是在說明上帝的性質），這個不合邏輯的作法絕非
無效，因它是超越性問題所致，也就是說真理的存在與真理的性質皆

非人所能十足掌握（誠如上帝的存在與上帝的性質均非人所可確定），以致「討論真理的存在」理應先於「討論真理的性質」一事，實際上無法正常處理（從事），於是說明真理的性質竟有證明真理存在的作用，可見「不得不」即為「必須」而「必須」當為「正確」。如此，**真理的存在可以「必需」一義證明之**，此即真理若為必需則真理當然存在；雖然上帝的必需性高於真理，但上帝與真理皆高於人，故其必需性的高低對人而言實無差異，也就是說真理與上帝同樣為人所需。或謂「道者，蓋為萬物之奧、聖人之至賾也」（《隋書》〈經籍志〉三），此說表現真理的性質，也呈現真理對人的價值，故可視為真理存在的論述；而若說「道者神明之源」（《鬼谷子》〈本經陰符七術〉「盛神法五龍」），這雖未必是正確的觀點（神應為道之源），但它強調真理的重要，而且企圖說明其性質，故亦可視為相信真理存在的證據。若無真理則一切是非善惡（對錯好壞）均將落空，這使人無以為人，可知真理不可或缺，因此真理的存在即使難以證明，人仍必須堅信其為真實，「信道而不信邪」（《穀梁傳》隱公元年）所以為「要求」即因它是人「絕對的需求」，這已足以證明真理的真實性。

　　在中國，證明真理存在的最佳論述是「**名實**」之說。「名實相符」的主張是唯實論（realism），其義理是「實主名從」，然有名必有實，名無虛名（名等於實）；而「名實不符」的看法是唯名論（nominalism），其義理是「實內名外」，然有名不必有實，名乃虛構（名為實用）。唯實論不是現實主義而是理想主義（如柏拉圖的觀念論），唯名論不是理性主義而是經驗主義，唯實論認定名為真實，因其反映永恆的真相，唯名論認定名只是名義而已（故稱唯名），現實具體的事物方為真。中國文化雖無此種精深的哲學理論，然亦有類似的思想辯論，而其主流取向顯然是唯實之說，這是中國文人確信真理存在的證明；蓋真理貫通一切事物而具有超越性，相信事物有理即是相信實與名一致，相信理在事物之中即是相信名有其實，而名實相符的期望即是求道的意念，

不管論者以為名與實孰先孰後（若名實相符則此種分別已無意義）。管子曰「名生於實」（《管子》〈九守〉），此即「名生於真，非其真弗以為名」（《春秋繁露》〈深察名號〉），故可謂「名者實之賓」（《莊子》〈逍遙遊〉）。事實上有「虛名」而無「虛實」，「有其實而後有其名」（《陸象山集》〈孟子說〉），「名者所以名實也，實立而名從之，非名立而實從之也……貴名乃所以貴實也。」（《中論》〈考偽〉）此說的立場雖與唯實論一致，但其觀念未必與唯實論相同，蓋唯實論為理想主義，其所謂實可意謂事實亦可意謂真相，而其所謂名可為名稱亦可為真理，於是有名必有實而有實必有名，不必是先有名後有實或先有實後有名，此可謂「名實相生」（《文中子》〈問易〉；《鬼谷子》〈符言〉）。若稱「名當則生於實，實生於理，理生於名實之德」（《鬼谷子》〈符言〉），此說仍以為名在實之後，未為得當，但它又認定理在名實之上而貫穿名實，這近似於主張「名實相符為真理」，在精神上與唯實論相通，堪稱正當。王弼曰「不能辯名則不可與言理，不能定名則不可與論實」（王弼《老子指略》），其意與前說相近，然更具深識；因為有名必有實，名不可能無中生有，或者「徒具名義」實無其事，故「名存而實亡愈於名實之俱亡也」（《陵川集》〈五經論〉「禮樂」），總之，「夫名，實謂也」（《公孫龍子》〈名實〉），「名異則實殊，質同則稱鈞〔均〕」（《論衡》〈實知〉），「揭而為名，求實之謂也」（《文史通義》〈鍼名〉），「正其所實者，正其名也」（《公孫龍子》〈名實〉），所以「循名責實」（《淮南子》〈主術訓〉）之時亦應「以實求名」 2 。

　　大致而言，中國的名實說在主張「名實相符」之餘，又傾向「實先於名」的觀點 3 ，這是在相信真理存在之時，又有現實主義的思想，此非矛盾而是層次不高的表現，因有感於其理不通，乃更有「理在名

2.《東萊博議》〈詹父以王師伐虢〉：「君子言分必及理，言理必及分，分不獨立，理不虛行，得則俱得，失則俱失，豈有既犯分而不犯理者乎。」

3.《新論》〈審名〉：「言以譯理，理為言本；名以訂實，實為名源。」

實之上」的補充性說法，再次確定真理崇高的地位。其實在名實相對的觀念下，理為名之屬，唯實論相信名為真實，其所謂名與理想或真相吻合，易言之事實與天道為一貫，其說反對唯物主義「以現實為真理而駁斥概念名分」的看法，也就是反對不信真理的態度，依其理名實一致，故名實之上不應更有它理。由此可知，中國的名實論是半個西方的唯實論，其所欠缺者是對超越性問題的注意，以致名實俱歸於實，而須另立一理於其上，這是錯誤的真理觀，但確實是肯定真理存在的一種論點。

　　如前所述，證明真理存在之道有時不得不為闡述真理的性質，而中國的上帝信仰並不深入，故許多探討上帝的論述因未竟全功，卻反而成為證明真理的有效推論。簡言之，信仰或探求上帝者理當先已相信真理，中國的上帝信仰儘管有限，這已證實中國文明必然認定真理存在，雖然其真理觀也未必高明。上帝高於真理，所以關於上帝的研究即使失敗，也必於真理的了解有所成就，如中國的天道思想雖未必是深刻的上帝觀，然其討論必定超越真理信仰的層面，因而可視為證明真理存在的有力論據。以因果討論為例，若吾人無法於此發覺或認定第一因（上帝）的存在，也必因此超越一般事物的表象，而深思常識之上的道理，這已可謂追求真理，何況以因果關係追究事理，此舉本身若非求道，也是根據真理而為的事（真理的作用），這確是真理存在的間接證明。如此，領會「亂生于治、怯生于勇、弱生于強」（《孫子》〈兵勢〉）者 4，雖未達到體認上帝的地步，但確實已有真理的思考，因其說不僅以追根究底的觀點論事，而且展現了一元論 (monism) 的世界觀。同理，「文貴約而指通，言尚省而趨明，辯士之言要而達，文人之辭寡而章」（《論衡》〈自紀〉）一說的本意雖不在於證明真理，但其以簡約原則 (principle of parsimony) 指示論理之道的表現，一方面展示至善的觀念（呈現真理性質），另一方面說明達成至善的方法（教導

4.《潛夫論》〈浮侈〉：「夫貧生於富，弱生於強，亂生於治，危生於安。」

求道之方），顯然早已視真理的存在為無疑。

　　總之，在中國證明真理存在的討論遠不如證明上帝存在者眾多，這既是理所當然，而且與西方的情況相同，蓋人為理性的生命而凡人的靈性不強，認定真理的存在自然比認定上帝的存在輕易，正如「相信」比「信仰」容易，真理富有理性而上帝富有超越性，故相信真理較信仰上帝簡易。一般人即使不信真理也常有其不信之理或扭曲的真理觀，不信上帝者則大都對神冷漠忽視而無異類的上帝觀，可見在真理問題上誤信多於不信，而在上帝觀念上不信多於誤信，於是證明真理存在的論述不多絕非不信真理的明證，卻可能是真理觀念普及的徵兆，所以真理觀念的正誤高下才是真理問題討論的重點。

二、真理的性質

　　真理不是單一的法則，而是貫通萬事萬物的通義，事物既有大小輕重，真理當然寓有使人辨別高下的道理（事物的先後緩急則常決定於神意的臨時安排），所以求道者的知識應具上下體系。中國文化的現實精神強烈而上帝信仰不深，其天道觀混雜真理與上帝思想，所以事物的輕重緩急問題常不能明辨，而成為論者急於爭辯與提示的課題。（西方的上帝信徒常以訴諸經典及禱告之法決定此事，這雖不是正道，但卻使其「權變之謀」少出，而法制較為穩固確實。）真理具有本末主從之道 5，凡人較易了解大義，而難以分辨細微之理，此因小義源於大道，不識大體便無法解釋小道，故曰「道有本末，事有輕重，聖人之異乎人者無他焉，蓋如此而已矣。」《中論》〈務本〉）「大道隱於小

5.《道德指歸論》〈上德不德篇〉：「道有深微，德有厚薄，神有清濁，和有高下。」《後漢書》〈皇后紀〉上：「道有夷崇，治有進退。」楊泉《物理論》：「秉綱而目自張，執本而末自從；善賞者賞一善而天下之善皆勸，善罰者罰一惡而天下之惡皆除矣。」《渭南文集》〈會稽縣重建社壇記〉：「為政之道無他，知先後緩急之序而已。」

成」(《宋書》〈范泰傳〉) 6，「君子之於事，擇其輕重而處之耳」(《新五代史》〈柴守禮傳〉)，然「理有大而乖權，物有微而至道」(《南齊書》〈劉祥傳〉)——故「不可以事之大小而格道之粗妙」(《謝康樂集》〈辨宗論〉)——「唯聖人為能知權」(《文子》〈道德〉)，所以不求道則不能正確處事，因為權變不是隨便更非投機，而是由道義行 7。子曰：「可與共學，未可與適道；可與適道，未可與立；可與立，未可與權。」(《論語》〈子罕〉) 8 此說顯示知權必需知道，權變乃為行道，非初學者所能懂。司馬光曰：「道豈有二哉，得之有淺深、成功有小大爾。」(《司馬溫公集》〈迂書〉「道同」) 這表示真理為唯一然具變化之道，事情盛微皆由此出，小道與大道非為二道，而是小材與大材對於真理掌握的不同。因為真理的體系性與變化性極難知曉，萬事萬物在宇宙中各有其定位（高低地位），能知全部方能知一，確知其一必知全面，博學不等於通曉，「知足與知止異」(《柳柳州集》〈與楊京兆憑書〉)，所以求道應求得道，而非適材適性即可。

　　在上帝之下，萬事萬物之理可以「真善美」三領域區分之，是非真假、對錯好壞、善惡美醜等問題在中國文化中俱在，然中國文化的上帝觀念不明，而且現實取向強烈，最高境界（神）與最低層面（美）的探討皆不深，所以真理體系的上下層次未有清楚呈現，雖然義理高下之感在傳統中國士人中絕非不存（如「智仁勇」三德的輕重之別）。以學術文化的範疇而論，「真」為知識問題，「善」為道德問題，「美」為藝術問題，中國文明對於知識本身的價值和性質頗為忽略，對於道德最為強調，對於藝術則重視其非藝術性的功用，於是中國的真理觀

6.《莊子》〈齊物論〉：「道隱於小成。」
7.《公是先生弟子記》：「權所以濟義也，非義無所用權。」《海石子》〈權用〉：「道不明則不知權，權不正則不盡道……權者道之用也。」《北溪字義》〈經權〉：「經與權相對，經是日用常行道理，權也是正當道理，但非可以常行。」
8.《李文饒集》〈謀議論〉：「智足應變，道可與權。」

不是金字塔形的思想架構，卻是以道德為中心而美智為外緣的圓形思維結構，這是以人為本的和諧宇宙理念。唯其如此，中國的天道說不喜理論而主心學，少有緊張性而流露圓滿性，樂觀卻不能有為。然正統儒家由人文主義出發探求真理與上帝，實為正確的求道路數，其天人交戰的困頓感與行道淑世的悲觀性，與西方文明的宗教精神相同，只是儒家終究未能確認上帝的影響，其真理探索停留於天人之際，在救人濟世之餘，已無心力更去思考美感的天性。心術純正的中國士人皆知，「天下之事以是非為主，所論若當，雖異，不害其為善，所論若非，雖同，未免為不善。」(《宋史》〈上官均傳〉) 此見認定真在善之上，而「是者為真，非者為假」(《粹言》〈論道篇〉)，個人所持若為謬誤，其情必是「非愚則誣」。知識乃是對真理的了解，中國文化雖不重知識（輕視不實用的知識而不重視知識本身的價值），卻崇尚真理，因此對於「道說」（知識的一種呈現）甚為關切，於是中國文化雖重道德而輕知識，卻仍有知識在道德之上的見解。道家式的真理觀以為：「道之消，德生焉；德之薄，文生焉；文之弊，詞生焉。」(《蘇子美集》〈上孫沖諫議書〉) 其見之錯誤是認為高層次義理的消減導致低層次義理的興起（事實應是「道生德、德生文、文生詞」），這等於主張宇宙的秩序常斷裂而混亂，其原罪性的觀念雖為正確，但神意天道無所不在之理卻渺不可見；然而此說對於真理的上下脈絡確有見識，蓋「道」為真、「德」為善、「文」與「詞」屬於美，其高低義理之分妥當無誤，可見中國亦有真善美的輕重體認（另見知識、道德、美感諸章所論），孔子之門以文學為下科，即為此道的先兆良圖 9。

　　真理為一貫，然真理的性質不只一項，這是因為道高於人，求道者對真理的形容無法一言以蔽之，乃須以多種論點描述，但真理的諸多性質必定一致而互通。除了真理的上下體系，中國文明對於真理性質的認知甚為完備，雖然其中超越性一義體會不深，但相關的討論亦

9.《宋史》〈劉摯傳〉：「士當以器識為先，一號為文人，無足觀矣。」

不少，這是中國文人相信真理的證據，或是中國文人對於真理存在的證明。

真理具有絕對性，「有道則無權，道失則權作」《新論》〈明權〉一說，不盡然恰當，但其於真理絕對性的認定乃為正確，何況以終極真相而論（不考慮人間事實），此說亦可成立。朱熹曰：「天理固無對，然有人欲，則天理便不得不與人欲對為消長；善亦本無對，然既有惡，則善便不得不與惡對為盛衰。且謂天命『不囿於物』可也，謂『不囿於善』則不知天之所以為天矣。」《朱子語類》〈程子門人〉）10 其見高明之處在於闡釋真相與現實的差異僅為表象，亦即天人不一的狀況是由於人的不完美（不足），而這並不能證明二元相對為真理，故人須求道而道為不二11。如此，人處於現實世界即常面臨對立的事情，「兩害相權取其輕」是為正義（輕重之別乃依據真理），「不忍殺無辜，所以分白黑」《杜工部集》〈兩當縣吳十侍御江上宅〉），此非亂真，故「自反而縮，雖千萬人吾往矣。」《孟子》〈公孫丑〉上）真理為絕對，依其絕對之義乃能分辨人事之輕重，因而「可以取可以無取，取傷廉；可以與可以無與，與傷惠；可以死可以無死，死傷勇」《孟子》〈離婁〉下）12；「可以求可以無求，求多辱；可以交可以無交，交多濫；可以毀可以無毀，毀多怨；可以譽可以無譽，譽多諂。」《宋元學案》〈陳鄒諸儒學案〉「鄒浩」）真理既是絕對，合理是人的知識義務，「是是非非謂之知，非是是非謂之愚」《荀子》〈修身〉），因「天下之理但當論是非，

10.《朱文公文集》〈答胡廣仲〉五：「大抵天下事物之理亭當均平，無無對者，唯道為無對。」

11.《朱子語類》〈易〉三：「若論陰陽，則須二氣交感方成歲功；若論君子小人，則一分陰亦不可，須要去盡那小人、盡用那君子，方能成治。」

12.《王臨川集》〈勇惠〉：「惠者重與，勇者重死。」《說苑》〈權謀〉：「事之可以之貧，可以之富者，其傷行者也；事之可以之生，可以之死者，其傷勇者也。」

豈當論同異」(《陸象山集》〈與薛象先〉),所以「君子不以言舉人,不以
人廢言」(《論語》〈衛靈公〉),蓋小人亦可能有正論。真理為絕對,不因
人而異,正如「芷蘭生於深林,非以無人而不芳」(《荀子》〈宥坐〉),
不論人是否求道或者有否正確的道見,真理皆不因此而改,可見真理
的絕對性與超越性乃是同道。

　　真理為貫通萬事萬物之道,事物無所不在,真理乃具有普遍性 13。
「道滿天下,普在民所,民不能知也。」(《管子》〈內業〉) 由此可見,
真理的普遍性又與絕對性及超越性相通。陸九淵論道曰:「此理充塞宇
宙,天地鬼神且不能違異,況於人乎?」(《陸象山集》〈與吳子嗣〉八) 其
說伸張真理的普遍性與絕對性,卻為此使鬼神降格,間接取消了真理
的超越性,由是反而減損其神聖性;蓋真理為上帝所設而不具神格,
若以為理在天之上,則真理神化,其理成為模糊而神秘,以致不可理
喻,於是真理即失其「超越理性而不反理性」的崇高地位。淮南子曰:
「天圓地方,道在中央。」(《淮南子》〈天文訓〉) 此說為強調真理的至尊
地位,因而抹殺其普遍性,其失誤與陸氏前說相似,可知誤解真理等
於不信真理。真理既普遍存在,不論人信道與否,皆無所逃於天地之
間──故曰「無所逃於天地之間,是之謂大戒」(《莊子》〈人間世〉)──
反之則是「道也者,不可須臾離也;可離,非道也。」(《中庸》一) 14
真理無所不在,所以「君子不降席而追道」(《中論》〈貴驗〉),而且「君
子慎獨」(《中庸》一);若說「天道遠,去人不遠」(《杜工部集》〈說旱〉)
猶可,若稱「非道去人,人去道也」(《司馬溫公集》〈聞喜縣重修至聖文
宣王廟記〉) 則有不當,因為此情並非真實(無可能),但為勸善乃有此
說(可見是善的未必是真的)。真理的普遍性使其具有全面的適用性,
於是真理的普遍性又與普世性密切相干。「道者,萬物之奧,善人之

13.《莊子》〈知北遊〉:「東郭子問於莊子曰:『所謂道,惡乎在?』莊子曰:『無
　　所不在。』」

14.《荀子》〈勸學〉:「學數有終,若其義則不可須臾舍也。」

寶，不善人之所保。」(《老子》六十二) 15 顯然無人可與真理對抗，因為一切利害皆有同一道理，「道常無為而無不為」(《老子》三十七) 對惡人來說確是醒心良言 16。「容乃公，公乃周，周乃天，天乃道」(《老子》十六)，真理無所不包，故「君子貴其全也」(《荀子》〈勸學〉)，求道正是求全，惟全是全部之理，而非皆大歡喜之意。

真理放諸四海皆準，此為真理的普世性，對人而言這是真理的公共性，亦即「人之所同然者即為天」(《讀通鑑論》〈隋文帝〉二)，故謂「道也者，道常者也。」(《韓非子》〈忠孝〉)「大道不器」(《禮記》〈學記〉)，所以「君子不器」(《論語》〈為政〉)，蓋君子必為求道者。「君子動而世為天下道，行而世為天下法，言而世為天下則」(《中庸》二十九)，易言之「君子之於道也，在彼猶在己也。」(《中論》〈覈辯〉) 如此，「苟能得己，天下自然，故可以知我者無所不知，可以治我者無所不治，便於我者無所不可，利於我者無所不宜，不可於我而可於彼者天下無之。」(《道德指歸論》〈善建篇〉) 所謂「見仁見智」絕非意謂真理不一或不存，卻是表示仁智之所見咸同，而其共同認可者乃是公道，或者可說真理為唯一，然求道者因其資質不同而見解高低有別 (仁在智之上) 17。真理具有普世性，但人材萬殊且求道者少，故「君子之道鮮」(《周易》〈繫辭〉上)，然而「善鈞〔均〕從眾，夫善，眾之主也。」(《左傳》成公六年) 於是可見「普遍」是量而「普世」是質，普遍常為量多質低，而普世常為量少質高，此乃一般世情，但在真理而言，則

15.《管子》〈君臣〉上：「道也者，萬物之要也。」

16.「道常無為而無不為」一說的錯誤在於反邏輯，蓋真理超越理性但不反理性，禁不起理性批判的意見必不合真理；若將老子此言倒置，則其說之謬誤更為明顯，因為「道常無不為而無為」顯然是矛盾之說，可見主張無為者其實意欲不為而非無所不為。

17.《周易》〈繫辭〉上：「一陰一陽之謂道，繼之者善也，成之者性也，仁者見之謂之仁，知者見之謂之知，百姓日用而不知，故君子之道鮮矣。」

普遍與普世兼俱且相等，質量皆備。古諺曰「貴其所以貴者貴」（《戰國策》〈韓公仲謂向壽〉），這個「貴所同貴」的態度表示真理應是普受肯定，雖然事實未必如此，畢竟人有良心卻常違背良心而行。以整體或終極之情而論，人的天性勝於人性，所謂「正義公理自在人心」即是此意18，故「諸侯有老，天子無老，有擅國，無擅天下。」（《荀子》〈正論〉）天性即是良心、即是神格，而它既是上帝灌注於人心之中，故不論其量多寡，天性不可能為人性所征服；真理所以具有普世性正因人類具有天性，亦即求道之心，而此良知必與事情的公共性俱增（卻不必俱減），故公與眾常相隨，以公眾立場發言常為良心之見。「夫民合而聽之則神，離而聽之則愚，故天下萬世自有公論。」（《陸象山集》〈語錄〉上）19即因「大抵眾所向者必是理也」（《經學理窟》〈詩書〉），「責己者當知無天下國家皆非之理」（《近思錄》〈克治〉橫渠曰）20，其義不是「周才信眾人，偏智任諸己」（王康琚〈反招隱詩〉），而是人心不可能全面沈淪，或者真理不可能蕩然無存，因為上帝可能製造亂世，卻不可能自我消滅。真理的普世性相應於人心的普遍性，而人心的普遍性乃為良知而非惡意，因為所有人皆有良知而惡意卻非共有，由此可知聖人即是完人或通人，亦即真正的人，故曰「人之有欲也，通天下之欲，仁也；人之有覺也，通天下之德，智也。」（《戴東原集》〈原善〉下）然若以為「以天下之心慮，則無不知也」（《六韜》〈大禮〉），此非正見，因其所見僅為人事而非天理，真理具有超越性，不是「人同此心、心同此理」即可推斷21，蓋真理的普世性不止於人心的一致性，而是高

---

18. 《孟子》〈告子〉上：「心之所同然者……謂理也、義也，聖人先得我心之所同然耳。」《戴東原集》〈孟子字義疏證〉「理」：「天理云者，言乎自然之分理也；自然之分理，以我之情絜人之情，而無不得其平是也。」

19. 《明史》〈楊守陳傳〉：「合天下之耳目以為聰明。」

20. 《亢倉子》〈訓道〉：「當責眾人之惡者視己善乎哉，當責眾人之邪者視己正乎哉，此之謂返明。」

於人心的超然境界。

　　人心是求道之資而非真理準據，真理超越人心故可謂天，人不如天，其顯著表現即是暫時與永恆之別。暫時與永恆相對，然而暫時不是不如永恆而已，而是根本無從與永恆比較，人的永恆感不是出自對於事物短暫變化的經驗——時間的積累無法造成永恆（長久或永久均非永恆）——而是來自靈性良知，可見真理的永恆性是道心感受，它具有超越性的內涵。《周易》曰「天地之道恆久而不已也」（《周易》〈恆卦〉），這是對於真理永恆性的體認，它以天地不永為憑，設想天地之道必永 22——故謂「理既無形，安得有盡」（《明儒學案》〈河東學案〉上「薛瑄」）——此種「反推」應為正確是因其意良善，蓋「善」的極限逼近「真」，求道不能瞎猜而可明斷，知識窮盡時以道德著想，大約是雖不中亦不遠矣。人在困頓時尤有「無限」的感慨，「日月終銷毀，天地同枯槁」（《李太白文集》〈擬古十二首〉八）之想，並不使人產生解脫之感，「悠悠蒼天，曷其有極」（《詩經》〈鴇羽〉）之見，反而使人獲致認命的輕鬆，由此進一步想像乃有「始乎無端，卒乎無窮」（《管子》〈幼官〉）的反常識思想，於是永恆的概念成為必要假設，因為現實的觀點無法解釋現實的情況，而時空的觀念無法解釋時空的現狀（時間的始終與空間的有限及無限俱為不可思議）。中國文化的時間感甚強而永恆感不足，此為現實精神所致，然而中國真理觀的永恆性說法絕不缺，因為真理超越事實，一旦探討真理，現實態度必減，所以世事變化無常的觀感並不妨礙天道永恆的信念，甚至可能令人更增此種期望。

21.《陸象山集》〈與嚴泰伯〉三：「道理無奇特，乃人心所固有、天下所共由，豈難知哉。」此說之誤同樣是以為「心即理」，雖然它認定普世之心與普世之理的存在，卻於超越性或上帝神意的問題無所體會，故終究是不信或誤信真理的唯心論，可知缺乏上帝信仰的真理觀必為錯誤，因為這必使真理的超越性消失，從而使之成為人性準則而已。

22.《李義山文集》〈上兵部相公啟〉：「扶持固在於神明，悠久必同於天地。」

道家自然主義的宇宙觀強調變遷，卻不欲（能）否定永恆，蓋真理之為真以人的感覺而言，必須是處處存在（普遍性）與永遠存在（永恆性），道家論道仍不得不說「道乃久」（《老子》十六）。儒家論道重視精神永存之義，其意一方面認定真理永恆，另一方面肯定求道（者）的永恆價值，絕無「以有涯隨無涯」（《莊子》〈養生主〉）的諷刺態度。人不能永恆，但意義可為永恆，意義寓於人事，故人可以不朽。「君子曰終，小人曰死」（《禮記》〈檀弓〉上），此非謂君子不死，而是「大哉死乎！君子息焉，小人休焉。」（《荀子》〈大略〉）23 道為永恆，求道乃為無止境，但人有死，故求道意義無限而其辛苦有終，此可謂神恩，於是可知「上帝以人之死為善，仁者息焉，不仁者伏焉。」（《晏子春秋》〈諫上〉十八）若知真理超越事實且為唯一，則知死可能是為永生而不可能為永死，然不求道則不當以此義自慰，以道自勉則可謂「得道無古今，失道還衰老」（《李太白文集》〈覽鏡書懷〉），以道自責則有感「賢愚自古皆共盡，突兀空留後世名。」（《歐陽文忠公集》〈感二子〉）真理的永恆不是永遠不變，而是一直有力，「日新者久無窮也」（《正蒙》〈大易〉），而「久者一之純」（《正蒙》〈至當〉），故真理「與陰陽化而不易，從天地變而不移」（《阮嗣宗集》〈達莊論〉），其永恆性顯與一貫性同在。

「道者萬殊之源也」（《抱朴子》〈塞難〉）24，真理的一貫性難以想像，但若真理為二元或多重，則真理雖較可理解，卻已失其宇宙至理的價值，可知人不可以願望求道。「一而不可不易者道也」（《莊子》〈在宥〉）25，「道無雙故曰一」（《韓非子》〈揚權〉），「道立於一」（《說文解

23.《列子》〈天瑞〉：「大哉死乎，君子息焉，小人伏焉。」《穀梁傳》莊公八年：「善戰者不死，善死者不亡。」

24.《淮南子》〈俶真訓〉：「道出一原。」《莊子》〈天下〉：「聖有所生，王有所成，皆原於一。」《柳柳州集》〈岳州聖安寺無姓和尚碑〉：「道本於一，離為異門。」《陸士龍集》〈逸民賦〉：「物有自遺，道無不可，萬殊有同，齊物無寡。」

字》「一」) 是人被迫接受的觀點，因為世間並無任何有效的一貫之理，然因真理為唯一，「道不可以貳」(班固〈答賓戲〉) 26，故必為一貫，此為求道者別無選擇的認知。「道無適而不存者也」《朱文公文集》〈答汪尚書〉六)，於是「萬物一物也，萬神一神也，斯道之至矣。」《譚子化書》〈道化〉「老楓」) 此說乃以真理的一貫性推論而得，其重大發現是上帝，而「萬物一物」之見卻非妥當 (「萬事一事」尚可)，蓋上帝為造物主，唯一之神不是相對於唯一之物，何況有唯一之理則絕無唯一之物，因為唯一之理通貫萬事萬物，而非與唯一之物相應。「天道無外內」《白虎通義》〈三軍〉)，「一切即一，一即一切」《六祖壇經》〈般若品〉) (Cf. 'One thing about everything; everything about one thing.')，「天下同歸而殊塗，一致而百慮」《周易》〈繫辭〉下) 27，所以「一徹而盡徹」《海石子》〈造道〉)，「能知一即無一之不知也，不能知一即無一之能知也」《文子》〈九守〉) 28，諺云「一法通，萬法通」，即是此意 (理)。一貫性即是通貫性，「道也者通也，無不通也」《法言》〈問道〉) 29，故「理貴變通」《宋史》〈趙普傳〉)，能變通不即是得道，然

25.《孟子》〈滕文公〉上：「夫道一而已矣。」《王臨川集》〈致一論〉：「天下之理皆致乎一。」

26.《後漢書》〈儒林列傳〉下：「書理無二，義歸有宗。」

27.《鹽鐵論》〈論儒〉：「聖人異塗同歸，或行或止，其趣一也。」《老子》三十九：「昔之得一者，天得一以清，地得一以寧，神得一以靈，谷得一以盈，萬物得一以生，侯王得一以為天下貞。」《公是先生弟子記》：「天有常運也，地有常勢也，人有常性也，物有常理也，是故天地始者由今日知之，萬世後者由今日知之。」

28.《抱朴子》〈地真〉：「人能知一，萬事畢。知一者，無一之不知也；不知一者，無一之能知也。道起於一，其貴無偶。」《淮南子》〈精神訓〉：「天地運而相通，萬物總而為一，能知一則無一之不知也，不能知一則無一之能知也。」《讀通鑑論》〈唐太宗〉五：「不周知天下之務，不足以決一事之成。」

29.《說文解字》「道」：「一達謂之道 (四達謂之衢)。」《紀文達公遺集》〈誠五

確是近於道。朱熹曰「事有大小而理無大小」(《朱子語類》〈論語〉三十一),其意是真理決定事情大小,故真理為唯一標準;「道之所言者一也,而用之者異」(《管子》〈形勢〉),這無妨真理的一貫性,畢竟求道者之誤不代表其道之誤,而且世事的繁富與變化不表示真理為多元。真理為一貫,所以傳道者須示人以一貫之理,否則必為誤導,子曰「吾道一以貫之」(《論語》〈里仁〉) 30,此即良策,同時受教者當知「聞一言以貫萬物謂之知道」(《管子》〈戒〉),而「知一則明,明兩則狂。」(《呂氏春秋》〈大樂〉)

　　子曰:「道二,仁與不仁而已矣。」(《孟子》〈離婁〉上) 此說暗示二分法 (dichotomy) 或相對主義 (relativism) 的錯誤,並強調「一以貫之」的求道原則,既有定見且有機智。中國文化中充滿二元相對的思想,但亦不乏其批判,這證明中國的真理觀正當而有為,然真正的求道者卻不多。程頤曰:「凡言善惡皆先善而後惡,言吉凶皆先吉而後凶,言是非皆先是而後非。」(《近思錄》〈道體〉) 31 這不僅是真理一元的主張,且於主從本末的事理有所啟示,誠為高見。王弼曰:「復者反本之謂也,天地以本為心者也。凡動息則靜,靜非對動者也;語息則默,默非對語者也。」(《周易》〈復〉王弼注) 32 此見顯示真理乃是本義,故求道可謂反本。朱熹曰:「天下之物未嘗無對,有陰便有陽、有仁便有義、有善便有惡、有語便有默、有動便有靜,然又卻只是一個道理。」(《朱子語類》〈性理〉三) 又曰:「天地間無兩立之理,非陰勝陽即陽勝

　　常之本百行之源也論〉:「天下有各見之端而所以管攝之者則無二,天下有至變之勢而所以綱維之者則有常,蓋其動而著也皆一理之所分,故其散而殊也皆一理之所貫。」

30.《論語》〈衛靈公〉:「子曰:『予一以貫之。』」

31.《格物通》〈儆戒〉三:「福者禍之伏也,是者非之始也,治者亂之起也。」

32.《近思錄》〈道體〉伊川曰:「先儒皆以靜為見天地之心,蓋不知動之端乃天地之心也。」

陰，無物不然，無時不然。」(《朱子語類》〈易〉一) 其說表示真理高於事實，相對的觀點錯在未能追究終極真相，故務實恐致失真，守真之道乃在於堅持理想。二元論是錯誤的真理觀，多元論卻是反對真理的態度，蓋相對之見雖為無識，而無所不信實為不信，二元觀不易推翻，然多元觀不論則已，欲加以批評則須使人相信真理存在，否則必糾纏不清。子貢曰：「夫子焉不學，而亦何常師之有。」(《論語》〈子張〉) 所謂「聖人無常師」意謂聖人學雜而不主雜學，其「博學而詳說之，將以反說約也。」(《孟子》〈離婁〉下) 真理為一貫，故「學也者，固學一之也」(《荀子》〈勸學〉)，不然則必玩物喪志。南朝宋文帝設玄學、史學、文學、儒學為四學，司馬光評曰：「史者儒之一端，文者儒之餘事，至於老莊虛無固非所以為教也，夫學者所以求道，天下無二道，安有四學哉。」(《資治通鑑》〈宋紀〉五) 由此可知，不學為自棄，亂學為自誤，求道而不學必為迷信，求道而亂學終是虛耗。「佛經繁而顯，道經簡而幽」(《南史》〈顧歡傳〉)，不論其道是否正確，在真理一貫的認識上則為無誤，可見「皓首窮經」可能的錯當在於不能知一，或是由於深感「道者體常而盡變，一隅不足以舉之」(《荀子》〈解蔽〉) 的困難，而這也是無能。「惟一故新，惟新故一；一故不流，新故無斁。」(《蘇文忠公集》〈仁宗皇帝御書頌〉) 真理的一貫性使其富有活力，求道者若刻板固執，則其所謂「一以貫之」必是簡化與教條化，畢竟真理不是凡物易事，靈性不足者不足以得道。

　　真理具有完美性，人若依從真理行事，則社會將可趨於至善，然非達到至善，蓋「道在宇宙間何嘗有病，但人自有病。」(《陸象山集》〈語錄〉上) 中國的真理觀少有完美性的討論，這與中國文化的現實性甚至是原罪感關係密切，但這絕不表示中國的真理觀沒有完美性的看法，因為真理的諸多性質一致而互通，既然中國文人於各式的真理性質皆有論述，則完美性一項必非其所反對者，乃至可說已蘊含於其他探討之中。真理若為絕對，則必是完美，反之亦然，所以「絕對完美」

或「不夠完美」等說均不恰當；真理若具普世性，則必有完美性，因
為二者俱為極致之道；真理若是永恆的，則必是完美的，蓋不完美則
無永恆價值；真理呈現上下之義，指示求道者「止於至善」《大
學》33，亦即以完美為的，可見真理具有完美性。不論承認原罪與
否，世人大都感覺現實不完美，求道是追求完美，真理的完美性未為
求道者所強調，這與其說是認知缺陷，無寧說是天經地義乃無庸多說，
它反而表示真理的完美性是人盡皆知。王弼曰：「既知不聖為不聖，未
知聖之不聖也；既知不仁為不仁，未知仁之為不仁也。」（王弼《老子指
略》）其說顯示凡人多有不完美之感，於是對於優異者常視同（稱讚
為）完美，但若使其再省，則必知覺世上絕無完美的事物。由此可知，
完美的感受乃是來自天性，卻常因世間的不完美而深受刺激，故不完
美使人盼望完美，而追求完美不能以事實為參考，卻必須以真理為根
據，於是求道而不求完美是瘋狂，信道而不信完美性是錯亂。

　　整體而言，中國文化的現實精神強烈，其對超越性問題本不重
視34，所以一般士子「但有下學而無可上達」（《朱文公文集》〈讀蘇氏紀
年〉），然而中國的天道觀（宇宙至理的探討）層次介於上帝與真理之
間，其思想絕非現實主義，卻是富有神靈色彩，因此超越性觀念在中
國求道者（尤其早期）心中並不缺乏，只是其說多屬間接的論述，見
解尚非深刻（須經解釋乃見深意）。大凡上帝信仰不明則超越性觀念不

33.《孔子家語》〈好生〉：「期於至善，而不襲其為。」

34.《黃氏日抄》〈臨汝書院朱文公祠〉：「道非超出事外有待於冥求而後得，正
　　以日用常行者無非道。」（此見重視平實而忽視高明）《陵川集》〈道論〉：「道
　　不離乎萬物，不外乎天地，而總萃於人焉。」（其意有人無天）《北溪字義》
　　〈道〉：「其實道不離乎器，道只是器之理。」（此想故步自封）《明儒學案》
　　〈河東學案〉上「薛瑄」：「天下無無理之物，無無物之理。」（說中前者是而
　　後者非）《劉子遺書》〈學言〉一：「知無體，以物為體。」（然則知識概為物
　　理）《焚書》〈何心隱論〉：「道本人性，學貴平易。」（此乃自我合理化的求知
　　主張）

強，此因上帝高高在上使人感其不實與無理，於是乃有超越性境界的
想像，否則庸俗的世事恐無法引人思索如此超凡的問題（「完美」的觀
念具有超越性）；中國的上帝信仰不深，其超越性概念自然不盛，但因
中國的真理觀不止於討論事物運作之道，並且涉及其創作與安排之意
（相信真理而對上帝不甚確信，所以真理的探索不限於真理），因此超
越性問題也成為其中論點，若說這是中國真理觀的優點，則中國上帝
觀的缺點也應同時加以追認。

　　真理之上猶有上帝，真理無法解釋世間一切，故「道在人之上」
的說法不免論及超越性問題。荀子曰：「天行有常，不為堯存，不為桀
亡。」（《荀子》〈天論〉）其說雖稱天道有理，卻超越人而存在，「天不可
與慮，道不可與謀」（《漢書》〈賈誼傳〉）35，這隱約已有超越性的觀念。
孟子曰：「舜明於庶物，察於人倫，由仁義行，非行仁義也。」（《孟子》
〈離婁〉下）此說也認定天為有道，但天人合一乃不可能，人只能順天
而行（由仁義行），而不可能以天行事（非行仁義也），這個天高人卑
的想法與超越性觀念相合。由此推論乃見，「仁者資道以成仁，道非仁
之謂也；智者資道以為智，道非智之謂也；百姓資道而日用，而不知
其用也」（《隋書》〈經籍志〉三），這更進一步肯定了天道的超世地位。
朱子曰：「夫謂道之存亡在人而不可舍人以為道者，正以道未嘗亡而人
之所以體之者有至有不至耳，非謂苟有是身則道自存，必無是身然後
道乃亡也。」（《朱文公文集》〈答陳同甫〉八）真理具有超越性，故絕不與
世沈浮，所謂「滅道」或「泯滅天良」乃是人類的自瀆，並無害於真
理，而大力行道者實亦不能對真理有所增益，以此而言沒有人是絕對
重要的。此外，不論人是否認命樂天，世事難料，「天道遼遠，何必皆
驗」（《南史》〈袁顗傳〉），「以一己之窮通而欲質天之有無，惑矣」（《劉
夢得文集》〈天論〉上），這確是超越性問題的感受，因於神意無所適從，
故曰「不識不知，順帝之則。」（《詩經》〈皇矣〉）天人合一雖是中國流

35.《周易》〈繫辭〉上：「〔道〕顯諸仁，藏諸用，鼓萬物，而不與聖人同憂。」

行的求道思想，但天人兩隔的看法也未曾消失，這是真正的崇道態度，故「聖人不絕天於人，亦不以天參人，絕天於人則天道廢，以天參人則人事惑，故常存而不究也。」(《新五代史》〈司天考〉二) 論其實則「道者非聖人智力之所能為」36，「道有自然，聖人有不得不然」(《文史通義》〈原道〉上)，真理超越理性與人力，這早已是中國求道者的宿命感受。

　　真理超越人的知識，故真理無法明言乃至深究37，「天下至理，意非言意」(《關尹子》〈九藥〉)，所謂「道可道，非常道；名可名，非常名」(《老子》一) 38，可以此解釋。「已形已見者可以言知，未形未見者不可以名求」(程頤〈易序〉)，此意雖非「實亡莫甚於名之尊，道弊莫甚於說之詳」(《陸象山集》〈智者術之原論〉)，然而「道不可言也，強為之言而益晦」(《王文成公全書》〈見齋說〉)，這確是需要深思的事。老子曰「知者不言，言者不知」(《老子》五十六)，其意是真理難言39，莊子卻由此推論「知道易，勿言難」(《莊子》〈列禦寇〉)，這是誇張導致扭曲的事例，然若以為「知而辯之謂之識，知而不辯謂之道」(《亢倉子》〈用道〉)，這更是以「不言為知」，已達「反其道而行」的邪門，由此可見中國古人對於真理的超越性確有所感，但其認識反而常因此受損。「道也者，至精也，不可為形、不可為名，彊為之謂之太一。」(《呂氏春秋》〈大樂〉) 固然「強名為道，已失其真」(《抱朴子》〈道意〉)，但

36.《文史通義》〈原道〉上：「道者非聖人智力之所能為，皆其事勢自然，漸形漸著，不得已而出之，故曰天也。」

37.《淮南子》〈主術訓〉：「天道玄默，無容無則，大不可極，深不可測，尚與人化，知不能得。」《隋書》〈經籍志序〉：「道者精微淳粹，而莫知其體。」

38.《尹文子》〈大道〉上：「大道不稱，眾必有名。」《王摩詰集》〈京兆尹張公德政碑〉：「大道難名，大理無法。」《陵川集》〈與王子正書〉：「夫道之大，兼天下之名而不自以為名。」

39.《文心雕龍》〈序志〉：「言不盡意，聖人所難。」《北齊書》〈樊遜傳〉：「天道性命聖人所不言，蓋以理絕涉求，難為稱謂。」

太一之說形容天理的宏大又言之無物，其為天理之代稱甚為恰當，因它說了彷彿未說，卻意有所指，而無誤導之虞。真理雖有超越性而不易說明，但絕非全為不可知，中國傳統中「道不可說」的講法一方面是超越性觀念的證據，另一方面卻是神秘主義迷信的徵兆，這表示超越性觀念常被誤解與濫用，而造成反智的主張 (anti-intellectualism)——「以不知為道，以奈何為寶」(《淮南子》〈主術訓〉)——其實求道本應是求知，理性的使用對於體會真理的超越性有益無害，因為超越性是超越理性而非反理性。

　　真理不怕討論，只怕無知者強不知以為知，而有損道義，此即「道之亂也患出於小人，而強欲知天道者，壞大以為小、削遠以為近，是以道術破碎而難知也。」(《漢書》〈藝文志〉十) 在真理的探討上，「言之者失其常，名之者離其真，為之者敗其性，執之者失其原」(王弼《老子指略》) 確是無法避免的缺陷，但這是人的原罪或道的超然所致，於此有所警覺則論道必是得勝於失，求道者豈可因擔心失誤而於真理存而不論。事實上，超越性問題的感受是在窮理盡性之時尤深，求道者不應對真理的超越性望而卻步，反而應善用知識以窺堂奧，真理的超越性雖使得道無望，然「道可近而不可得」正是造成求道無窮價值的因素。「天道窅冥恍惚，若有若亡，雖以端兆示人，而不可盡知也。」(《司馬溫公集》〈原命〉) 積極思考此說便知真理不是無跡可尋，蓋真理具有超越性，故亦具有現實性，因為超越現實者不可能毫不現實，所以「道因器而顯，不因人而名」(《文史通義》〈原道〉中)，求道者不執迷於表象必有所獲。「聖人之道造端乎夫婦之所能行，而極乎聖人之所不能知」(《蘇文忠公集》〈子思論〉)，真理的超越性使求道成為「超凡入聖」的大業，它不是跳躍式的學習，而是務實求真以至自我突破的歷程，於此「量變不能造成質變」，但方向正確即不致迷失，所謂「言之如吹影，思之如鏤塵，聖智造迷，鬼神不識」(《關尹子》〈一宇〉)，僅是形容真理之高妙，而非表示真理之無理。總之，真理雖超越理性，但

理性卻是求道的主要與最佳工具，儘管「微妙意志之言，上智之所難也」(《商君書》〈定分〉)，然「文可以廢，而道未行則不得無文」(《抱朴子》〈尚博〉)，求道雖有其不可超越的障礙，但了解此限則可無礙於心，且有益於神，因為超越性的存在是求道的必要條件，求道若必可得道，其事猶如善惡報應不爽一樣，將造成天道的消失（自毀），可見真理的超越性畢竟是一件好事。

　　超越性的感受是極限的感受，故人的自我認識愈深愈有不足之感，也就愈有超越性的感受，顯然超越性的感受皆為間接而非直接，換言之超越性觀念是「有所知所致的有所不知」，可以內求而無需外求。「十二野者所以分天之綱，即十二野不可以明天；九州者所以分地之紀，即九州不可以明地；七略者所以分書之次，即七略不可以明書。」(《通志》〈校讎略〉「編次必謹類例論」二) 人的缺陷是天道宏大的證據，這不是因為天與人相反，而是因為人具不全的天性，反省自責使人同時感受至善與不善（無至善之理則無不善之事），自我超越所以可能亦是因此。人活在有限的世界，卻有無限的想法，這即可謂超越性感受，因為人以有限為不滿，而相信無限方為圓滿，但無限不是理性或經驗所可認知，故無限是超越性的觀點。如稱「廣大無邊」實有矛盾之處，因為廣大為有限而無邊為無限，二者並論乃有衝突，但人對廣大猶覺不足，所以又有無邊之想，於是可見真正的廣大乃是無邊40，至此廣大無邊之說似無不可，這是現實性與超越性有所連結的證明，故說「至大無外，謂之大一。」(《莊子》〈天下〉) 中國文明對於真理的範圍常認為無所不包，「存而不論」一詞即有此寓意（不可論者並非不存），莊子曰「六合之外聖人存而不論，六合之內聖人論而不議」(《莊子》〈齊物論〉) 41，其說顯示超越性的境界人不能了解，而現實的世界人不當

40.《莊子》〈秋水〉：「至精無形，至大不可圍。」

41.《夢溪筆談》〈神奇〉：「人但知人境中事耳，人境之外事有何限，欲以區區世智情識窮測至理，不其難哉。」

非議，這是因為二者彼此關連且有其神聖的意義。

　　承認人的卑微渺小等於相信真相的崇高偉大，文明的自卑是隨天道的發覺而起，中國的真理觀不可能獨缺超越性的概念，因為真理思想若本質無誤，則求道的發現必含真理的不可知與震撼性。生死兩隔的感慨是最常見的超越性感受，此種悲情在中國可能更甚於西方，因為中國缺乏明確的上帝信仰，故於生命終極的歸宿難以認定，安慰既少，生離死別的痛苦乃不易釋懷。蘇軾曰：「亡者俯仰之間，知在何方世界，而吾方悲戀不已，豈非係風補影之流哉。」（《蘇文忠公集》〈與程正輔〉五十九）其意不是反對悼傷，卻是不明所以而仍弔唁無已，此種情不自禁的表現實屬天意而非人心，可見超越性的感受不必出於自覺，而自覺不深不表示超越性的感受不在。「世人若以思所能得謂之有，所不能及則謂之無，則天下之事亦鮮矣。」（《抱朴子》〈對俗〉）吾人雖不能知曉超越性世界大於現實世界多少——其實此問有如「以管窺天」般無效——但以現實條件推想超現實境界是不得已的事，於是「天之大為人間千萬倍」之類的說法勉強成立，這表面上是世俗之見，其實是天心灌注於人的思想，也就是缺乏超越性的超越性觀念。總之，超越性不必反現實（例如上帝可為無形亦可為有形），但必不同於現實，雖然其如何與現實相異乃不可知。人以現實標準形容天固然不宜，但這是無可奈何之事，且其天大人小的說法也是超越性觀念的反映；若人以反現實之道論天42，這依然不當，因它等於主張天道相當可知（以為人事之對必是天理），然而此舉富有超越性的感受，不是故意「唱反調」。由此可知，「大象無形」（《老子》四十一）、「大道不稱」、「道昭而不道」、「不道之道」諸說（《莊子》〈齊物論〉），皆是反現實的真理觀，這雖不甚正確或高明，但卻是對真理超越性的深深歎服，若人以超越現實的觀點解釋反現實之義，則可導正偏識而深入奧理，所謂「神武而不殺」（《周易》〈繫辭〉上）即應以此道領會，乃能「殺而有仁」。

_____

42.《潛夫論》〈讚學〉：「天地之道，神明之為，不可見也。」

　　真理的超越性使人感其崇高、神秘、而奧妙,「天路高邈,良無由緣」(《曹子建集》〈與吳季重書〉),所以虔誠的表現是「不求知天」[43]。孟子曰:「大而化之之謂聖,聖而不可知之之謂神。」(《孟子》〈盡心〉下) 承認真理的超越性須是在窮盡知識之後,如此方可臻於「不知為不知是知也」的境界,率性宣稱「天道遠,人道邇,非所及也,何以知之」(《左傳》昭公十八年),其實是反對信仰的意思,所以超越性問題能激勵人文主義 (使究天人之際),否則必造成巫術迷信,這是求道不進則退的後果,也是求道必需誠意正心的效驗。超越性的到來既是知識極限出現之時,因而超越性雖是天人永隔的鴻溝,但它絕不使求道成為徒勞無功,因為天人合一固無希望,然天人相背更無可能,真理是貫穿天人之道,當人上達逼近止境時,不僅成就已高,且將因困而更有心得,蓋神之啟發常為「不憤不啟、不悱不發」(《論語》〈述而〉),所以求道不限於智愚。「君子之道費而隱,夫婦之愚可以與知焉,及其至也,雖聖人亦有所不知焉;夫婦之不肖可以能行焉,及其至也,雖聖人亦有所不能焉。」(《中庸》十二) 因天人有一貫之義,然超越性問題無法破解,故「天人之道有同有異,據其所以異而責其所以同,斯則惑矣;守其所以同而求其所以異,則取弊矣」(《長短經》〈運命〉),所謂盡人事而後聽天命,即是承認天人一致而天比人高。如此,「是雖常是,有時而不用,非雖常非,有時而必行,故用是而失有矣,行非而得有矣。」(《尹文子》〈大道〉上) 真理的超越性與上帝的超越性即使不是一體,對人而言也無分別,因此吾人必須相信「不可知」含有神聖的意義,其一是「高山仰止,景行行止,雖不能及,離道不遠也。」(《鹽鐵論》〈執務〉)

　　道高於人,故「君子戒慎乎其所不睹,恐懼乎其所不聞。」(《中庸》一)「道也者,視之不見,聽之不聞,不可為狀;有知不見之見、

43.《荀子》〈天論〉:「唯聖人為不求知天。」《曹子建集》〈潛志賦〉:「亮知榮而守辱,匪徇天以為通。」

不聞之聞、無狀之狀者，則幾於知之矣。」(《呂氏春秋》〈大樂〉) 此說畢竟是譬喻而非記實，超越性總是無可超越，所以「超越性的知識」並不存在，對於超越性領域能加以確定的知識已是人間極智，故曰「知之為知之，不知為不知，是知也」(《論語》〈為政〉)，然若因此主張「不知之知」則是無知[44]。「無所不知者，非真知也；有所不知者，知之大者也。」(《考信錄》〈考信錄提要〉上)「聖人治其可知者，置其不可知者，是之謂大中之道。」(《歐陽文忠公集》〈怪竹辯〉) 基於對真理超越性的認定，「不能言而能不言」(《世說新語》〈賞譽〉) 不僅是道德行為，更是知識表現，蓋「知止乎其所不能，知至矣。」(《莊子》〈庚桑楚〉) 求道者縱使覺察真理具有超越性，亦難以避免論道上的「過與不及」，因為能確認知識極限的人極少 (理論上僅有一人)，而誤以個人知識極限為人類知識極限者則甚多，這是「道不患不知〔而〕患不疑」(《蘇文忠公集》〈書北極靈籤〉) 的主因，故「大道之隱也，不隱於庸愚，而隱於賢智之倫者紛紛有見也。」(《文史通義》〈原道〉中) 由此種「求道者的內訌」可知，一般真理論述的知識性皆太低，而能正確傳道者必然落單，其說因未能普獲士林共仰，以致常遭凡夫誤解，此在現今民主社會中尤然。

　　超越性是超然的地位，真理的超越性使求道者成為道的服侍者，「人能弘道，非道弘人」(《論語》〈衛靈公〉)[45]，「物自違道，道不違物」(《列子》〈仲尼〉)，「有先王之道，而無道之先王。」(《鶡冠子》〈能天〉)[46]「道無成效於人，成效者須道而成」(《論衡》〈非韓〉)，人可能

44.《莊子》〈知北遊〉：「弗知乃知乎，知乃不知乎，孰知不知之知。」

45.《淮南子》〈俶真訓〉：「舉事而順于道者，非道之所為也。」《文子》〈微明〉：「舉事而順道者，非道者之所為也，道之所施也。」

46.《朱文公文集》〈江州重建濂溪先生書堂記〉：「道之在天下者未嘗亡，惟其託於人者或絕或續，故其行於世者有明有晦，是皆天命之所為，非人智力之所能及也。」

失敗，但道必成功，凡人所以「以人廢言」，實因不信超越性真理。天
道超越人而存在，然未必與人道相違，以為「道理達而人才滅矣，人
與道不兩明」(《文子》〈符言〉)，是因重視真理的超然而致貶抑求道者
的價值，其道德意識雖強，知識體認卻不高 (是善的未必是真的)。道
高人卑不表示人賤，卻是表示人尊，因為唯人可以求道，而求道使人
高貴，超越性不與人性相抗，卻能提升人格，故「人材不足專恃，而
道術可公行也」(《淮南子》〈齊俗訓〉)，這意謂人若求道則人與道得以兩
興。孟子曰：「天下有道，以道殉身，天下無道，以身殉道，未聞以道
殉乎人者也。」(《孟子》〈盡心〉上) 47 其說旨在強調真理的超越性，殉
道一義顯示「人能弘道」的極致，而道可殉身不可殉人 (真理有益於
修身而不成全人生) 一說，則解釋「非道弘人」的內涵，顯然人與道
固然不能同時成功——因人永無得道之時——但求道是上進，亦即真
理的落實，故人與道可以共勝。道為人主，真理具有超越性而不受人
影響，故人不求道只是自甘墮落，而無損於天，此所謂「人雖欲自絕，
其何傷於日月乎，多見其不知量也。」(《論語》〈子張〉) 然「智不至則
不信」(《呂氏春秋》〈悔過〉)，乃至「不知則不信」(《呂氏春秋》〈任數〉)，
真理的超越性使人難以信道，但相信正道卻是知識所趨，所以超越性
問題竟是使人信道的原由，因為人若無知識以發覺知識不足以掌握真
相，則信仰便無從發生，可見信仰是為求知 (求知是為求真)，「因信
而知」乃為可能。中國的真理觀雖無因信而知的大力提議，但由其超
越性論點繁多之情可知，中國士人確實認為信仰不能完全根據知識建
立 (因知而信)，而知識有賴信仰啟示高見 (因信而知)，這個知信並
行甚至並進的觀念，證明中國的真理觀絕非是物質主義，而是超自然
的天道思想。

47.《淮南子》〈繆稱訓〉：「世治則以義衛身，世亂則以身衛義。」

三、中庸之道與自然法則

中庸之道與自然法則是早期文明的求道心得，其錯誤為世界性的現象，不必視為反真理的主張，卻可視為舉世求道的先兆。中庸之道與自然法則的真理觀俱無超越性，二者皆是初級的求道心得，中庸之道是人事的觀點，但其根據頗多為自然現象，自然法則看似反對人本立場，然其思想絕非出於科學知識；中庸之道與自然法則均為真理論述，蓋兩者皆圖發明整合心物之理，然亦因此皆未能中的得道，因為精神的層次實在物質之上，放棄或忽視人為萬物之靈的角色，必然重量不重質而曲解真相，中庸之道與自然法則之說不具超越性思考，正是其說淺薄疏闊的原因及結果（超越性問題的重視是人文精神發揚之後才可能產生）。天道不是人道，天理不是物理，真理超越人間而存在，所以中庸平和的氣象絕非真相，而自然而然的現象不具深意，中庸與自然雖非粗淺的事理，但也不是高深的見識，此種高不成低不就的真理觀當然不是正道，因為現象不是（不及）事實而事實不是（不及）真理，中等之議必非正義，求道的情境是天人交戰，溫和自在的感受可能是得道的心情，但絕不是求道的心境（得道既無可能則中庸與自然理非正信）。不論如何，中庸之道與自然法則儘管失誤不少，但其失誤原是知識不足所致，不是心術不正所然，因為二者畢竟是求道之見，不是巫術迷信之流；尤其在文明初期信仰正統未立之時，旁門左道實無發展的餘地，故中庸與自然等說乃是道統建立過程中的產物，也就是參考性的真理思想，不當視為洪水猛獸加以排斥，而應察其閉塞之處加以突破。以歷史觀點而論，中庸之道與自然法則是古代文明求道的證據，以及後人故步自封與逃避良心的假道學理論，雖然此種弊端在古時早已出現，但誤入歧途與將錯就錯總是不同，前者自誤而後者誤人，罪惡小大仍有差別，可見歷史學習者的道德義務高於前人與凡夫。

在古代西方，亞理斯多德學說 (Aristotelianism) 是中庸之道，而斯多克主義 (Stoicism) 闡述自然法則；在古代中國，儒家的偏統提倡中庸之道，而道家的正統主張自然法則。亞理斯多德主義雖流行甚久，但終究不能取代柏拉圖思想的偉大地位，而僅得以大眾文化思潮自戀；斯多克主義發展至後來，其自然法則觀念愈為稀疏，終至轉趨上帝信仰，而輸誠於基督教。正統儒家不高談中庸，或者其所謂中庸實為超越性真理，而非中間路線的價值觀，故中庸之道實為「小人儒」的思想；道家始終是自然法則的擁護者，然道家不是中國文化的主流，儒家的敗喪子雖常淪為道家，但振作的中國士人一向相信天為超自然。總之，中庸之道與自然法則是初等與二流的真理觀，二者的淺陋使其交流，然亦使其無法同化，因其倡議者關心生活的快樂勝於生命的意義，故道同而不相為謀，畢竟人生的快樂是低級之道，並且快樂之術常因人而異。

中庸是古代中國的真理代稱，這雖有模糊與誤導之虞，但此非早期文明求道上的困擾，中庸之說的不當是深入真理之後的新發現。程頤曰：「中庸，天理也，不極天理之高明，不足以道乎中庸。」（《粹言》〈論道篇〉）又說：「不偏之謂中，不易之謂庸；中者天下之正道，庸者天下之定理。」（中庸章句朱子引程子言）此說一方面正確結論中庸之義，另一方面則提示中庸之說的隱患，因為凡人極可能自以為是而自命中庸，或者誤以中庸為平衡之道，考量程氏發言的時代，便知此事確是千古不絕的錯誤。《中庸》曰：「君子之中庸也，君子而時中；小人之中庸也，小人而無忌憚也。」（《中庸》二）由此可知，原始儒家本以中庸為正道之意，然誤解與曲解之情不稍待即出，為了撥亂反正乃有一說──王肅、程頤、朱熹皆然──以為原文當作「小人之〔反〕中庸也，小人而無忌憚也」，其實小人之反中庸絕不表現於用詞，而是假託於詞義，於是小人必以無忌憚為中庸。蘇軾曰：「君子見危則能死，勉而不死，以求合於中庸。」（《蘇文忠公集》〈中庸論〉下）此說若為正確則

中庸之意顯非適度而為正當，其實「君子無所不用其極」(《大學》)，求道與行道均應擇善固執而非適可而止，中庸不是適中而是切中。孟子曰：「執中無權猶執一也，所惡執一者為其賊道也，舉一而廢百也。」(《孟子》〈盡心〉上) 其說表示中庸應有所依據，亦即中庸不是至道，而須從乎真理乃能自顯，否則得不償失，且將與聖道為敵，因情害義48。朱熹曰：「中無不正……中須以正為先。」(《朱子語類》〈易〉三) 可見中不如正——故曰「中而不可不高者德也」(《莊子》〈在宥〉)——若中即是正，則應稱正而不言中，以免誤會，畢竟正則必中，而中未必正。

司馬光曰：「正直非中和不行，中和非正直不立。」(《司馬溫公集》〈四言銘系述〉) 此說表面上兼重中與正，但其實更尊崇正，蓋「正直非中和不行」是行道問題，「中和非正直不立」是求道問題，而求道先於行道，天理優於人性，故寧可不近人情也不可傷天害理。「中」猶勝於「和」，若以「中」為「正」，則「和」可為「中」，然其義不過是「平」，可見中庸若是真理，則真理絕不因此昭彰，而取代中庸者也不因此進化。董仲舒曰：「中者天地之所終始也，而和者天地之所生成也，夫德莫大於和，而道莫正於中，中者天地之美達理也。」(《春秋繁露》〈循天之道〉) 其說用詞更改而精神依舊，蓋「道莫正於中」，則「中」意謂正道，而「德莫大於和」，則「和」表示大德，然道高於德，故「和」不如「中」，而其義實為「中」不如「正」，此在真理觀念上絕無新意。如此易詞以論道，只是煞費周章，卻無發明，可知中庸之說不可能化腐朽為神奇，反而可能引發偽善者藉此自我合理化，此即枉道事人。子曰：「中庸之為德也，其至矣乎，民鮮久矣。」(《論語》〈雍也〉) 這若不是中庸一說本身的偏失所導致，即是凡夫無不自認執中而行所造成，故矯正之道不是說明中庸之意，而是破除中庸以正視聽。以中庸為正理，將使人以為「過猶不及」，其實在求道問題上

48.《龜山集》〈語錄〉「荊州所聞」：「知中則知權，不知權是不知中也。」

「過分」總較「不及」為佳，「不得中行而與之，必也狂狷乎」（《論語》〈子路〉），「仁近於弱，義近於迂」（《蘇文忠公集》〈趙康靖公神道碑〉），仁不如義，其理即如此，所以中庸之說除了有利於推廣真理的信仰之外，實在無補於事，而錯信的為害有時甚於不信，故中庸一說不如早休。

　　中國文化中的「天」介於自然與神明之間，可見自然法則是傳統中國真理觀的階段性信仰對象，天道一說的初級意義即是自然法則，師法自然雖非高明的求道方法，但確是文明進化過程中必有的思考，古希臘邁立特學派 (Milesian School) 的價值或貢獻即在於此。人並非自始即自認為萬物之靈，將物理視為天理實為自然之想，因為人最初必覺其與動物差異甚小，所以文明早期的人文學不是與科學相對，而是包含科學甚至是以科學為主。萬物構成自然，任一物皆不及大自然，人類敬畏自然乃為合理，觀察自然運作之道而當作真理，這是善意而非迷信，因為未受神蹟啟示而相信真理須是憑藉良心，而自然法則不含神奇鬼怪故不能為巫覡所利用。道家當是先秦諸子百家之中最早興起者，其理與邁立特學派為希臘哲學始祖相同，然蘇格拉底出現之後，西方哲學中的自然主義即趨於沒落，而儒家取得至尊地位之後，道家思想卻仍在中土盛行不墜，這是超越性真理是否成為主流信仰所造成的差異；蓋自然法則雖不如神道，但卻是無神觀念之下的宇宙至理，求道已是難能可貴，信道而進一步信神誠屬不易，若非上帝信仰充足，則以自然為真理是人最可自壯與自慰的方法，故自然法則的放棄常非由於其理不足，而是因為更偉大道理的發現，這即是對於神聖（超自然）力量的屈服。

　　自然法則的思想絕不限於道家，它是深度不足的真理觀，故普及古今，如理學家程顥以為「天地萬物之理，無獨必有對，皆自然而然，非有安排也」（《宋元學案》〈明道學案〉上），這便是膚淺而隨意的說法，含意不明而可任人利用。戴震說：「天理云者，言乎自然之分理也。」

《戴東原集》〈孟子字義疏證〉「理」）其言不足為奇，可怪者只是其說與文明原始之見無殊，似乎歷史發展毫無長進。《周易》曰「與天地相似故不違」（《周易》〈繫辭〉上），又曰「天行健，君子以自強不息」（《周易》〈乾卦〉），這是初民的高見，因為在凡人為求生而奔命的時代裡，以自然為天道的說法不僅是極其可貴的求道表現，而且是唯一可能的真理觀點（自然法則之說應較中庸之道更早出）。老子曰：「王法地，地法天，天法道，道法自然。」（《老子》二十五）此說表面上超越前說，但它從理論上確認自然法則為真理（《周易》之見僅是關於真理的一種觀察），顯已放棄更進一步的求道──故曰「道法自然」49──實為真理論述中的失敗主義 (defeatism) 50，可見此說絕不比《周易》更為高明 51。老子的自然主義（為人不如學習自然）是消極的真理觀，莊子的自然主義（人心應與物理相合）則為積極的真理觀，因自然不是終極真相，故莊子之誤甚於老子。莊子曰：「天地與我並生，萬物與我為一。」（《莊子》〈齊物論〉）如此，「不以人助天，是之謂真人」（《莊子》〈大宗師〉），「魚相忘乎江湖，人相忘乎道術」（同上），「遊心於物之初」（《莊子》〈田子方〉）即為至樂，或可謂得道，其意不僅要絕聖棄智而泯滅君子小人之別 52，且欲根本掃除人為萬物之靈的思想；此想以追求快樂為追求真理 (hedonism)──心靈平靜 (peace of mind) 雖是最

49.《老子》七十七：「天之道其猶張弓與，高者抑之，下者舉之，有餘者損之，不足者補之。」

50.王弼《老子注》六十：「物守自然則神無所加，神無所加則不知神之為神也。」

51.《老子》六十：「治大國若烹小鮮。」《老子》六十一：「治大國若居下流。」《老子》七十六：「萬物草木之生也柔脆，其死也枯槁，故堅強者死之徒，柔弱者生之徒。」此類說法與《周易》所說「天行健，君子以自強不息」其實相同，皆是將自然法則視為天理與人道。

52.《莊子》〈馬蹄〉：「至德之世，同與禽獸居，族與萬物並，惡乎知君子小人哉？」

大的快樂但仍只是快樂——因其道確實有效，故後世之快樂主義者常
引為圭臬，而於其說無以復加，這使道家成為中國非正式的主流思潮，
歷久猶新。

　　崇奉自然法則者最常以水為例論道，這一方面是因為水對為生的
重要性（自然主義的求道者乃是唯物主義者），另一方面是因為水的
「超物質」特性（唯物主義畢竟是精神性主張），所以水似有靈性而可
啟示天理[53]，但水終究是物質而超越性不是超越物質而已，可知自然
之說為似是而非的真理觀。若以為「觀道者如觀水」（《關尹子》〈一
宇〉），則水性即是天性，因而「上善若水」（《老子》八），「上德若谷」
（《老子》四十一），「動者樂流水，靜者樂止水」（《白氏長慶集》〈翫止
水〉）[54]，以此勸善所致之謬論不一而足[55]。若謂「從善如流」（《左傳》

53.《孫廷尉集》〈蘭亭集後序〉：「古人以水喻性有旨哉，非所以淳之則清渟之
　　則濁耶，故振鬱於朝市則克屈之心生，閒步於林野則寥落之意興。」

54.《論語》〈雍也〉：「知者樂水，仁者樂山。」《北史》〈郭祚傳〉：「山以仁靜，
　　水以智流。」

55.《荀子》〈宥坐〉：「夫水，遍與諸生而無為也，似德；其流也埤〔卑〕下，
　　裾〔倨〕拘必循其理，似義；其洸洸乎不淈盡，似道；若有決行之，其應佚
　　〔逸〕若聲響，其赴百仞之谷不懼，似勇；主量必平，似法；盈不求概，似
　　正；淖〔綽〕約微達，似察；以出以入，以就鮮絜〔潔〕，似善化；其萬折
　　也必東，似志。是故君子見大水必觀焉。」《管子》〈水地〉：「夫水，淖弱以
　　清而好灑人之惡，仁也；視之黑而白，精也；量之不可使概，至滿而止，正
　　也；唯無不流，至平而止，義也；人皆赴高，己獨赴下，卑也；卑也者道之
　　室，王者之器也，而水以為都居。」《春秋繁露》〈山川頌〉：「水則源泉混混
　　沄沄，晝夜不竭，既似力者；盈科（坎）後行，既似持平者；循微赴下，不
　　遺小間，既似察者；循谿谷不迷，或奏（走）萬里而必至，既似知者；障防
　　山而能清淨，既似知命者；不清而入，潔清而出，既似善化者；赴千仞之
　　壑，入而不疑，既似勇者；物皆困於火，而水獨勝之，既似武者；咸得之而
　　生，失之而死，既似有德者。」《韓詩外傳》卷三：「夫水者，緣理而行，不
　　遺小間，似有智者；動而下之，似有理者；蹈深不疑，似有勇者；障防而

成公八年），這是人本主義的道德論（如「心靜自然涼」），而非自然主義的倫理觀，其義猶如諺云「人往高處爬，水往低處流」，是假借自然現象強調人文精神（如說「天有不測風雲，人有旦夕禍福」）56，不是以為人道源於物理，所謂「人莫鑑於流潦而鑑於澄水，以其清且靜也」（《文子》〈守清〉）57，亦為此種寓意。為闡揚人道而借用物理，其意雖善，但必有誤導之虞，因為是善的未必是真的，知識在道德之上，以善役真導致知識之誤，終將使人無知而不能為善，何況在此種作法中，人的地位常淪為與萬物同類58，這是人的自棄而非自重，道德的提振於此乃無可能（道德是專屬於人的課題）。人畢竟與物不同，以物理論人事有時可行有時不可，因此自然主義的真理觀含有內在的緊張性甚至是矛盾性，其說常是先有人文之見，然後引用自然現象為例立論，此乃虛偽的說法，或者其意本是自甘墮落，而以自然之道加以合理化，此為惡性的主張，二者推論之方相反，但敗德之實相近。莊子曰：「至人之用心若鏡，不將不迎，應而不藏，故能勝物而不傷。」（《莊子》〈應帝王〉）此說是以人道為主而物理為從，亦即假託自然法則說明人事道理，而其觀點大約可取。然莊子又以伐木之例解說「無用之用」而道「是不材之木也，無所可用，故能若是之壽」（《莊子》〈人間世〉），這是

清，似知命者；歷險致遠，卒成不毀，似有德者。」《尸子》〈君治〉：「水有四德，沐浴群生，通流萬物，仁也；揚清激濁，蕩去滓穢，義也；柔而難犯，弱而能勝，勇也；導江疏河，惡盈流謙，智也。」《張燕公集》〈喜雨賦〉（唐明皇作）：「原夫雨之為德也，無小大之異情，無高卑之不平，無華朽之偏潤，無薰臭之隔榮。」

56.《中論》〈脩本〉：「盛陽布德之月，草木猶有枯落而與時謬者，況人事之應報乎？」

57.《新論》〈清神〉：「不鑑於流波而鑑於靜水者，以靜能清也。」

58.《新序》〈雜事〉五（《韓詩外傳》卷二）：「君獨不見夫雞乎？頭戴冠者文也，足傅〔搏〕距者武也，敵在前敢鬥者勇也，見食相呼仁也，守夜不失時信也。」

先有反對當仁不讓的退避心思，然後舉自然現象為證闡述，其實不僅心術不正，而且證據不當，蓋伐木是人事而非物象，可見自然之說常非出於科學而有反自然之處，因其心機是將人物化以圖自我解脫。總之，若人行事「以輔萬物之自然而不敢為」（《老子》六十四），這是人類的自貶，若人思考以自然之理解釋人文之義，這是人類的自欺，「人為萬物之靈」不是人的發明而是發現，這個發現不是經由認識自然而是經由認識自我，雖然求道必須了解自然，但得道不是歸於自然，自然法則是天道的一種呈現，然神意絕非任何的法則，蓋超越性是超越人道而豈止是超越自然。

第三章　宇宙觀

第三章　宇宙觀

在西方哲學中，形上學的內容主要是本體論 (ontology)，有些學者主張宇宙論 (cosmology) 亦屬於形上學，然其討論並不重要，蓋本體論探討事物的本質或終極真相，這理當含有宇宙的思考；事實上，一般所謂的宇宙論是天文學或物理學對於（物質）宇宙的研究，也就是科學的世界觀，其旨趣與求道不同，它的發現自然與真理相去甚遠。若上帝信仰與真理觀念正確，則宇宙觀不可能自成一格，因為所謂宇宙包含精神世界與物質世界，也就是萬事萬物及其義理，正確的宇宙觀必與上帝觀及真理觀一致而融入其中，故無獨立存在的必要。中國的上帝信仰不深而真理觀念未備，故宇宙觀竟與前二者鼎足而立，以構成形式上看似完整的真理論述，可見其宇宙觀也必有誤或是淺薄；其實中國的宇宙觀遠較其上帝觀或真理觀誤謬，它甚至可作為說明中國上帝觀與真理觀不佳的佐證，因為中國上帝信仰與真理觀念的不足之處，常反映或候補於其宇宙觀的主張中，其錯誤可想而知。

一、宇宙的本質與運作之道

因上帝信仰不確定，中國文明缺乏宇宙創造之說，其替代性的想法竟是**無始無終的循環觀**，這等於是存而不論，對一切事物的起源永無質問。老子曰「能知古始是謂道紀」（《老子》十四），誠然了解宇宙開始之秘即可謂知道，但人為有限的生命，豈可能知曉或推斷無限的真相，所以無始無終的觀點僅為想像，蓋人生存於時空之中，乃不能超越其外而斷定此事，況且此說並未解釋「存有」(being) 何以產生。有限相對於無限，無始無終並非無限，故人以無始無終為終極真相必是誤解，蓋「人」及「無始無終」俱為有限，由有限推想無限才是求

道的路數，因有限而注意不限只是現實的夢想。其實人無法知曉宇宙
始終之相，但不能因此以為宇宙無始無終，卻應由此確認上帝的真實
（存在），因為凡人所不可知的終極問題皆可歸案於上帝，於是可知宇
宙的開端是上帝，宇宙的結束也是上帝，這雖未真正解釋了什麼，但
卻避免了一切解答此問題的錯誤，可見上帝為必要的假設，不僅是因
它可以釋疑，而且是因它可以防過。猶太教的「創世記」(Genesis) 與
「伊甸園」(Eden) 說法雖不合事實，但在精神上卻有效解釋了宇宙與
原罪的出現，故不應因其神話般的內容而輕視其真理式的意涵。反觀
東方的創世傳說充滿怪力亂神之風，卻少有人文寓意與超越性觀念，
其結果只是增加凡夫俗子的淫意邪氣，而不能使其反省生命的意義，
或察覺現實的有限。由此可知，關於宇宙始終的問題人雖無法解答，
但此種超越性問題正是啟示終極真相的機緣，其於人心的開導更勝於
困擾，然人若不能誠心正意以思考其理，則將陷入迷惑與迷信而反受
其害。中國的宇宙終始說即因只圖「聊備一格」而無通貫萬象之意，
故多虛浮空洞之言而徒勞無功（循環論未能解釋善與美的問題），上帝
信仰不僅未因此增進，反而因此更為埋沒。

　　若說「往古來今謂之宙，四方上下謂之宇」(《淮南子》〈齊俗訓〉)，
則宇宙不過是時空，亦即物質世界，如此「天下之理終而復始」(《近
思錄》〈道體〉) 便成為最合理的宇宙觀 1，於是「動靜相根道之幾也，
陰陽相乘道之氣也，剛柔相錯道之形也，消長相尋道之變也」(《陵川
集》〈道論〉)；因為循環乃是不斷，而不斷不是無限，宇宙既為有限，
關於時空的最佳解說即是「始終相襲」(《尹文子》〈大道〉上) 或「天道
好還」(《宋史》〈洪皓傳〉) 2，這雖未追根究柢，但至少是局部有效的
解答，何況「超越時空」在此意謂非宇宙，全然無法思議。上帝若存

---

1. 《三國演義》第一回（開場白）：「天下大勢，分久必合，合久必分。」《三國
演義》一百二十回（卷末）：「天下大勢，合久必分，分久必合。」
2. 《白氏長慶集》〈無可奈何〉：「惟天長而地久，前無始兮後無終。」

在，則宇宙循環論不可能成立，故曰「神則不知不識，化則無終無始」
（《范文正公集》〈窮神知化賦〉），在無神的宇宙中，人只能相信世界無始
無終，方可稍微自我解惑，而其不可理喻之處又成為誤信者所謂的巧
妙，可見真理若無超越性則絕無真理的價值。宇宙無始無終之說不能
使人滿意，常人對於「無終」較不覺可怪，而於「無始」則難以接受，
原因的追問是人的基本好奇，於是模糊的創世觀乃伴隨宇宙循環論而
生，其不知所云顯為必然。或說「天地感而萬物化生」（《周易》〈咸
卦〉），或說「萬物之始氣化而已」（《粹言》〈人物篇〉）3，或說「無名
天地之始，有名萬物之母」（《老子》一）4，或說「無極而太極，太極
動而生陽，動極而靜，靜而生陰」（《周濂溪集》〈太極圖說〉）5，凡此
皆為含糊無實的創世說6，其所以必出是為「證明」宇宙無始無終，
故其說只要不與循環論抵觸便算成功，以致常（必）籠統不明7。老
子曰：「有物混成，先天地生，寂兮寥兮，獨立而不改，周行而不殆，
可以為天下母。」（《老子》二十五）這即顯示主張萬象循環者既然已是
不求甚解，故不得不連帶對於宇宙的生成糊塗看待，於是「有無相生」

3.《國語》〈周語〉下：「夫天地成而聚於高，歸物於下，疏為川谷，以導其
　氣，陂塘汙庳，以鍾其美。」

4.《老子》一：「無名天地之始，有名萬物之母。故常無欲以觀其妙，常有欲
　以觀其徼。此兩者同出而異名，同謂之玄，玄之又玄，眾妙之門。」

5.《周易》〈繫辭〉上：「太極……生兩儀，兩儀生四象，四象生八卦，八卦定
　吉凶，吉凶生大業。」

6.《吳文正集》〈無極太極說〉：「太極者何？曰道也。道而稱之曰太極，何也？
　曰假借之辭也。道不可名也，故假借可名之器以名之也；以其天地萬物之所
　共由也，則名之曰道。」

7.關於易經與無極或太極的解釋甚夥且爭議極多，此乃上帝信仰不明所致，蓋
　宇宙的生成本為超越性問題，無可深究，其由若不歸諸上帝創造（替代性與
　總結性的答案），則各種想像性的怪論必然叢生，此類說法紛紜無稽且空洞
　淺薄，實不值得認真看待或費心批判。

《老子》二）便成為兼論宇宙創造與運作的一貫性說法8，它結合無始無終與循環不斷二義，呈現神秘而不神奇與說教而不說理的空心。其實莫名其妙的創世說是為合理化現實的人生觀而出現，因為它所呼應的宇宙循環論是不具超越性的俗見，總與無神信念齊在而認同現狀9；中國的宇宙觀缺乏末世論 (eschatology)，也是「活在當下」而不論終極真相的現世精神表現，蓋人若思考身後之事則可能有出世超凡之想，「瞻前而不顧後」是現實主義的態度。

歐陽修曰：「人生一世中，長短無百年，無窮在其後，萬世在其先。」（《歐陽文忠公集》〈重讀徂徠集〉）其意以為時間有始而無終，這是接受事實的心境（人處於時空中只得確認時空的真實性，於是有始無終乃較無始有終合理），但在道理上卻有失誤，因為「有始無終」不能自圓其說，其矛盾顯示事實不是真相，亦即真理具有超越性。莊子曰：「一尺之棰，日取其半，萬世不竭。」（《莊子》〈天下〉）此說與古希臘哲學家芝諾 (Zeno of Elea) 的二分法悖理 (dichotomy paradox) 相同，它顯示邏輯不是求道的法門，或說真理是超越邏輯的奧義，無法以常識斷定。朱熹說：「某自五六歲便煩惱道『天地四邊之外是什麼物事？』見人說四方無邊，某思量也須有個盡處，如這壁相似，壁後也須有什麼物事。其時思量得幾乎成病，到而今也未知那壁後是何物。」（《朱子語類》〈周子之書〉）10其說相對於莊子的縮減性推論，而以擴張性的原理思索宇宙的規模，同樣無法確認真相或取得答案，可見得自於物質世界的觀念其實無法適用於物質世界，這個超越性的震撼啟示吾人現實不是真實，時空虛實不明——對求道者而言「所累非外物，為念在玄空」（《沈休文集》〈遊沈道士館〉）——故宇宙無始無終之說絕非正確，

8.《老子》七：「天長地久，天地所以能長且久者，以其不自生，故能長生。」

9.《劉夢得文集》〈辯跡〉：「三王之道猶夫循環，非必變焉，審所當救而已。」

10.《宋元學案》〈伊川學案〉上「程頤」：「人多言天地之外，不知天地如何說內外，外面畢竟是箇甚？若言著外，則須是似有箇規模。」

因為此說是出於現實觀念的反現實認知，並無超越性（超越性為超現實而非反現實）。傳統中國文人不追究宇宙的創造與由來，亦不深思宇宙的發展歸向與終極目的，因其不明「始終」之義（有始方有終），所以經常使用「終始」一詞，唯其認定萬事萬物處於循環反復之象，「終盡者始之根」（《阮嗣宗集》〈通易論〉），故「始終」與「終始」並無不同，由此可知無始無終的宇宙觀是得過且過的處世心態，不僅不合理性也無熱情。

　　無始無終的宇宙觀既是由於上帝信仰不明，同理超越性觀念不足必致天人合一的宇宙觀，這是糊里糊塗的「半神信仰」，或為「半天半人」的真理思想，含有極高的自信心，可見不信上帝則人必要自大，否則人必然自卑（而與禽獸為伍）。老子曰「從事於道者同於道……同於道者道亦得之」（《老子》二十三），其反面說法是「世喪道矣，道喪世矣，世與道交相喪也」（《莊子》〈繕性〉），此見根本不識「人能弘道，非道弘人」（《論語》〈衛靈公〉）之義，其所謂求道無非自求（人求道且道求人），這是天人合一的宇宙觀論點，畢竟是人大天小的想法，因為天人若是地位平等或勢力相當，則人無從超越天而發現此事或獨自宣告。即使天人相等，人絕非天的創造者，故人不得不稱「天地生君子，君子理天地」（《荀子》〈王制〉）11、或「始生之者天也，養成之者人也」（《呂氏春秋》〈本生〉）12，以表示人不小於天，但此種說法其實主張人大於天，蓋中國既無明確的上帝信仰，宇宙無始無終的論述已顯示「天生人」一說並非真切，因此「人成天」一事才是論者所重，於是乃有「始而生之者天道也，成而終之者人道也」（《王臨川集》〈郊宗議〉）的結論，暗示唯人可使大功告成。如此，「天因人，聖人因天」（《國語》〈越語〉下）的說法13，終究轉變成「天非人不因，人非天不

11.《劉夢得文集》〈天論〉上：「天之所能者生萬物也，人之所能者治萬物也。」
12.《元氏長慶集》〈批宰臣請上尊號表〉二：「天職生植，聖職教化。」《嘉祐集》〈易論〉：「天人參焉，道也，道有所施吾教矣。」

成」(《風俗通義》〈皇霸〉) 14,於此天的神聖性顯然有式微之勢,而人(不分凡夫與聖人)的價值則明顯提升,終於造成「因人而不自用者天也」(《元豐類稿》〈范貫之奏議集序〉)之說。雖然人尊天卑的說法罕見,但天尊人卑的說法也不多見,因後者方為真實(符合良知常識),故其說不夥與前說偶出共同表示人尊天卑才是流行的觀點,由此可知中國宇宙觀的精神其實是「唯我獨尊」。雖說「天與人相為表裡」(《皇極經世》〈觀物內篇〉七),「天命自度,天與我一;自作元命,我與天一」(《困學紀聞》〈書〉),而「天力之所不及者人也……人力之所不及者天也」(《司馬溫公集》〈迂書〉「天人」),如此看來「天與人交相勝耳」(《劉夢得文集》〈天論〉上),「天定能勝人,人定亦能勝天」(《歸潛志》〈辯七〉) 15,然「人不宰則歸乎天也,人誠務勝乎天者也」(《劉夢得文集》〈天論〉中),「人定勝天」終竟成為常理常談,而「天定勝人」則罕為人所聞。

　天人合一的宇宙觀表現在神人關係的看法上,便是「神之所依者惟人,人之所事者惟神」(《韓昌黎集》〈袁州祭神文〉)、或是「民寔神主,神寔民休」(《司馬溫公集》〈蔘龍廟祈雨文〉) 16,這顯然貶抑神力而視人如神——故曰「人非天地無以為生,天地非人無以為靈」(《後漢書》〈劉陶傳〉)——誠為中國無神觀的一大證據;由此可知「天人合

13.《東里集》〈金華縣重修廟學記〉:「孔子之道出於天,而有以助天之所不及。」《遜志齋集》〈後樂堂記〉:「天之授人以才智,非欲其自謀一身而已,固將望之補天道之所不能、助生民之所不及焉爾。」

14.《法言》〈重黎〉:「天不人不因,人不天不成。」《劉子遺書》〈學言〉二:「人本天,天亦本人。」

15.《淮海集》〈送馮梓州序〉:「人定勝天,天定亦能勝人。」《史記》〈伍子胥傳〉:「人眾者勝天,天定亦能勝人。」人眾即可勝天,而天定方可勝人,其意顯然以為人強於天。《逸周書》〈文傳解〉:「兵強勝人,人強勝天。」此說亦表示人必可勝天,類似之見皆無超越性的概念,故咸認天無不可勝之理。

16.《吹劍錄》三:「人神一也,有施必有報,有祈必有謝。」

一」之說（天性與人性合一）勉強可行，但「神人合一」之說則甚為
不當（「與神復合」較為正確），若以為二說相等則必是人本主張而不
信神。中國文化的人文主義精神強烈而超越性觀念淡薄，或說道德意
識深重而求知態度消極，其勸善意圖常強於求道意念，所謂天人合一
大都意味為人處事的中庸平和心境，而非人性神格化之後樂天知命的
坦蕩心胸、或替天行道的虔誠自信。程頤說：「道不虛行，必待人而後
行，故必有人而行，然後可名之道也。」（《經說》〈中庸解〉）這個「人道
相求」的論點與其說是人的自大，不如說是人的自勉，因為道不是神，
人與道相等的思想並非驕傲之心，而是人須有道的責善誠意，朱熹說
「天做不得底，卻須聖人為他做也」（《朱子語類》〈大學〉一） 17，其意
同於陸九淵所稱「天地能覆載萬物，而成其能者則有待乎聖人」（《陸
象山集》〈天地設位聖人成能〉)，這皆是為勉勵凡人上進而毀天損道的日
用良心，可謂善意的謊言。然而上帝若未受重視，此種專注道德的真
理論述便將陷入天人合一的宇宙觀或是「心即理」的結論，於是「天
人本只一理，若理會得此意，則天何嘗大、人何嘗小也。……天即人，
人即天。」（《朱子語類》〈大學〉四）此說其實與「聖人便是天，天便是
聖人 18」（《朱子語類》〈易〉四）不同，因為聖人與人不同，若聖人便是
天則人不即是天，故「學道便是學聖人 19」而非學人。「天即人」與
「天即聖人」二說同出，這固然衝突但不矛盾，因為聖人也是人，只

17.《朱子語類》〈中庸〉三：「人做得底，卻有天做不得底。」《朱子語類》〈論
　　語〉二十七：「人者天地之心，沒這人時，天地便沒人管。」
18.《明史》〈樂志〉三「永樂間小宴樂章」：「聖乃有言天，天是無言聖。」
19.《朱子語類》〈本朝〉四：「道便是無軀殼底聖人，聖人便是有軀殼底道；學
　　道便是學聖人，學聖人便是學道。」《朱子語類》〈孟子〉十：「天便脫模是一
　　個大底人，人便是一個小底天……故知吾性則自然知天矣。」由「天是大人
　　而人是小天」可知天人不相等，而「聖人便是天」與「聖人便是道」二說同
　　在，這表示天與道相等，於此上帝完全為人所忘，而真理的超越性也受忽
　　略。

不過凡人不是聖人，顯然人有天性但天人合一者幾無，此二說並陳一則強調道德（鼓勵凡人求道）一則強調真理（聖人才能得道），其衝突之處是天人之際的緊張性。由此可見，天人合一的宇宙觀可能為迷信（錯誤的真理觀），也可能為善心（天真的教育觀），其缺陷在於知識的不足，這個「內外」而非「上下」的宇宙次序構想，使人心靈平靜而少天人交戰的痛苦，但以錯誤的理由為善終究不善，故其所致之迷惑多於善舉。本來天人合一之說旨在得道而意在大同 20，但人的自我神化或物化卻成為流行的新解，宣稱「真人者通於靈府，與造化者為人（偶）」（《文子》〈道原〉）21，這是滅神的想法，號稱「人不曉天所為，天安能知人所行」（《論衡》〈變虛〉），這是毀性的說法，依此天人合一竟是成人而非通天 22，然人之絕天乃是自絕，「神而明之，存乎其

20.《呂氏春秋》〈有始〉：「天地萬物，一人之身也，此之謂大同。」《淮南子》〈本經訓〉：「天地宇宙，一人之身也；六合之內，一人之制也。」

21.《阮嗣宗集》〈大人先生傳〉：「夫大人者，乃與造物同體，天地並生，逍遙浮世，與道俱成。」人自為道可以逍遙，這是無神信仰的精神目的，可見天人合一的宇宙觀是人道合一的真理觀，其心思是在求樂；殊不知大人實非以人為大，而是以小人為小，天人合一應是求天，天人易位將為落空，空無雖可能為樂，但落空卻是失意。

22.《春秋繁露》〈立元神〉：「天地人，萬物之本也，天生之，地養之，人成之。」二分相對是人的自然觀感所趨，三分互動則不然，「天地人」一說是由二分對比之想變弄而來，蓋天對地且天對人，然天地相對是物質現象，而天人相對乃精神意象，天地人合稱是物質性對比與精神性對比的結合，可見其說是先出於自然觀察，然後以人文思想定案，本質上仍是二分的宇宙觀，亦即天地相對於人，或物質相對於精神。在董仲舒此說中，天地的作用是生養萬物，而人類的角色是成就萬物，這仍是天人二分而合一的宇宙觀，其「人本（主）天末（從）」的含意顯著，由此可知天地人一說的理念雖依舊是天人對應，但人的地位其實更受誇大或強調，因為於此天地二者皆只是人的輔佐而已。要之，地僅為天的陪襯而人是由天而來，「天包乎地而人生乎天地之中，故分而言之雖曰三才，實則地之所以為地、人之所以為人，亦無往而

人」(《周易》〈繫辭〉上)，若人自尊而不自重，人便化做「物神」，其初必玩物喪志，最終必淪為無物[23]。

　　陰陽之說即使不是出於天人合一的宇宙觀，也是與之相契，蓋天人相需互動正是陰陽運作之方，而陰陽分化交通的始末即是天人合一的宇宙。誠如自然法則是人文而非科學的論點，陰陽之說的旨趣是平和妥協的人生觀，自然事物變化的解釋實非其本意。據論，陰陽對立而交合，形式上二分但本質上一致，其道通貫一切事物，兼具精神與物質的性質，可謂宇宙之理。陰陽之說是無神觀的宇宙論，它排除上帝的支配性與統合性角色（反對「唯一」之道），不具超越性概念與靈性思想，呈現以人為本位的世界觀（人有男女但人為世主故非陰非陽），表面上解釋宇宙萬象的發展原理，其實主張眾緣和合的處事態度，既乏起源觀也無目的性，知識價值微少而道德意識亦薄。陰陽之說為中國文化所特有，其普世性甚低，幾無可觀之處；它不是儒家的正統觀念，常為不學無術者奢談天道的論點，但因其說簡易而空洞，故雖廣為迷信者所用，卻於心靈無有大害，其不知所云可見一斑。

　　由於上帝信仰不深，中國的相對主義思潮雖存在但不強烈，蓋確信上帝則不信二分法，上帝既不明則事物對立之義若有若無，陰陽之說即產生於此種情境，其用意本非解答精深的問題。不訴諸上帝而為創世之論者，難免以為「天地至神，不能同道而生萬物……故以異致同者天地之道也。」(《長短經》〈是非〉) 此說與其說是似是而非，無寧說是強詞奪理，其牽強的論調含有矛盾之處（既曰「至神」又豈能稱其「不能」），但此錯誤實是出於信仰陰陽之道所致的「後見之明」，而渾然不覺陰陽為二故不可能是宇宙的第一因。董仲舒曰「天道之大者在

非天也。」(《黃氏日抄》〈高郵軍社壇記〉)

23.唯上帝為可尊，人應知「天生我材必有用」而自重自愛，若只知自尊便是非神；俗話常以「自尊心太強」為病，這表示「相當的」或「可許的」自尊其實是自重自愛之意，不是自以為尊貴。

陰陽」（《漢書》〈董仲舒傳〉），其說較列子所稱「天地之道非陰則陽」
（《列子》〈天瑞〉）保守甚多，然後世凡夫不求道卻好論道，以致此說終
於變成「神道廣大，妙本於陰陽。」（《晉書》〈律曆志〉上）有識者皆知，
陰陽最多是事物轉化之象 24，而非事物創造之源，其層次絕不高，故
通說以為「萬物所出，造於太一，化於陰陽。」（《呂氏春秋》〈大樂〉）朱
熹曰：「太極是理，形而上者；陰陽是氣，形而下者。」（《朱子語類》〈性
理〉二）這明白表示陰陽不過是現象，不可視為真理，所謂「一陰一
陽之謂道」（《周易》〈繫辭〉上）25，意指事態變化之理而非終極真相。
王弼曰：「一陰一陽者，或謂之陰、或謂之陽，不可定名也。夫為陰則
不能為陽，為柔則不能為剛，唯不陰不陽然後為陰陽之宗，不柔不剛
然後為剛柔之主，故無方無體非陽非陰，始得謂之道、始得謂之神。」
（楊士勛《春秋穀梁傳注疏》莊公三年）此說一語道破以陰陽為道的謬誤，
其見是根據宇宙至理的性質批判陰陽之說，顯示真理的通貫性（全面
性）與上帝的主宰性（遍及性），同時又暗示二者的超越性，所陳雖簡
要但理路清晰而見地卓越，誠為高論。

　　倡議陰陽者若欲提升其說為天道之論，則須強調陰陽的合成性而
非分化性，而這確是有心人之所為，於是有謂「凡陰陽者相求之物也」
（王弼〈周易略例〉「略例」下），蓋「物莫無合，而合各相陰陽」（《春秋
繁露》〈基義〉），「萬物負陰而抱陽，沖氣以為和」（《老子》四十二），故
「和實生物，同則不繼。」（《國語》〈鄭語〉）據此，陰陽和則物昌事利，
反之則天災叢生。「陽伏而不能出，陰迫而不能烝，於是有地震」（《國
語》〈周語〉上），「陽失而在陰，川源必塞」（《國語》〈周語〉上），凡此
皆為自然，人莫能如之何，何況「命陰而性陽」（《陵川集》〈與漢上趙先

---

24. 《隋書》〈經籍志〉三：「陰陽者天地之謂也，天地變化，萬物蠢生，則有經
營之跡。」《朱子語類》〈鬼神〉：「天下萬物萬事自古及今，只是個陰陽消息
屈伸。」

25. 《白虎通義》〈三綱六紀〉：「一陰一陽謂之道。」

生論性書〉），人生亦為陰陽的產物，豈能操縱其道。然而陰陽終究不是造物主26，論者為抬高其地位乃至稱「獨陰不生，獨陽不生，獨天不生，三合然後生」（《穀梁傳》莊公三年），但天總在陰陽之上而不可能與其平等，此說欲蓋彌彰，畢竟顯示陰陽不是宇宙始祖，甚至不是宇宙定律。相對於陰陽宇宙觀著重合而非分，陰陽之說的人事觀點可能為調和亦可能為對立（人文較物理更難以陰陽解釋），於此陰陽之事無關乎吉凶27，其倫理意涵勝於宗教信仰，也就是強調道德善惡多於強調天理天象，故更無可能為巫術所濫用。據說庶人所以稱匹夫者，乃因匹者偶也，與其妻為偶，故名28。又《禮記》曰「樂由陽來者也，禮由陰作者也，陰陽和而萬物得」（《禮記》〈郊特牲〉），而崔浩以為「陽者德也，陰者刑也」29，因德刑並重為治國常道，可知其見亦主陰陽相成之義。在道德問題上陰陽相抗則是理所當然，蓋「善道屬陽，惡道屬陰」（《後漢書》〈朱穆傳〉），「君子為陽，而小人為陰」（《宋史》〈林大中傳〉）30，故「陰疑於陽，必戰。」（《周易》〈坤卦〉）陰陽之說為二元論，且在二分法之外並無一貫之見，可知它絕不是真理，而陰陽論的相對主義精神其實不強，其解釋性甚低於觀察性，其實質理論甚少於形式分類，它是人本而非神本或物本的宇宙觀，所以神聖性與科學性皆極淺，然其人文知識亦極貧乏，因為人不識神即無自知之明，於是人無法擔當萬物之靈，而自我物化又將萬物神化，陰陽之說顯然是人迷失於宇宙中故作鎮定的自言自語。

26.《老子》四十二：「道生一，一生二，二生三，三生萬物，萬物負陰而抱陽，沖氣以為和。」依此，陰陽生於道而非萬物生於陰陽，故陰陽不是真理而僅為事實或現象。

27.《左傳》僖公十六年：「是陰陽之事，非吉凶所生也。」

28.《白虎通義》〈爵〉：「庶人稱匹夫者，匹，偶也，與其妻為偶，陰陽相成之義也。」

29.《北史》〈崔浩傳〉：「陽者德也，陰者刑也，故月蝕修刑。」

30.《李泰伯集》〈易論〉五：「陽為君子，陰為小人。」

　　與「陰陽」一樣，「氣」也是中國文化特有的宇宙觀論點，因此其謬誤亦不言而喻。朱熹謂「陰陽是氣，形而下者」（見前文），這明白呈現陰陽與氣的緊密關連，同時表示二者的層次不高，然而傳統之見未必以為陰陽與氣屬於形而下者，事實上論者大都以為二者兼有精神與物質兩性，這是陰陽與氣深受重視的證據，也是二者不可信的證據，因為通貫心物者非神莫屬，而且陰陽與氣在性質上頗有重疊。戴震說：「六經孔孟之書不聞理氣之辨，而後儒創言之，遂以陰陽屬形而下，實失道之名義也。」（《戴東原集》〈孟子字義疏證〉「天道」）其意亦以為陰陽與氣相類，然於二者地位則推崇有加，而反對視其為物的看法，這是陰陽與氣成為天道信仰內容的證明。氣與陰陽同樣是半經驗半想像的觀點，二者俱為事物運作的原理，由此衝突可見其說必有錯誤，而其說之模糊且可為其錯誤之佐證，蓋真理具有超越性，然超越性是深奧而非模糊。若說陰陽即是氣，這必是錯誤的真理觀，因為世上絕無二事物為全然相同，且真理論述不當有重複之說或贅言（真則簡），何況陰陽論古今大同而氣說紛紜，二者相關相似卻絕不相等，因其所探討的問題相近，同題異說必定有誤，而異題同說也非正確，故陰陽與氣相等的說法暗示此二觀念大有問題。陰陽是人本的宇宙觀，氣為生命的要素，因此論陰陽而兼及氣，或論氣而注意陰陽，似為自然之事，畢竟中國的宇宙觀與人生觀相去不遠，而簡單籠統更使其貌雷同。陰陽與氣的含糊不清實為必然，因二者皆是上帝觀念不明之下的天道論點，故其性質兼具神格與物理，所致迷信雖非極其嚴重，但誇張與空談之害確是不小，如說「君子宜獲福於天，而有貧瘁夭折者，氣之所鍾有不周耳」（《粹言》〈天地篇〉），此以虛言勸善，令人聞之喪氣。

　　原始的氣說大約認定氣即是心靈，不是物質，亦非物理，故氣為「心氣」或「志氣」，這是人文主義的求道觀點。老子說「心使氣曰強」（《老子》五十五），如此心可謂為氣之靈，而氣乃是心之力，靈有神而知，故氣應為心用，「氣聽命於心者聖賢也，心聽命於氣者眾人

也」（《東萊博議》〈楚武王心蕩〉），所謂力不從心實為精神的退縮 31。「凡氣從心，心〔為〕氣之君也」（《春秋繁露》〈循天之道〉），故孟子曰「不得於心，勿求於氣」，又曰「持其志，無暴其氣」（《孟子》〈公孫丑〉上）32，而所謂養氣即是安心，蓋「浩然之氣與血氣初無異體，由養與不養二其名爾，苟失其養則氣為心之賊，苟得其養則氣為心之輔。」（《東萊博議》〈楚武王心蕩〉）心為良心，亦即神性，以氣效心便是求道（良心即是道心），故說「道者氣之根也，氣者道之使也」（《潛夫論》〈本訓〉），於是所謂氣乃成「道氣」。

　　道氣之說關乎真理，因而涉及宇宙真相，由此氣說成為一種宇宙論。莊子曰「雜乎芒芴之間，變而有氣，氣變而有形，形變而有生」（《莊子》〈至樂〉），此一創世說雖不以氣為第一因，然其地位的重要性顯然無以復加，唯氣的精神靈性於此全不可見，彷彿僅為一種力量或原則，這是自然主義的宇宙論觀點。常說以為「道生氣，氣生陰，陰生陽，陽生天地」（《越絕書》〈枕中〉），而「氣和者養生，不和者傷害 33」，氣與陰陽在宇宙的創造與發展中，出現密不可分的關係，然其運作之道始終不明，因為這是無神觀的創世說，僅為聊備一格，禁不起深究。即因氣化之說只是替代性的答案，論者講述宇宙生成時大都含糊其詞且莫衷一是，或謂氣統於天、或謂氣生於道、或謂氣來自變、或謂氣即太極 34，然諸說所稱氣之本原亦皆為空泛之名，以致氣常直接被認作萬事萬物的造化主力，而氣變則為其變化原理，這固然是疏

31.《東萊博議》〈楚武王心蕩〉：「志者氣之帥也，今心隨氣變，而氣反為志之帥矣。」

32.《孟子》〈公孫丑〉上：「夫志，氣之帥也；氣，體之充也。夫志至焉，氣次焉，故曰持其志，無暴其氣。」

33.《論衡》〈訂鬼〉：「凡天地之間，氣皆統於天，天文垂象於上，其氣降而生物，氣和者養生，不和者傷害。」

34.《朱子語類》〈鬼神〉：「太極只是一個氣。」

陋的宇宙論，但畢竟是回答此種大哉問的一個方案（朱熹所以接受此案應即由是35），且其簡單素樸的性質可以避免迷信的衍生。莊子曰：「人之生，氣之聚也；聚則為生，散則為死。」《莊子》〈知北遊〉36此說有如古希臘的原子論（atomism），其見地雖不高明，但卻是神本的宇宙觀之外最無誤導性的相關說法，也是人發現上帝之前最為有理的終極生命觀。不論如何「道氣」之說終究有所不足，於是「神氣」一說便應勢而生，此因神而非道才能解釋一切，若氣果為事物發展的動力，則它畢竟不是道力而是神力。「氣者生之充也，神者生之制也」（《淮南子》〈原道訓〉），氣有力而無神則僅是力氣，氣說的最高理論必為「神使氣，氣就形」（《史記》〈律書〉）37，因為上帝是宇宙最高主宰，氣若直接出自神，則氣有如神意，不能更加偉大。然而中國的上帝觀不強，所以神氣一說少有提倡者，於是介於「志氣」（人文）與「神氣」（天道）之間的「性氣」與「理氣」，乃成為後世（宋明理學）氣說的主流觀點，其信仰層次不高不低，其宇宙論色彩也不晦不明。

　　在理學觀點下，心、性、理三者應為（理想上）相同或一致，蓋心與性無別，而心即理，且性亦是理，所以「性氣」與「理氣」之說可謂無異，而其根據或脈絡乃源自孟子的「心氣」或「志氣」觀念。心、性、理三者所以為同一，乃因心為天心（或良心）、性為天性（或善性）、理為天理（或理性良知），三者俱為人之神格或靈性，故其性質相同而概念互通，換言之此說不論人之惡性而強調人性本為良善──亦即視惡為善之陷落──這是無神觀（古希臘式）的人文主義信

35.《朱子語類》〈理氣〉上：「問：『生第一個人時如何？』曰：『以氣化。』」

36.《列子》〈天瑞〉：「天，積氣耳，亡處亡氣。」

37.《申鑒》〈雜言〉：「凡言神者莫近於氣，有氣斯有形。」《春秋繁露》〈循天之道〉：「氣從神而成，神從意而出，心之所之謂意。」董仲舒此言中的神不是上帝而是精神，故其說是「心氣」或「志氣」論，但其心神觀念超乎一般想法，故精神上也有「神氣」之意。

念（上帝信仰下的人性當為惡性）。如此，為說明人性本善之下何以有惡，乃謂「性無不善，其偏蔽者由氣稟清濁之不齊也」（《粹言》〈心性篇〉），或謂「受於天之謂性，稟於氣之謂才，才有善否⋯⋯性則無不善」（《粹言》〈心性篇〉）38，其說以為「論性不論氣則無以見生質之異，論氣不論性則無以見理義之同。」（《朱文公文集》〈答連嵩卿〉三）此見將「氣」與「性」相對，甚至是與「天」相對，以維護（確保）「性」之全善，然氣若有善惡，則氣不當與性對應，而且天居於宇宙最高層次，豈有與之相對之事物，可見「性氣」之說並不合理，它的出現是為救濟無神論的真理觀之缺陷，而其失敗乃是必然，此為中國文明的原罪，蓋上帝觀念的疏忽是不可能以學術理論彌補的。朱熹曰：「孟子之論盡是說性善，至有不善，說是陷溺，是說其初無不善，後來方有不善耳，若如此卻似論性不論氣，有些不備。」（《朱子語類》〈性理〉一）其實人性本善的主張絕無錯誤，人所以有惡乃是由於人性本善但非全善或至善（人有良心但良心不強），這即是說人之有惡是出於善性的不足或善性的沈淪，而這個觀念的確立需靠追溯善的本原（真），亦即有賴上帝信仰的抱持（上帝為完善但神意使世間不完善，其不可理喻使道德成為可能且可貴）；既然中國文化缺乏上帝觀，將惡歸咎於「氣」的說法便成為必要之惡，這雖具有相當的創意，但畢竟不正確，因為氣不即是惡——若然則性氣說便成為善惡二元論——卻又與善性相對，這終究使氣惡化，原本氣是虛構的惡源，不久即變成惡的化身，「故凡惡者皆氣質使然39」，至此性氣說已成為擁護道德的歪理，難以勸善。

　　理氣說與性氣說不殊，然為說者更求詳細與明確，因此其誤也更加顯現。理學家認定氣生於理，至於理從何而來則無法分說，這顯示

38.《吹劍錄》三：「人常言性氣，蓋性每為氣所移。」

39.《朱子語類》〈程子門人〉：「性豈有兩個，善又安有內外，故凡惡者皆氣質使然。」《朱子語類》〈性理〉一：「氣有清濁，則人得其清者，禽獸則得其濁者。」

理氣說主要是為解釋精神與物質或是善與惡的關係，而非解釋宇宙萬象的生成與運作，故於理之上無有追究。理氣說主張理與氣相對，但又認定二者相同，且說先有理而後有氣 40，此論自相矛盾（上下關係不可能為對等）而絕不合理，因其意旨在於說明世事道理，而此舉涉及宇宙概觀，故不免假天道論人事而有所附會，且尊人抑天，難怪「古無理氣之名而道明，後有理氣之辨而道晦。」（《士翼》〈述言〉中）理氣說的宇宙觀為唯理主義，絕無超越性思想，而氣相對於理，故理為本而氣為末、理為善而氣為惡 41、理為形而上者而氣為形而下者、理為太極而氣為陰陽 42、理為正義而氣為非理，然在其相對性之外，理氣則為一體一致，所以「有是理便有是氣」，「天下未有無理之氣，亦未有無氣之理 43」，同時氣亦可能成為良理善道，此說之不合理實是由於專意奉理為萬事萬物的根源與性質（結果適得其反），而不知理性為有限。理與神對，故理氣說不信神，而以理為神，或以神為下，故曰「有理則有氣，有氣則有數，鬼神者數也，數者氣之用也」（《粹言》〈天地篇〉），至此其說之空虛已不值一駁。在理氣說中，氣為理之用，而理既為宇宙通則且為此說立論之本，因此氣的地位與價值已微不足道，其於解釋惡的存在所具有的作用，遠少於性氣說中的氣之所能，可見理氣說的宇宙論價值高於倫理學價值（雖然其本意不是如此），而性氣說的倫理學性質多於宇宙論性質。其實理氣說的出現是為補充儒家宇

40.《朱子語類》〈程子之書〉一：「理之與氣雖同，畢竟先有此理而後有此氣。」《朱文公文集》〈答黃商伯〉四：「論萬物之一原，則理同而氣異；觀萬物之異體，則氣猶相近而理絕不同也。」

41.《朱子語類》〈性理〉一：「此理卻是善……所謂惡者卻是氣也。」

42.《朱子語類》〈理氣〉上：「理，形而上者；氣，形而下者。」《朱子語類》〈性理〉二：「太極是理，形而上者；陰陽是氣，形而下者。然理無形，而氣卻有跡。」《朱子語類》〈易〉十：「陰陽雖是兩個字，然卻只是一氣之消息。」

43.《朱子語類》〈理氣〉上：「天下未有無理之氣，亦未有無氣之理。……有是理便有是氣，但理是本。」

宙觀的不足，或說是上帝信仰發展失敗後中國式人本世界觀的定型表
現，其說之空洞一方面是因忽略上帝觀念所致，另一方面則是為取代
上帝角色所致，這表示正確的真理觀須有完整性，而超越性的上帝於
此為不可或缺的課題，中國的求道者在失去上帝信仰之後，只能勉強
以建構完備的宇宙論確認其真理觀為無誤，這是聖明如朱子者竟也接
受太極陰陽理氣等空說的緣故。

二、宇宙秩序

因上帝觀念不明，天人合一的型態取代「神、人、物」的上下體
系，成為中國主流的宇宙觀構想，在人本立場的定局下，道德的重要
性大增，真理的取向唯心化，而美感只是人生的餘事，於是宇宙秩序
大為簡化，安定和平被認作世界精神，宇宙觀與人生觀合而為一，理
想不過是現實的圓滿。如此，中國的宗教不具超越性概念，面臨天人
之際的神聖感不強，天人對比常為天地對應所替，而人隱沒於自然之
中不求獨立，在「萬物與我合一」的思想下，連迷信都顯得樸實無華，
所以其心靈之害其實不大。如五行之說雖是荒誕，但絕不邪僻詭譎，
因它本是農業社會的世界觀（木為五行之始）44，其無知問題甚於迷
信，故巫術無法由此而起，而使用者亦多是「行禮如儀」而已，未受
感化，畢竟五德終始說只是誇張的自然主義宇宙觀45，其借物理論人

44.《國語》〈周語〉下：「天六（天有六氣：陰陽風雨晦明）地五（地有五行：
　　金木水火土），數之常也。」《史記》〈律書〉：「天所以通五行八正之氣。」

45.《春秋繁露》〈五行之義〉：「天有五行，一曰木，二曰火，三曰土，四曰金，
　　五曰水。木五行之始也，水五行之終也，土五行之中也，此其天次之序也；
　　木生火，火生土，土生金，金生水，水生木，此其父子也。」《春秋繁露》〈五
　　行相勝〉：「木者司農也……故曰金勝木；火者司馬也……故曰水勝火；土者
　　君之官也……故曰木勝土；金者司徒也……故曰火勝金；水者司寇也……故
　　曰土勝水。」《白虎通義》〈五行〉：「天地之性眾勝寡，故水勝火也；精勝堅，
　　故火勝金；剛勝柔，故金勝木；專勝散，故木勝土；實勝虛，故土勝水也。」

道之法無法真正改造文明知識46。相對於陰陽家的五運循環論47，道家對宇宙次序的展望是「復歸於無極」（《老子》二十八），此即反璞歸真，這個直線發展論的錯誤呈現於「萬事萬物多此一舉的存在」或「歷史無意義的進行」，此乃「以人為天」的宇宙觀及「尋求解脫」的人生觀，所共同造就的虛無主義。老子曰：「夫物芸芸，各復歸其根，歸根曰靜，是謂復命。」（《老子》十六）在厭世的態度下，宇宙秩序不為所重，因為人生既無天職也無目的，足見天人合一的宇宙觀可能造成人的妄為或無為，這是「上帝不在則無不可為」的人心表現。

儒家的宇宙觀雖亦缺乏上帝的定位，然其強烈的人文主義使其行事積極，而有替天行道的熱情，由是天人合一的目標是實踐天意或實現完人，上帝的作用間接為人所發揚。簡言之，儒家的宇宙秩序觀較其他各家正確而顯著，其上下結構體現於由近及遠的淑世主張中，而其一貫信念是「萬物各得其分便是利，萬物各得其所便是和。」（《朱子語類》〈程子之書〉二）48「道通為一」（《莊子》〈齊物論〉）49，宇宙秩序的存在證明真理與上帝的存在，所以「萬物同塗」（劉琨〈答盧諶詩〉），而人須行道。「牽一髮而動全身」亦可為宇宙觀之譬喻，「一物失稱，亂之端也」（《漢書》〈刑法志〉），而人為萬物之靈，所以宇宙秩序的破壞必是由於人，因此有謂「天地之氣，不失其序，若過其序，民亂之也。」（《國語》〈周語〉上）其實若宇宙秩序確在，則人絕非主宰，故其

46.若說「鬼神之會，五行之秀氣也」（《禮記》〈禮運〉），這表示鬼神僅為自然的造化，而無超自然的神秘魔力，其意是務實而不信神；其實「五行相沿所以成器用」（《淮南子》〈墜形訓〉），五行之說是文明初期的物質性宇宙觀，但它的精神目標甚高，其實用價值雖向受強調，然事實上幾乎一事無成，或是成事不足而敗事有餘。

47.《素問》〈天元紀大論〉：「五運相襲而皆治之，終期之日周而復始。」

48.《了凡四訓》〈積善之方〉：「聖賢之志本欲斯世斯人各得其所。」

49.《莊子》〈齊物論〉：「道通為一，其分也，成也，其成也，毀也；凡物無成與毀，復通為一。」

動亂乃是由於神意而非人為，故曰「易識浮生理，難教一物違。」（《杜工部集》〈秋野五首〉二）同時，萬事萬物既為宇宙的組織元素，而其運作協調有秩（表面上未必相利但其實絕不相害50），「自然成妙用，孰知其指的」（《李太白文集》〈草創大還贈柳官迪〉），這顯示「至理之中無一物之可廢」（《東萊博議》〈虞叔伐虞公〉）51，「凡百事異理而相守」（《荀子》〈大略〉），故「萬物相得以生，萬民相得以治」（《元豐類稿》〈說用〉），乃至「萬物並育而不相害，道並行而不相悖。」（《中庸》三十）如此，「枯榮生殺相為根，我與萬物何怨恩」（劉基〈長歌行〉），怨天尤人者必不明宇宙秩序。萬事萬物在宇宙中皆有其定位，然則一切事物皆有其不同的性質，故「動植含靈，無不遂性」（張述〈代田僕射辭官表〉），「物各有心，安其所長」（《抱朴子》〈逸民〉），而「君子以慎，辨物居方」（《周易》〈未濟〉），使各當其所，是為替天行道52。同理，「君子之於人也，樂成其美而不求其備」（《新五代史》〈死事傳〉）53，然君子「不成人之惡」54，此因人性與物性不同而兼具善惡，故物性可以成全，但人性須加以責善，可見人為萬物之靈而不可自恃其長。

50.《論衡》〈物勢〉：「不能相制，不能相使；不相賊害，不成為用。……故諸物相賊相利。」

51.《李太白文集》〈送楊少府赴選〉：「大道安棄物，時來或招尋。」《春秋繁露》〈同類相動〉：「物故以類相召也……美惡皆有從來以為命，莫知其處所。」《樂志論》〈損益〉：「物有不求，未有無物之歲也；士有不用，未有少士之世也。夫如此，然後可以用天性、究人理、興頓廢、屬斷絕、網羅遺漏、拱押天人矣。」《權文公集》〈傷馴烏賦〉：「賢聖之理物也，智愚殊方，薰蕕異藏，善用無棄兮互見其長，各有攸處兮兩不相傷，官天地而府萬物，由此道而為常。」

52.《近思錄》〈治體〉伊川曰：「萬物庶事莫不各有其所，得其所則安，失其所則悖，聖人所以能使天下順治，非能為物作則也，唯止之各於其所而已。」

53.《北史》〈羊祉傳〉：「君子使人，器之，義無求備。」

54.《論語》〈顏淵〉：「君子成人之美，不成人之惡，小人反是。」

　　萬物各有其所，故萬物並不平等，而其優劣高下的地位需人裁定，
這是人不得不承擔的責任，於是現實中人確為萬物之主。臨時的事情
緩急常須視神意而定（不能正確體會神意者往往失時失序），萬物的輕
重則可依常理判斷而困難不大，這是宇宙秩序常在人心的證明。依此，
「不為禽獸傷人民，不為草木傷禽獸，不為野草傷禾苗」（《晏子春秋》
〈諫下〉二），而「殺人以活畜不亦不仁乎，殺畜以活人不亦仁乎」（《呂
氏春秋》〈愛士〉），顯然仁民而後愛物乃是合理的常識，而人本的世界
觀只有論及終極真相時才出現問題。在人事上，「同氣賢於同義，同義
賢於同力，同力賢於同居，同居賢於同名」（《呂氏春秋》〈應同〉），其標
準當是根據「真善美」的上下層次而來，若有所不足則須推求神意以
斷疑，故秉命於天者可以當仁不讓。萬事萬物的存在必有道理與價值，
其可知者須持信以盡其義，其不可知者須存敬以盡其情，故「君以守
位，位以居君」（《范文正公集》〈聖人大寶曰位賦〉）55，此可謂守分（「從
缺」的觀念即是出於「定位」的考量），而「巫尪何為，天欲殺之，則
如勿生」（《左傳》僖公二十一年），此乃應認命。「天生之物必因其材而
篤焉」（《中庸》十七），然「物有美惡，施用有宜，美不常珍，惡不終
棄」（《新論》〈適才〉），故「賤而不可不任者物也，卑而不可不因者民
也」（《莊子》〈在宥〉）56，能善用物則不浪費，能善處事則不均衡，蓋
物為人生之資，而人為天道之才，物皆可用而人不可皆用，了解宇宙
秩序者能愛物亦能愛人，但愛物則節約而少用物，愛人則濟弱而用大
材，君子善於議物而不為物議所惑，合理的世道當然不合一般人意。

　　所有的文明皆主精神重於物質，這是宇宙秩序中最淺顯的道理（難
免簡化），文明的立場必基於此義，因為文明本身即是精神性的事業，
所謂的物質文明其實屬於精神文明，而唯物主義也是一種精神，事實
上一切的思想觀點皆然，所以精神優於物質是無庸證明的事（「證明」

55.《北史》〈崔宏傳〉：「王者臨天下，以安人為本。」
56.《莊子》〈在宥〉：「物者莫足為也，而不可不為。」

也是一種精神活動)。相信「精神重於物質」不僅是常識甚至是本
能 57，因為人可以有重視物質勝於精神的行為，卻無法以此證明其為
真理，畢竟信仰即為精神表現，而真理也不是物質。「形而上者謂之
道，形而下者謂之器」(《周易》〈繫辭〉上)，精神創造物質雖是不可思
議之事，但物質創造精神則根本違背人的理性直覺，此種錯亂之感使
人相信「無形者物之大祖」(有形生於無形) 58，而別無選擇，這表示
精神優於物質的觀念是出於良知而非經驗。如此，強調精神的層次高
於物質，並不是文明優秀的證明，反而可能反映其強烈的現實取向，
這即是中國文明的真實狀況。若是關於宇宙秩序的探討已然深刻，則
其高低層次區分必定細緻，亦即遠較心物之別（二分）更為複雜，而
此種上下體系本就顯示精神在物質之上的大勢，乃無另外特別加以強
調的必要，可見精神重於物質一事愈受伸張，愈表示其理未受重視。
中國文明對於宇宙秩序的討論不如辨別神形心物之輕重者繁多，此為
中國宇宙觀疏鬆不精的證據，也是中國文化務實性高的旁證，雖然這
絕不表示其物質主義強於理想主義。

　　中國傳統對於精神重要性的強調，其知識意義實不如道德含意，
換言之其求知性質不如修身態度，所以在論述上少有可觀者。如說「精
神者所受於天也，而形體者所稟於地也」(《淮南子》〈精神訓〉)，這只是
主張的提出，而非合理的推論，因錯誤的根據不可能建立正確的觀點，
可知其說是先有意見後有理由。或以為「凡言神者莫近於氣，有氣斯
有形」(《申鑒》〈雜言〉下)，這也是教條化的主張，其宣傳意味多於論
理，可以記誦，不能理解。「夫道可重，故物為輕；理宜存，故事斯

---

57. 《南史》〈范縝傳〉：「（梁竟陵王）子良精信釋教，而（范）縝盛稱無佛⋯著
　　〈神滅論〉，以為『神即形也，形即神也；形存則神存，形謝則神滅。形者
　　神之質，神者形之用，是則形稱其質，神言其用，形之與神不得相異。』此
　　論出，朝野諠譁。」

58. 《淮南子》〈原道訓〉：「無形者物之大祖也。⋯⋯所謂無形者，一之謂也。」

忘。」（《宋書》〈謝靈運傳〉）人所以相信精神高於物質，實有不得不然的苦衷，此即生命的短暫與永恆的希望，因「形有摩而神未嘗化」（《淮南子》〈精神訓〉），肉體的脆弱使人寄望靈魂的不朽，「骨肉歸于土，命也，若魂氣則無所不之，則無所不之而遂行」（《孔子家語》〈曲禮子貢問〉），於是可見精神重於物質的想法，是人的原罪與神格共同導致。宇宙不只是時空而涉及精神世界，靈魂來自天心而脾氣屬於惡性，所謂「宇宙可臻其極，情性不知其窮」（《顏氏家訓》〈止足〉），絕非正確之見──「欲遊乎外者必遊乎內」（《陵川集》〈內遊〉）一說方為得理──其於物質有限而精神無限的認知雖是無誤，但在物質與精神的分辨上則有所誤解，而此錯覺其實產生於人為萬物之靈的理念，因不識上帝，故以人為神而勝於宇宙，可見精神高於物質的觀念若未能啟發上帝信仰，則終將造成人的自大。「精神之于形骸猶國之有君也」（《嵇康集》〈養生論〉），而「神貴於形……故神制則形從，形勝則神窮」（《淮南子》〈詮言訓〉），靈魂雖勝於肉體，但可能為肉體所牽累，精神若不振作，則心理將成神主（心理是低層次的精神），於是人便反受心神不靈之苦，此所謂「人之為患以有身，身之為患以有心」（《蘇文忠公集》〈雪堂記〉）59，可知精神的要求是上進，人如不從即將自害。

　　精神貴於物質之義既立，道德至上的思想亦生，於是中國士人的求道功課或君子作為主要便成為修養心性與去除物欲60。「治身，太上

59.《老子》十三：「吾所以有大患者，為吾有身，及吾無身，吾有何患。」

60.司馬光解《大學》所謂「致知在格物」一語曰：「格猶扞也禦也，能扞禦外物，然後能知至道矣。」（《司馬溫公集》〈致知在格物論〉）此說實為曲解，蓋物乃是萬物（包含人），廣義而言則為萬事萬物，格物之意是了解事物，故「致知在格物」意為求知即是了解事物，易言之知識是對萬事萬物之理的認識，這表示真正的知識是對真理的了解；司馬光重視道德勝於知識，或以為真正的知識是對道德的體認，故其「格物」釋義是道德性論述，也就是認定去除物欲是求知的目的，這是先有定見然後加以合理化的治學之舉，由此可見徒善不足以致知。

養神，其次養形」（《淮南子》〈泰族訓〉），「士志於道而恥惡衣惡食者，未足與議也」（《論語》〈里仁〉）61，而殉道即是心靈克服心理的極致德行，故「志士仁人無求生以害仁，有殺身以成仁。」（《論語》〈衛靈公〉）精神與物質的優劣猶如君子與小人的高下，所謂「君子懷德，小人懷土」（《論語》〈里仁〉），其義是「君子役物，小人役於物」（《荀子》〈修身〉）62，其道則是「君子可以寓意於物，而不可以留意於物。」（《蘇文忠公集》〈寶繪堂記〉）「知道者必達於理，達於理者必明於權，明於權者不以物害己」（《莊子》〈秋水〉），顯然物質本非有害，但因人性有惡而易於耽誤，不善用物者必將反為物用，故謂「物也者所以養性也，非所以性養也。」（《呂氏春秋》〈本生〉）莊子曰：「物物而不物於物」（《莊子》〈山木〉），「物物者非物」（《莊子》〈知北遊〉），然「有大物者不可以物，物而不物故能物物。」（《莊子》〈在宥〉）其說義理簡易，不過主張「以物待物，不可以己待物」（《二程語錄》〈入關語錄〉），正本清源而言，「自家但做個好人，不怕物不做物。」（《朱子語類》〈邵子之書〉）精神重於物質，所以「輕天下則神無累矣，細萬物則心不惑矣」（《淮南子》〈精神訓〉）63，但這不意謂藐視物質則可稱心如意，其實精神重於物質的思想本是精神活動，而其要領為建立知識以消滅妄想貪念，故求知是精神駕馭物質之道；所謂「物物」即是正確而適當地看待物質（視物質為物質而已），此事非有知識不可能成就，因而「賢者多財損其志，愚者多財生其過」（《貞觀政要》〈論貪鄙〉），其差異所由正是有知與否。

物質既乏靈性乃無法有所主張，故精神「戰勝」物質之說實為不

61.《論語》〈衛靈公〉：「君子謀道不謀食……憂道不憂貧。」《論語》〈憲問〉：「士而懷居，不足以為士矣。」

62.《管子》〈心術〉下：「聖人裁物，不為物使。」《管子》〈內業〉：「君子使物，不為物使。」

63.《管子》〈內業〉：「不以物亂官，不以官亂心，是謂中得。」

當，因為物質根本未曾挑戰精神，這表示唯物主義必為錯誤，但這未
必表示唯心主義符合真理，因為人心不能自生自主，上帝若為真實則
唯心主義乃是無知所致的思想僭越，雖然其本意常非自大而是自安。
中國天人合一宇宙觀的心態時而狂妄時而畏縮，因為天人交戰時，天
勝則人自尊，人勝則人自卑，天人平衡則人不安，不安之下志氣盈虛
互見；為穩定心情，唯心主義的知識觀乃出，其「發現」即是天人合
一的宇宙（知識觀與宇宙觀常為一致而互為因果），於此精神是物質世
界的造化者，而精神不過是人心，故人心即是天理，然天人無別則可
能為空無，因為人不能永恆不滅。總之，精神優於物質的宇宙觀雖為
正確但不完備，據守此義而忽略上帝終將導致精神虛空，此一危機在
中國所以未造成大災乃因道德深受重視，蓋道德本身固為精神之事，
而道德問題之繁重使人無暇上探終極真相，這一方面是精神重於物質
之義的實踐，另一方面卻是對於其義體認不清的表現，精神不實竟使
精神不致破滅，此為中國中庸思想的無望病勢。

三、宇宙真相與人生實情

　　中國的學術知識不精，在理想與現實區別不大的情形下，其宇宙
觀與人生觀的關係密切而性質相近，生命的感受是學者立論的動機，
所以唯心主義成為真理思想的主流精神。中國古典文明絕不提倡唯心
主義，唯心主義乃是上帝信仰失落之後的真理觀變相，亦即宋明理學
的新取向，這亦可說是中國宇宙觀的補缺行動，蓋宇宙的生成與運作
問題在原始儒學中語焉不詳（其解答必須訴諸上帝觀念），唯心主義的
出現若非使創世論成為題外話，便是使一切超越性問題皆因「真相存
乎一心」的說法而破解，此種假道學雖無補於真理的發覺，卻在形式
上消除了傳統天道論的破綻。唯心主義的宇宙觀是以人為本的立場，
其知識上故步自封的態度堅定不移，因為唯心主義的心機是圖以學術
理論保衛清淨無為的人生觀，此種以理就情的學說不是真正的知識論，

卻有增加清談詭辯的作用，表面上造就了鼎盛的學風。簡言之，中國的唯心論是心理需求的產物，唯心主義流行於傳統中國士人之間，但該詞卻是外來的術語，可見中國文人沈溺於此道而缺乏警覺，其為「心術而非學術」的性質亦由此可知。佛教本為唯心主義式的信仰觀，理學是以佛學妝點的儒學，其唯心化乃為特徵，然唯心主義性質尤強的禪宗成為中國化的佛教代表，這表示中國思想本有朝向唯心主義發展的趨勢，理學的出現不是儒家傳統的「夷化」而是惡化，因為求道必是不進則退。

　　唯心主義的宇宙觀絕無永恆或無限的理念，雖然想像似不受限，但人畢竟有限而且凡人無知以致想像力薄弱，所以唯心主義使人的能力捉襟見肘，然唯我獨尊者於此反而自我立命，以目空一切征服一切，其所謂得道實為自得其樂。《六祖壇經》曰「一切萬法不離自性」（《六祖壇經》〈行由品〉），又曰「萬法盡在自心」（《六祖壇經》〈般若品〉），這是說人心即道心[64]——所以「法本從心生，還是從心滅」（《西遊記》二十）——其意反對原罪，故能討好凡夫，然世上若無缺陷或者天人合一果為本相，則求道絕無必要或可能，可見此說自相矛盾。唯心論者並無宇宙秩序之想，因其納物於心而不見其他，故其謬誤常在於指稱天、道、神、理諸名，又不得不宣稱此皆心影。宇宙中絕無完全相同的事物存在，中國唯心論的錯誤是將心等同於各種事物，此見根本不合理（不邏輯），既違背常識也違背良知；若說「心即天也，未嘗有心

64.《宋論》〈徽宗〉五：「道生於心，心之所安，道之所在。」《高子遺書》〈中說〉：「道心，心之道也，有此心即有此道。」《遜志齋集》〈贈金谿吳仲實序〉：「道本於人心，非幽深玄遠不可知也。」《讀通鑑論》〈唐中宗〉十八：「理者生於人之心者也，心有不合於理，而理無不協於心。」《湛甘泉集》〈雍語〉「心性」：「物理何存？存諸心耳。」《明儒學案》〈甘泉學案〉一「湛若水」：「天理人心不在事，心兼乎事也。」如此，所謂「心靜自然涼」實為唯心論而非物理定律。

外之天；心即神也，未嘗有心外之神」(《東萊博議》〈楚武王心蕩〉)，其
誤不必以推論上帝的真實性證明之，卻可由其說全然無法證明而得知，
可見唯心主義的論述多是宣傳而非解釋。唯心主義認定一切事物的性
質均決定於人心，這雖一時未否定外物的存在，但既然唯心為真，而
心可變且人不永，萬事萬物的虛實美惡皆隨人心而改，於是「知心無
物則知物無物」(《關尹子》〈五鑑〉)，「有是意即有是物，無是意即無是
物矣」(《王文成公全書》〈傳習錄〉中「答顧東橋書」)，其結果必成虛無主
義。如謂「宇宙即是吾心，吾心即是宇宙」(《陸象山集》〈雜說〉)，其意
雖不欲否定宇宙的存在，卻立即將宇宙化為有限且微小的世界，而當
心死之際宇宙隨即消失，這便顯示其萬般皆是空的本義 (無中生有為
人心所無法想像，故心死則物滅而不得復生)，可見唯心論 (idealism)
與唯靈論 (spiritualism) 不同，沒有上帝信仰則理想或觀念皆僅是個人
性的短暫心意。然而中國文化少有「徹底性」，中國式的唯心主義絕非
虛無主義，因它無意將「存乎一心」的論點推至極限，卻是要強調「明
心見性」的求知功夫與自我負責的道德意識，所以唯心主義的終極性
弊害在中國並不嚴重，反而有減少現實主義的低俗風氣之功，但這畢
竟是不信上帝而反求諸己的思路，可貴卻不高貴。

　　宋明理學的唯心論一言以蔽之即是「心即理」(《陸象山集》〈與李
宰〉二)，其說不是要人恣情縱慾，卻是要人發揚善性良知，此與孟子
思想的差異所在只是上帝信仰的強弱，故王陽明曰「心即理也，天下
又有心外之事、心外之理乎」(《王文成公全書》〈傳習錄〉上) 65，然他
「家事、國事、天下事，事事關心」，絕無道家與佛家的隨性心態，而
有訶佛叱神的人本精神。「心即理」一說本來可能意謂「人心當是理

65.《二程語錄》〈遺書伊川先生語〉：「事外無心，心外無事。」《朱子語類》〈朱
　　子〉十五：「大凡理只在人心中，不在外面。」《王文成公全書》〈與王純甫〉
　　(癸酉)：「夫在物為理，處物為義，在性為善，因所指而異其名，實皆吾之
　　心也。心外無物，心外無事，心外無理，心外無義，心外無善。」

性」——故朱熹曰「性即理也，在心喚做性，在事喚做理」（《朱子語類》〈性理〉二）——其意尚佳，然不論上帝真理而專論人性本善，必然為德不卒而美意漸失，於是「心即理」之說轉化為「心即道」，其意變成「人心即是真理」，其實卻是滅道，此種可怕的流弊證明心即理之說是「差之毫釐失之千里」的歪論，雖無旁門左道之凶，卻有誤入歧途之災。呂祖謙曰：「心之與道豈有彼此之可待乎？心外有道，非心也；道外有心，非道也。」（《東萊博議》〈齊桓公辭鄭太子華〉）陸九淵亦有類似之說66，而至王陽明則言「心即道，道即天，知心則知道知天」（《王文成公全書》〈傳習錄〉上），其演變趨勢顯然是超越性境界的全面推翻，於是求道之方成為捫心自問，蓋「聖人之學心學也」（王守仁〈陸象山集序〉），「道即其人而已矣，學如其心而已矣。」（《明儒學案》〈蕺山學案〉「劉宗周」）歷史演進過程是先有唯物主義後有唯心主義（精神上而非名義上），唯心論本是文明的思想，如《禮記》論樂之道即為唯心主義式的美學觀（《明史》〈樂志〉一：「樂者心聲也」）67，然而真理具有超越性而人類具有原罪，最高的文明是逼近真理而不及真理，故「較為文明的」猶不是「正確的」，更何況是初期文明之見；宋明理學的唯心論是上帝信仰淪喪後的真理觀，較諸先秦時期的唯心論更無希望且更不合理，因其議論範疇普及一切卻完全排除神意，天人合一的觀念於此已由「人從天」改為「天從人」（人的完美性幾為定理）68，可見理學是中國求道傳統頓挫時的應變方案，也是其偏差性思想的永久定案。

　　正確信道者乃反對唯心主義，這本是中國文化的原始或正統觀念，

66.《陸象山集》〈敬齋記〉：「道未有外乎其心者。」

67.《禮記》〈樂記〉：「凡音之起由人心生也，人心之動，物使之然也，感於物而動，故形於聲，聲相應故生變，變成方謂之音。」

68.《格物通》〈正心〉下：「心者人之神明，無所不知無所不能者也，惟求道於耳目聞見之際，而神明之體始累於是乎，有不知不能也。」

子曰「不患人之不己知，患不知人也」(《論語》〈學而〉)，在精神上此言確認外在事實的存在，而且不以自我為宇宙中心，也不以個人意念斷定他人之情，其說顯非唯心論。然唯心主義確是富於自信者看待真相的直覺觀感，此事古今中外皆在，換言之唯心主義是「聰明反被聰明誤」的求道陷阱，連務實者都可能淪於自迷，更遑論喜好想像的人。在另一方面，唯心主義又是簡便的得道構想（王陽明屢言天理簡易），這對愚昧與著急的求道者深具魅力，所以擁護者甚眾，而其相互暗示與彼此肯定的作用令人更加確信與著迷，使真理成為所見不同卻所信相同的私事，皆大歡喜。如以旛動、風動、心動諸說陳述旗幟飄揚現象的「風旛之論」(《傳燈錄》〈慧能傳〉)，其實無有高下，因為三者的問題意識不同，旛動是事實的描述、風動是原因的說明、心動是真相的解釋，其層次雖有別，但僅為各抒所感而非同題辯論，且心動之說是唯心主義的觀點，若此見乃為正解，則前二說亦是出於各人心思，在精神上未嘗不合於唯心主義，由此可知唯心主義的真理見地總是紛紜不一。心即理之說只能適用於天人合一的得道者，否則必助長自以為是的偏見，難怪其末流為束書不觀而空談高行的假道學，陸九淵說「吾一性之外無餘理，能盡其性者雖欲自異於天地，有不可得也」(《陸象山集》〈天地之性人為貴論〉)，此言理當是自白，不然則其說毫無根據，豈能成立；蓋唯心主義與普世性真理不合，其天人合一之說必然是個人性論點，故難免有驕傲之氣，若其意絕無自大，則其說應是超越性真理（而非個人心得）的論述，而這又與唯心主義相違，可見唯心主義是個人主義式的真理觀，其發言若非動輒得咎便是自我娛樂。

　　其實中國未有絕對的唯心主義，故理學家之說未受士大夫激烈反對，卻常被人以常識理解或以善意對待，此情間接呈現於中國少有唯心論與唯物論對抗的狀況中。重視實務如王安石者亦可能有唯心思想，而稱「夫喜者非自外至，乃其中心固有以然也」(《王臨川集》〈通州海門興利記〉)，同時理學大師程顥也可能懷超越性觀念，而說「聖人之喜

以物之當喜，聖人之怒以物之當怒，是聖人之喜怒不繫於心而繫於物也，是則聖人豈不應於物哉，烏得以從外者為非，而更求在內者為是也。」(《明道先生文集》〈答橫渠張子厚先生書〉) 由此可見中國文明向有求道的精神，因真理貫通一切，論道者不可能偏執，中國的唯心主義與唯物主義皆不強盛，而相形之下又以唯心主義為主流，這即是由於真理是精神而非物質，並且唯心論在真理體系結構的形式上似無缺陷；然因唯心論終究排除超越性問題而不能合理解釋一切，所以傳統儒學究天人之際的大業仍持續不斷，朱子之學主要不是理學，而是以理學為輔的正統儒學，這雖未能突破人文主義真理觀的窠臼，但確是中國文明求道所得的集大成，故朱子之後理學未有新意，而超越朱子的真理知識也未出現，此乃唯心論的失敗而非原始儒學的失敗。

如前述，中國的宇宙觀與人生觀相近，然唯心主義理學家的知識論精神是樂觀的 (以為一切真相皆可知)，而傳統中國士人對於人世的態度卻是普遍悲觀，這顯示中國的宇宙論頗有「高談闊論」、「為說而說」、或「情理不一」的失誤，同時表示理學不是中國正統的真理思想。悲觀與樂觀是認知問題而非情感問題，悲觀者認為真相難以掌握而世事無法控制，且因人具原罪而世間並不完美，這注定未來的發展本質上不可能是進步或改良，然則超越性的真理觀或上帝信仰使人處世必感悲觀，所以末世論 (eschatology) 乃成為常見的宗教思想，而與此念相反者即為樂觀，可見樂觀者大約是不信神的人。悲觀或樂觀理應是基於真理知識，然中國文化缺乏純粹的求知精神——因此可謂不重視知識——且缺乏深刻的上帝信仰，故其悲觀或樂觀的態度常與真理思想無關，而是出於對現實情勢的感受；中國的上層文化精神顯然是悲觀的，而正確的悲觀態度應來自神意認知，可見中國文化的悲觀性頗為空洞，但同時這也表示中國文明確有相當程度的上帝信仰，否則不可能有如此深沈而無奈的文化氣氛。

相信真理必使人積極行事，或說求道必是積極的行為，然而正確

的真理知識又使人悲觀，所以「悲觀而積極」是求道者的人生態度。中國文人既無明確的上帝信仰，其悲觀的處世態度若非反映凡夫意志易衰，即是表現君子精神的高貴，此即「知其不可而為」的正氣。所有的古文明均有探索上帝的企圖，中國的君子乃是信道者，而當真理不能解釋世上叢生的無理事情時，居於真理之上的神意必成問道的課題，這便是悲觀而積極的態度表現。子曰：「道之不行也，我知之矣，知者過之，愚者不及也；道之不明也，我知之矣，賢者過之，不肖者不及也。」（《中庸》四）真理在世上不為人所重或無法實現，這已是可悲之事，何況真理將揭示人間不能改善的事實，而且真理具有超越性，若非天才則求道實無可能得道（天才不是天縱英明的專家而是降世傳道的天使），君子而有終身之憂，這又是無比可憐之事，所以「人為道亦苦，不為道亦苦。」（《真誥》〈甄命授〉二）孟子曰：「天下有道，小德役大德，小賢役大賢；天下無道，小役大，弱役強。斯二者天也，順天者存，逆天者亡。」（《孟子》〈離婁〉上）其說表示聖人即使在有道之世亦不得居高位而治天下，這暗示人間永不合理，雖然聖人在世的大任是傳道而非執政，但這是由於人世恆常的鬥爭病態，而非由於聖人不欲從政以淑世，故「順天者昌」是悲觀之說，因為上帝設計下的世界具有不可改的缺陷，而其發展變化與神意內涵又不可知，所以「順天」常只是事後接受現狀而已[69]。「在物之情向榮必喜，自天之命過寵則驚」（《范文正公集》〈讓樞密直學士右諫議大夫表〉），順利與順天似不吻合，有心服從神意也不知所措，天人交戰是永恆的求道感受，人不悲觀必有危機，上帝的可怕實因其超越人的想像。探究天人之際即知所有生命皆是孤獨的靈魂，正確的行為必非從眾，符合神意不是取決於民意，因此自立自強是求道者應有的入世精神，寂寞乃是俗心，「前不見古人，後不見來者，念天地之悠悠，獨愴然而涕下」（《陳拾遺集》〈登幽州臺歌〉）[70]，此為智勇未得雙全者的心事，然其情可憫。總之，人

69.《鮑明遠集》〈蕪城賦〉：「天道如何？吞恨者多！」

所以應當「樂天知命」是因事實常不如意，然依理「知命」之後方能
「樂天」，而知命卻是不可能之事，所以樂天知命其實是自勉之詞，頗
有強顏歡笑之意，蓋「不覺悟不知苦」（《荀子》〈成相〉），智者不能無
苦，於是悲觀與悲傷確實有所關連。「人生識字憂患始」（《蘇文忠公集》
〈石蒼舒醉墨堂詩〉）71，「聰明太過則不如意事常有，不如意事常有則
思慮太過」（《紅樓夢》十），無論如何「憂來無方，人莫之知」（《魏文帝
集》〈善哉行〉），此皆原罪性的憂傷，亦即真理所致的悲觀，或可稱作
合理的悲傷。「合者離之始，樂今憂所伏」（《白氏長慶集》〈和夢遊春
詩〉），「從苦入樂，未知樂中之樂；從樂入苦，方知苦中之苦」（《徐孝
穆集》〈諫仁山深法師罷道書〉），若知此為結構性的不幸，則知「無患曰
樂」（《大戴禮記》〈小辨〉）72，於是可見中國的宇宙觀雖錯誤不少，但
中國人對世界的悲觀卻深具普世性而少有錯誤。

　　中國文化的悲觀精神出自理性知識者少於現實經驗，所以其悲觀
性並不充分，但悲傷性則甚為強烈，且因中國歷史悠久，此種悲情乃
更多重負，從而使其悲觀性又減。「奈何人為萬物靈，不及草木與飛
翾」（《歐陽文忠公集》〈感春雜言〉），故自古道「成人不自在，自在不成
人」（《紅樓夢》八十二）73，「雖留身後名，一生亦枯槁。」（《陶淵明集》
〈飲酒〉十一）生命若為痛苦則人生短暫當是好事，但事實上人生短暫
卻又是生命所以為痛苦的因素之一，這表示人生並非無樂，然快樂竟
使整體人生感受更苦，因為凡人一生的快樂未必少於痛苦，但人生本

---

70. 《沈休文集》〈悼往〉：「萬事無不盡，徒令存者傷。」

71. 《夢溪筆談》〈譏謔〉：「梅詢為翰林學士，一日，書詔頗多，屬思甚苦，操
　　觚循階而行，忽見一老卒臥於日中，欠伸甚適，梅忽嘆曰『暢哉』，徐問之
　　曰『汝識字乎?』曰『不識字』，梅曰『更快活也!』」

72. 《鶡冠子》〈學問〉：「所謂樂者，無菑者也。」

73. 《小倉山房文集》〈釋官〉：「赤子之哭，不願生也，初生之哭是，則將死之
　　哭非矣。」

質上是痛苦的，這使快樂的定義成為「不苦」，而快樂的回憶成為苦
戀，於是快樂終究不是獨立存在，卻是生命本為痛苦的提醒之用74。
除去感受的問題，事實上「一歲平分春日少，百年通計老時多」（《白
氏長慶集》〈春晚詠懷贈皇甫朗之〉），可見生命本來是苦多於樂，不論各
人察覺與否。「可憐人生如寄，唯當行樂，何用愁為！」（《北史》〈恩幸
傳〉）75 如此，「及時行樂」乃成救苦格言，其悲觀內情呼之欲出。曹
操說：「對酒當歌，人生幾何，譬如朝露，去日苦多。」（《魏武帝集》〈短
歌行〉）76 一代奸雄有此感慨，更顯諷刺。不論老少賢愚，一旦省思人
生則皆以為「來日苦短，去日苦長」（《陸士衡集》〈短歌行〉），這表示世
事難料，然大都不是喜事，「志士惜日短，愁人知夜長」（傅玄〈雜
詩〉），成敗興衰皆為辛苦77。「人生處一世，去若朝露晞」（《曹子建集》
〈贈白馬王彪〉）78，「未知一生當著幾量屐」（《世說新語》〈雅量〉），既然
時光有限是普遍之感，但因命苦，「無窮之死猶一朝之生」（《阮嗣宗集》
〈大人先生傳〉），而「一日快活敵千年」（《北史》〈和士開傳〉），故人常
有生不如死或「活得不耐煩」之想，諺云「求閒不得閒，偷閒即是
閒」，睡夢之妙正是在於「生而不生」的消失感。「人之生也與憂俱生」

74.《宋書》〈顏延之傳〉：「欲蠲憂患莫若懷古，懷古之志當自同古人，見通則
　　憂淺，意遠則怨浮。」

75.《李太白文集》〈春夜宴從弟桃花園序〉：「浮生若夢，為歡幾何。」

76.《三國志》〈曹爽傳〉裴松之注引皇甫謐〈列女傳〉曰：「人生世間如輕塵棲
　　弱草耳，何至辛苦迺爾。」

77.《楚辭》〈遠遊〉：「惟天地之無窮兮，哀人生之長勤。」《杜工部集》〈寫懷二
　　首〉一：「勞生共乾坤，何處異風俗；冉冉自趨競，行行見羈束；無貴賤不
　　悲，無富貧亦足；萬古一骸骨，鄰家遞歌哭。」

78.《曹子建集》〈送應氏詩〉：「天地無終極，人命若朝霜。」《莊子》〈知北遊〉：
　　「人生天地之間，若白駒之過卻〔隙〕，忽然而已。……已化而生，又化而
　　死，生物哀之，人類悲之。」《魏文帝集》〈大墻上蒿行〉：「人生居天地間，
　　忽如飛鳥棲枯枝。」《水滸傳》十四回：「人生一世，草生一秋。」

《莊子》〈至樂〉）79，生命的痛苦使人「窮若囚拘」而視死如歸80，蓋「壽則多辱」（《莊子》〈天地〉），「歸真反璞則終身不辱也」（《戰國策》〈齊策〉），然而以生之苦推斷死之無苦誠屬樂觀81——有此自信乃敢說「知未生之樂則不可畏以死」（《淮南子》〈精神訓〉）——一死百了是否屬實不得而知82，此想之天真實出於無奈，畢竟悲觀不可能造就樂觀。

　　人生的痛苦不必從感受或事實而來，卻可能由人性直覺而起，易言之生命的悲傷是原罪的作用，故「生年不滿百，常懷千歲憂」（〈古詩十九首〉十五），人本來就是傷心的，不待外物惹氣；正因此，「怎麼做都不對」是人生的終極感受，諺云「少吃不濟事，多吃濟甚事，有事壞了事，無事生出事」，生命好似為受罪而來。就健康而言，「大患緣有身，無身則無病」（《蘇文忠公集》〈思無邪齋銘〉），故「身適忘四支」（《白氏長慶集》〈隱几詩〉），而「不知有吾身，此樂最為甚。」（《李太白文集》〈月下獨酌四首〉三）由此可知，人生之樂常是以吃苦為代價的「苦中作樂」或是「苦盡甘來」，如古人所謂的四大樂事——「久旱逢甘雨、他鄉遇故知、洞房花燭夜、金榜掛名時」（《陔餘叢考》〈成語〉）——所以為樂，其背景皆是長時的受苦，即因苦為本而樂為末，故「平安就是福」，逐歡為樂有其不祥，這使人有時反而畏忌事情如願。「凡

79.《陔餘叢考》〈成語〉：「舉世盡從愁裏過，何人肯向死前休。」

80.《元豐類稿》〈祭曾太博文〉：「方其生時，窮若囚拘；其死以歸，混令空虛。」《徐孝穆集》〈諫仁山深法師罷道書〉：「出家閒曠猶若虛空，在俗籠樊比於牢獄。」《欒城集》〈次韻子瞻潁州留別二首〉：「人生徇所役，有若魚墮井。」《李太白文集》〈擬古十二首〉九：「生者為過客，死者為歸人；天地一逆旅，同悲萬古塵。」

81.孔融〈臨終詩〉：「生存多所慮，長寢萬事畢。」《柳柳州集》〈哭連州凌員外司馬〉：「恬死百憂盡，苟生萬慮滋。」

82.《淮南子》〈精神訓〉：「或者生乃徭役也，而死乃休息也，天下茫茫，孰知之哉。」

人有憂而不知憂者凶，有憂而深憂之者吉」(《春秋繁露》〈玉英〉)，承認
人生的悲哀竟是減少人生痛苦的要略，於是「誇大」人生不幸的作法
成為凡人慣技，如說「天下不如意者恆十居七八」(《晉書》〈羊祜傳〉)，
這已是可疑，然後人傳說的結果竟成「人生不如意者十常八九」[83]，
而其質疑者幾無。在同樣的心理下，「好事不出門，壞事傳千里」與
「福無雙至，禍不單行[84]」皆成為歷久不衰的俗話，這是由於人自身
的觀感，而未必為事實，可見憂患意識乃是天賦，故曰「計福勿及，
慮禍過之。」(《淮南子》〈人間訓〉)當人生苦多於樂已成常識時，世故老
成者莫不知「怒者常情〔而〕笑者不可測」(李肇《唐國史補》上)，「來
者不善、善者不來」的機心因此滋生，甚至有感「寧逢惡賓，莫逢故
人」(《陔餘叢考》〈成語〉)，於是無情的世風使人間更苦，可見惡意是導
致凡人悲觀的主因。人生為苦海，而「海內存知己，天涯如比鄰」(王
勃〈杜少府之任蜀州詩〉)，仁人君子咸覺「同是天涯淪落人，相逢何必
曾相識」(《白氏長慶集》〈琵琶行〉)[85]，故人飢己飢，人溺己溺，視民
如傷，而博施濟眾。因為痛苦是普世的而快樂是個別的，所以快樂不
能分享而痛苦卻可傳染，「眾或滿堂而飲酒，有人向隅悲泣，則一堂為
之不樂」[86]，此乃善意的表現，睹者不覺掃興則必備感欣慰，可見善

---

83. 《三國演義》一百二十回：「〔羊〕祜……歎曰『天下不如意者十常八九。』」
　　《陳同甫集》〈祭喻夏卿文〉：「不如意事十常八九。」《遜志齋集》〈答許廷慎
　　書〉：「載籍所該大半皆不得意者之辭也。」

84. 班固〈答賓戲〉：「福不盈眥，禍溢於世。」《陸士衡集》〈遂志賦〉：「禍無景
　　而易逢，福有時而難擘。」

85. 《庾子山集》〈和王少保遙傷周處士詩〉：「雖言異生死，同是不歸人。」

86. 《說苑》〈貴德〉：「今有滿堂飲酒者，有一人獨索然向隅而泣，則一堂之人
　　皆不樂矣。」《潘安仁集》〈笙賦〉：「眾滿堂而飲酒，獨向隅以掩淚。」唐李善
　　注引《韓詩外傳》曰：「眾或滿堂而飲酒，有人向隅悲泣，則一堂為之不
　　樂。」《通典》〈刑法〉四「雜議」上：「古人有言：『滿堂飲酒，有一人向隅
　　而泣，則一堂不樂。』」

意使人悲觀，但亦使人少悲而壯，善人與惡人可能同樣悲觀，然其原由必定不同。

「夫人幽苦則思善，故圄圉與福堂同居」（《魏書》〈刑罰志〉七）87，心善者面對人生痛苦時其心更善，因為苦難本是上帝考驗人心的設計，或是好人所以為好人的遭遇。中國士人的道德意識與悲觀態度皆極強烈，這是二者互動互長的結果，同時也是中國文明具有崇高善心的證明，因為悲觀而為善需有堅定的善意，也就是求仁得仁而不計利害的信念。然而不求善報而行義不懈畢竟不是常人所能，中國的上帝信仰既弱，其神聖感不足以使人以殉道精神行善，於是在悲觀的處世態度下，心靈平靜的尋求成為知識目的，這是中國天人合一宇宙觀建構的動機，因此可說中國的宇宙觀其實是一種「人生哲學」，少有形上學的性質。本來悲觀是正確的真理思想，然無此體認則悲觀將變得脆弱，中國文明不幸因此轉而修改其真理觀點，乃有知性不足而感性太多的假性宇宙觀，從而使其悲觀惡化為悲情；智仁勇三達德高下有別然又一致，仁者必有智而智者必有勇，中國宇宙觀的錯誤是出於無勇所致的無知，或是由於不仁以致不智，總之是情理不一造成理虧，這確是得不償失，因為知識就是力量，而濫情卻是自殘。

87.《文獻通考》〈刑〉四「刑制」北魏孝文帝曰：「夫人幽苦則思善，故智者以圄圉為福堂。」

第四章 人性觀

第四章　人性觀

　　若確信上帝，則人性當是相對於神性而定義，其觀點簡單明瞭；因上帝為善，故人性為惡，而人的善質乃屬神格，但這是不充分的神性。若不信上帝，則人性並無相對之質，不然則是相對於獸性，如此人性大約被視為良善，但人性中善惡同在之情因而難以解釋，或以為人性為善性、或以為人性為惡性，莫衷一是。其實天性良心之說是模糊的天道觀產物，因其根據不明，所以見解不一，這是中國文明關於人性問題論述繁多的緣故，當其爭議不定時，各家只能以強調之法自明，可見上帝觀念不存則事理不白。以人為本的宇宙觀必多人性之論，於是人為萬物之靈的觀念深受重視，在其天賦良心普獲肯定之時，原罪感受也非常深重，蓋上帝信仰輕微使人自尊，而其萬物之靈的自覺引發天人之際的探究，這造成人對完美素質（天性）與現實缺陷（原罪）的雙重感悟。因此，凡夫以為人性與世事一樣善惡兼具，然有識者認定真理為一貫而非二元，乃覺「惡為善之不足」，所以堅信人性本善，但迷失的學者認為「無惡為善」（惡為善之始），故主張人性本惡。不論如何，人性不純與資質有別是論者的共識，而「止於至善」是普遍的期望，為求社會改良或避免人性沈淪，菁英主義乃成中國傳統的人際關係理念，愚民政策則為此想的原罪性手段，而此事其實是一切文明的共同情狀，可見在真理層次較低的問題上，中國文明確是世界性文明。

一、人在宇宙中的定位與處境

　　天人之際的探索是上帝觀念發覺過程中的要事（由人通天），而當上帝信仰確定時，天人之際的問題便為神意解釋的問題所取代（聽天

由命），中國的上帝信仰既然始終未能確立，「究天人之際」（司馬遷〈報任少卿書〉）乃成為其傳統文化主題而經久不廢，同時中國的人性論也由此發軔且終結於斯。天人之際的問題極其重要但卻無法深究，蓋天的含意模糊而籠統，其超越性未受注重，故天人「之際」為何更不可能釐清，難怪中國傳統士人提及此問題者甚夥，但加以討論者則極少。無論如何，「思知人不可以不知天」（《中庸》二十），人性的確認須於天人之際的問題上推定，所以中國人性觀的形成與內涵皆是隨著上帝思想的發展而產生，只是其失誤絕不如其上帝觀之失誤嚴重──事實上中國的人性觀大致為正確──因為人性內含神性，而且人道不具超越性，人性的了解可由反省獲致，故於上帝認識不清尚不致造成人性觀巨大的偏差。然而確實無誤的人性觀念必定來自正確的上帝觀念，故曰「明於天人之分則可謂至人矣」（《荀子》〈天論〉），或說「不順天道謂之不義，察天人之分、觀道命之異，可以知禮之說矣」（《春秋繁露》〈天道施〉），人屬於天且應與神復合，這是人類的天性與天命。

　　因為上帝觀念不明而道德意識深濃，中國文明對於「人為萬物之靈」的強調勝於世上任何文化，反過來說，吾人可由「人為萬物之靈」一說推斷中國文明重視道德而忽略上帝的特質，蓋上帝信仰若深，則人雖是萬物之靈也不以此為重（榮），而上帝觀念淡薄（仍在）卻以萬物之靈自許（人的惡性不欲自重），這是替天行道的承擔精神表現，其道德義務感必強。相信人為萬物之靈者必相當程度信仰上帝，故曰「天生萬物，唯人為貴」（《列子》〈天瑞〉）1，或曰「人者，天之貴物也」（《白虎通義》〈三軍〉），這表示人之尊貴實非因為人優於萬物，而是因為人接近上天，同時這暗示天道是一切價值決定的依據。「人受命于天，固超然異于群生」（《漢書》〈董仲舒傳〉）2，易言之「為生不能為

1.《春秋繁露》〈人副天數〉：「天地之精所以生物者，莫貴於人。」

2.《格物通》〈敬祖考〉：「萬物本乎上帝，人本乎祖考。」此說區別人類與萬物之本原，是為強調人的優越性，而非主張二者之源不一，蓋追本溯源則一切

人，為人者天也……此人之所以乃上類天也」(《春秋繁露》〈為人者天〉)，在概念上此說與猶太教傳統所謂「上帝以其形象造人」相似，所謂「人為靈蟲，形最似天」(《晉書》〈天文志〉上引姚信〈昕天論〉)，這是中國版的「人神同形論」(anthropomorphism)，其精神含意是人神同性。在上帝觀念不明的情況下，人未必被視為神之傑作，而是宇宙的精品，此謂「人者，其天地之德，陰陽之交，鬼神之會，五行之秀氣也」(《禮記》〈禮運〉)，可見人為萬物之靈一義，在上帝信徒而言表示人具（不完整的）神性，然在無神論者而言則表示人性即為神性。人之自尊實因「天生麗質難自棄」(白居易〈長恨歌〉)，即使不覺有天，凡人亦自以為貴於萬物，這是人的本能反應或自知之明，可見人為萬物之靈其實不是經驗性的發現，而是先天性的直覺。「物之所尊曰人」(《太玄經》〈玄文〉)，此即「人之為物，貴性最靈」(《抱朴子》〈黃白〉)，故各人自量即知「萬物皆備於我矣」(《孟子》〈盡心〉上)，「凡聖人能以天下為一家」(《孔子家語》〈禮運〉)，正因人須照顧萬物而萬物亦包括他人。由此可知，「人為萬物之靈」不僅是事實更是責任，不重視此責任者必忽視此事實，此義不是人面對萬物時所需伸張者，而是人於自省時所應思慮者。

其實人與動物的差別有限，但此差別卻有關鍵性的意義，孟子曰「人之所以異於禽獸者幾希，庶民去之，君子存之」(《孟子》〈離婁〉下)——其意是人獸之別的大小決定於人對此事重視的程度——顯然做人與為生不同，人可以上進而生物只能演進，可見「人之異於禽獸者，雖同有精爽，而人能進於神明也」(《戴東原集》〈孟子字義疏證〉「理」)，或說「得貴為人，將在含理，含理之貴，惟神與交。」(《宋書》〈顏延之傳〉) 西方文明對於人獸之別的強調常止於理性一項，中國文人則常泛論人高於物的各種條件，這是上帝觀念不強所致之舉，因為人性若不相對於神性則是相對於物性或獸性，如此人性乃為廣義的天

_____
皆來自上帝，人之祖考亦然。

性而包括一切優於萬物的特點。儘管人獸之間的形式性差異可能眾多，然其最重要者當是良心之有無，良心乃屬神格，而理性是良心的原則（良知是良心的識見），所以人與萬物的差別決定於神性的多寡，而理性是人性的本質，明乎此則無庸爭議其他。「人之所以貴於禽獸者智慮」（《列子》〈楊朱〉）3，智慮發乎人心，「人心其神矣乎，操則存、舍則亡，能常操而存者，其惟聖人乎」（《法言》〈問神〉）4，相對於此，「戎狄冒沒輕儳，貪而不讓，其血氣不治，若禽獸焉」（《國語》〈周語〉中）。總之，「人之所以為人者，非特以二足而無毛也，以其有辨也」（《荀子》〈非相〉），能辨是因理性，故「人是理性的動物」(rational animal)。理性的作用造成知識，知識造成道德（善來自真），所以「人是道德的生命」(moral being)——道德感造成價值觀故人不是「道德的動物」——因而有謂「凡人之所以貴于禽獸者以有禮也。」（《晏子春秋》〈諫上〉二）5

　　人既為萬物之靈，「仁民」理當在「愛物」之先，「君子不以畜產害人」（《史記》〈秦本紀〉）6，「得獸而失人」（《國語》〈晉語〉七）乃是不義，「豹死留皮，人死留名」（《新五代史》〈王彥章傳〉），則是人勝於所有生物的自覺意識。即使凡人不自愛，吾人仍不得將之視同禽獸而加以糟蹋，因為各人的存在是神命所定，對待他人時僅得以萬物之靈的標準為盼，卻不能在失望之餘將其物化以處治，這才是以萬物之靈自命的作為。子曰：「始作俑者，其無後乎。」（《孟子》〈梁惠王〉上）其意是「為芻靈者善矣，為偶者不仁，不殆於用人乎。」（《孔子家語》〈曲

---

3. 《論衡》〈別通〉：「天地之性人為貴，貴其識知也。」

4. 《漢書》〈刑法志〉：「夫人宵〔肖〕天地之貌，懷五常之性，聰明精粹，有生之最靈者也，爪牙不足以供者〔嗜〕欲，趨走不足以避利害，無毛羽以禦寒暑，必將役物以為養，任智而不恃力，此其所以為貴也。」

5. 《後漢書》〈卓茂傳〉：「凡人所以貴於禽獸者，以有仁愛，知相敬事也。」

6. 《三國志》〈蘇則傳〉：「古之聖王不以禽獸害人。」

禮公西赤問〉）這表示人格具有神聖的意義，以致人像也具神格的象徵
——因此「死者而用生者之器也，不殆於用殉乎哉」（《禮記》〈檀弓〉
下）——故以假人陪葬者仍懷有邪意，而其可行造成普遍的道德墮落，
由此可見革新之要在於革心，以假亂真必為敗德（不真則不善）。人為
萬物之靈，故人為萬物的守護者，因人不是造物主，所以人利用萬物
時也有所不安，這迫使人從人物關係體察神人關係，而覺威力不是宇
宙運作的理由，心意才是事物變化的原因，但人有原罪，無法從心所
欲不踰矩，因此天人交戰是求道的心境，也是行道的處境。孟子曰：
「君子之於禽獸也，見其生不忍見其死，聞其聲不忍食其肉，是以君
子遠庖廚也。」（《孟子》〈梁惠王〉上）7 這是人為萬物之靈的處世困境，
其抉擇之道實在於以天性分別人事的輕重緩急，而良知人人皆有，「〔有
此天賦〕而自謂不能者，自賊者也。8」如此，「人必自侮，然後人侮
之」（《孟子》〈離婁〉上），「自暴者不可與有言也，自棄者不可與有為
也」（同上），人所以為萬物之靈乃是天命，故自愛是認命的態度，不
需勉強為之，而自賤是不自然的行為，因為人的動物性已使人不欲自
毀，更何況自我鄙夷。

　　萬物之上為人類，人類之上為上帝，中庸之道為錯誤是因宇宙次
序為高低層次，而求道並非殊途同歸。人與萬物的根本差別可謂是唯
人可以求道，或說只有人具有上進心，換言之上帝與一切事物關連，
然能通天者唯有人。「天之與人有以相通也」（《淮南子》〈泰族訓〉），「聰
明睿智天也，動靜思慮人也」（《韓非子》〈解老〉）9，因真理具有超越
性而萬事皆為神意安排，故「心有靈犀一點通」（李商隱〈無題詩〉），而
認真求知者未必開竅。簡言之，人皆有天資但其優劣有別，人上有人，

7.《白虎通義》〈鄉射〉：「君子重同類，不忍射之，故畫獸而射之。」
8.《孟子》〈公孫丑〉上：「有是四端（仁義禮智）而自謂不能者，自賊者也。」
9.《司馬溫公集》〈答韓秉國第二書〉：「《中庸》所謂『誠者天之道』，言聰明
　睿智天所賦也。」

「含靈獨秀，謂之聖人」(《宋書》〈符瑞志〉上) 10，此即「生而知之者
上也。」(《論語》〈季氏〉) 荀子曰：「不為而成，不求而得，夫是之謂天
職。」(《荀子》〈天論〉) 孟子曰：「人之所不學而能者，其良能也，所不
慮而知者，其良知也。」(《孟子》〈盡心〉上) 天賦之說暗示上帝的存在，
而神為至善，故天賦必為良性，可見荀子主張性惡實是自相矛盾，而
孟子主張性善方為得道。「良知是造化的精靈」(《王文成公全書》〈傳習
錄〉下)，「德性所知不待於聞見」(《粹言》〈心性篇〉)，天賦的觀念是理
性主義而非經驗主義，可知人有天賦證明人有天性，故曰「智，性也」
(《韓非子》〈顯學〉)，其反轉之說為「性也者……神識是也 11」。人的本
性相同，但天性不同，於是個性有異，「性相近也，習相遠也」(《論
語》〈陽貨〉)，聖人富有天性而幾無習慣（所有習慣均不合理），凡夫反
是，「人之善惡誠由近習……中人可與為善、可與為惡，然上智之人自
無所染」(《貞觀政要》〈杜讒邪〉)，可見「塵務經心〔者〕天分有限。」
(《世說新語》〈賢媛〉) 天賦必是良善之能，所以良知與良心互通，天才
一定是好人，聰慧固為天賦，慈悲也是天賦，雖然有知較有德更有天
稟。凡人皆有天賦，所以凡人皆是潛在的好人，「人受命於天，有善善
惡惡之性」(《春秋繁露》〈玉杯〉)，而「聖人先得我心之所同然耳 12」，
可知「人為萬物之靈」與「人性本善」二義一致，只是前者強調人的
宇宙定位，而後者強調人的精神素質。「正理在人心，乃所謂固有」
(《陸象山集》〈與李宰〉二) 13，然入世而能脫俗方是大材──故曰「大

10.《孔叢子》〈答問〉：「夫聖人者，誠高材美稱也。」《公是先生弟子記》：「聖
　　人之功與人同也，聖人之德與人同也，聖人之性不可及也。聖人之功不過治
　　人，聖人之德不過治身，聖人之性不行而至、不疾而速，惡可及哉。孔子曰
　　『十室之邑必有忠信如丘者焉』，是故舉功德以言聖人者，其由不知聖人者
　　也。」

11.《北史》〈李概傳〉：「性也者所受於天，神識是也，故為形骸之主。」

12.《孟子》〈告子〉上：「心之所同然者何也，謂理也義也，聖人先得我心之所
　　同然耳。」

人者不失其赤子之心者也」(《孟子》〈離婁〉下) *14* ──「夫能自全也而
盡隨於萬物之理者，必且有天生」(《韓非子》〈解老〉)，蓋資稟與經歷皆
是上帝安排，先天與後天皆為上天。

　　人為萬物之靈，但非宇宙主宰，所以人必有缺陷而苦於無助，此
種警覺即是原罪感。原罪 (original sin) 之說起於猶太教，這是解釋世
間不幸的神學觀點，亦即上帝信仰下的「犯罪學」，西方的道德觀特重
謙卑一項，此乃原罪思想的間接表述。中國的上帝觀念不明，而其人
文主義精神強盛，因此未有原罪之說，但真相不因人之忽視而消失，
事實不因人之誤解而改易，原罪的影響隨處皆在，中國文人雖無原罪
之說，卻深有原罪之感，畢竟人生無奈為眾所周知，何況人文主義發
展至極便將發覺人的卑微渺小。原罪是先天之惡，而先天之惡使現實
世界困難重重（過錯乃是原罪所致），上帝具有超越性，但上帝的作用
確實而普及，不信神者不能解脫神力，更不能逍遙自在；文明無法自
外於真理，中國文明雖乏上帝信仰，但其理念大約肯定神道，在樂觀
的天人合一宇宙觀之外，悲觀的天人交戰生命觀同時展現（常有「哀
矜勿喜」之念），此種衝突的緊張氣氛即是出自人不敵天的精神感受，
而其事正是原罪的表現，於是可說中國文明是原罪性的文化。

　　原罪感即是缺陷感，這在不完美的世界裡是正常的感覺，所謂「天
道惡盈」(《後漢書》〈李固傳〉) 其實是人對現世失望的說法──故曰「天
道虧盈而益謙……人道惡盈而好謙」(《周易》〈謙〉) *15* ──這是由人間

13.《陸象山集》〈思則得之〉：「義理之在人心，實天之所與，而不可泯滅焉者
　　也。」《孟子》〈告子〉上：「仁義禮智非由外鑠我也，我固有之也，弗思耳
　　矣，故曰求則得之，舍則失之。」《文史通義》〈原學〉上：「天之生人，莫不
　　賦之以仁義禮智之性，天德也。」

14.《老子》五十五：「含德之厚，比於赤子。」《老子》二十八：「復歸於嬰兒。」

15.《周書》〈蕭圓肅傳〉：「天道益謙，人道惡盈。」《江文通集》〈為蕭驃騎錄尚
　　書事到省表〉：「天數去盈，人經好退。」《宋景文公筆記》〈雜說〉：「古語曰
　　『斛滿人概之，人滿神概之。』」

真相（在論者眼中乃是宇宙真相）推論而來的道德主張，其思路與結論皆與西方一神教所持相似。「陋也者，天下之公患也，人之大殃大害也」（《荀子》〈榮辱〉），在原罪觀之下，缺陷乃是天生，故為無所不在，「天地間有正氣有邪氣」（《徂徠集》〈上范中丞書〉），「川澤納汙，山藪藏疾，瑾瑜匿瑕，國君含垢，天之道也」（《左傳》宣公十五年），所以理想與現實當然永為對立，「何處無佳夢，誰人不隱憂」（李商隱〈燈詩〉），於是乃覺「至適無夢想」（《白氏長慶集》〈春眠〉）。雖說「罪字不可加於性」（《戴東原集》〈緒言〉中），但「人之不能有天，性也」（《莊子》〈山木〉）16，原罪乃「獲罪於天」（《論語》〈八佾〉），任誰都無可如何，故人生「無罪為貴」（《隋書》〈劉炫傳〉）17。人性本善而有天德，「天德云者，謂所受於天者未嘗不全也18」，然「天不以全美賦人」（《歐陽文忠公集》〈與韓忠獻王〉十一）19，人性終非全善，「夫人有不善，則乃性命之疾也」（《論衡》〈率性〉），此即原罪。「人之稟賦有無可奈何者20」，人之惡性即為原罪，而「惡欲之大端賢愚所共有」（《陸士衡集》〈豪士賦序〉），「聖人無全能，萬物無全用」（《列子》〈天瑞〉）21，「大人含弘，藏垢懷恥」（《嵇康集》〈幽憤詩〉）22（所以「安莫安於忍

---

16. 《莊子》〈知北遊〉：「無知無能者，固人之所不免也。」

17. 《戰國策》〈齊宣王見顏斶〉：「無罪以當貴。」《菜根譚》〈前集〉：「處世不必邀功，無過便是功；與人不求感德，無怨便是德。」《淮海集》〈和淵明歸去來辭〉：「榮莫榮於不辱，樂莫樂於無憂。」

18. 《粹言》〈心性篇〉：「天德云者，謂所受於天者未嘗不全也。苟無污壞則直行之耳，或有污壞則敬以復之耳。其不必治而修，則不治而修，義也；其必治而修，則治而修，亦義也，其全天德一也。」

19. 《遜志齋集》〈畸亭記〉：「人之所得皆不能全，受於天者深則遇於人者必淺，合於人太甚者必無所得於天也。」

20. 《二程語錄》〈謝顯道記憶平日語〉：「人之稟賦有無可奈何者，聖人所以戒忿疾於頑。」

21. 《經史問答》〈論語問目答范鵬〉：「多能本不足言聖，亦有聖而不多能者。」

辱」(《素書》〈本德宗道〉),「善操理者不能有全功,善處身者不能無過失」(《舊五代史》〈周世宗紀〉二),故「以銖稱寸量之法繩古聖賢,則皆有不可勝誅之罪。」(《陸象山集》〈與致政兄〉)「德比於上故知恥」(《申鑒》〈雜言〉下),「盛名之下其實難副」(《後漢書》〈黃瓊傳〉),「聖人之弘也,而猶有慚德,聖人之難也」(《左傳》襄公二十九年),是以聖人「自愛不自貴」(《老子》七十二),唯其「知困然後能自強」(《禮記》〈學記〉)(孔子年居七十方能「從心所欲不踰矩」),乃得超凡入聖。原罪使人有犯過的傾向,於此若乏警覺則更易入罪,故曰「百善之源起於兢惕,眾惡之本萌於怠肆。」(《西山文集》〈送劉伯諄宰江寧序〉)王陽明道:「人皆曰『人非堯舜安能無過』,此亦相沿之說,未足以知堯舜之心;若堯舜之心而自以為無過,即非所以為聖人矣。」(《王文成公全書》〈寄諸弟〉)由此可知中國道統雖主人性本善,但於人性之惡絕無漠視,聖人「不二過」之說若有原罪觀,更遑論「糞土之牆不可杇」(《論語》〈公冶長〉)一義所示。「至人神矣」(《莊子》〈齊物論〉),凡人學做君子已是不易,故應加以勉勵,「與人為善」及「成人之美」皆是源於原罪感的善念,「為尊者諱恥,為賢者諱過,為親者諱疾」(《穀梁傳》成公九年),其心亦然。即因「過失,人之情,莫不有焉」(《孔子家語》〈執轡〉),而先天之罪與後天之惡必須區別,並且罪惡大小不能無分,於是「不忍殺無辜,所以分白黑」(《杜工部集》〈兩當縣吳十侍御江上宅〉) 23,聖人與罪人之別不是聖人無罪,而是聖人之功甚大於其罪。

原罪是良心反省所見,所以原罪感呈現人的善惡二性,「人之所好而不足者,善也」(《太玄經》〈太玄首測衝錯攡瑩注〉),顯然罪惡感是一種善意,而上進心反映惰性,「觀乎賢人則見眾人,觀乎聖人則見賢人,觀乎天地則見聖人」(《法言》〈修身〉) 24,人具天性而不備,故世

22.《震川先生集》〈思質王公誄〉:「鬼神忌之,誰能無訧。」

23.《新序》〈節士〉:「無辜而死,不亦哀哉。」

24.《莊子》〈大宗師〉:「天之小人,人之君子;人之君子,天之小人也。」

事可以改善，但不可能「好到不能更好」(It can't be too good to be better.)，因為原罪注定一切無法完滿。原罪乃存在於人的本性中，這使人具有惡性，然由於相信人性本善，且對人之上進期許甚殷，故儒家的善意常不以原罪為罪，甚至以惡為外在而非人為，故曰「人之有惡，我不是惡其人，但是惡其惡耳。」(《朱子語類》〈論語〉十一) 25 此見是人文主義觀點，其意強調人的可貴或止於至善之可能，然在精神上卻含有內在緊張性而不盡合理，蓋「事在人為」，惡行與惡性必有關連，論人與論事不能嚴格區分，否則人不需為其行為負責，為肯定人性而稱「惡其惡、不惡其人」(人不可歸咎)，這將導致「好其仁、不好其人」(人不能提升) 的相對說法 26，於是人竟無可許之處，人本立場因此陷落，造成自相矛盾的善惡觀，可知原罪必得承認而不可忽略，不然道德無法成立而人無由上達。若善惡果為外在而與人無涉，則論人性善惡便是無謂，其實善行與惡行各是善性與惡性的產物，然善惡不是各自獨立而是互為消長，惡為善的不足，因此惡可消除而善可增進，易言之惡的消減即為善的增加，為人求道上進的意義於是產生；良心與原罪同在，二者共存而互動，所以世上有善有惡，有惡事而無惡人或有善事而無善人乃為荒謬，而人若本為完美則萬事萬物皆是多餘——如此乃可謂「天下本無事，庸人自擾之」(但庸人不是完美的人，故此說毫不真實) ——多餘的事物絕無可能存在 (萬事萬物皆有其意義)，否則上帝必非完美全能而為虛假，可見原罪不是一無是處，它是人所以能高貴的緣故。

　　既然人非全善卻有良知，故責善不必以身作則，而是自省醒人，所謂「無瑕者可以戮人」(《左傳》昭公四年)，等於是說無人可以殺人，但殺人在世上有其必要 (雖然可殺之人極少)，由此可知「不得不」是

25.《孔叢子》〈刑論〉:「古之聽訟者，惡其意，不惡其人。」

26.《陸象山集》〈與姪孫濬〉四:「好人者，非好其人也，好其仁也；惡人者，非惡其人也，惡其不仁也。」

不得不然的人間要素，此即原罪。有感於原罪人人難逃，「無辜」乃成同情的說法，只要人不作惡多端，似可視為無罪，所以寬和者便稱「天下之人本無過失，不應吾詆誣之也」（《水滸傳》〈自序〉），此種仁恕精神反映人類的可憐困境。原罪是惡，但原罪感是善，如謂「愛而知其惡者，天下之至善也，亦天下之至不善也」（《東萊博議》〈楚文王寵申侯〉），此言確有衝突性，然其精神卻是無奈而有為，這是在原罪的體察之下所表現的積極態度，故有識者「知其不可而為」並非不智而是有仁且勇。原罪可分為二類，一是人類共有的原罪，二是個人性原罪，後者為個人終身無法克服的缺陷——僅具前者之失而無後者之惡者是「最完美」的人——這造成資質能力優劣不等的世情，因此「君子不以其所能者病人，不以人之所不能者愧人」（《禮記》〈表記〉），同理「君子以其所不能畏人，小人以其所不能不信人」（《孔子家語》〈子路初見〉），所謂「不知天高地厚」可謂是不識原罪的屬害。諺云「小人樂聞君子過，君子恥聞小人惡」，這表示各人皆有其罪惡的本質，小人以此懷疑君子上達之志，君子則感慨小人不圖長進，因「以道望人則難，以人望人則易」（《三國志》〈諸葛恪傳〉），賢愚由此可知。人必有過，亦必有恥，知過未必能改，但知恥必欲改過，所以戴罪立功是人生的原罪性處境，將功贖罪是人性的自強企圖，故「使功不如使過」（《舊唐書》〈李靖傳〉）27，而「疑人者為人所疑，防人者為人所防」（《譚子化書》〈德化〉「黃雀」）。俗話說「害人之心不可有，防人之心不可無」28，這是人有良心又有原罪的尷尬立場（例如「作保」即是認知原罪卻不能勇於面對的無奈設計），蓋若人人皆無害人之心，則防人之心乃無必要，而若防人之心為不可無，則害人之心乃是必有，可見人是「善中

27.《後漢書》〈索盧放傳〉：「使功者不如使過。」

28.《西遊記》八十一回：「莫信直中直，須防仁不仁。」《西遊記》九十三回：「起念斷然有愛，留情必定生災。」《後漢書》〈文苑列傳〉上：「存不忘亡，安不諱危，雖有仁義，猶設城池也。」

有惡」的靈物，其惡不論是否大於其善，必非人之本質，不然則人早已相互殘殺而自我滅絕，故「患害奇邪不一，何可勝為設防量備哉」（《桓子新論》〈求輔〉），「有天天作賊，無天天防賊」，但人卻仍得以為生。

上帝所造就的事物無一可改，這不僅是因神為全能而人無法挑戰，且因神為至善故其安排必有深意，於是世間雖不完美，但若任一事物以人意取代神意而改造，則世界必定毀滅或變成難以承受，此事實為不可思議，所以全體現實竟是人所能想像的最佳狀況，其設計完美無瑕。如此，原罪乃是人間的「必要之惡」(necessary evil)，若無原罪則人無法生存，這不是錯亂而是辛苦，也是意義與價值之所繫，故曰「天下無害，雖有聖人無所施才；上下和同，雖有賢者無所立功。」（東方朔〈答客難〉）29 上帝造物非為濟世，因此事與神格不符，若以為「世無災害，雖神無所施其德」（《淮南子》〈本經訓〉），這是褻瀆之想，但凡人受苦然後受惠乃知神意，禍患似為上帝施恩的先決條件，而人又不得認定「天作孽」，故苦難只能視為人禍，原罪只能自我歸咎，上帝卻須完全臣服。「人必有損也而後可以受益，有疑也而後可以徵信，有危也而後可以求安」（《文史通義》〈立言有本〉），這顯示原罪是事功的根源，其意不是成出於敗，而是不敗為成，人不上進則必沈淪，故原罪是逼人求道的壓力。有優點則必有缺點，這不表示世事皆為相對，而是表示人世並不完美，故曰「有所善則不善矣」（《淮南子》〈說山訓〉），換言之「人之不能有全才也，唯其才之有所獨優也」（《宋論》〈仁宗〉九）；「人各有一癖」（《白氏長慶集》〈山中獨吟〉），「人有所優，固有所劣；人有所工，固有所拙」（《論衡》〈書解〉）30，在現象上此情呈現缺

29.揚雄〈解嘲〉：「世亂則聖哲馳騖而不足，世治則庸夫高枕而有餘。」

30.《陸宣公集》〈論朝官闕員及刺史等改轉倫序狀〉：「天之生物為用罕兼，性有所長必有所短，材有所合亦有所暌，曲成則品物不遺，求備則觸類皆棄。」《文獻通考》〈選舉〉十「舉官」（唐）陸贄疏言：「人之才行自昔罕全，苟

點是必然的，它是優點所以存在的背景，因此缺點彷彿是必需的，其可貴竟與優點類似。「道以不害為左（吉）」（《越絕書》〈德序〉）31，「天下有道，民不罹辜；天下無道，罪及善人」（《吳越春秋》〈越王無余外傳〉），這確是不幸，然而「時平則才伏，世亂則才用」（張載〈權論〉），人生無為即無生意，有為卻需有難，「有賢聖之名者必遭亂世之患也」（《淮南子》〈本經訓〉），此可謂天災。聖人力足以兼善天下，凡人則無能獨善其身，智者少而愚者多，善人少而惡人多，「廣樹恩不足以敵怨，勤興利不足以補害」（《陸士衡集》〈豪士賦序〉）32，即使有人完善，亦必受害於他人──「是非不由己，禍患安可防」（《白氏長慶集》〈雜感〉）──語曰「一夫吁嗟，王道為之傾覆」（《北史》〈蘇綽傳〉）33，在所有人皆臻於至善之前，世間便不能解脫原罪，這是真理具有普世性的具體表現。然原罪既在，改良不可能造成完美，「善制不能無弊」（《陸士衡集》〈五等論〉）34，缺陷將與世共存，「計人之所知不若其所不知，其生之時不若未生之時，以其至小求窮其至大之域，是故迷亂而不能自得也。」（《莊子》〈秋水〉）原罪使世上不可能有「大功告成」之事，故「不以成敗論英雄」不是安慰之詞而是勉勵之語；「幸災樂禍」流露人的原罪意識，因為災禍是人生本事，所以「好事不出門，壞事傳千里」，畢竟好事總不可置信，「天大的好事」更不能相信 (too good to be true)。

有所長必有所短，若錄長補短則天下無不用之人，責短捨長則天下無不棄之士。」

31.《周書》〈藝術傳〉：「徇於是者不能無非，厚於利者必有其害，詩書禮樂所失也淺，故先王重其德，方術技巧所失也深，故往哲輕其藝。」

32.《陳同甫集》〈問答〉上：「聖人之立法，本以公天下，而非以避禍亂。」

33.《東里集》〈書宋高宗手詔後〉：「天下國家以眾君子興之而不足，以一小人敗之而有餘。」

34.《欒城集》〈再言役法劄子〉：「世無不弊之法，雖三代聖人之政不免有害。」
《吳文正集》〈丁巳鄉試策問〉三：「古昔聖人仁如天地，亦不能無刑。」

　　人由世間的不完美推論至善的存在，是為上帝，然則人亦可由上帝為完美一事推斷人間的不完善，是為原罪。老子曰：「大道廢有仁義，智慧出有大偽，六親不和有孝慈，國家昏亂有忠臣。」《老子》十八）此言之不當在於視仁義為不道35、視智慧為無德36，且將善行指為惡俗的產物，但若以「人世為天國墮落的情境」(the Fall of Man) 一義觀之，則其說似有道理37，蓋大道不廢即無仁義之需求，智慧不出則人皆天真無邪，世風祥和乃無超俗的善舉可為（可見道家之誤在於不信上帝卻圖反璞歸真38），由此可知原罪出自元德，它暗示真理之實，也就是上帝存在的證據。人所以能由不完美的事物推究至善的境界乃因人具天性，故不自愛者必定自欺（否認己過且美化現狀），他以經驗主義的立場就事論事，且以不完美為真相損人損己，而不顧靈性良知的啟示，「似是之言莫不動聽，因形設象易為變觀」（阮瑀〈為曹公作書與孫權〉），這不是因為人的智能不足，而是因為人的誠心腐化；此事顯示原罪與良心互動，良心不振則原罪加重，視事實為真理是神智的退縮，「以小人之慮度君子之心39」（《晉書》〈庾敳傳〉）是惡意的放縱，主張無為而治則是自我放逐，因為人力固然有限，但善心足以守

35.《莊子》〈馬蹄〉：「道德不廢，安取仁義。」

36.《莊子》〈胠篋〉：「絕聖棄知，大盜乃止。」

37.《朱文公文集》〈答何叔京〉三十：「天理中本無人欲，惟其流之有差，遂生出人欲來。」

38.若說「攘棄仁義而天下之德始玄同矣」（《莊子》〈胠篋〉），則其情必是人人都一樣壞，而非人人善良純真，蓋求道歷程需經「見山是山 (the Eden)、見山不是山 (the Fall)、見山是山 (the Justification)」的觀感轉化，既然大道淪喪而仁義出，人須「超越」仁義而重振大道，而非直接揚棄或逃避「見山不是山」的心境以退回第一階段的「見山是山」，如此乃知仁義出於大道而不如大道，修行得道不是反叛道德而是超善入真。

39.《文獻通考》〈選舉〉十「舉官」（宋）胡寅曰：「以自不能無私而度人之不能公。」

正，理性的曲解是良知的自戕，這是原罪的表現，或是原罪感的逃避。承認原罪即能發現神力，因而可以自救，故曰「人恆過，然後能改」（《孟子》〈告子〉下），這表示原罪使人無法偉大但能高貴，蓋「人誰無過，過而能改，善莫大焉」（《左傳》宣公二年），此即諺云「浪子回頭金不換」，可知原罪不是元兇，卻是促成懿德的原理。「夫誰無疾眚，能者早除之」（《國語》〈楚語〉下），「過而能改者，民之上也」（《國語》〈魯語〉上）；「過而不改，是謂過矣」（《論語》〈衛靈公〉），「過而改之，是不過也。」（《韓詩外傳》卷三）有志於此則「勿以無過為聖賢之高，而以改過為聖賢之學」（《王文成公全書》〈答徐成之〉二）40，然因原罪永不可去，得道是超凡入聖而非化身成神，求道者不當圖求心靈「淨化」（此為「精神性潔癖」），而應以善掩惡，提升人格，故曰「立功為上，除過次之。」（《抱朴子》〈對俗〉）「損，易知而速焉；益，難知而遲焉」（《抱朴子》〈極言〉），此在求道而言可謂「原罪沈重而上進艱難」，但為人之可貴在於「就有道而正焉」（《論語》〈學而〉），而不在於脫胎換骨般的改造，面對原罪而行善必有所失或有所害，亦即為善必以為惡為代價，故說「我不下地獄，誰下地獄」，然則「罪過愈深德行愈大」(The greater the sinner, the greater the saint.)，下凡與升天原是同一條路。

　　人間充滿相對之事，所以二元論是自古流行的真理觀，此見否定「兩全其美」的可能，它顯然放棄至善完滿的觀念，而以「程度問題」看待正誤善惡美醜等事，且以利弊得失衡量處事之道，其念含有原罪的感覺，或說此想是原罪作用的表現。「事不雙美」（《新論》〈妄瑕〉）41，「物莫能兩大」（《孔子家語》〈本姓解〉）42，「天道不使物有兼」（《顏氏家訓》〈省事〉），「能兩美者天下無之也」（《淮南子》〈詮言訓〉）；

40.《淮海集》〈任臣〉下：「人非蓍龜，不無過誤，顧其設心措意何如耳。」

41.《潛夫論》〈釋難〉：「堯舜道德不可兩美。」

42.《鮑明遠集》〈觀漏賦〉：「物不可以兩大，時無得而雙昌。」

「自天地不能兩盈，而況於人事乎」（《鹽鐵論》〈非鞅〉）43，蓋「體大難備，物性好偏，故所施不同，事少兩兼者也」（《後漢書》〈延篤傳〉），因此人生「有不虞之譽，有求全之毀。」（《孟子》〈離婁〉上）既然「天地之道，不能純仁」（《抱朴子》〈用刑〉），「事難全遂，物不兩興」（《舊唐書》〈李義琰傳〉），凡人亦覺「事若求全何所樂」（《紅樓夢》七十六），但「聖人不求無害之言，而務無易之事」（《韓非子》〈八說〉），於是「小事之成不若大事之廢，君子之非賢于小人之是」（《晏子春秋》〈諫下〉二十一），這是體會原罪之餘的良心判斷，也就是「兩害相權取其輕」的正義抉擇44，故有謂「天下之事不兩得，知其說者斯兩得之矣。」（《陸象山集》〈劉晏知取予論〉）諺云「有兒雖得計，無兒免生氣」，可見凡夫也為「兩難」而苦，所謂「無傷大雅」則是文人士子的為難說法，「貴高有危殆之懼，卑賤有溝壑之憂」（《南史》〈王彧傳〉），無論地位如何人總無得全之計。天人合一則從心所欲不踰矩，亦即無入而不自得，然則「選擇」不是自由而是負擔，這是人獸處境之別，也是神人能耐之別，於此人須以正確的選擇為所當為而別無選擇，其法是辨別善惡輕重而取大義。如此，「雖小道必有可觀者焉，致遠恐泥，是以君子不為也」45，蓋「小辯破言，小言破義，小義破道」（《大戴禮記》〈小辯〉）46，故「志大者遺小」（《鹽鐵論》〈復古〉），而「大德不踰閑，小

43.《陸宣公集》〈論緣邊守備事宜狀〉：「天之授者有分事無全功，地之產者有物宜無兼利。」

44.《韓非子》〈八說〉：「法立而有難，權其難而事成則立之，事成而有害，權其害而功多則為之，無難之法、無害之功，天下無有也。」

45.《論語》〈子張篇〉載「子夏曰」，然《漢書》〈藝文志〉與《隋書》〈經籍志〉（三）皆作「(孔)子曰」，又《後漢書》〈蔡邕傳〉亦言「若乃小能小善，雖有可觀，孔子以為致遠則泥，君子故當志其大者」；此見甚為高明，若非原是孔子所說，亦當是弟子據其教義轉述，故有謂「孔子欲以微罪行，不欲為苟去。」（《說苑》〈雜言〉）

46.《文子》〈微明〉：「小德害義，小善害道，小辯害治。」《莊子》〈繕性〉：「小

德出入可也。47」同理，「將治大者不治細，成大功者不成小」（《列子》〈楊朱〉）48，「傲小節者不能行大威，惡小恥者不能立榮名」（《戰國策》〈燕攻齊取七十餘城〉）49，所以「論大功者不錄小過」（《漢書》〈陳湯傳〉），這不是常人所謂的「不拘小節」，卻是對「忍辱負重」的連帶推崇。

選擇是不完美的事情，其目的是減少不完美的事情，這是在不幸中謀圖大幸，所以沒有勇氣造成傷害，便沒有仁心為人造福，此事在戰爭中尤其顯著而重要。「兵者凶器也，爭者逆德也，將者死官也，故不得已而用之」（《尉繚子》〈武議〉），然不得已而用之必有大善。「盟不如不盟，然而有所謂善盟；戰不如不戰，然而有所謂善戰。不義之中有義，義之中有不義。」（《春秋繁露》〈竹林〉）因此，「以戰去戰，雖戰可也；以殺去殺，雖殺可也；以刑去刑，雖重刑可也。」（《商君書》〈畫策〉）50 在不完美的世界裡，任何作為皆有其害，所以舉措施行均應本乎善意，而且確認功多於過的價值，涉及殺生之事尤然，故曰「仁恩，謀之本也」（《新序》〈善謀〉上），「非仁義不能使間」（《孫子》〈用間〉）。於此，原罪的作用似在考驗人的仁心與勇氣，而原罪的警覺出自知識，可見任何道德問題均需「智仁勇」兼備方能解決。孫子曰：「百戰百勝，非善之善者也；不戰而屈人之兵，善之善者也。」（《孫子》〈謀

識傷德，小行傷道。」《說苑》〈談叢〉：「小惠妨大義。」

47.《論語》〈子張篇〉載「子夏曰」，《韓詩外傳》（卷二）則作「孔子曰」，其意義與前例同。《晏子春秋》〈雜上〉二十一：「大者不踰閑，小者出入可也。」

48.《漢書》〈賈誼傳〉：「大人者不牽小行，以成大功。」

49.《南齊書》〈孔稚珪傳〉：「以天下為量者不計細恥，以四海為任者寧顧小節。」

50.《司馬法》〈仁本〉：「殺人安人，殺之可也……以戰止戰，雖戰可也。」《抱朴子》〈用刑〉：「莫不賤刑，而無能廢刑以整民也。……以殺止殺，豈樂之哉。」

攻〉）51此見固然能勇於面對現實，同時又不以勢利為榮，確有悲憫之
情，但其以智取勝的戰略主張卻暗示肯定戰事的態度，而於人性之惡
缺乏批判，這是原罪感不足的表現，故其說有智有仁有勇卻皆嫌少。
「君子不為匹夫興師」（《新序》〈善謀〉上），然一旦舉兵，「當敵而不
進，無逮于義矣；僵屍而哀之，無逮于仁矣」（《吳子》〈圖國〉），所謂
「用兵之害，猶豫最大」（《吳子》〈治兵〉），此非不仁，亦非不勇，卻
是不智，而其不智是由於無法洞鑒原罪以當機立斷，可知不能省察原
罪則造惡更大。

　　所謂「人具有原罪」不僅意謂人有缺陷，而且意謂世間有其缺陷，
然此二者實為一體，因為世間的不圓滿是人的感受（受害者為人），而
人若為完美則世間的缺陷將可以改良矯正，因此可說世間的不完美是
基於人的缺陷，這是人為萬物之靈的證明，也是上帝獨厚人類的證明。
簡言之，人生不如意乃因人有原罪，或者人生不如意是人具原罪的證
據。「人之生也，與憂俱生」（《莊子》〈至樂〉），然「恐懼所以除患也」
（《說苑》〈雜言〉），故「生於憂患而死於安樂」（《孟子》〈告子〉下）52，
如此痛苦若非天譴何以歸類。然而憂患者未必生，安樂者未必死，「事
起乎所忽，禍生乎無妄」（《貞觀政要》〈論刑法〉），人算不如天算，居安
思危終究無效，人不能自主是因人本來不是宇宙主宰。老子曰「禍兮
福之所倚」（《老子》五十八）53，此見就人生本質或原罪觀念而言大略
正確，但其理論般的說法在知識上顯得樂觀，這必然有誤，蓋其說若
為確實，則禍福變化之道可相當掌握，如此人乃得以趨吉避凶，人生
之苦與原罪之害於是大減，這與其說原意或真相真理皆不相符，可見

51.《西遊記》第十回：「善勝者不爭，善陣者不戰，善戰者不敗，善敗者不
　　亂。」
52.《東萊博議》〈鄭伯侵陳〉：「天下之事勝於懼而敗於忽，懼者福之原，忽者
　　禍之門也。」《舊唐書》〈張說傳〉：「安樂必誡。」
53.《呂氏春秋》〈制樂〉：「禍兮福之所倚，福兮禍之所伏。」

事實是「福本於有禍」(《韓非子》〈解老〉)，然福禍興替之理且不可知。受罪即是受苦，人生的本質是痛苦的，這是原罪的作用，積極看待此事便覺「禍為德根，憂為福堂」(《吳越春秋》〈句踐入臣外傳〉)，亦即「樂所以為樂者，乃所以為悲也；安所以為安者，乃所以為危也。」(《文子》〈自然〉)消極的人認為「利為害本而福為禍先，唯不求利者為無害，不求福者為無禍」(《韓詩外傳》卷一) 54，這是迴避原罪的觀點，不足為訓。其實「禍莫大於無足，福莫厚乎知止」(《抱朴子》〈知止〉) 55，有道學才能有道行，真相是「福莫大於無禍，利莫大於不喪」(《文子》〈符言〉) 56，但人既已墮入不幸的世界而為難民，便當力圖振衰起弊，「謀者皆從事於除患之道」(《戰國策》〈燕饑趙將伐之〉)，「能除患則為福」(《荀子》〈大略〉) 57，所謂「行莫大乎無過」(《荀子》〈議兵〉)，絕非提倡無為而是表示有為則必有過，然只要善多於惡，凡人皆應勇於任事。

　　人非完美的生命，同情與爭鬥皆是原罪所致，同情是對共有弱點的憐憫，爭鬥是因各人不滿而對抗，兩者均由缺陷而起。固然「同病相憐，同憂相救」(《吳越春秋》〈闔閭內傳〉) 58，但「共患易，共利難」(《東萊博議》〈齊魯鄭入許〉)，「憂合歡離，品物恆性」(《劉孝標集》〈廣絕交書〉)，故「恩甚則怨生，愛多則憎至」(《亢倉子》〈用道〉)，人際關係可能和諧，卻永無圓滿之機。「需，須也，險在前也」(《周易》〈需卦〉)，原罪對人而言暗藏危機，蓋完美者自足，人有不足，乃有所欲，同欲相憎，故曰「凡有血氣，皆有爭心」(《左傳》昭公十年) 59，人之

54.《韓詩外傳》卷五：「福生於無為，而患生於多欲。」

55.《素書》〈本德宗道〉：「吉莫吉於知足。」

56.《荀子》〈勸學〉：「福莫長於無禍。」《韓非子》〈大體〉：「福莫久於安。」

57.《北史》〈爾朱榮傳〉：「去患乃是吉祥。」

58.《戰國策》〈犀首立五王〉：「同欲者相憎，同憂者相親。」

59.《晏子春秋》〈雜下〉十四：「凡有血氣者皆有爭心。」《尉繚子》〈戰威〉：「民

相爭顯然始於人之不全，此乃大患之源。「凡人之攻伐也，非為利則因為名也」(《呂氏春秋》〈應同〉)，而圖利者又甚多於求名者60，這表示原罪的影響無所不在，因它不僅是精神性的缺陷，而且是物質性的匱乏。事實上人的惡性即是原罪，「飲食男女，人之大欲存焉，死亡貧苦，人之大惡存焉，故欲惡者心之大端也」(《禮記》〈禮運〉)；一切人為惡事皆是原罪的作用，而愈是接近人類本性的惡行愈是難以抑制的原罪，所以「好色不可諫」(《抱朴子》〈辨問〉)，而「人情所不能止者聖人弗禁」(楊惲〈報孫會宗書〉)，故「君子不奪人所好」。《呂氏春秋》曰：「始生人者天也，人無事焉。天使人有欲，人弗得不求；天使人有惡，人弗得不辟。欲與惡所受於天也，人不得興焉，不可變、不可易。」(《呂氏春秋》〈大樂〉)這是中國文明中最強烈而明白的原罪論述，其感想源於為惡的無奈，可知人之好勝間接示弱，自大者必不自量力。「君子不自稱也，非以讓也，惡其蓋人也」61，這不是謙虛而是慈悲，謙虛實為驕傲，慈悲乃有同感，其精神是體諒，其知識是原罪的了解。

原罪使世無完人，故「大人不責小人過」(《陔餘叢考》〈成語〉)，「君子不求備於一人」(《三國志》〈諸葛恪傳〉)62，並且「不以一眚掩大德」(《左傳》僖公三十三年)，此非姑息而是諒解。「春秋之法常責備於賢者」(《新唐書》〈太宗紀〉)，然「天下之賢固非一人所能盡也」(《資

之所以戰者，氣也。」《抱朴子》〈詰鮑〉：「有欲之性萌於受氣之初，厚己之情著於成形之日，賊殺并兼起於自然。」

60.《史記》〈貨殖傳〉：「天下熙熙皆為利來，天下壤壤皆為利往。」《鹽鐵論》〈毀學〉：「天下穰穰，皆為利往。」

61.《國語》〈周語〉中：「君子不自稱也，非以讓也，惡其蓋人也。夫人性，陵上者也，不可蓋也。求蓋人，其抑下滋甚，故聖人貴讓。且諺曰『獸惡其網，民惡其上。』」

62.《文子》〈上義〉：「君子不責備於一人。」《戴東原集》〈原善〉下：「德不求備於一人。」《新五代史》〈死事傳〉：「君子之於人也，樂成其美而不求其備。」

治通鑑》〈唐紀〉四十一），「今以人之小過揜其大美，則天下無聖王賢相矣。」（《淮南子》〈氾論訓〉）由此可知，「人非聖賢孰能無過」一說，既不符合事實（聖賢亦有過）也非聖賢所倡，而是凡夫的自解之詞，「人道惡盈而好謙」的說法其實也有類似的心虛情結。「善論者不恥謝，善戰者不羞去」（《曹子建集》〈自試表〉），再好的人也有缺憾，但這不必苛責，「夫人之情莫不有所短，誠其大略是也，雖有小過，不足以為累」（《淮南子》〈氾論訓〉），所以「賞必以道，用防淫人之姦；罰不濫及，以戒良士之困。」（《魏書》〈任城王傳〉）因人有原罪也有良心，小過難免而大惡可防，故道德政策當是「采善不遺小，掇惡不遺大」（《春秋繁露》〈威德所生〉），否則勸善無方，反而使人怨氣橫生（怨氣是無人可以歸咎的個人不滿）。古諺有云：「積善三年，知之者少；為惡一日，聞于天下。」（《晉書》〈宣帝紀〉）此情反映凡人的惡意強於善意，或私心多於公心，故常不相信善舉，而總以醜聞為真。行善須克服罪性，為惡須抵抗良心，反過來說，行善是服從良心，為惡是順從罪性，然行善較為惡更難，此因行善必須信道，而為惡只要隨性，上帝與真理難以感知，社會風習則使人苟且，所以行善是積極的求學，而為惡是消極的縱慾，良心需經發揚始能有力，罪性只需放任即可為害，故行善難於為惡。德行出於真知，認識原罪才可能追求至善，「夫唯病病，是以不病，聖人不病，以其病病，是以不病」（《老子》七十一），不識原罪則不解原善，發現極限才知盡力，承認有罪方可除惡，否認缺失即不改過，可見原罪感是降低原罪之害的力量，忽視原罪亦是一罪，其所造之惡將更多於原意63。陸王之學忽視人的原罪與惡性，而過於強調良知善性，故以為「惡與過不同，惡可以遽免，過不可以遽免」（《陸象山集》〈論語說〉）64，此見認定「君子有過而無罪」65，因覺天性足

63.神仙方術之說是反原罪觀的看法，其宣傳之盛與施行無效則是原罪為真的佐證，而其結果是害人害己，如「坐化」的傳說是凡人對死亡的恐懼所致，這是求生精神的萎靡，反不如坦然接受死亡的認命態度令人安心。

恃而習慣有礙，所以不重視歷史教訓或前人提示，乃說「大抵為學不必追尋舊見」(《陸象山集》〈與李信仲〉)；其實罪、惡、過、失性質相同，只是程度有別，有失即為有罪，人若無瑕則不可能有過，而愈接近原罪的惡行愈難革除，愈少精神本質的習慣性行為愈可能糾正，故人所能致力者應是「克己復禮」式的修養，以遵循傳統文化節制個人惡習，畢竟人性古今皆同，求道並無新法或捷徑。總之，原罪是世間萬惡之源，惡有大小但性質無殊，人不必為小惡痛心，而可為大善振奮，然追求完美是良心所趨，去惡從善是人的義務，小過難免卻可免，這是求道的大事，非同小可。

二、人性的本質

原罪感反映人性善惡兼具，原罪是惡性，而原罪感（知恥）是善性，但在人性問題上這只是現象而非本質的說明，因為人的本性不可能有二，且善惡對立衝突而不可合一，所以論者必當探究善惡的主從本末方能釋疑。善可包含惡，而惡不可包含善，蓋至善無惡，然則善不充分即有惡，「不善」即是惡，惡是善的缺乏，這顯示以善的觀點足以解釋惡的存在或出現；反之卻不然，因為惡無法產生（導致）善，若說惡的不足即是善，這是貶抑善的價值，故為自相矛盾，何況「不惡」尚非善，可見善是獨立存在之事，惡則是依附於善的餘事。惡是善的反義，善為本而惡為末，善為主而惡為從，善為目的而惡為手段，善為目標而惡為過程，惡考驗善而善懲罰惡，善可以無限發揚而惡為有限且應消滅；善惡的定義或許不一，但善為佳而惡為不佳，其理無從顛覆，同時善為上進而惡為墮落，故為善必須求道而不能以「善化」達成，為惡則是反其道而行而一直「惡化」。由此可知，人的本性是善而非惡，或說惡是人的副性，人性本惡的說法所以為錯誤，不僅是因

64.《公是先生弟子記》：「忘其過不忘其惡，貶其惡無貶其過。」
65.《公是先生弟子記》：「君子有過而無罪……觀其過可以知仁矣。」

其無法解釋「善」，而且是因其具有內在衝突性，蓋「惡」為道德性的觀點，有此評斷必具善念（認錯是善行）66，人能如此自責即顯示人性本善，可見關於人性善惡的問題，不管如何立論，皆是在為人性本善一義發明。在中國傳統中，性善說先於性惡說而出，且為正統之見，這證明中國文明確為高貴，因為人性善惡兼具是常人的經驗觀感，而性善說一方面是上進心的表現，另一方面是深刻（超越表象）的知識見解，上帝觀念不明而有人性本善的主張，此種自我要求的態度與自我負責的精神誠屬不易，同時中國的性惡說以除惡為念，它間接擁護性善觀，絕不自瀆自棄，卻共同倡導求道之德，這是可貴的異議格調。

　　純粹的性惡說無法成立，絕對的性善說非凡眼可識，而當二說皆起以後（孟荀），乃有人性善惡兼具的提議（揚雄），這不是思想的精進，卻是標新立異而不成功的行動，因其見是早期文明的普通觀點，且於人之本性反無追究而含糊以對。揚雄曰：「人之性也善惡混，修其善則為善人，修其惡則為惡人。」（《法言》〈修身〉）此說其實道德意識不清，因為「修惡」既無實質且無價值，豈可與「修善」相提並論，而且其意不以善惡為對立消長之勢，然修善而不除惡絕無可能，修惡而不顧善不可謂修，更遑論其二元觀漠視一貫真理，不知所之。不信上帝則不重唯一之義，於是人多以相對為理，人性兼有善惡且不分高下的觀念即是一例。司馬光曰：「夫性者，人之所受於天以生者也，善與惡必兼有之。」（《司馬溫公集》〈善惡混辨〉）其語氣似為理所當然，但推論毫無根據，可見論者之意是天非完美純粹而為合成，難怪以陰陽為宗者皆主人性善惡共和。「夫兩儀肇闢，萬物化生，則邪正存焉爾」（《抱朴子》〈詰鮑〉），如此，「人受陰陽之氣以生，有情有性，性則為善，情則為惡。」（《北史》〈蘇綽傳〉）性情固然可分，但情出於性，性善情惡之說等於主張人性善惡兼具，所以「六情五性同在於人，嗜欲廉貞各居其一，及其動也，交爭于心。」（《三國志》〈高堂隆傳〉）若不論終

66.《北齊書》〈顏之推傳〉：「有過而自訟，始發矇於天真。」

極真相，人確是善惡二性所立，所謂「人中有獸心」（孟郊〈擇友詩〉），意即善中有惡，故曰「人之誠有貪有仁，仁貪之氣兩在於身。」（《春秋繁露》〈深察名號〉）善惡兩性俱在人心，此非虛假，但不辨其原委則猶倡議善惡兩大，這是為惡合理化，或是肯定惡具獨立性，其誤謬與損德不言而喻；若知天人交戰之義即知善惡對立之理，其實是善為本質而惡為現象，惡性的作用是挑戰善性，也就是促成道德困境以使善有為，故人性善惡混只是思想狀態，不是心靈真相。

　　因人性善惡兼具，故任何道德行為皆有天人交戰的內涵，「君子見人之困則矜之，小人見人之困則幸之」（《韓詩外傳》卷二），這是感受原罪與否的不同反應。善人有其惡性，惡人有其善性，所以善人有惡行，而惡人亦有善舉，善人與惡人之別決定於善惡行為的多寡，然人性本善，任何人皆不可能終身為惡而無一善行，如此發乎良心為言者，可能是善人亦可能是惡人，故「君子不以言舉人，不以人廢言。」（《論語》〈衛靈公〉）同理，「人之患在好為人師」（《孟子》〈離婁〉上），這亦顯示人性兼有善惡，蓋「為人師」乃是傳道示範，此為善意，而「好為人師」則是無道自大，此為惡念；「好為人師」是由善轉惡的心思，「盜亦有道」（《莊子》〈胠篋〉）則是由惡轉善的念頭，此二者皆證明人無純一的善性或惡性，而舉事時必有良心與原罪的互動，不然則無道德可言。人有惡性，而惡不可為，人有善性，而善須苦行，故「人有不為也，而後可以有為。」（《孟子》〈離婁〉下）荀子曰：「人之性惡，其善者偽也。」（《荀子》〈性惡〉）此言實有錯亂之處，蓋人性若只是惡，則又何必或豈有可能企圖表現善的模樣，偽善雖是惡，但不具善性或善念即無法偽裝成善，因為「偽善是惡對善的輸誠」(Hypocrisy is a homage that vice pays to virtue.)，可見人性善惡兼具。若說「凡人之欲為善者，為性惡也」（《荀子》〈性惡〉），此為矛盾之論，其合理解釋是人以惡為恥，故雖善意不足，亦勉為其難以行善，可知惡是善的不足所致，所以「志善者忘惡」（《鹽鐵論》〈褒賢〉），而「從善如登，從惡如

崩」(《國語》〈周語〉下)。人之惡心起於「為德不卒」的善心，所以惡
性對善性而言主要是一種誘惑的力量，誘惑常強於威脅而成為威脅，
「儒者不本其所以欲而禁其所欲，不原其所以樂而閉其所樂，是猶決
江河之源而障之以手也」(《淮南子》〈精神訓〉)；由此可知去惡須先正
心，亦即弘道是除罪的根本，禁止惡行不如開導善念，因為行善須有
理想，而為惡只消任性，若人不信真理便無堅持為善之理，畢竟所有
的惡行皆是放縱之舉，沒有信仰何須自制。

　　如不信上帝，則人性之見絕非相對於神性，於是人性可能意謂善
性也可能意謂惡性，如「飢寒起盜心」一說暗示人性本是良善，而「飽
暖思淫慾」一說卻表示人性本為邪惡。儒家認為人性本善，這即是認
定人性善惡兼具，因為本善不是至善，善性不能發揮則惡性當即作怪，
本性之善不足以保證善行；反之，主張人性本惡者亦不能否定人有善
性，然惡性無法作用必因善性加以控制，本性之惡未得以使人必然沈
淪；所以在務實者看來，「人之善惡非性也，感於物而後動」(《說苑》
〈修文〉)，於是人的本性為何並不重要，為善或為惡的意念與行動才
是重點，然而這已不是人性觀而是道德觀的問題。上帝感受淡薄者多
無深究人性本質的心意，卻有將人性問題理論化的傾向，其真理觀素
質不高而條理複雜，以此人本的宇宙乃得建立，但人的可貴卻難以顯
現；或以為人性為善，但善惡行為乃是「才」而非「性」的表現（二
程）[67]，或以為善惡是人性的表現，而非人性的本質（蘇軾）[68]，凡
此皆是術士式的爭論，有形而無神，因其隔離德性與德行的關係，亦
即忽視天人之際的轉化，道德的自主意義與永恆價值為之大減。其實
才性本質相同而皆為善（不才即是惡性），二者都是天賦，人若無神格

---

67. 《粹言》〈心性篇〉：「受於天之謂性，稟於氣之謂才，才有善否……性則無
　　不善。」

68. 《蘇文忠公集》〈揚雄論〉：「天下之言性者皆雜乎才而言之，是以紛紛而不
　　能一也。……善惡者性之所能之，而非性之所能有也。」

即無善性，而無善性即無善行，一切道德問題皆是良心的困境，善惡
乃是天人交戰的結果——儘管其歷程可能極其短暫而平順——否則便
失善惡的意涵，可見人有為善的本能，但乏興善的知識，這是天人不
一的道德處境。不論人性為何，人皆應從善，而即使人性本善，「性待
教而為善，此之謂真天」(《春秋繁露》〈深察名號〉) 69，人不能因具善
性而有恃無恐——如此則為惡性表現——反而須戒慎恐懼以執行天
職，於是乃知惡是善的試金石，善是人心的監察使，服從天命即是行
善，反抗天意即是作惡，所以惡行從來不成功。

　　人的本性為善，這不僅是理性的判斷，而且是靈性的感受，若人
性本是惡，則人為萬物之靈一事根本無從出現或想像；換言之人雖有
原罪而不完美，但原罪感卻是以不完美為憾的善念，當人捫心自問本
性為何，則不得不當仁不讓以善自稱。朱子曰「本原之性無有不善」
(《朱子語類》〈性理〉一) 70——此如王陽明所謂「至善者性也」71——
蓋「性……只是理，非有個物事，若是有底物事，則既有善亦必有惡，
惟其無此物，只是理，故無不善。」(《朱子語類》〈性理〉二) 簡言之，
「有善惡，理卻皆善。」(《朱子語類》〈周子之書〉) 這是由真理具有完美
性一義推論而得的人性觀，因真理貫通一切事物，而真理為完善且為
最高之質，故終極真相必是既真且善而美，於是不論人有多壞，論其
本性則莫非是好。如此，「以善歸理」(《戴東原集》〈孟子字義疏證〉
「性」) 是求道之見，「窮理盡性」(《蔡中郎集》〈胡公碑〉) 所以應當正因

69.《申鑒》〈雜言〉下：「性雖善，待教而成。」《韓詩外傳》卷五：「夫人性善，
　　非得明王聖主扶攜，內之以道，則不成為君子。」

70.《正蒙》〈誠明〉：「性於人無不善。」《朱文公文集》〈答陳同甫〉八：「天理
　　人欲之並行，其或斷或續固宜如此，至若論其本然之妙，則惟有天理而無人
　　欲。」

71.《王文成公全書》〈傳習錄〉上：「至善者性也，性元無一毫之惡，故曰至
　　善。」

人性合理（性善乃可盡性而無害），可知「德者性之端也」（《禮記》〈樂記〉），「分別性與習，然後有不善，而不可以不善歸性。」（《戴東原集》〈孟子字義疏證〉「性」）72 然則「靈魂為賢」（《關尹子》〈四符〉），所謂「天地之心」乃是善本，「人受天地之中以生，其本心無有不善」（《陸象山集》〈與王順伯〉），故「自知，然後見天地之心。」（《困學紀聞》〈易〉）73 「心之精神是謂聖」（《孔叢子》〈記問〉），聖心即是天心，而人之本心即是聖心，「聖人與我同類，此心此理誰能異之」（《陸象山集》〈與郭邦逸〉），故天真而言「滿街人都是聖人」（《王文成公全書》〈傳習錄〉下），以學佛而論則「欲求見佛，但識眾生。」（《六祖壇經》〈付囑品〉）總之，人性本善之說「言理之為性，非言性之為理」（《戴東原集》〈緒言〉上）74，本性為善不意味人無惡質，「孟子說性，直從源頭上說來，亦是說個大概如此；荀子性惡之說是從流弊上說來，也未可盡說他不是，只是見得未精耳。」（《王文成公全書》〈傳習錄〉下）「荀子之所謂性，孟子非不謂之性，然而荀子舉其小而遺其大也，孟子明其大而非舍其小也。」（《戴東原集》〈孟子字義疏證〉「性」）人處在不完美的世界，當然有其自身的缺陷，論事理應探究真相，捨本逐末必混淆視聽，故人性本質之論可稱善而不可稱惡。

　　人性本善不意謂人性全善，這與其說是得自推理，不如說是得自感受，蓋經驗上人已覺察惡行惡性，故本性的探討是追根究底以求原

72.《讀通鑑論》〈三國〉二：「人之皆可為善者性也，其有必不可使為善者習也。」

73.《困學紀聞》〈禮記〉：「人者，天地之心也。仁，人心也，人而不仁則天地之心不立矣，為天地立心，仁也。」《戴東原集》〈鄭學齋記〉：「不見天地之心者，不得己之心。」

74.《戴東原集》〈孟子字義疏證〉「理」：「古人言性，但以氣稟言，未嘗明言理義為性，蓋不待言而可知也。」其意以為孟子見異說紛起，乃不得不以「理之為性」闡揚性善本義，雖然人性絕非完美，不可奢談「性之為理」，但惡乃是善的陷溺結果，故勸善者必明人性原理，而不當以道德亂象驚世駭俗。

因或真相，不是事實或現象上的查考，換言之人是由人性的不完美反問人性本質的善惡，而非事先確定人性本善，然後論斷本質之善不是實際之善，或「人性」與「人的本性」並非同義。即因人性本是善卻美中不足，所以人有行善或改善的可能與必要，亦即「人之欲為善，以其善之未足也，而有可充之資可為之質也。」（《宋元學案》〈安定學案〉「徐積」）由此可知，若稱「善出性中，而性未可全為善也」（《春秋繁露》〈深察名號〉），這是不含推理的固執主張，其說尚不如「人人有善性而未必善自充也」（《王臨川集》〈答孫長倩書〉）一見篤實而直率。陸九淵曰：「人性本善，其不善者遷於物也。」（《陸象山集》〈語錄〉上）75 此說似乎合情但不合理，因為原理與事實相關但不相同（其層次與性質皆異），本性不可能因現實事物而變質，真相乃從實況追究而得，豈可能又因事情而改，畢竟物質絕無腐化精神的本能，陸說意在肯定人性之善（幾乎是全善），但因事與理違──「天生民性有善質而未能善」（《春秋繁露》〈深察名號〉）──以致有此牽強之論，故不如說「凡惡者皆氣質使然」（《朱子語類》〈程子門人〉）76，雖然這仍無法釋疑77。不論如何，人性不是神性，當然不是完美至善，它只是本質性的善或是相對性的好，故「質於禽獸之性，則萬民之性善矣；質於人道之善，則民性弗及也。」（《春秋繁露》〈深察名號〉）78再者，善性不等於善行，正如理性不是知識，善性要落實須經心術，即使人性全善而人格無疵，因人處於不完美的世界，其意念化為行動時必無法維持理想的狀態。

75.《曾文正公全集》〈筆記〉「勉強」：「人性本善，自為氣稟所拘、物欲所蔽，則本性日失，故須學焉而後復之。」

76.《朱子語類》〈程子門人〉：「性豈有兩個，善又安有內外，故凡惡者皆氣質使然。」《魯齋遺書》〈語錄〉下：「為惡者氣，為善者是性。」

77.《四存編》〈存性編〉「駁氣質性惡」：「若謂氣惡則理亦惡，若謂理善則氣亦善，蓋氣即理之氣，理即氣之理，烏得謂理純一善，而氣質偏有惡哉。」

78.《春秋繁露》〈深察名號〉：「天生民性有善質而未能善，於是為之立王以善之，此天意也。……萬民之性苟已善，則王者受命尚何任也。」

人性本善卻常惡化，這使修行求道成為可能、必需、且高貴，而「學問之道無他，求其放心而已矣」（《孟子》〈告子〉上），其理簡易，但其事艱難，這是神意高深莫測的徵象。

　　人性本善而惡念惡行且在，然則惡是善的不足，而非與善對抗的獨立素質。王陽明曰：「至善者心之本體，本體上才過當些子便是惡了，不是有一個善，卻又有一個惡來相對也，故善惡只是一物。」（《王文成公全書》〈傳習錄〉下）其意表示善惡是「同性異質」，善惡相關但不相對，善生出惡乃是「量變造成質變」，而所謂量變乃是不足。朱子曰：「善惡皆是理，但善是那順底，惡是反轉來底，然以其反而不善，則知那善底自在，故善惡皆理也，然卻不可道有惡底理。」（《朱子語類》〈程子之書〉三）這表示「惡是善的反面」──而非「善是惡的反面」[79]──或說惡是善的失陷，亦即惡為實而不真（終究為虛），「夫人有不善，則乃性命之疾也」（《論衡》〈率性〉），病有害體，但不能改變本體，故善性為永恆真理[80]。人性本善，而惡乃是善的沈淪，故善性無等級之分，而惡性有輕重之別（過、惡、邪、魔），易言之為善為理所當然，作惡為墮落之舉。「人有性善行惡者」（《北史》〈賀若弼傳〉），這固然可疑，但決疑之道是斷定善惡何為因果，「若善底非本然之性，卻那處得這善來」（《朱子語類》〈程子門人〉），可見惡是善的病態，故曰「若論本然之性，只一味是善，安得惡來？人自去壞了，便是惡。」（《朱子語類》〈程子門人〉）真相必為唯一而真理絕非二元，世間相對之事皆有本末主從之別，如「亂生于治，怯生于勇，弱生于強」（《孫子》〈兵勢〉），而「眾人之用其心也，愛者憎之始也，德者怨之本也」（《管

79.《陸象山集》〈語錄〉上：「有善必有惡，真如反覆手，然善卻自本然，惡卻是反了方有。」

80.《朱子語類》〈程子之書〉一：「人性本善而已，才墮入氣質中，便薰染得不好了，雖薰染得不好，然本性卻依舊在此，全在學者著力。今人卻言有本性、又有氣質之性，此大害理。」

子》〈樞言〉），人性問題若不能決斷善惡的虛實，則凡人豈不是皆有「雙重人格」。即因善為正而惡為反，所以在精神意義上善為真而惡為假，反因正而立，假因真而成，故判斷反與假必須根據正與真，語曰「未見君子不知偽臣」《鹽鐵論》〈論誹〉），即是此義81。不論人是否為善或承認人性本善，這皆不能使其本性改變，也不能使是非倒錯，「義理在人心，終不可埋沒」《文獻通考》〈宗廟〉十一「祫禘」引楊復《祭禮》曰），人之善性是良心的資質，而良心是神格在人的寄託，人不可能與神爭，忽視神意亦是神意，但人無法預知或盡知神意，故順天而行是人的責任與難題，違背良心善性不是人的勝利，卻是不為神愛而無所知的自害。

人性本善的例證隨處可見，而其最直接的證明是人自認如此，因為此種自許即是無可置疑的善念，而善念非善性莫屬。「古今之常語凡指斥下愚者，矢口言之，每曰『此無人性』，稍舉其善端，則曰『此猶有人性』」（《戴東原集》〈孟子字義疏證〉「性」），由此可見凡人的直覺也以為人性本善，而且「雖下愚，不能無道心」（朱熹〈中庸章句序〉），以下愚為無人性，實乃道德性感慨，而非知識觀點，故人性有無之評語皆是基於人性為善的信念而發，其根本意義無異。「人無貴賤愚良，一欲善其名字，夫欲善其名字者非他，亦曰愛其身而已」（《元豐類稿》〈王無咎字序〉），愛與美同在，而美與善一致，故自愛是人性為善的表示。惡者不自重，「自尊」正是出於人性本善之實，故「愛人者人恆愛之，敬人者人恆敬之」（《孟子》〈離婁〉下）82，「以誠待人則人思竭忠，以疑遇物則人思苟免。」（《宋史》〈上官均傳〉）此事顯示「善可以傳染」，其積極表現則為「見賢思齊」（《論語》〈里仁〉），這也是人性本善的證據。同理，「隱惡揚善」不是知識性偏差，而是道德期望的展現，故此

81.《吹劍錄》三：「小人不可無君子，猶陰之不可無陽也……小人用事必至極弊大壞，非有君子扶持於其後，則天下事不可為已。」

82.《日知錄》〈通經為吏〉：「重其人，則人知自重矣。」

舉非小人所能[83]；「揚善生於性美，宣惡出於情妒」（《新論》〈傷讒〉）
——羨慕是善而嫉妒是惡——所以「去惡以止惡不若舉善以勵善，使
人自趨則不為惡，可以止惡之愈也。」（《元豐類稿》〈代上張學士〉）人性
善惡的爭議反映人性之善與行善之難，因凡人在道德問題上常有心無
力，故一般社會現象顯示道德不振，然史上常見「世上好人少而惡人
多」的感慨其實是人性良善的呈現，因為對於罪惡的痛恨或省思即是
善性的作用；「天下善人少而惡人多，其書名竹帛者，蓋唯記善而已」
（《史通》〈人物〉），但記善之舉即表示道德不滅而好人不休，故歷代皆
有「世風日下人心不古」之歎，這不必悲觀以對。「人皆有不忍人之心
……無惻隱之心非人也，無羞惡之心非人也，無辭讓之心非人也，無
是非之心非人也」（《孟子》〈公孫丑〉上），如此「凡人莫不知善之為善、
惡之為惡」（《新語》〈資質〉）[84]，「人無賢愚，見善則譽之，見惡則謗
之，此人情也，未必有私愛也，未必有私憎也。」（《中論》〈虛道〉）「凡
惡之為名，非徒君子嫉之，雖為小人者亦知其可惡也」（《歐陽文忠公
集》〈魏梁解〉），「小人之為不善猶必有所顧忌」（《蘇文忠公集》〈荀卿
論〉），故凡人犯錯之後常圖辯解脫罪，此舉雖是惡行，然亦顯示人知
善之所在及其大小，可見「不知恥」乃是善性的反面證據。曾子曰：
「人之將死，其言也善。」（《論語》〈泰伯〉）涉及終極問題人必認真而
存意敦厚，這表示即使人一生作惡多端，其本心乃為良善，故常人絕
不可能以惡行為榮，「以德服人」的觀念與成效則是其佐證[85]。總之，

83.《陸宣公集》〈論朝官闕員及刺史等改轉倫序狀〉：「遏惡揚善非小人所能。」
84.《朱子語類》〈孟子〉九：「人心都有這個義理，都好善，都惡不善。」《司馬
　　溫公集》〈致知在格物論〉：「人之情莫不好善而惡惡、慕是而羞非。」《西山
　　讀書記》〈心〉：「學者初聞善道，其心無不欣慕而開明。」《王文成公全書》
　　〈傳習錄〉下：「良知在人，隨你如何不能泯滅，雖盜賊亦自知不當為盜。」
　　《讀通鑑論》〈隋文帝〉七：「雖有無道之主，未有不以之教其臣子者。」《朱
　　子語類》〈孟子〉九：「人性無不善，雖桀紂之為窮凶極惡，也知此事是惡，
　　怎地做不奈何，此便是人欲奪了。」

「天下之人唯各特意哉，然而有所共予〔與〕也」(《荀子》〈大略〉)，
人類的共識必屬於善意；「夫民，別而聽之則愚，合而聽之則聖……是
以明君順人心、安情性，而發於眾心之所聚」(《管子》〈君臣〉上)，「君
子仁以恕、義以變，所好惡與天下共之。」(《鹽鐵論》〈取下〉)

　　人性本善但人情不善，此所謂「性不勝情，耽惑成亂」(《貞觀政
要》〈規諫太子〉)，性情之分旨在表示真理與事實的差異，亦即強調本
性為善以及反璞歸真的重要。孟子曰：「乃若其情則可以為善矣，乃所
謂善也；若夫為不善，非才之罪也。」(《孟子》〈告子〉上) 又曰：「富歲
子弟多賴，凶歲子弟多暴，非天之降才爾殊也，其所以陷溺其心者然
也。」(同上) 86 所謂「才」即是性，故才無不善，而所謂「陷溺」在
道理上意指「善的缺乏即是惡」，此事所以出現乃因人有原罪，人的缺
陷使道德沈淪的危機四伏，故「俗益卑弊，人益脆弱。」(《新唐書》〈杜
牧傳〉) 87 因人性本善，所以墮落是失性，而悔改是復性，文明之道則
是「神明定於天下，而心反其初，心反其初而民性善。」(《淮南子》〈本
經訓〉) 人性善惡的討論本身顯示人非全善，因此至善的上帝成為不可
忽視，然而中國文明的上帝觀念不明，人性本善的思想反而強化人本
的宇宙觀，其反璞歸真或復性一事不是「與神復合」，卻是退處人性原
狀，這是缺乏原罪感受的求道看法，可見中國的人性本善說主要是倫
理學而非形上學的探討。

　　即因超越性的問題意識不清，中國的人性觀上達困難，靈性思索
欠缺，而常陷入感性世界的分析，關於心、性、才、情、意、欲諸義
的討論尤多，其糾纏不清與冗贅雜亂誠為大患，就中心性的辨白特為

85.《論語》〈季氏〉：「遠人不服則修文德以來之。」

86.《四書集注》〈孟子〉「告子」上：「人之情本但可以為善而不可以為惡……
　　人有是性則有是才，性既善則才亦善，人之為不善乃物欲陷溺而然，非其才
　　之罪也。」

87.《淮南子》〈齊俗訓〉：「人之性無邪，久湛於俗則易，易而忘本。」

混亂而有誤導性。人性須相對於神性始可清楚認定，否則以人為尚必致人以自己的立場解釋自我，而所謂自己的立場實際上常是個人（化）的觀感，所以人性之說便成紛紜而堅定的己見，其實往往只是個性的陳述。人性與神性相對，然非相反，人具神格，故人性為不全的神性，於是人之善性可謂天性（或神性），而人之惡性可稱（狹義的）人性；廣義的天性包括人的一切精神資質，所以靈性（靈感）、理性（理智）、良心（良知）等皆屬天性，而相對於天性的人性大約即是獸性，但人的天性不足，且非與人性（獸性）各自獨立而互不相干，二者緊密交互作用使整體人性更顯複雜微妙或曖昧矛盾，這即是人心的表現。缺乏上帝信仰便不重天性，因此人性的討論常限於事實與現象而不及真相，這使諸多天性素質被分隔看待而忽視其一貫性，同時又與人性（獸性）混合而不別高下，「心性」、「才性」、「情性」等說皆是此種「半天半人」的理論，不僅不能辨惑反而更增混淆。總之，人性問題的探討關鍵應是究查天人之際，而非以人為中心的綜合議論，因為人之上有上帝，而其下有萬物，知天則必知人，知物未必知人，人本主義可以掌握人獸之別，卻無法體察神人之異，何況真正的人是天人合一的完人，不是與物合一的野人。

　　性為本質，心為意向，人性固定，人心可變，然人心之變本於人性，心不能離性而動，故心性一體，其區別並無深意。朱子曰「心性本不可分」（《朱子語類》〈孟子〉十）88，而孟子言心必原之性，性為體而心為用，心性一致，明心則見性89，其共同目標是趨於至善，故嚴別心性便失大義（心性之別只是細節問題）。孟子曰：「盡其心者知其性也，知其性則知天矣；存其心，養其性，所以事天也。」（《孟子》〈盡心〉上）其說顯示心性為求道之資，真理存在使心性富有價值，因為

88.《朱子語類》〈孟子〉三：「心性只是一個物事，離不得。」

89.《朱子語類》〈性理〉二：「捨心則無以見性，捨性又無以見心，故孟子言心性每每相隨說。」

心性俱是天道在人的作用表現，然心為性之器，而性為天之質，心當
從性乃能應天90，可見就層次而言性在心之上。朱子曰「心者人之神
明……性則心之所具之理」(《四書集注》〈孟子〉「盡心」上)，又說「心
以性為體……心之未動則為性」(《朱子語類》〈性理〉二)，這也表示性
是心之本──或曰「性具於心」(《王文成公全書》〈與王純甫〉二)──
求道是誠心復性以返天。宋明理學強調人性本善太過，以致人性有似
天性，這使心性之別幾乎不存，蓋「心也，性也，天也，一理也」(《四
書集注》〈孟子〉「盡心」上引程子言)91，故曰「心即性，性即理。」(《王
文成公全書》〈傳習錄〉上) 其實「大抵心與性似一而二、似二而一」(《朱
子語類》〈性理〉二)，「心性固只一理，然自有合而言處，又有析而言
處」(《朱子語類》〈大學〉五)，以天人合一的境界而論心性固無差別──
故曰「能原其心者必不虧其性」(《淮南子》〈詮言訓〉)──但就求道的
歷程而言心性確有不同，蓋心隨性轉，善性發揚然後善心動作，人若
可以得道乃因善性而非善心 (正如人若可以得救必因神性而非人心)。
「動心忍性」是求道的功夫，可知心與性在終極意義而言並無不同──
故曰「原心反性則貴矣」(《淮南子》〈繆稱訓〉)92──但在過程中心與
性的地位或角色實不相同，於此心的目的是性，而性的目的是天，所
以性是天性而心是人心，「忍性」是為維持天性，而「動心」是人心違
天，人心符合天性則為天人合一，亦即得道。董仲舒曰「性有善端，
心有善質」(《春秋繁露》〈深察名號〉)，這即表示心從性出，「如其生之
自然之資謂之性，性者質也」(同上)，而「集〔衽〕眾惡於內，弗使
得發於外者，心也」(同上)，故心可動而性不可動，性可忍而心不可

90.《王文成公全書》〈傳習錄〉上：「性是心之體，天是性之原，盡心即是盡
　　性。」

91.《粹言》〈心性篇〉：「心則性也，在天為命，在人為性，所主為心，實一道
　　也。」

92.《宋書》〈顧顗之傳〉：「訓性而順，因心則靈。」

忍（忍心則不仁），動心引發忍性，忍性成功則動心不害，是為修道。
由此可知，人若有性而無心則不能求道，有心而無性則不能得道，性
是良心，所以心以性為主乃是上進，性以心為宗乃是墮落，性無全功
是因原罪，故性有提升之必要。

　　性尊於心，「去性而從於心」（《莊子》〈繕性〉）固為不可，但「人
能弘道，非道弘人」，求道須有決心，為人須是盡心，有天性而無心意
不能成事，故「大莫大於心敵」（《東萊博議》〈魯莊公圍郕〉），而「哀莫
大於心死」（《莊子》〈田子方〉）。「性者所受於天也，非人之所能為也」
（《呂氏春秋》〈蕩兵〉），論性而不用心竟是心而非性的表現，因為性可
空談而心須實行，心性之論終究是重性不重心，這是人性怠惰之害。
歐陽修患世之學者多言性，故常為說曰：「夫性，非學者之所急，而聖
人之所罕言也……為君子者以修身治人為急，而不窮性以為言。」（《歐
陽文忠公集》〈答李詡第二書〉）若說盡心即是盡性，然而不可謂盡性即為
盡心，蓋性為天性而心為人心，心性之用先後有別，盡人事然後聽天
命，盡人事者不奢論天命，故「性學」與「心學」無異，因為極言性
之為理者必無所用心，而力主心之為天者必不養性，論性與論心在知
識態度上並無差別，在行動上自然也如出一轍。中國人性觀的現實精
神強烈，實無理由高談心性，有此現象則表示其說必然空洞且錯誤，
而這樣的缺失更因眾說紛紜的爭議而惡化，可見知人必須知天，不懷
上帝觀則人性觀必不正確，於是人性觀將淪為個性觀，而個性卻不受
重視，因為現實的文化總傾向集體主義。

三、人格與人事

　　人性觀雖與真理觀有涉，但與人生觀關係更密，中國文明富有現
實精神，故其人性觀所表現的處世態度尤強。由於理性主義微薄，在
中國思想中理性與經驗的相對性未受注意（此一問題亦屬理性的知
識），反而情與理的關係深受矚目，「不近人情」之說顯示中國人重情

輕理的風氣──「情理難容」一說亦暗示此景──而「情理一致」被
視為最佳事態，這也表達情優於理的看法，因為「依理」情不足以與
理並稱。情強於理的觀念使慾望的問題也備受關心，蓋超越性的真理
信仰若盛，則求道即是求知的觀點便能流行，否則現實精神將使人不
重靈性的探索，而以為修行乃是求道的重點，同時不信道者則不覺有
禁慾的必要，這又使衛道之士深感節制人欲的重要，於是慾望的討論
成為文化主題。無論人性之見如何，資質高下有別一事為各方共識，
此想與理政治民的實務息息相關，於是中國的菁英主義（階級意識）
與愚民政策清楚展示，這是人性觀最深遠的實用表現。宗教社會必行
神權統治，於此人格與人事關係疏遠，因教徒以為人事是神的安排而
人格殊不可靠；世俗性高的社會必以政施教，於此人格與人事關係緊
密，因眾人皆以為人事定於人格而天道殊不可信。中國文明的理想性
格甚淺，其人性觀論事多於論理、釋天少於閱人，所以特重人格與人
事的關連，因此聖人或完人之說雖不缺乏，卻令人敬而遠之，同時「超
凡入神」的求仙傳說竟流行民間，可見不講理未必務實，天人不一則
人不安分。

　　情相對於性有如現實相對於理想，現實為情而理想為性，故實情
不如理性，然而情不僅為實情且為感情，性不僅為本質且為原理，所
以情性相對又如情理相對。人之情源於人之性，「凡情意心志者皆性動
之別名也」（《申鑒》〈雜言〉下），然「情生於性，非性之適」（《陸士衡
集》〈演連珠五十首〉），或說「情出於性，而情違性」（《新論》〈防
慾〉）93，性為理念，情不如性亦不如理，所以修養之道是使情性相符
或情理一致。性不即是理，但性為原理，而養性是為使之合理，所以
情性相符須以情理一致達成，亦即以問學求知為之，故曰「人性相近，
情則遷移，必須以學飾情，以成其性。」（《貞觀政要》〈崇儒學〉）性為情

93.《劉夢得文集》〈袁州萍鄉縣楊岐山故廣禪師碑〉：「天生人而不能使情欲有
　　節，君牧人而不能去威勢以理。」

之原，而理為性之靈，情理不一是凡人的常態——如「怒而無威者犯」（《素書》〈遵義〉）——蓋理不通達則性不完善，性不完善則情不合理，故正性之方是「循理處情」（《新論》〈思順〉）94。「民有血氣心知之性，而無哀樂喜怒之常，應感起物而動，然後心術形焉」（《禮記》〈樂記〉），簡言之「智與物接而好憎生焉」（《文子》〈道原〉），於是「極理以盡情性之宜」（《春秋繁露》〈符瑞〉）乃為正道，蓋「惟思為能窒慾」（《粹言》〈心性篇〉），「適心之務在於勝理」（《呂氏春秋》〈適音〉），「喜怒不當是謂不明」（《說苑》〈談叢〉）。「哀樂而樂哀，皆喪心也；心之精爽，是謂魂魄。」（《左傳》昭公二十五年）情理合一是情合乎理而非理合乎情，此與天人合一之道相同，然則情可佐理而理可抒情，但理可生情而情不可致理。「以道制欲則樂而不亂，以欲忘道則惑而不樂」（《禮記》〈樂記〉），故「君子善謀，小人善意」（《呂氏春秋》〈重言〉）。「聖人情性便是理」（《朱子語類》〈論語〉十六），「聖人之喜以物之當喜，聖人之怒以物之當怒」（《明道先生文集》〈答橫渠張子厚先生書〉），故「明主可以理奪，難以情求。」（《世說新語》〈賢媛〉）當情理一致時，情理互動而相輔相成，當其衝突時，理不支配則情必曲解，故感情用事者的學習只是自我蒙蔽。「道之所以虧，愛之所以成」（《莊子》〈齊物論〉），然「聰明蔽於嗜好，智慮溺於愛憎」（《蘇文忠公集》〈明君可與為忠言賦〉），「徇私者豈能真有所愛哉」95，可見理不能伸則情不能深，「恭敬不如從命」是崇理之厚情，「盛情難卻」卻是昧理之虛情。

　　中國文化沒有「唯理主義」，常情與常理相合的主張畢竟以情為重，因為理為定理而非常理，配合常情之理是為常理，此乃「以情求理」（《通典》〈禮〉四十八「孫為祖持重議」），不是評理。戴震曰：「在己與人皆謂之情，無過情無不及情之謂理。」（《戴東原集》〈孟子字義疏證〉

94.《北齊書》〈酷吏傳〉：「未有深察是非，莫不肆其情欲。」

95.《東萊博議》〈晉殺其世子申生〉：「私生於愛，而害愛者莫如私，天下未有私而能愛者也……徇私者豈能真有所愛哉。」

「理」）96 又說：「惟以情絜情，故其於事也，非心出一意見以處之；苟舍情求理，其所謂理，無非意見也。」（《戴東原集》〈孟子字義疏證〉「理」）其說雖未直接反智，但根本是歪論，它代表有情無知的脆弱書生之見，雖非心術不正卻是理性不足，這顯示仁者為智勇雙全，有勇無謀是不智，無勇而謀是不仁。情不如理，但理貫通情，這表示情亦含理，正確說情乃是論道，而適當為情乃是行道，故為文「失諸情者則塞於辭矣」（《淮南子》〈繆稱訓〉）。情理並茂方是盛況，在「真善美」的層次中，美的素質常以情展現，而其所牽涉的事物無所不包，求道者不能酌情審美則無法得道，故曰「功力有餘而性情不足，未可謂學問也。」（《文史通義》〈博約〉中）情表現人的精神活力，理呈現人的思想境界，有情無理為有力無心，無情有理為有心無力，前者情濫而後者理塞，如此「質勝文則野，文勝質則史，文質彬彬，然後君子。」（《論語》〈雍也〉）97 情與人俱生，理待教而發，所以為人「先質而後文」98，然合理貴於合情，而且有濫情而無塞理，情理若不能兼備，與其有情無理寧可有理無情，蓋癱瘓的智者猶勝於好動的愚者，無理之害顯然甚大於無情，何況至理必有深情，而激情不能明理。「樂極消性靈，哀深傷人情」（《阮嗣宗集》〈詠懷詩〉二十二），情感有過度之害，但理智無過分之虞，故理以制情，「節哀順變」即為守道。

　　儘管情的價值遠不及理，但情之為用必有其理，正如生命需靈魂與肉體共造，情與理是人心組成的要素，缺一不可，修身乃是以理化情，以理絕情的禁慾苦行不是常道，得道者必然情理相得。有情無理

96.《戴東原集》〈孟子字義疏證〉「才」：「情之失為偏，偏則乖戾隨之矣……不偏則其情必和易而平恕也。」

97.《法言》〈吾子〉：「事勝辭則优，辭勝事則賦，事辭稱則經。」《法言》〈修身〉：「實無華則野，華無實則賈，華實副則禮。」《淮南子》〈繆稱訓〉：「以文滅情則失情，以情滅文則失文，文情理通則鳳麟極矣。」

98.《說苑》〈反質〉：「為可長，行可久，先質而後文，此聖人之務。」

甚為普遍，有理無情甚為罕見，其實真正有理則不可能無情，「得理不
饒人」是未得理，因為理在情之上，達理必須通情，有知必有德，而
有德者豈可能殘忍。凡人情多理少，而其上進者可能因此抑情助理，
這是情有可原的過錯，然有理無情則不能修養心性，也不能感化人物，
故「君子不去情」（《國語》〈晉語〉二）。無理之情必成情緒，有理之情
乃為熱情，情緒喜怒無常，熱情始終如一，「君子之愛人也以德，細人
之愛人也以姑息」（《禮記》〈檀弓〉上）99，冷漠與迷戀均非純情，蓋
「失愛不仁，過愛不義」（《新書》〈禮〉），只有愛所當愛方為真情。情
以理為尊，故「開門而揖盜，未可以為仁也」（《三國志》〈吳主傳〉），無
理之愛是為溺愛，不情之請或許合理，敬則有愛，而愛未必有敬，所
以虔誠信神者皆以為上帝的威嚴多於慈悲。真摯之情必具義理，無情
之人必不講理，有理而用情最為可愛，無理而講情最是耍賴，上帝看
似無理無情，所以聖賢愛世，能者多勞，對人最多同情。真情合於真
理，大人者不失其赤子之心，天人合一不是人的消滅，故人情可親，
「嫁女之家三夜不息燭，思相離也，取婦之家三日不舉樂，思嗣親也，
是故婚禮不賀，人之序也」（《韓詩外傳》卷二），此禮所以有理乃因有
情，可知人若不能相親則枉為萬物之靈，蓋禽獸雖亦有情卻無理智，
人有理又有情，豈能為理損情。

　　情與欲相通，情感乃是欲念，禁慾即為去情，而縱慾必定放情，
故節慾須是守理。**慾望**之說無深奧道理，人之有欲乃因有所不足，故
慾望是原罪的作用，其表現一方面在於人有所求，另一方面在於人受
誘惑，前者可能超越外物，後者則顯示人的物性。「人性安靜，而嗜欲
亂之」（《淮南子》〈俶真訓〉），「患生於多欲，而人心難測也」（《史記》
〈淮陰侯傳〉），好人皆知慾望的滿足雖是人間樂事，但人有慾望而需加
以滿足更是世間苦難，這便是所謂「禍不好，不能為禍」（《國語》〈周
語〉下）。然人既有欲，而欲有好壞，於此人須辨正，而不能隨心所

99.《後漢書》〈荀彧傳〉：「君子愛人以德。」《正蒙》〈三十〉：「愛人以德。」

欲。王陽明曰：「欲也者，非必聲色貨利外誘也，有心之私皆欲也。」
（《王文成公全書》〈答倫彥式〉）此說表示有私欲而無公欲，慾望是暴虐
無道的需求感，因其念本是存心不良，故常受外情激發。一般觀點以
慾望為非分之想，故說「有欲甚則邪心勝」（《韓非子》〈解老〉），然則
「私生於欲之失」（《戴東原集》〈孟子字義疏證〉「理」），有私即有邪慾；
「聖賢之道，無私而非無欲，謂之私欲，則聖賢固無之」（《戴東原集》
〈孟子字義疏證〉「權」），可見慾望非必為惡，無理之欲乃為強求，強求
則是貪婪，此即自大。欲是有求，有求是人之必然，正當索求並非作
惡，故「可欲之謂善」（《困學紀聞》〈左氏〉），「君子之於欲也，使一於
道義。」（《戴東原集》〈原善〉中）「志者欲之使也」（《鬼谷子》〈本經陰符七
術〉「養志法靈龜」）——故「欲」與「慾」二字相通[100]——「成其志者
非唯無欲乎」（《孔叢子》〈居衛〉），人因有所不足而有所求，所求若合
理，可視為需求而非欲求，所求若為真理，此乃追求而非需求，於是
「以欲從人則可，以人從欲鮮濟。」（《權文公集》〈代賈相公陳乞表〉四）
偉大的追求不當與庸俗的欲求一同看待，所以追求不可視若慾望，而
一般慾望皆為物欲，亦即非理想性的心理要求，於是人的獸性便成為
慾望的動力，其深受外物誘惑正因獸慾。「夫物之感人無窮，而人之好
惡無節，則是物至而人化物也，人化物也者，滅天理而窮人欲者也。」
（《禮記》〈樂記〉）如此，人愈物化則其慾望愈強，而人欲愈強則其物化
愈深，然人之所欲可為神聖之境，亦可為禽獸之域，物化與欲求所以
互長，這是人自甘墮落的結果，也就是生命不進則退的危機。

　　人之有欲，一方面是求道另一方面是求生，前者是追求而後者是
需求，不能有所追求則應節制需求，總不應淪為欲求；追求是高貴的

100.《朱子語類》〈禮〉四：「無心『欲』字虛，有心『慾』字實，有心『慾』是
　　無心『欲』字之母，此兩字亦通用。」依造字原理而論，「欲」應為「慾」之
　　母，然就人情事理而言，「慾」為「欲」之本，蓋人在起心動念之後才有欲
　　求的行為，但因欲求必與慾望相符，故此二字意義相通，不必細究。

大業，節制需求亦有修身的意義，此為間接的追求，可見慾望是磨練人心的「天險」。「縱欲而失性，動未嘗正也」(《淮南子》〈齊俗訓〉) 101，反之，「人不婚宦，情欲失半，人不衣食，君臣道息」(《列子》〈楊朱〉)，然而「無欲則剛」(源出《論語》〈公冶長〉) 仍非正氣，節慾方是仁者之行，蓋「養心莫善於寡欲」(《孟子》〈盡心〉下)。「天理者，節其欲而不窮人欲也」(《戴東原集》〈孟子字義疏證〉「理」)，「昔明王之統黎元，蓋濟其欲而為之節度者也」(崔寔《政論》)，縱慾固然不當，禁慾亦非正途，節慾較禁慾更難，故為適當 (不是中庸)。「心之本體本無不善，其流為不善者，情之遷於物而然也」(《朱子語類》〈性理〉二)，情遷於物即可謂物化，此為人性本質上的敗壞，而「反常移性者欲也，故不可不慎也」(《說苑》〈雜言〉)；節慾的精神是接受原罪而試圖加以超越，此舉雖不可能成功，但有力行道德之實，且有體會神意之效，同時其自我要求的態度是對天負責，甚有苦心與勇氣。節慾須衡量心物而出入天人，「自古無不累心之物，而有為物所樂之心」(《歐陽文忠公集》〈試筆〉)，為免動心，苦行者「待物如我，待我如物」(《蘇文忠公集》〈書孫元忠所書華嚴經後〉)，以求虛靜，其實是斷念而非處慾，可見節慾而有自信已達天人合一，這是天道在人間最個性化的實現。

人為萬物之靈，其慾望不僅求生存，而且求成就，亦即在生物性的競爭之外，人更有精神性的滿足為念，於此生存條件的優劣進一步體現為心靈資質的差異，以致智愚成為人際比較中的最大心事，甚至更勝於常人對一般人性的重視。「人同類而智殊」(《呂氏春秋》〈論人〉)，「知愚賢不肖」各個不同 102，而「人之能否，實有本性」(《三國志》〈杜恕傳〉)，「才性有優劣，思理有脩短，或有夙知而早成，或有提耳而後喻」(《抱朴子》〈勖學〉)，「生而知之者上也，學而知之者次也，困而學之，又其次也，困而不學，民斯為下矣。」(《論語》〈季氏〉) 如此，

101.《列子》〈楊朱〉：「無厭之性，陰陽之蠹也。」

102.《宋論》〈太宗〉七：「天之化，未有能齊者也。」

「唯上知與下愚不移」（《論語》〈陽貨〉）103，然愚者絕無此自覺，所以
資質之別大略可分為可教與不可教二類。可教而不教，人將自學有成，
此為英才；可教而不學，終非可教，此為庸才；不可教而教，為患深
遠；不可教而學，不幸莫大焉。「問聖人者，問其所為而無問其所以為
也，問其所以為，終弗能見，不如勿問」（《春秋繁露》〈郊語〉），此為凡
夫求學之道；「問聖人者，問其所為，毋問其所以為，問其所知，毋問
其必不可知」（《公是先生弟子記》），此乃學者求學之道，因為真理具有
超越性，故「聖人有所不言也，賢者有所不問也。」（同上）即因人之
資質有異，高明者不易為人所知104，其所受誤解不一，故「眾惡之必
察焉，眾好之必察焉。」（《論語》〈衛靈公〉）好人必是善者好之而不善者
惡之105，「善人稱之，惡人毀之，毀譽者半，乃可有賢」（《論衡》〈定
賢〉），此因知識與道德相與，有知即有德，無知即無德，所以善惡與
賢愚可以相互驗證，雖然最偉大的人不能以此認定（英雄所見只是略
同）。凡人才疏學淺，不堪重用，理政須由俊彥，所以「君子不求於
民」（《管子》〈君臣〉上），菁英主義與愚民政策顯然必同時施行，這不
是欺壓而是普世性的因材施教，其用心實為慈善，因為能者多勞並非
享受。「古聖王無與一國為讎者」（《日知錄》〈武王伐紂〉），因其愛世而
識性，所以對人親而不信、聽而不任，為蒼生擔憂而令百姓不解；同
理，「夷狄不可以中國之治治之也，譬若禽獸然，求其大治必至於大
亂，先王知其然，是故以不治治之。」（《蘇文忠公集》〈王者不治夷狄論〉）

103.《菜根譚》〈前集〉：「至人何思何慮，愚人不識不知，可與論學亦可與建功，
　　唯中材的人多一番思慮知識，便多一番臆度猜疑，事事難與下手。」

104.《彭城集》〈桓公不用伊尹論〉：「聖人之所以為聖，賢者不能喻焉；賢人之
　　所以為賢，不肖者不能知焉。」

105.《論語》〈子路〉：「子貢問曰：『鄉人皆好之，何如？』子曰：『未可也。』『鄉
　　人皆惡之，何如？』子曰：『未可也。不如鄉人之善者好之，其不善者惡
　　之。』」

總之，人才優劣之別正如生物高低等差，這是宇宙上下次序的結構呈現，也是文明可以得道通天的自然憑藉，因為「人上有人」不僅意味更有大才可期，而且含有「站在巨人肩膀上看得更高更遠」的希望，由此步步高陞文明乃能接近至善，可見大眾的存在具有奠基的意義，而菁英的努力則有立業的價值。

中國史上菁英主義的議論繁多，這一方面顯示中國傳統文化的貴族性精神深濃，但另一方面卻暗示此種傳統維護不易，因為大眾化的趨勢是歷史的宿命，保守主義只能延緩民主取向發展的速度，這是菁英文化成功的隱憂，也就是其內在緊張性的表現，蓋教育愈興盛則教育愈浮濫，菁英愈多則菁英愈差（科舉流行之後中國菁英主義其實由盛轉衰）。菁英之間不需以菁英主義相勸，菁英主義之說實為上流對下層的宣導，這表示菁英主義不是一個規定而是理想；菁英主義乃靠「惟賢識賢」的人治心力維繫，而非藉「依法行事」的制度維持[106]，這雖難免造成遺珠之憾，卻可避免菁英群體素質的惡化，以致自我推翻。西方的封建制度出現於大一統帝國瓦解之時，中國的封建制度則結束於大一統帝國建立之時，這固然表示東西的封建作法有異，但其貴族政治的精神其實相同。歐洲中古的封建制度是將帝國統一時的菁英主義推行於分裂之時，故其制度只是慣例習俗所然，而非嚴格訂定的新法；中國秦漢以後的郡縣制度是將列國分立時的菁英主義推展於統一之時，故其制度頗有封建思想的遺緒，而非治法取代治人的改造。古代東西政權的統治方式雖有不同，但唯才是用的理念實為一致，儘管才能的認定有別，而世襲之法可能妨礙人才的拔擢，但觀念上菁英主義始終是傳統政治主要的權力分配法則。中國在先秦之後既已不行封建制度，其菁英主義更不能依靠法制維持，而需以思想教化及惜才氣度使其傳承不斷，這使中國的菁英主義富有文化的底蘊，在信仰的精

106.《樂志論》〈理亂〉：「政之為理者，取一切而已，非能斟酌賢愚之分，以開盛衰之數也。」

神上更勝於西方菁英主義所有，當然這也表現中國人文主義因缺乏上帝觀念所致的高昂氣勢。

　　中國古代的人材分等之說叢出，這顯示菁英主義早已深入士心，因此類說法不可能出自凡夫，英雄自負的心懷於此不難想見，但所謂的階級鬥爭意識絕不暗藏其中，畢竟菁英主義是當仁不讓的天命思想，悲憫之情或許不能人人有之，然恐懼與仇恨絕非其待人之心。菁英自當不是多數人，「寡者為人上者也，眾者為人下者也」（《樂志論》〈損益〉），少數人是為多數人盡心，多數人是為少數人盡力，各有使命，但愚者無此自覺。《左傳》曰：「天有十日，人有十等，下所以事上，上所以共神也，故王臣公，公臣大夫，大夫臣士，士臣皂，皂臣輿，輿臣隸，隸臣僚，僚臣僕，僕臣臺。」（《左傳》昭公七年）十等之說未必流行，然才性能力之別備受論者強調，或說「倍人曰茂，十人曰選，倍選曰俊，千人曰英，倍英曰賢，萬人曰傑，倍傑曰聖」（《春秋正義》〈宣公十五年〉引辨名記）107，或說「德萬人者謂之雋，德千人者謂之豪，德百人者謂之英」（《鶡冠子》〈博選〉），不論細別或略分，「本乎天者親上，本乎地者親下，則各從其類也。」（《周易》〈乾卦〉）廣義而言，人才皆是天才，故曰「天下之才皆可以納諸聖賢之域」（《蘇文忠公集》〈王定國硯銘〉），但不覺替天行道者不是天使，而高才絕不自視為天才——「大賢以下即論才，大賢以上即不論才」（《宋元學案》〈伊川學案〉上）——因其神命感受強烈，故仰天自卑，俯地自重，有恃無恐。「尊卑先後，天地之行也，故聖人取象焉」108，於是「聖者法天，賢者法聖，此其大數也」（《春秋繁露》〈楚莊王〉），然而「至人不相從」（《文中子》〈事君〉），因為「德不孤必有鄰」意味才士不應聚處而當各自奮鬥，

107.《白虎通義》〈聖人〉引禮別名記：「五人曰茂，十人曰選，百人曰俊，千人曰英，倍英曰賢，萬人曰桀（傑），萬桀曰聖。」

108.《莊子》〈天道〉：「尊卑先後，天地之行也，故聖人取象焉。……夫天地至神而有尊卑先後之序，而況人道乎。」

隨緣行善。政治為世間最大的勢力，故為濟世而從政是人材自然的去處，「神聖者王，仁智者君，武勇者長，此天之道，人之情也。」(《管子》〈君臣〉下) 然而不論古今東西，聖人從政必定不能順利，因為現實政治畢竟不是偉業，大材小用在人而言是暴殄天物，在天而言是倒行逆施，所以最偉大的人才與最愚蠢的庸民同樣不為世所重用，這表示才能亦屬命運，天才屬天，故處世不利而為人最力。

　　人材優劣既為神命，「貴以臨賤，賤以承貴」(《資治通鑑》〈周紀〉一)，「貴貴尊尊，義之大者也。」(《禮記》〈喪服四制〉) 109 「少事長，賤事貴，不肖事賢，是天下之通義也」(《荀子》〈仲尼〉) 110，所以「春秋之義用貴治賤，用賢治不肖，不以亂治亂也。」(《穀梁傳》昭公四年)「使人必以其序，官人必以其能，天之數也」(《春秋繁露》〈五行之義〉) 111，因此「人君不親小事，百官有司各任其職」(《三國志》〈步騭傳〉)，而「君之使臣也，使仁者佐賢者，不使賢者佐仁者」(《穀梁傳》文公六年)，蓋賢者有能而仁者有德，能在德之上，故有德者輔佐有能者，則政策可以推廣而無腐化之虞，若使有能者輔佐有德者，事雖可成，但政不恢弘，何況才高位卑於義有虧。才能各殊使人處境各異，「民之所以有貧富者，由其材性愚智不同」(《司馬溫公集》〈乞罷條例司常平使疏〉)，於是富貴常兼而貧賤常共，以致「五福不言貴而言富，〔蓋〕先王之制貴者始富，賤者不富也。」(《困學紀聞》〈書〉) 112《尚

109.《春秋繁露》〈精華〉：「大小不踰等，貴賤如其倫，義之正也。」《管子》〈五輔〉：「上下有義，貴賤有分，長幼有等，貧富有度，凡此八者禮之經也。」

110.《鹽鐵論》〈力耕〉：「聖人因天時，智者因地財，上士取諸人，中士勞其形。」

111.《王仲宣集》〈儒吏論〉：「士同風於朝，農同業於野，雖官職務殊，地氣異宜，然其致功成利，未有相害而不通者也。」《元史》〈劉秉忠傳〉：「君子得位，有容於小人；小人得勢，必排於君子。」

112.《陳同甫集》〈祭王天若父母文〉：「富、壽、好德、康寧、考終，此所謂五福，而權勢榮華不與焉，蓋五福上下之所通有，為人者不可不自勉以待正命

書》以「壽、富、康寧、攸好德、考終命」為五福（《尚書》〈洪範〉），
至東漢時世稱五福為「壽、富、貴、安樂、子孫眾多」（《桓子新論》〈辨
惑〉），由此可見貴之為貴已不如從前，菁英主義的鬆解也同時顯現。
陸九淵說「古者無流品之分而賢不肖之辨嚴，後世有流品之分而賢不
肖之辨略」（《困學紀聞》〈雜識〉），這表示在中國歷史發展過程中，文化
性的菁英主義逐漸衰落，而政治性的階級制度則逐漸強化，其意義是
各得其所的人才定位隨著政權開放而趨於混亂，這是菁英文化式微之
勢，卻也是文明進化的重要歷程，因為菁英在困頓之時更有知識的領
悟，才大運舛實為舉世之福。

　　在菁英主義的時代，「學而優則仕」（《論語》〈子張〉）不僅常有且
為應當[113]，蓋求道則必須行道，淑世是學者的責任，而從政可發揮所
長又不為民意左右，此乃「教學相長」式的學習[114]，利人利己，何樂
而不為。偉人的天命未必是治國，然聖賢若可執政而不受愚頑牽制，
則必勇於擔當大任，因為政治影響廣大，施政化俗是僅次於執教傳道
的偉大事業，故曰「聖人以國事為王事」（《困學紀聞》〈春秋〉）。「天生
民而立之君，使司牧之」（《左傳》襄公十四年），所謂「天牧」（《尚書》
〈呂刑〉）即是為官的天使，而「天為人君，君為人天」（《劉夢得文集》
〈砥石賦〉），以天下為己任者必大公無私，其專制是奉公守己的行為，
故不求民意支持而思「雖千萬人吾往矣」（《孟子》〈公孫丑〉上）。「眾不
能治眾，治眾者至寡者也」（王弼〈周易略例〉「明象」），所以「人主當
化俗，而不當化於俗」（《宋史》〈李光傳〉），「士大夫當以世從道，不可
以道從世」（《宋史》〈王霆傳〉）[115]，故知「政莫大於得人心，得人心者

也。」

113.《樊川集》〈上宣州高大夫書〉：「古人云：『三月不仕則相弔。』」

114.《陳白沙集》〈新遷電白縣儒學記〉：「夫學以求仕之所施，仕以明學之所蘊，
　　　如表裡形影然。」

115.《李文公集》〈從道論〉：「君子從乎道也，不從乎眾也。」《南史》〈顧歡傳〉：

非夫得眾人之心，得賢者之心也。」（《公是先生弟子記》）大眾既非智者，「論至德者不和於俗，成大功者不謀於眾」（《戰國策》〈武靈王平畫間居〉）116，統治當為領導而非服務，故「用權者離俗」（《鹽鐵論》〈復古〉）。「仁不可為眾也」（《孟子》〈離婁〉上），政治雖是世間最大的勢力，但真理才是最高的標準，為政乃為行道，有道貴於有為，故「舉賢先於稱職」（《陸宣公集》〈張延賞中書侍郎平章事制〉），「國家以人擇官，不為官擇人也。」（《三國志》〈杜恕傳〉）117然而當敗壞的政治成為世間常態時，常人反而以為優良的政局是制度化或「官僚化」，於是「為官擇人而不為人擇官」成為善謀良策118，這也是菁英主義淪喪的端倪119。「獨視者謂明，獨聽者謂聰，能獨斷者故可以為天下主」（《韓非子》〈外儲說〉右上）120，故「非聖人莫之能王」（《荀子》〈正論〉），「聖人能從眾，亦能使之」（《吳越春秋》〈句踐歸國外傳〉），因為人性本善但具惡質，大眾可以善導而不能倚賴。老子曰：「善人者，不善人之師；不善人者，善人之資。」（《老子》二十七）自然之道絕非「反淘汰」，文明的社會思想是菁英主義，而文明是人類共同的成就，所以文明的發展有賴凡夫的安分與菁英的奮發。如此，民主乃是反文明之道，民主一詞

「理之可貴者道也，事之可賤者俗也。」

116.又見《商君書》〈更法〉。《漢書》〈外戚傳〉下：「論大德不拘俗，立大功不合眾。」《魏書》〈李沖傳〉：「行至德者不議於俗，成大功者不謀於眾，非常之人乃能建非常之事。」《李太白文集》〈登廣武古戰場懷古〉：「撥亂屬豪聖，俗儒安可通。」

117.《廿二史劄記》〈東晉多幼主〉：「國家所貴有樹人之計也。」

118.《北齊書》〈蘇瓊傳〉：「設官求人，非人求官。」

119.《明夷待訪錄》〈取士〉下：「古之取士也寬，其用士也嚴；今之取士也嚴，其用士也寬。……寬於取則無枉才，嚴於用則少倖進。……嚴於取則豪傑之老死丘壑者多矣，寬於用此在位者多不得其人也。」

120.《樂志論》〈法誡〉：「夫任一人則政專，任數人則相倚，政專則和諧，相倚則違戾，和諧則太平之所興也，違戾則荒亂之所起也。」

古意為「民人之主」而非「以民為主」，故曰「能用善人，民之主也」
（《左傳》昭公五年）121，現代民主是大眾化的政治，其不能用善人是大
眾所不能察者，可見無奈者常為無辜，而無辜者常為無知。

世上有能者少而無能者多，合理的階級次序當是尊者少而卑者
多122，然大材小用是不道，小材大用是亂道，前者為不智，後者為不
義，不義之害猶甚於不智，故「德小而任大謂之濫也，德大而任小謂
之降也，而其失也寧降無濫。」（《新論》〈均任〉）文明是謀生之上的成
仁取義，然對凡夫而言求道是求生的餘事，故「民之為道也，有恆產
者有恆心，無恆產者無恆心」123，由此可見大材之務是精神性事業，
小材之務是物質性工作，而大材與小材的社會關係應是「非君子莫治
小人，非小人無以養君子。」（《鹽鐵論》〈相刺〉）124君子勞心而小人勞力
未必是傳統制度125，卻是合乎真理的事實，蓋勞心是君子的生命要務，
而勞力是小人的生活重點，這是君子求道而小人求生的必然表現，故
曰「君子食於道，小人食於力，分也。」（《管子》〈君臣〉下）126就政治

121.《左傳》襄公三十一年：「趙孟將死矣，其語偷，不似民主。」

122.《白虎通義》〈爵〉：「大夫但有上下，士有上中下何？明卑者多也。」

123.《孟子》〈滕文公〉上：「民之為道也，有恆產者有恆心，無恆產者無恆心，
苟無恆心，放辟邪侈無不為已。」

124.《西山讀書記》〈吾道異端之辨〉：「君子無小人則饑，小人無君子則亂。」《孟
子》〈滕文公〉上：「勞心者治人，勞力者治於人；治於人者食人，治人者食
於人。」《蘇文忠公集》〈滕縣公堂記〉：「君子之仕也，以其才易天下之養
也。」

125.《左傳》襄公九年：「君子勞心，小人勞力，先王之制也。」《國語》〈魯語〉
下：「君子勞心，小人勞力，先王之訓也。」二者差異顯示制度一說並不可
信，其實勞心勞力之分乃是天道式的人事主張，亦即宇宙觀之下的政見。

126.《慎子》〈內篇〉：「小人食於力，君子食於道。」《忠經》〈盡忠〉：「君子盡忠
則盡其心，小人盡忠則盡其力。」《讀通鑑論》〈秦二世〉三：「任法則人主安
而天下困，任道則天下逸而人主勞。」

而論，君子勞心而小人勞力即是智者立法而愚者守法，蓋「能言而不能行者國之寶也，能行而不能言者國之用也」（《鹽鐵論》〈能言〉），「有智吃智，無智吃力」，所以「王者之職在於論道，而不在於任事」（《王臨川集》〈論館職劄子〉一）127，「為人上者患而不勞也，百姓勞而不患也。」（《管子》〈君臣〉下）128 總之，人間秩序應符合宇宙次序，「知者創物，巧者述之，守之世謂之工，百工之事皆聖人之作也」（《周禮》〈冬官考工記〉），此乃合於天道的人道世法；然理想的社會終究不是天國，因人有原罪且各人生命的價值注定有別，在最佳的世界裡大量人生的「浪費」也無可免，蓋「行之而不著焉，習矣而不察焉，終身由之而不知其道者，眾也」（《孟子》〈盡心〉上），如此人若有謹防虛度一生的懸念，便不致淪為芸芸眾生的成員。

　　菁英的素質是智能，然「惟聖知聖，惟賢知賢」（《潛夫論》〈本政〉），「唯聖立聖」（《孔叢子》〈雜訓〉），「進賢為賢」（《說苑》〈臣術〉），「非英聖不能全異才」（《陸宣公集》〈興元論請優獎曲環所領將士狀〉），而「小人無以測君子」（《世說新語》〈方正〉），所以菁英主義須以人治而非法治維持，蓋「與其幸進毋寧遺賢」（《小倉山房文集》〈原士〉）。「夫唯善，故能舉其類」（《左傳》襄公三年），「非賢者莫能用賢」（《韓詩外傳》卷五），然有知即有德，「英雄惜英雄」實因「慧眼識英雄」，菁英主義有賴大智主持，不是善意便可守成，因此難以保持。「君子務在擇人」（《左傳》襄公二十九年），而「聖人求聖者以輔」（《韓詩外傳》卷八），然「受知固不易，知士誠尤難」（《歐陽文忠公集》〈送滎陽魏主簿廣〉），「責所舉之賢，不若責舉者之賢」（《李泰伯集》〈慶曆民言〉「裁舉」），因為智

127.《周禮》〈冬官考工記〉：「坐而論道謂之王公，作而行之謂之士大夫，審曲面埶以飭五材以辨民器謂之百工。」

128.《蘇文忠公集》〈禮義信足以成德論〉：「有大人之事，有小人之事，愈大則身愈逸而責愈重，愈小則身愈勞而責愈輕。……責重者不可以不逸，不逸則無以任天下之重；責輕者不可以不勞，不勞則無以逸夫責重者。」

者必識才無誤。知人乃能善任，善任則人得其所而各盡其才，如此「任人者佚，任力者勞」（《韓詩外傳》卷二），「主道知人，臣道知事」（《荀子》〈大略〉）129，故「君子勞於求賢，逸於用之」（《鹽鐵論》〈刺復〉）130，而「人主之務在乎善聽而已矣」（《呂氏春秋》〈先識〉）。總之，菁英主義的關鍵是人才定位，其法為圖求人才與名分的相等對應，使「尊者取尊稱焉，卑者取卑稱焉」（《穀梁傳》莊公三年），於是「名者人治之大者也」（《儀禮》〈喪服〉），「名不正則言不順，言不順則事不成」（《論語》〈子路〉），因名正即得事成，故「善為君者勞於論人而佚於官事」（《呂氏春秋》〈當染〉）。在維護名分的需求下，「禮不下庶人，刑不上大夫」（《禮記》〈曲禮〉上），這是菁英主義的原罪性設計或愚民政策，因為大同確是終極的境界，不平等誠為現世的缺憾，但人間既非完美的世界，而菁英主義已是最佳的人際關係體制，於是「立嫡以長不以賢，立子以貴不以長」（《公羊傳》隱公元年），為了社會秩序的安定，選賢與能的原則不能不有所妥協而容許例外。

菁英主義必然主張愚民政策，這一方面是因凡夫不可付託引用，另一方面是為防止教化不成所致的弊害，此即一知半解較無知更大的為害，由愚民政策的強調可見菁英主義者的危機意識，這確有階級對立的性質，但更多的是「兩害相權取其輕」的無奈。「民智之不可用，猶嬰兒之心也」（《韓非子》〈顯學〉），故說「民者冥也，冥然罔知」（《史通》〈自敘〉）131，相對而論則有謂「士者事也，民者瞑也」（《春秋繁露》〈深察名號〉）132，這表示統治者施政不必以民意為意。《淮南子》曰

---

129. 《說苑》〈君道〉：「王道知人，臣道知事。」《長短經》〈大體〉：「知人者王道也，知事者臣道也。」

130. 《北史》〈楊機傳〉：「君子勞於求士，逸於任賢。」《抱朴子》〈審舉〉：「勞於求人，逸於用能。」《呂氏春秋》〈士節〉：「賢主勞於求人而佚於治事。」《任彥升集》〈為蕭揚州薦士表〉：「求賢暫勞，垂拱永逸。」

131. 《洪範口義》卷下：「冥冥無知，螢螢無識，民之性也。」

「牧民者猶畜禽獸也」(《淮南子》〈精神訓〉)，這雖過於誇張且乏善意，但其作法上的錯誤確實少於觀念上的偏差，畢竟不可教者以不教為當。「窮夫否（鄙）婦不知國家之慮」(《鹽鐵論》〈復古〉)，「損益之事賢者所睹，非眾人之所知也」(《鹽鐵論》〈輕重〉)，故「真語必違眾」(《抱朴子》〈辨問〉)，「民可與觀成，不可與圖始」(《鹽鐵論》〈結和〉) 133，「以明示下者闇」(《素書》〈遵義〉) 134，「欲為非常之事，不可動眾心。」(《三國志》〈杜畿傳〉) 老子曰：「古之善為道者，非以明民，將以愚之；民之難治，以其智多，故以智治國，國之賊，不以智治國，國之福。」(《老子》六十五) 此說主旨實在於清靜無為的處世態度，而不（只是）在於愚民政策，故其凡人智多之說不合常情──果然則愚民政策絕不可行──且其「為道以愚民」之見亦為無道，如此錯亂實因假愚民之政論無為之道而起，雖然其意確以愚民政策為佳。子曰「天下有道則庶人不議」(《論語》〈季氏〉)，可知「聖人不患為政難，患民難喻」(《正蒙》〈有德〉)，然則「聖人達而賞罰行，聖人窮而褒貶作」(《文中子》〈王道〉)，民眾議政必致是非混淆而人心惶惶，反自為禍；因此「古之君天下者，化之不示其所以化之之道，及其弊也，易之不示其所以易之之道」(《韓昌黎集》〈本政〉)，慎到曰「禮從俗，政從上」(《困學紀聞》〈諸子〉)，其意即是民心可安，然不可以變法為之。「夫民者，至賤而不可簡也，至愚而不可欺也」(《新書》〈大政〉上) 135，愚民不是欺民，

132.《嘉祐集》〈心術〉：「凡將欲智而嚴，凡士欲愚。」

133.《司馬長卿集》〈與蜀父老詰難〉：「非常之原，黎民懼焉，及臻厥成，天下晏如也。」《管子》〈法法〉：「民未嘗可與慮始，而可與樂成功，是故仁者智者有道者不與人慮始。」由此可知，愚民政策是出於善意的謀略，其不為常人所喜正可證明其道正確。

134.《讀通鑑論》〈漢安帝〉十：「言治者知兵權之不可旁落，而不知文教之不可下移，未知治道之綱也。」

135.《明道先生文集》〈南廟試俠道使民賦〉：「勿謂民之冥而無知，勿謂農之勞而不務，趨其利則雖勞而樂，害其事則雖冥而懼。」《宋景文公筆記》〈雜

所以愚民政策絕不使政治腐化，或使為政者改變為所當為的舉措；所謂「民可使由之，不可使知之」(《論語》〈泰伯〉)，並非暗中懷有雙重標準或不圖光明正大行事，而是表示「民不可使知吾道之義，而可使享吾道之宜」(《陸象山集》〈使民宜之〉) [136]，可見愚民政策是用心良苦的父權作風 (paternalism)。

　　愚民政策的實施要點是禮法的設計，於此「知者作法而愚者制焉，賢者更禮而不肖者拘焉；拘禮之人不足與言事，制法之人不足與論變。」(《商君書》〈更法〉) [137] 如此，「法雖不善，猶愈于無法，所以一人心也」(《慎子》〈內篇〉)，其期望是「治出於一而禮樂達天下，使天下安習而行之，不知所以遷善遠罪而成俗也。」(《新唐書》〈禮樂志〉一)然「常俗生於積習」(《蔡中郎集》〈述行賦〉)，愚民政策以鞏固傳統權威為尚，而非以革新民間風習為要，故「聖人不易民而教」(《新序》〈善謀〉上) [138]，「君子行禮不求變俗」(《禮記》〈曲禮〉下)；或謂「古者百里而異習，千里而殊俗，故明王修道，一民同俗」(《晏子春秋》〈問上〉十八)，這是心靈教化的理想或是政治統一的宏規，但非務實的善圖，故不當執意推行 [139]。愚民政策以勸善的立場處理宗教事務，「君子衡理不衡數，而其教人未有不兼言禍福也」(《三魚堂文集》〈功行錄廣義序〉)，然「實說其義，不祥者義理之禁，非吉凶之忌也」(《論衡》〈四諱〉)，這是要塑造「善男信女」以安定民心且改良風俗，故曰「聖人之於祭

　　說〉：「愚不可詐者民也。」

136.《道德指歸論》〈上士聞道篇〉：「塗民耳目，飾民神明；絕民之欲，以益民性；減民之樂，以延民命；捐民服色，使民無營；塞民心意，使得安寧。」

137.《戰國策》〈武靈王平晝間居〉：「知者作教，而愚者制焉，賢者議俗，不肖者拘焉；夫制於服之民不足與論心，拘於俗之眾不足與致意。」《劉蕺山集》〈錢緒山先生要語序〉：「凡為愚夫愚婦立法者，皆聖人之言也。」

138.《吳子》〈圖國〉：「順俗而教。」《戰國策》〈武靈王平晝間居〉：「知者不變俗而動。」

139.《南齊書》〈劉祥傳〉：「興教之道無尚必同，拯俗之方理貴袪弊。」

祀，非必神之也，蓋亦附之教焉」(《柳柳州集》〈監祭使壁記〉)(例如祭孔) 140，此舉與中國上帝信仰不明之情相應，絕無衝突，可見其非欺民手段。總之，愚民政策的理想社會是「士廉、農愚、工商愿」(《管子》〈君臣〉上)，於此所謂「義民」不過是「安分之良民而已」(《正蒙》〈樂器〉)，因為安分已是凡人所能做到的最高尚行為；另在統治者而言，愚民政策既不以民意興革，乃須堅持信念而不為輿論所動，故「笑罵從汝，好官須我為之」(《宋史》〈鄧綰傳〉)，此非無恥而是有守，亦即忍辱負重 141。

菁英主義與貴族制度的不同在於反對世襲，易言之菁英以有能取勝，不以家世得勢，這是敬天而非法祖的思想表現，或是愛世而非自利的行為表現，因為菁英是淑世的天使，不是官方的特權。《儀禮》曰：「天子之元子猶士也，天下無生而貴者也；繼世以立諸侯，象賢也，以官爵人，德之殺也；死而諡，今也，古者生無爵，死無諡。」(《儀禮》〈士冠禮〉) 142 其意簡言之即是「禮無生而貴者」(《晉書》〈禮志〉下) 143，貴者必由德能，故無世傳之尊嚴。在菁英主義之下，「士庶雖分本無華素之隔」144，「官無常貴而民無終賤，有能則舉之，無能則下之」(《墨子》〈尚賢〉上) 145，故「師也者，所以學為君也」(《禮

140.《柳柳州集》〈非國語〉下「祀」：「夫祀，先王所以佐教也，未必神之。」《洪範口義》卷上：「祭祀所以為教本，禮曰使民不忘本，此之謂也。」

141.愚民政策只是階段性的歷史任務，不可能永遠盛行或有效，因為文明日趨發達則大眾化發展隨之興旺，可見愚民政策的失敗是注定的事；以現在大眾社會的立場批判史上的愚民政策實為誣告，而從今日的政治亂象可知，愚民政策是歷史過程中的必要之舉，否則菁英文化早已滅絕，若然現代的大眾文化又豈得出現。

142.《禮記》〈郊特牲〉所載相同，但無「猶」字。

143.《白虎通義》〈爵〉：「舉從下升，以為人無生得貴者，莫不由士起。」

144.《資治通鑑》〈宋紀〉十 (裴子野曰)：「古者德義可尊無擇負販，苟非其人何取世族，名公子孫還齊布衣之伍，士庶雖分本無華素之隔。」

記》〈學記〉），因為君須足以為師。有能即是有知，而有知必然有德，
「君子尊賢而容眾，嘉善而矜不能」（《論語》〈子張〉），所以菁英主義
絕無貴族氣焰，卻有「視民如傷」的心腸[146]，可見反對菁英主義者常
是小人之心。「以大御小者王，以強凌弱者亡」（《鹽鐵論》〈結和〉），當
仁不讓不是仗勢欺人，菁英主義似有養尊處優的姿態，其實是捨我其
誰的胸襟，只是在現實的政局中，有國者絕非聖賢，而權力大小與能
力大小且難以相符，於此卻無徹底改正的辦法，故菁英主義有其永恆
的內患。在階級社會中處於最高地位的君王，是唯一不以德能獲得權
位而需加以認可的人（扶不起的阿斗也得扶），因為此種金字塔型結構
的社會關係，乃是依據天意或宇宙次序而建立，故「君權神授」或「奉
天承運」之說皆需擁護，乃能維持菁英體制的穩定性與神聖性，否則
「立君而尊賢，是賢與君爭」（《慎子》〈內篇〉），這將造成不斷的政治
鬥爭，導致賢與不肖玉石俱焚的後果，何況在官僚政治中，高高在上
而封閉無知的君王，對於國家往往無實際或重大的影響，其害不深[147]。
貴為一國之君者，其有天命乃極顯著[148]，固然人人亦皆有命，但不易

---

145. 又見《慎子》〈內篇〉。《韓詩外傳》卷五：「雖公卿大夫之子孫也，行絕禮
　　儀，則歸之庶人。……雖庶民之子孫也，積學而正身，行能禮儀，則歸之士
　　大夫。」《粹言》〈論政篇〉：「古者使以德、爵以功，世祿而不世官，故賢才
　　眾而庶績成。」

146. 《渭南文集》〈奏筠州反坐百姓陳彥通訴人吏冒役狀〉：「善為政者莫不嚴於
　　馭吏、厚於愛民。」

147. 《樂志論》〈理亂〉：「豪傑之心既絕，士民之志已定，貴有常家，尊在一人，
　　當此之時，雖下愚之才居之，猶能使恩同天地，威侔鬼神。」《明夷待訪錄》
　　〈置相〉：「古者不傳子而傳賢，其視天子之位去留猶夫宰相也，其後天子傳
　　子、宰相不傳子，天子之子不皆賢，尚賴宰相傳賢足相補救，則天子亦不失
　　傳賢之意。」《嘉祐集》〈任相〉：「古之善觀人之國者，觀其相何如人而已。」

148. 《讀通鑑論》〈晉安帝〉六：「天子者，天所命也，非一有功而可祗承者也。」
　　《舊五代史》〈郭崇韜傳〉：「作舍道邊三年不成，帝王應運必有天命。」

確認，而王者之命顯而易見，因此不容輕視，實際上也罕受忽視[149]。
菁英主義也富有天命的觀念，故文人自詡多不為過，因為「天生麗質
難自棄」本是認命的態度，如此古代中國大臣常嚴厲互斥，卻率皆對
帝王歌功頌德或好言相勸，這不能一概以極權威嚇解釋之，而須以天
道思想考量之。菁英制度無法以絕對的菁英主義推展，這是人具原罪
的影響，而若世間得以樹立真正的（亦即完全合理的）菁英主義，這
即表示上帝的支配性或超越性並不存在──然則上帝便是虛假──由
此可知菁英主義是合於神意的統治原則，而其缺失則是上帝乃為宇宙
主宰的提示。

---

[149].《元史》〈許衡傳〉：「民之戴君本於天命，初無不順之心，特由使之失望、
　　　使之不平，然後怨怒生焉。」

第五章　求道問題

第五章　求道問題

　　求道的討論是真理信仰的表現，文明必然信道，中國文明對求道的重視乃是理所當然；然因中國文明缺乏超越性信仰，故其求道思想的道德性意涵甚強於其他，而不多知識內涵與神聖感受。中國傳統的「學道」觀念肯定求知的價值，同時強調觀摩與反省的重要，但於神意的體會則幾無注意，故其求道重點不過是修養心性。由於上帝觀念不明，所謂道乃是籠統的天理，而因人本精神強烈，所謂求道便是天人合一的達成，其過程則是天人交戰的產生及其化解。在求道的心法上，中國士人首重誠意正心的準備，於是義利之辨隨之而起，因信而知的精神也隱然出現，但詭異之說不為所重，而循序漸進的學習則與融會貫通的思索並存，頓悟雖非所期，覺醒確是所望。消極而言中國的求道者只求「安心」，積極而言其目的乃是「配天」，然總無「與神復合」之想，這使得道僅為人道的提升，而終竟不是通天知命。

一、求道的要義

　　文明是求道的文化，中國傳統富有求道的主張，這是中國的文明表現。子曰「朝聞道，夕死可矣」（《論語》〈里仁〉），這表示「有一日未死之身，則有一日未聞之道」（《日知錄》〈朝聞道夕死可矣〉），求道是人生的責任，因為不求道不能了解人生的意義，也不能了解何為責任，不知此義者或許也在盡責，然其所為必是小事，而反對此義者絕不可能負責，儘管其作為可能積極而主動。「夫人之所為可貴者，謂能以道善身也」（《東里集》〈曾氏耕讀軒記〉）*1*，「人之涉世譬如奕棋，苟不盡道，誰無死地，但不幸耳」（楊泉《物理論》）*2*，易言之「人雖有美

1.《素書》〈原始〉：「道者人之所蹈，使萬物不知其所由。」

質，而不習道，則不為君子」(《中論》〈治學〉)，所謂「止於至善」(《大學》) 可謂是為人自愛之志──「君子不恃其所已能者而忘自進也」(《東里集》〈清白堂銘序〉)──而「達士徇名」(《曹子建集》〈王仲宣誄〉)，雖未必得義但亦屬有為。《中庸》曰：「天命之謂性，率性之謂道，修道之謂教。」(《中庸》一) 3 此說實非真理定義而是求道主張，蓋以天命為性是肯定人的靈慧，以率性為道是稱許人的良能，以修道為教是鼓勵人發揚心智，整體而言則認定得道的可能及可貴，其超越性不足的問題是教育動機（給人希望）所致。荀子曰：「道者，非天之道，非地之道，人之所以道也，君子之所道也。」(《荀子》〈儒效〉) 這也是關於求道的勸善之說，其於真理的超越性刻意忽視 (《荀子》〈勸學〉：「神莫大於化道」)，一意強調道德的真理性，似乎得道不難。「夫物之感人無窮，而人之好惡無節，則是物至而人化物也，人化物也者，滅天理而窮人欲者也。」(《禮記》〈樂記〉) 因認知人為萬物之靈卻有其惡性，中國傳統的求道呼籲著眼於避免人的物化，如此，求道的理念常限於克己復禮，而乏終極性真相的探索，司馬遷所謂「究天人之際，通古今之變，成一家之言」(司馬遷〈報任少卿書〉)，確是個人的求道觀感──能「究天人之際」而「通古今之變」則所得豈是「成一家之言」──其同道在中國史上寥寥無幾。

　　求道即是「就有道而正焉」(《論語》〈學而〉)，或是「正己而已矣」(《莊子》〈繕性〉) 4，這是人有原罪又有良心的自我提升功課。孟子曰：「夫道，若大路然，豈難知哉，人病不求耳。」(《孟子》〈告子〉下) 真理雖不易了解，但真理的存在不難了解（因而不容忽視），由此人應

2.《焚書》〈卓吾論略滇中作〉：「窮莫窮於不聞道。」《三國演義》二十三回：「不識賢愚是眼濁也，不讀詩書是口濁也，不納忠言是耳濁也，不通古今是身濁也。」

3.《淮南子》〈齊俗訓〉：「率性而行謂之道，得其天性謂之德。」

4.《駱丞集》〈答員半千書〉：「聞義則徙，道存於起予。」

求道一事已無庸說明，因為無人可以否定「對」的價值。朱子曰：「既志於義理自是無惡，雖有未善處，只是過耳，非惡也。」（《朱子語類》〈朱子〉十七）此說忽視原罪（雖然其所謂惡確有原罪的性質 5），且於超越性問題有所不顧，但其追求真理至善的意念稍無欠缺，這表示求道可能基於對現實的不滿，而未必是對終極真相的探索，因現實的缺陷甚明，故求道的理由甚廣。道為真理，理在事中，求道須由習事進行，而非離事高談闊論，探求事理即是問道，憑事說理即為論道，「善計者非以求利，將以明數；善戰者非以求勝，將以明勝」（《鶡冠子》〈天權〉），此亦可謂求道。所謂「君子無所不用其極」（《大學》），非謂為人應為達目的不擇手段，而是指做事應窮盡所有可能以圖至善，這即是求道的作為，因為人之「極限」對人而言與「極致」相當，所以盡力便是上進。各人資質不等，求道是超越自我之舉，不能設定共同標準以為成就根據，「君子學道則愛人，小人學道則易使」（《論語》〈陽貨〉），其價值雖有高下之別，但其意義則一。「上士聞道，勤而行之；中士聞道，若存若亡；下士聞道，大笑之，不笑不足以為道。」（《老子》四十一）因為真理的內涵深奧而凡夫的智識淺陋，求道者本來不多，牽掛社會價值觀念者不足以為道，求道是天人之際的探究，所以孤獨的感受是來自真相的察覺，而非人際關係的疏遠，不為俗念所動乃能入境問俗。中國文化中的君子是求道者，而聖人是得道者 6，如此君子與聖人所受的重視即顯示真理信仰在人心中的地位。求道是人人所應為，故曰「始乎為士，終乎為聖人」（《荀子》〈勸學〉），而「聖人者道之極也」（《史記》〈禮書〉），「聖人乃萬世之標準」（《韓昌黎集》〈伯夷頌〉）7，所以凡人求道乃是效法聖人，超越性的真理實非其所

5.《陸象山集》〈論語說〉：「惡與過不同，惡可以遽免，過不可以遽免。」

6.《莊子》〈天下〉：「以天為宗，以德為本，以道為門，兆於變化，謂之聖人。」

7.《康齋集》〈與徐希仁訓導書〉：「慨慕人之善則知聖人之道之為美。」《嘉祐

意，此乃缺乏上帝觀念的終極道術。不察超越性問題便有得道的樂觀信念，於是「〔道人〕為一則聖人矣」(《朱子語類》〈朱子〉十二)，可見中國傳統所謂的聖人與西方的聖徒 (saint) 不同，他不是上帝的追隨者而是良心的發揚者，而道既可得則替天行道也無必要（亦即錯誤），故中國式的聖人自我作古，但中國真正的聖人從天而終。

　　因為上帝不為所重，神意的「無理」乃非顧慮所及，因此求道令人深感穩當安心 8，而少困惑、壓力、神秘、與靈感，蓋「道高益安，勢高益危」(《史記》〈日者列傳〉) 9，無悠悠天心之問，而專務人道修養，自然妥貼不疑。即使上帝信仰不存，真理的性質與神格相近，其絕對的至善標準令求道者一樣充滿艱辛困頓之感，然因具備服膺真理的誠心，「君子可欺以其方，難罔以非其道」(《孟子》〈萬章〉上)，所以「君子有終身之憂，無一朝之患也。」(《孟子》〈離婁〉下) 求道的行為表示對真理的崇信，也表示對真理有所不解，故求道者犯錯絕不證明真理有誤，卻可以證明真理崇高，反之不信道者犯錯乃為自然或當然，而其偶有正確的言行竟是證明真理具有普世性，然無心之善不可謂善，故曰「述正道而稍邪哆者有矣，未有述邪哆而稍正也。」(《法言》〈吾子〉) 由此可知，求道必須立命，「立命謂全其天之所付，不以人為害之」(《四書集注》〈孟子〉「盡心」上)，不立命而求道不是不可而是不可能，因為無有求道的自覺便不是真正求道，立命乃是求道的自許，不立命而求道是隨性之舉，這即使是天縱英明也非壯舉且無得道可能；畢竟「人能弘道，非道弘人」，求道是靈性的上進，不是任性縱情之

集》〈樂論〉：「天下未知君之為君、父之為父、兄之為兄，而聖人為之君父兄。」

8.《范文正公集》〈與知郡職方〉：「窮達榮辱，人事分別，至終豈復異哉，惟信道養性，浩然大同，斯為得矣。」

9.《彭城集》〈明莊論〉：「從事於道者，道久而愈安；從事於利者，利重而愈憂。」

為，求道即是求知，而求知須有志向，「志不彊者智不達」（《墨子》〈修身〉），問學若無目的必定迷失，因為知識有其終極意義，且人生有限而學海無涯，立志以求知乃能有方，可見求知必須立志即是求道必須立命之理。

立命可以是為己立命，亦可以是為生民立命，因為真理具有普世性，為己求道實與為人求道相同，所以「為生民立命」即是「為生民立道」10。為生民立命所以與為己立命相同，亦可從求道的問題解釋，蓋求道者需藉眾成己而無法自成（自成僅得為自成一格）──「孤莫孤於自恃」（《素書》〈本德宗道〉）──人生在世因人人為我而我為人人(One for all, all for one.)，乃能各得其所且成全大局，於此「天下之事非一人之所能獨知」（《鶡冠子》〈道端〉），「賢人君子有眾以成其大也」（《阮嗣宗集》〈通易論〉）11，而聖人以天下國家為己任，己達達人，又得造就人類文明盛事，可知聖心即為天心，為生民立命與為己立命無異。「道至深微，不可獨議」（《蔡中郎集》〈上漢書十志疏〉），「懷道者須世，抱樸者待工」（《新語》〈術事〉），「我之所有既不可奪，而我之所無又取於人，是以功常前人而人後之也」（《中論》〈虛道〉），所以「聖賢者時人之耳目也，時人者聖賢之身也」（《韓昌黎集》〈爭臣論〉），能自察又能以世為鑑則有自知之明與後見之明，此為僅次於神通的最高智慧，可知求道是求人而非求神。「自耕稼陶漁以至為帝，無非取於人者」（《孟子》〈公孫丑〉上），然「學於眾人，斯為聖人」12，「善學者假人

10.《張子全書》〈近思錄拾遺〉：「為天地立心，為生民立命，為往聖繼絕學，為萬世開太平。」《近思錄》〈為學〉橫渠（張載）曰：「為天地立心，為生民立道，為去聖繼絕學，為萬世開太平。」

11.《白虎通義》〈封公侯〉：「聖人雖有萬人之德，必須俊賢三公九卿二十七大夫八十一元士，以順天成其道。」《周書》〈蕭詧傳〉：「藉聽眾賢則所聞自遠，資鑑外物故在矚致明。」《江文通集》〈水上神女賦〉：「理洞徹於俗聽，物驚怪於世心。」

12.《文史通義》〈原道〉上：「學於眾人，斯為聖人。……自古聖人皆學於眾人

之長以補其短，故假人者遂有天下」（《呂氏春秋》〈用眾〉）*13*，於是乃
知「眾以啟賢」（《六韜》〈三疑〉），雖然眾意絕不在此。求道所以需要
藉眾成己，乃因人有原罪，有所長即有所短，智者能見賢思齊以彌補
個人缺陷，何況「智者千慮必有一失，愚者千慮必有一得，故曰『狂
夫之言，聖人擇焉。』」（《史記》〈淮陰侯傳〉）*14*個人性原罪可因觀摩他
人的優點與成就而得救濟，但人類共同原罪任誰都無可如何，因此求
道其實不可能得道，不然則得道必須獨蒙天賜，絕非「一分耕耘一分
收穫」而終能成功。由於天道具有超越性，集人類全體力量仍不足以
掌握真理，「人定勝天」之說顯然不是求道的意見，然「天定勝人」也
非正確的信念，因為神為人主而無需制勝。中國的求道觀少有悲觀氣
息，這是超越性信仰不足所致，於是中國的求道觀便富有道德色彩，
而道德乃是人倫，因此強調人我關係所含有的真理性，即成為求道思
想的重點，天道既然有如人道，求道可能是內求，可能是外求，但總
不是上求，其平易近人實非得道的良緣善兆。

真理的體系有上下結構，社會關係亦然，高低地位雖自不同，其
關連則顯示一切事物皆有其用，在下位者也具價值；求道者必居於上
位，其所望常在高處，難免因此忽視小事小物，以致欲速不達，這確
是「因小失大」。真理既是無所不通，求道必須了解全面，輕重緩急固
應警覺，掌握大義之餘亦不可忽略小理，故君子之於天下事事關心，

之不知其然而然。」《慎子》〈外篇〉：「聖人不讓負薪之言，故能廣其智。」

13.《呂氏春秋》〈用眾〉：「夫取於眾，此三皇五帝之所以大立功名也。」《陸象
　　山集》〈與姪孫濬〉三：「夫子曰：『三人行必有我師焉，擇其善者而從之，
　　其不善者而改之。』又曰：『見賢思齊焉，見不賢而內自省。』誠得斯言之旨，
　　則凡悠悠泛泛者皆吾師也。」

14.《元史》〈劉秉忠傳〉：「君子所存者大，不能盡小人之事，或有一短；小人
　　所拘者狹，不能同君子之量，或有一長。」《鶡冠子》〈環流〉：「賢者萬舉而
　　一失，不肖者萬舉而一得。」《宋書》〈何尚之傳〉：「愚者之議，智者擇焉。」
　　《讀通鑑論》〈陳宣帝〉十一：「庸人之愚，智人之資。」

無有不屑。「天下一家，痛癢未嘗不相關也」(《陸象山集》〈與朱子淵〉)，「小之定也必恃大，大之安也必恃小，小大貴賤交相為恃，然後皆得其樂」(《呂氏春秋》〈諭大〉) 15；以文明進化而論，「教本乎君子，小人被其澤，利本乎小人，君子享其功，使君子小人各得其宜，則通功易食而道達矣。」(《文子》〈微明〉) 16 由此可知，「愚者智之僕，巧者拙之奴」，求道者不論在生活上或治學上，均有賴凡夫之助益，「賢聖不能自理於亂世」(《鹽鐵論》〈非鞅〉)，也無法自達於盛世，反之，「無賢者則不肖者不能獨立，無智者則愚者不能獨存」(《東萊博議》〈宋人圍曹〉)，世人雖相互依賴，但只有求道者知曉此理而能加以善用。如此，「知人亦是窮理之一端」(《朱子語類》〈論語〉六)，不懂人性則不解天性，何況「薄俗正好點檢人」17，經由人際關係體察天人之際確是求道正途，因為人人皆有善性與惡性，個人內在的天人交戰常不及面對外在世界時多，而面臨世情竟不隨波逐流卻能反躬自省，方可有超然的心得，所謂「居不隱者思不遠」(《新論》〈激通〉)，其精神意義乃是「不俗化則能化俗」。總之，個人為不完整的人，人為不完整的天，個人應入世以求備，求備雖無完成之可能，但其志已足以使人脫俗超凡，若自外於世以求獨立，此為抱殘守缺，無異於毀性去天，蓋絕俗須經隨俗，大人是以人為不足的人，而非自命不凡的人，人欲自強則須借重他人，能為人類的代表即是真人，真人不是完人，但卻是最完備的人。

　　求道的本務畢竟是求知而非處世，因為人是靈性的生命，其提升是靠知識而非經驗，而經驗的目的其實也是知識，故求道者處世仍為

15.《西山文集》〈潛齋記〉：「夫人之所得於天，不能無彊弱之異，而濟之以人者乃所以成其天也。」

16.《水心文集》〈金壇縣重建學記〉：「致學莫要於辨人己之分，而審其所處之義，使己立而物不病，可以達於道矣。」

17.《蘇文忠公集》〈與子由弟〉四：「薄俗正好點檢人，小疵不可不留意也。」

求知，而其求知是為求道。真理涉及一切，「凡所當事者皆學也」(《朱文公文集》〈答呂子約〉四)，所以求知而不求道實無可能，可悲者是人無此覺或此意，以致玩物喪志，學無所成。真正的知識是對真理的了解，所以**求道即是求知** 18，易言之求道是求了解真理，其次才是應用真理，因為知者必行，而知高於行，所知未必可行。在西方哲學中，知識論決定形上學的觀點，這是「知識來自天理」的看法呈現，或是「求道即是求知」的思想反映。相對於此，中國傳統強調「求知是為求道」，卻不言明「求道即是求知」，此因不重知識本身的價值，或於知識的性質與意義未有深究，故其「求知是為求道」之見實將知識視為工具器用，而所謂「道」卻有各式的主張，可知見地不高者可能號稱求知是為求道，這是自我肯定的表現 (自壯的需求)。自以為高明者可能宣稱「道可悟而不可學」(《李泰伯集》〈麻姑山賦〉)，或稱「道理達而人才滅矣，人與道不兩明」(《文子》〈符言〉)，前者反對求知為求道之方，後者根本反對求道的作為，此類神秘主義式的道學絕非中國文化的正統，其假性的超越性觀念表面上使真理更顯崇高，但其實使真理淪為空洞虛無之物，於是人與道別為二途，求知竟無求道的意義，此說之自相矛盾可由反問其說建立之理得知，可見一切反智的道說皆為無道。

　　道有其理，「能以懷道為念，必存從理之心」(《宋書》〈顏延之傳〉)，「知道者必達於理」(《莊子》〈秋水〉)，知道即是知理；然而真理具有超越性，知理未必知道，若說「理定而後可得道」(《韓非子》〈解老〉)，這是求道的態度，不是關於真理的判斷。即因真理具有超越性，人不能有超越性的知識，然「天不可知，知之以理」(《讀通鑑論》〈隋文帝〉二)，所以「修道期於無差謬，固宜重在智」(《戴東原集》〈緒言〉下)；

18. 李心傳〈道命錄序〉：「道即學，學即道……舍道則非學，舍學則非道。」《水心文集》〈答吳明輔書〉：「學修而後道積……以學致道而不以道致學。」《劉夢得文集》〈上杜司徒書〉：「人必求知，不能自達。」

如此，就現實而論，「天下之道莫大乎學，莫貴乎學」(《公是先生弟子記》)，以不可知之道為目的乃非求知也非求道。求道之方為何或許難言，然求知是為求道則無疑義，蓋求知即是求真，而真為真相真理，故求知若非求道必是所求不透徹，而非另有所求；其實若無真相真理則求知無從進行，因求知是理性的活動，而且必定基於相當有知之情，所以求知本身實為天性良知的作用，也就是求道的表現。「學所以為道」(《韓昌黎集》〈送陳秀才彤序〉) 19，亦即「學以道達」(楊泉《物理論》)，不為道而學有害心術，故「學者求習道也」(《中論》〈治學〉)，此因「學者所以求治心也」(《司馬溫公集》〈迂書〉「學要」)。子曰：「君子食無求飽，居無求安，敏於事而慎於言，就有道而正焉，可謂好學也已。」(《論語》〈學而〉) 此言猶謂求道即是求知而求知是為求道，為學而不問道則不可謂好學。求知是為求道，故「學不際天人，不足謂之學」(《皇極經世》〈觀物外篇〉下) 20，此乃中國傳統的治學觀，誠如朱熹所說「古人讀書將以求道，不然讀作何用？」(《朱子語類》〈學〉五) 然因凡人不能識道，為免學者誤入歧途，乃說「學非記誦辭章之謂，所以學聖賢也。」(《宋史》〈李衡傳〉) 歐陽修曰：「君子之於學也務為道，為道必求知古。」(《歐陽文忠公集》〈與張秀才棐第二書〉) 21 此言表示求道必須治史 22，因歷史包含所有往事，所以知古有如了解一切，可見求道是欲通曉萬事萬物，而歷史是知識的集大成，故為求道的寶藏 23。

19.《格物通》〈謀慮〉上：「學之要在隨處體認天理而已。」

20.《淮海集》〈浩氣傳〉：「知天而不知人者無以與俗交，知人而不知天者無以與道遊。」

21.《徐孝穆集》〈為貞陽侯與陳司空書〉：「前事之不忘，後事之龜兆也。」《讀通鑑論》〈五代〉中五：「通古之窮乃可以御今。」

22.《陵川集》〈辨微論〉「經史」：「治經而不治史則知理而不知跡，治史而不治經則知跡而不知理。」

23.《梁書》〈蕭子顯傳〉：「(高祖) 嘗謂子顯曰：『我造通史，此書若成，眾史可廢。』」

為求道而求知即是「格物致知」，所謂物乃是相對於求道者的一切外物，格物致知便是探察所有事物的精義以領略真理24，其意注重通貫性與整體性，故所得不可能為專業偏見25。求道即是求知，求知莫重於讀書，因「道成於學而藏於書」(《潛夫論》〈讚學〉)，故「索道於當世者莫良於典」(同上) 26。「學不是讀書，然不讀書又不知所以為學之道」(《朱子語類》〈朱子〉十五) 27，語文雖有其缺陷障礙，而真理又超越理性知識，故為文論道無法盡意，但此乃原罪所造成的問題，求知仍須以讀書為主28，若以經驗感受代之，必成不學無術且將簡化真理，這是藐視文明遺產的無知想像29。

人為萬物之靈一義是人對真理的初步發現或認識，由此可知「人性含靈，待學成而為美」(《貞觀政要》〈崇儒學〉)，求道是人的本務，否認此事即是否認人為萬物之靈的地位，這就是作賤。「夫學，王者事也」(《蘇文忠公集》〈南安軍學記〉)，「聖人生於疾學」(《呂氏春秋》〈勸學〉)，而「質美者以通為貴」(《新語》〈資質〉) 30，求知以求道雖非凡

24.《王文成公全書》〈傳習錄〉下：「(格物致知) 我解『格』作『正』字義，『物』作『事』字義。」其意以為「格物致知」意謂「正確掌握事理以發覺大知」，此說不是錯誤，卻是過於狹隘，蓋「物」乃是所有的事與物 (包括人)，格物是探求一切事物之道理，由此所獲的見識才可能是正確的真理觀。

25.《陵川集》〈與王子正書〉：「道祇一理爾，以其莫不由之以行，故名之曰道，豈可特以為學而自為一家哉。」

26.《遺山集》〈答聰上人書〉：「古人有言：『不見異人，必得異書。』」《震川先生集》〈送童子鳴序〉：「夫典籍，天下之神物也，人日與之居，其性靈必有能自開發者。」

27.《蘇文忠公集》〈李氏山房藏書記〉：「自孔子聖人，其學必始於觀書。」

28.《東里集》〈梅溪書室記〉：「學必本乎讀書。」

29.《朱子語類》〈禮〉四：「人只是讀書不多，今人所疑，古人都有說了，只是不曾讀得。」

30.《朱子語類》〈論語〉二十一：「善人質美，雖不學樣子，卻做得是；然以其

人可為，但此義無可指斥，因人即使不求神通，亦不得以神識為非。中國的君子是求道者，中國的聖人是得道者，「士必學問然後成君子」（《韓詩外傳》卷八），但君子必欲得道則不能成聖人，因為真理即使不具超越性，資優者方能得道，以得道為目的的求道其志可嘉，但其念有失，畢竟求道是人的義務，執行義務不能以立功為意。不論能否得道，求道即是上進，這已是成就，蓋「非學無以治身」（《鹽鐵論》〈殊路〉），「學者只〔當〕從『下學』裡用功，自然『上達』去，不必別尋個上達的工夫」（《王文成公全書》〈傳習錄〉上），求道必求得道一方面是不認命，另一方面是心術不正（著急也是心術不正），這終究不是真正的求道。「脩身者智之符也」（司馬遷〈報任少卿書〉），「學者所以修性也」（《法言》〈學行〉）31，「知言然後能養氣」（《朱子語類》〈孟子〉二），「君子無入而不自得，正以其無入而非學也。」（《王文成公全書》〈答友人〉）上達者即為君子，而上達即是求道，求道即是求知，故曰「學者所以求為君子也」（《法言》〈學行〉）。「人無文德，不為聖賢」（《論衡》〈書解〉），「學者是學聖人而未至者，聖人是為學而極至者」（《朱子語類》〈論語〉三），故「聖人無優劣，有則非聖人也」（《二程語錄》〈遺書伊川先生語〉），這表示聖人乃是得道者。

　　依理求道是追求真理而非追隨聖人，然聖人既為得道者而凡人無法得道，故實際上求道當可謂是學聖，但一方面聖人恐不可得（理論上得道者並不存在），另一方面凡人學聖難免墮入英雄崇拜而忘卻真理本義，所以不能要求門徒自立自強者均非明師（更遑論聖人），而求道者應知求師是為求知而非交誼，以人格形象作為學習榜樣終究不是求道，面對個人的天人之際問題方為認真用功。章學誠曰：「朱子之形似必繁密，而陸王之形似必空靈，一定之理也。而自來門戶之交攻俱是

　　不學，是以不入室，到聖人地位不得。」

31.《呂氏春秋》〈尊師〉：「知之盛者莫大於成身，成身莫大於學。」《抱朴子》〈崇教〉：「飾治之術莫良乎學。」

專己守殘、束書不觀，而高談性天之流也，則自命陸王以攻朱者固偽
陸王，即自命朱氏以攻陸王者亦偽陸王，不得號為偽朱也。同一門戶
而陸王有偽、朱無偽者，空言易而實學難也。」（《文史通義》〈朱陸〉）32
此說顯示學道即是學人，但學人不即是學道，正如求道即是求知，但
求知未必是求道，學人可為學道之始，但不可為學道之本，以人代道
而學實為自用性求知，其空疏浮誇之弊僅次於不學，雖然其教條化的
學問也有相當的知識價值。

二、天人交戰與天人合一

　　天人交戰之說是中國求道觀的一大課題，此因中國文化的中心精
神是人文主義，而人文主義發展至極所見即是人力的極限，於是上帝
信仰或天性標準乃成高超的理念，但天道渺茫而人欲強烈，天人交戰
因此無可避免，這表示人具天性卻有所不足，反過來說人具人性卻非
全然可靠。天人交戰不是層次最高的求道問題，卻是個人的極限感呈
現，強調天人交戰問題是忽略真理的超越性所然，若知上帝為宇宙主
宰，則神意的思索更是求道者所應著力者，於此人絕無天人交戰之感，
而只有認命時的震撼與卑微之情。天人交戰同時證明天人合一的可能
性及其不可能實現，蓋天人交戰發生於人的內心，這表示人有天性與
善意，故服從良心確是可能的，然而天人交戰亦暴露人的原罪，此為
永無可能消滅的弱點，故天人合一僅為修養的境界，而非真實或永恆
的狀態，畢竟人可從天卻總不是天。由此可見，「聖人也是人」，此言
當有贊歎之感而非輕蔑之意，因為就事實而論此說並無意義（亦即多
餘），然就道德或價值觀而論此事令人無比感佩，聖人也是人表示聖人
超越凡人，因為吾人不能以邏輯轉換此說而稱「人也是聖人」，這說明

32.《日知錄》〈夫子之言性與天道〉：「昔之清談談老莊，今之清談談孔孟，未
　　得其精而已遺其粗，未究其本而先辭其末。……以明心見性之空言，代修己
　　治人之實學。」

天人合一是天人交戰之後的上進成就，以聖人也有天人交戰之實貶抑
聖人，是自我糟蹋而見不得人好的卑鄙心思。天人交戰暗示「人倫天
理有間隔而無斷絕」(《宋史》〈詹體仁傳〉)，自愛者以人的天性為榮，自
棄者以人的惡性為真，而「天人相違，非奉天之義也」(《論衡》〈雷
虛〉)，天人合一雖不可能成為事實，然而正是因此，追求天人合一乃
成為無限上達的高貴行止。

　　天道一詞神聖無瑕，人道一詞美中不足，可見人道不能與天道契
合則事必有異，故曰「天道夷且簡，人道險而難。」(《陸士衡集》〈君子
行〉) 天人交戰理當無所不在，因世事皆不盡理想，而「天理常在人欲
中，未嘗須臾離也」33，不妥協於現實即有天人交戰，這不僅是自心
的掙扎，且常為人我的對立，如見義勇為必是天人交戰的情勢。《尚
書》曰：「人心惟危，道心惟微，惟精惟一，允執厥中。」(《尚書》〈大
禹謨〉) 此說顯示天人不一原為當然，但天人合一卻是必要，「不天不
人，不可謂理」(《陳拾遺集》〈諫刑書〉)，因道心寓於人心34，「人心之
得其正者即道心，道心之失其正者即人心，初非有二心也」(《王文成公
全書》〈傳習錄〉上) 35，所以天人交戰不是自我反對，而是正己所需的
歷程。天人交戰可謂「心疾」，其情是「有人胸中常若有兩人焉，欲為
善，如有惡以為之間，欲為不善，又若有羞惡之心者，本無二人，此
正交戰之驗也。」(《近思錄》〈存養〉) 36孟子曰：「生，亦我所欲也，義，

33.《東萊博議》〈梁亡〉：「天理常在人欲中，未嘗須臾離也……與生俱生者謂
　　之良心，毀之而不能消，背之而不能遠。」《東萊博議》〈盜殺伋壽〉：「世皆
　　以人欲滅天理，而天理不可滅。」《朱子語類》〈學〉七：「人欲便也是天理裡
　　面做出來，雖是人欲，人欲中自有天理。」

34.《朱子語類》〈中庸〉一：「人自有人心、道心，一個生於血氣，一個生於義
　　理。」

35.《朱文公文集》〈問張敬夫〉八：「人心固異道心，又不可作兩物看，不可於
　　兩處求也。」

36.《淮南子》〈精神訓〉：「子夏見曾子一臞一肥，曾子問其故，曰：『出見富貴

亦我所欲也，二者不可得兼，舍生而取義者也。」(《孟子》〈告子〉上)
此說顯示殉道為終極性的天人交戰與天人合一，然這不是求道的常情，
子曰「知及之，仁不能守之，雖得之，必失之」(《論語》〈衛靈公〉)，這
才是天人不一所致的長期心戰；大是大非易於辨別，而小善小惡不易
持正，天人交戰的決斷因素主要在於恆心而非智力，因為有天人交戰
者必有良知，但未必有毅力。若謂「道與人競長，章人者，息道者也」
(《淮南子》〈詮言訓〉)，其意應指天人交戰之事，蓋道若可息乃因其為
人心之善者，而非人上之天心，即因「天理人欲是交界處，不是兩個」
(《朱子語類》〈尚書〉一)，故說「道者誠人之性也，非在人也。」(《管
子》〈君臣〉上) 韓愈曰：「天之與人當必異其所好惡無疑也，合於天而
乖於人何害？」(《韓昌黎集》〈與崔群書〉) 此言指示人可以克己成天，或
說天人合一是天性盈滿而非天人各半的情境，故「正也者，正於天之
為人性命也」37，反之，「禁天所禁，非禁天也。」(《春秋繁露》〈深察名
號〉)「為人使易以偽，為天使難以偽」(《莊子》〈人間世〉)，「動天之機
者不可雜之以人」(《東萊博議》〈衛侯遜位激民〉)，「道勝則害性之事棄
矣」(《抱朴子》〈酒誡〉)，故「達於道者不以人易天」38，天人合一須經
天人交戰，所以得道是超凡入聖，而非突獲天啟。

　　天人交戰的社會性意義或人際關係表現是君子與小人的對立，因
為「君子上達，小人下達」(《論語》〈憲問〉)，二者衝突勢在必行，而
君子與小人之別不是階級分類，其歸屬決定於個人的認同，所以上達
者為君子而下達者為小人，此與天人交戰時的抉擇意義相符，可知君

　　之樂而欲之，入見先王之道又說之，兩者心戰，故臞，先王之道勝，故
　　肥。」《史記》〈禮書〉：「出見紛華盛麗而說，入聞夫子之道而樂，二者心
　　戰，未能自決。」

37. 《春秋繁露》〈竹林〉：「正也者，正於天之為人性命也，天之為人性命，使
　　行仁義而羞可恥。」

38. 《淮南子》〈原道訓〉：「達於道者不以人易天，外與物化而內不失其情。」

子小人之辨反映中國求道觀對天人交戰問題的重視。「夫君子小人，類物之通稱，蹈道則為君子，違之則為小人」(《宋書》〈恩倖傳〉) 39，易言之「君子小人本無常，行善事則為君子，行惡事則為小人」(《貞觀政要》〈教戒太子諸王〉)；君子與小人之別顯然只是上進與否，而求道自有大義盛德，君子優於小人之處並非能力或境界，而是誠心，所以賢者退縮即為小人，而愚者奮發即為君子。求道理當志在得道，事實雖不能如願，但其心已為高尚，所以君子僅是求道者，卻常被尊為得道者，原本「唯君子為能通天下之志」(《周易》〈同人卦〉)，終竟變為「通於道者是謂君子」(《陸宣公集》〈鴻漸賦〉) 40。不論如何，求道是自愛而悖道是自戕，為人「寧作清水之沈泥，不為濁路之飛塵」(《曹子建集》〈九愁賦〉)，「君子贏得做君子，小人枉了做小人」(《鶴林玉露》〈存問逐客〉) 41，上進不是勝利卻是成就，墮落不是失敗卻是毀壞，諺云「小人樂聞君子過，君子恥聞小人惡」，這即是因君子悲痛人之自損，而小人不願人之過己。「君子道長，小人道消」(《周易》〈泰卦〉)，正邪可能為人際對抗，亦可能為內在緊張，然總是互為消長而不得調和，心靈節操不進則退，「無事於大，則為小人」(《抱朴子》〈刺驕〉)，「喪己於物、失性於俗者，謂之倒置之民」(《莊子》〈繕性〉)，所以君子永遠戰戰兢兢，無有懈怠。沈淪的可怕在於其可以無為速得，「君子樂得其道，小人樂得其欲」(《白虎通義》〈禮樂〉) 42，然「君子之中庸也，君子而時中，小人之中庸也，小人而無忌憚」(《中庸》二)，「君子所以異

39.《三國志》〈臧洪傳〉：「仁義豈有常，蹈之則君子，背之則小人。」《黃氏日抄》〈讀禮記〉五「文王世子」：「君子，成德之名。」

40.《嵇康集》〈釋私論〉：「夫稱君子者，心無措乎是非而行不違乎道者也。」此說以「從心所欲不踰矩」定義君子，實為過當，因有此品行者堪稱聖人，何止於君子。

41.《陔餘叢考》〈成語〉：「君子樂得為君子，小人枉自為小人。」

42.《法言》〈學行〉：「大人之學也為道，小人之學也為利。」

於人者以其存心也」(《孟子》〈離婁〉下),故君子深知何以為君子,小人不覺何以為小人,以小人之心度君子之腹固必曲解,小人自度亦必扭曲,可見小人成為小人乃是渾渾噩噩的過程,同時可知無天人交戰則必為小人。「君子之所不可及者,其唯人之所不見乎」(《中庸》三十三) 43,「君子不可小知而可大受也,小人不可大受而可小知也」(《論語》〈衛靈公〉),然則君子是模範人格44,故「未見君子,不知偽臣」(《鹽鐵論》〈論誹〉)。「君子周而不比,小人比而不周」(《論語》〈為政〉),君子是大人,而小人是「不像樣的人」,所以須是君子才能辨識小人。總之,君子與小人的對立是天人交戰之局,小人的勝利是人類的失敗,然君子代表天,故君子不可能失敗,可見小人的勝利僅為短暫,而君子的失敗則是天道勝利的現實代價。

天人交戰發生於人而非於天,所以天人合一是人之依天而非天之從人,然天心自在人心,故人自我負責即是對天負責,其盡責無遺者乃為天人合一45。「夫道如山也,愈升而愈高,如路也,愈行而愈遠,學者亦盡其力而止耳。」(《司馬溫公集》〈迂書〉「知非」) 求道是自發的行為,「自天子以至於庶人,壹是皆以修身為本」(《大學》),此為天命亦為人道;高談心性雖有所失,但確是論道,因為心性自天而來,發明心性即是追究為人之責或其天職。每個人皆是受命於天的孤獨性靈,有此認知者「得眾若獨,居尊若卑」(《柳柳州集》〈南嶽大明寺律和尚碑〉),凡夫所謂「夫妻好似同林鳥,大限來時各自飛」,亦有類似的體認,可見肯定「天生我材必有用」不僅是自重也是自責。求道是為了

43.《孟子》〈告子〉下:「君子之所為,眾人固不識也。」

44.《荀子》〈儒效〉:「君子無爵而貴,無祿而富,不言而信,不怒而威,窮處而榮,獨居而樂。」《韓詩外傳》卷二:「君子易和而難狎也,易懼而不可劫也,畏患而不避義死,好利而不為所非,交親而不比,言辯而不亂。」

45.《明儒學案》〈崇仁學案〉一「吳與弼」:「人生但能不負神明,則窮通死生皆不足惜矣。」《讀通鑑論》〈唐高祖〉二:「信於己者謂之有恆。」

解各人在世任務所致的真理探索，行道是在此認識之下的使命實踐，
如此求道是自我負責而行道是對天負責，二者一貫而相應，然天道遠
人道邇，故曰「君子之於己，自得而已矣，非有待於外也。」（《元豐類
稿》〈尹公亭記〉）同理，「自恥者本也，恥諸神明其次也，恥諸人外矣」
（《申鑒》〈雜言〉下），此非主張人尊於天，而是強調自我負責之義，人
有責任感乃因有天命感，外人之於我是共事者而非監督者，故「信行
者所以自為也，非所以為人也。」（《戰國策》〈人有惡蘇秦於燕王者〉）如
此，「君雖不君，臣不可以不臣，父雖不父，子不可以不子」（孔安國
〈古文孝經序〉），盡職是執行本分，認命才有尊嚴，「不取於人謂之富，
不辱於人謂之貴」（《孔叢子》〈公儀〉），「仁義者自完之道也，非進取之
術也」（《戰國策》〈蘇代謂燕昭王〉），能自問是否為好人必是好人。頂天
立地者「不以物喜，不以己悲」（《范文正公集》〈岳陽樓記〉），此非物不
可喜而己不可悲，但因一切皆是神意所然，故知命則不驕不餒，而「慎
獨即不自欺」（《陸象山集》〈語錄〉上） 46。子曰：「不怨天，不尤人，
下學而上達，知我者其天乎。」（《論語》〈憲問〉）又曰：「求仁而得仁，
又何怨。」（《論語》〈述而〉）怨氣是無有歸咎對象的憤懣，此為不識上
帝而不滿現狀的情緒窘境，其意不欲自我負責，更無對天負責之想，
所以有怨則必遷怒；「自知者不怨人，知命者不怨天，怨人者窮，怨天
者無志」（《荀子》〈榮辱〉），然「君子病乎在己，而順乎在天」（《韓昌黎
集》〈答陳生書〉），故曰「怨人之謂壅，怨己之謂通」（《中論》〈貴驗〉），
「學至於不尤人，學之至也。」（《近思錄》〈克治〉）君子絕交不出惡
言47，這是順天安命的表現（既絕交則失責善之權），「當仁不讓於師」
（《論語》〈衛靈公〉），這是敬天效命的作為（見義勇為乃認命之舉），服

46.《皇極經世》〈觀物外篇〉下：「人之神則天地之神，人之自欺，所以欺天
　　地，可不戒哉。」
47.《戰國策》〈昌國君樂毅為燕昭王合五國之兵而攻齊〉：「古之君子交絕不出
　　惡聲，忠臣之去也不潔其名。」

從良心是自律也是神命，天人合一時人雖不自主卻為自由，可見權力
其實是義務。

　　能面對天人之際者必不迷失於人群中，「君子和而不同」（《論語》
〈子路〉）48，「矜而不爭，群而不黨」（《論語》〈衛靈公〉）49，然「聖人
同跡，賢者求類，是同道也，非黨也」（《新唐書》〈李絳傳〉），故「欲空
人之國而去其君子者，必進朋黨之說。」（《新五代史》〈唐六臣傳〉）50求
道者以天理為人道，入世而不媚俗，既自我要求且服從世法，藉眾成
己卻不依賴他人。「君子求諸己，小人求諸人」（《論語》〈衛靈公〉），在
精神上君子獨立而小人孤立，能獨立者必知自我在宇宙中的定位，而
自我認知需以認識他人為基礎，故曰「知人者智，自知者明；勝人者
有力，自勝者強。」（《老子》三十三）51真理具有普世性，故君子責求
自己也責求他人，然正己重於正人，良心可取而天意難知，自我負責
是對天負責之本，知者未必能使人知己而仁者未必能使人愛己52，但
知者知人而仁者愛人，其所以如此實因知者自知而仁者自愛53。君子
對天負責而小人不欲自我負責，故君子為政難以成功，小人寬以待己
而嚴以律人，故其掌政似有績效，以致有謂「國以善民治姦民者必亂

48.《中庸》十：「君子和而不流。」《陳同甫集》〈謝陳同知啟〉：「無遺憾於天，
　　不求同於俗。」

49.《國語》〈晉語〉六：「仁人不黨。」《莊子》〈馬蹄〉：「一而不黨，命曰天
　　放。」《鮑明遠集》〈野鵝賦〉：「雖居物以成偶，終在我以非群。」

50.《淮海集》〈朋黨〉上：「邪正不辨而朋黨是嫉，則君子小人必至於兩廢或至
　　於兩存，君子與小人兩廢兩存則小人卒得志，君子終受禍矣。」

51.《中論》〈脩本〉：「明莫大乎自見，聰莫大乎自聞，睿莫大乎自慮。」

52.《商君書》〈畫策〉：「仁者能仁於人，而不能使人仁；義者能愛於人，而不
　　能使人愛。」

53.《荀子》〈子道〉：「子路曰：『知者使人知己，仁者使人愛己。』子曰：『可謂
　　士矣。』……子貢曰：『知者知人，仁者愛人。』子曰：『可謂士君子矣。』……
　　顏淵曰：『知者自知，仁者自愛。』子曰：『可謂明君子矣。』」

至削，國以姦民治善民者必治至彊」（《商君書》〈去彊〉）；然「愛人者不阿，憎人者不害，各以其正，治之至也」（《商君書》〈慎法〉），自我負責即是對天負責，身教不如言教，「有道之國，治不聽君、民不從官」（《商君書》〈說民〉），因為負責是崇道的表現，不是崇拜的行為。

上帝在真理之上，遵從真理未必是遵從神意，故天人合一即為認命，蓋體會神意必然領略真理。聖人知天而凡人不知聖，知天者必樂命，而樂命者不求人知，故曰「人不知而不慍，不亦君子乎。」（《論語》〈學而〉）。「君子依乎中庸，遯世不見知而不悔，唯聖者能之」（《中庸》十一），所謂「至人天隱，其次地隱，其次名隱」（《文中子》〈周公〉），其知識精神是「不患人之不己知，患不知人也」（《論語》〈學而〉）54，蓋知人方能知己，而知人幾乎知天矣。名僅是人稱，天人合一不是名實相符，而是人以天名，亦即以天為名做人，故「滅名不如報德」（李陵〈答蘇武書〉），蓋「名與道不兩明，人受名則道不用，道勝人則名息矣。」（《淮南子》〈詮言訓〉）55 名位因人格而定，人格不因名位而立，「爵祿之賤也，由處之者不宜也，賤其人，斯賤其位矣；其貴也，由處之者宜之也，貴其人，斯貴其位矣。」（《中論》〈爵祿〉）「聖人功名因事始見」（《宋史》〈韓維傳〉），「成名在乎無私，故在當而忘我」（《晉書》〈王坦之傳〉），然有德不必有名，有名必得天意，聖人志不在名，但「得道者多助」（《孟子》〈公孫丑〉下），而必有所聞（在傳統菁英社會裡有德有能者立名不難），故說「君子疾沒世而名不稱焉」（《論語》〈衛靈公〉）56。天人合一則義利兩全，天人交戰則義利衝突，求道

54.《論語》〈憲問〉：「不患人之不己知，患其不能也。」《論語》〈里仁〉：「不患莫己知，求為可知也。」《論語》〈衛靈公〉：「君子病無能焉，不病人之不己知也。」

55.《韓詩外傳》卷一：「唯滅跡於人，能隨天地自然，為能勝理而無愛名。名興則道不用，道行則人無位矣。」

56.《法言》〈問神〉：「君子病沒世而無名。」《論語》〈子罕〉：「四十五十而無聞

者不求名卻有道名 57，求名者不求道而無美名，「上士忘名，中士立
名，下士竊名」(《顏氏家訓》〈名實〉)，「至人無己，神人無功，聖人無
名」(《莊子》〈逍遙遊〉)，不欲有名然而有命，終得實至名歸，此為「配
天」(《中庸》三十一)。「聖賢不治名」(《論衡》〈累害〉) 58，而天予之盛
名，「無其實而竊其名，可以欺其心，不可以欺其鄉」(《困學紀聞》〈雜
識〉)，故「盜名不如盜貨」(《荀子》〈不苟〉)；「喜名者必多怨」(《韓詩外
傳》卷一)，此事非因「名者物之累」(《蘇文忠公集》〈書子由君子泉銘
後〉)，而因「求名，失性之常」59，「能有名譽者必無以名譽為者也」
(《孔叢子》〈抗志〉)，蓋「君子之譽非所謂譽也，其善顯焉爾。」(《柳柳
州集》〈謗譽〉) 總之，名為人生代號，自我負責者必注意名譽，然名譽
之重要又不如實力，因而君子務實而輕名，或者成事常致壞名，因為
凡心不喜壯為，偉人之舉必驚世駭俗，所以自我負責者對天負責而不
以輿論為意，此所謂「無毀無譽而貽信於上帝」(《北史》〈常景傳〉)，可
知天人合一是個人性的成就 (集體得道或得救並無可能)。

　　人有神性或天心，所以理論上人有得道的可能，或者人應持可能
得道的信念；得道可謂是天人合一，不論「天」意謂上帝、天性、或
天道，與神復合、「與天同心、與道同體」(《文子》〈道原〉)，皆是得
道 60。人因有天良，故須求道，亦可求道，而真理具有一貫性及普世
性 (可見人在道體中)，所以人之得道理當可能，但因真理又具超越性
(可見人只是道體之一部分)，所以得道又似無可能，然人應以得道為
志，而「應該」即意味「必定」，故人須以得道為可能。若謂「道一

　　焉，斯亦不足畏也已。」

57.《中論》〈考偽〉：「求名者，聖人至禁也。」此說實不正確，蓋聖人絕無求名
　　的念頭，何曾以求名為禁忌。

58.《南齊書》〈劉祥傳〉：「理定於心，不期俗賞；情貫於時，無悲世辱。」

59.《商君書》〈算地〉：「求名，失性之常。……非性之常而為之者，名也。」

60.《司馬長卿集》〈封禪文〉：「天人之際已交，上下相發允答。」

也，未有盡人而不盡天者也，以天人為二，非道也」(《粹言》〈論道篇〉)，此說僅有的失誤是在「盡天」一意，蓋天人固非為二，但人為不足之天，天在人上而道具超然地位，故「盡人而不盡天」本是當然。儘管「天人相與之際，真不容髮」(《宋史》〈劉珙傳〉)，而求道是欲「和同天人之際，使之無間也」(《法言》〈問神〉)，然而天畢竟高於人，「道與心相逢」(《白氏長慶集》〈題楊穎士西亭〉)、「神與理冥」(高允〈徵士頌〉)、「與神會契」(孔融〈答虞仲翔書〉)、甚或「神人以和」(《尚書》〈堯典〉) 61，皆為可能，但主張天人平等而完全可以整合，則是無神論的得道觀，終究不實。在不識超越性境界的情形下，中國的天人合一顯得偉大卻非高貴，因為天人一致且互補——「知天而不知人則野，知人而不知天則偽」(《王臨川集》〈禮論〉)——永遠努力而全功難竟的困頓並不存在，如此「性藏於人則氣達於天」(《新語》〈術事〉)，反之「道必形體」(《桓子新論》〈辨惑〉)，於是「性與道合，思若有神」(孔融〈薦禰衡表〉)，天人合一彷彿是天人相求的結果。在中國求道者眼中，「唯聖人與天合德」(《抱朴子》〈仁明〉) 62，亦即「真人者與天為一」(《鬼谷子》〈本經陰符七術〉「盛神法五龍」)，而「守一存真，乃能通神」(《抱朴子》〈地真〉)，故「聖人曰神」(《法言》〈修身〉)。由此可見，天人合一之說是上帝信仰缺乏的求道思想，其錯誤雖不大 (在道德方面幾無失當)，卻有廣泛而重大的不良影響，將人神化是其一失，簡化真理與漠視知識尤為其過，而由此所致之惡果則遍及文化風習，中國文明不如西方的素質即是其證。

　　因無超越性信仰，天人合一之道不是宇宙次序中的上達，卻是人性理論的反璞歸真，因此中國的求道觀顯得簡易。「夫道者所以反本復始」(《吳子》〈圖國〉) 63，故「聖人之學也，欲以返性於初」(《淮南子》

61.《淮海集》〈聖人繼天測靈論〉：「靈與天其始也出於神，其終也入於神，而聖人與之俱焉。」

62.《明儒學案》〈師說〉「王陽明」：「以人合天之謂聖。」

〈俶真訓〉）；所謂「知一則復歸於樸」（《呂氏春秋》〈論人〉），即是力言求道為反璞歸真，蓋道為唯一，知一即是悟道，而一又為單純，故此說是對「復性還真」的雙重強調。以反璞歸真為求道之方主要是道家的主張，儒家的天人合一觀念則表現於執中致和之說，這一樣缺少超越性概念，而有樂觀的得道想法，雖然見識最深的大儒絕不採取此見。《中庸》曰：「中也者天下之大本也，和也者天下之達道也；致中和，天地位焉，萬物育焉。」（《中庸》一）其意有如「天人之道兼舉，此謂執其中」（《春秋繁露》〈如天之為〉），於是可見人為道本而道可內求，蓋「損益者皆人，人其天之繼歟，出其質而人弗繼，豈獨立哉。」（《春秋繁露》〈循天之道〉）不論儒家或道家，天人合一之說皆在肯定得道可望，而因道非神理，故求道乃為自達，這是高估人性或低估天性的真理觀表現。子曰：「吾十有五而志於學，三十而立，四十而不惑，五十而知天命，六十而耳順，七十而從心所欲不踰矩。」（《論語》〈為政〉）此說所呈現的求道歷程其實不盡合理，蓋人須知天命乃可不惑，然則即得從心所欲而不踰矩，可見孔子所謂之天命殆非神意，因此其天人合一的表現實為合理而非得道。一般的合理是合乎理性而非合於天理，理性為良心，故合理是服從良心，而在無神觀之下，「放心者心自放也，心放者吾能放也……眾人之心易放，聖賢之心能放」（《鶴林玉露》〈放心〉），得道之實正是「心即理」。「聖人縱其欲，兼其情，而制焉者理矣」（《荀子》〈解蔽〉），故「不通乎萬物之理，雖欲無私不可得也；己好則好之，己惡則惡之，以是自信則惑也。」（《蘇文忠公集》〈上曾丞相書〉）總之，中國文化的得道境界是「從心所欲不踰矩」，其求道實質為「以道制欲」[64]，「達人以道制情，以計遣欲」（《抱朴子》〈知止〉），而「君子深造之以道，欲其自得之也」（《孟子》〈離婁〉下），這即是天人合一的追求。在人的理想中，「事各順於名，名各順於天，天人之際

63.《說苑》〈修文〉：「聖人舉事必反本。」

64.《禮記》〈樂記〉：「以道制欲則樂而不亂，以欲忘道則惑而不樂。」

合而為一」(《春秋繁露》〈深察名號〉)，但天人合一實為人之「天化」[65]，而真理的超越性使此事無法實現，所以求道者「當順天以求合，非為合以驗天」(《晉書》〈律曆志〉下)；孟子曰「舜明於庶物，察於人倫，由仁義行，非行仁義也」(《孟子》〈離婁〉下)，人只能崇天而不能自比為天，天人合一僅是得道的觀念，而不得為求道的理念，亦即天人合一可為人的信心而不可為其雄心，「循道而不貳則天不能禍」(《荀子》〈天論〉)，以天自詡必枉死於道。

三、求道的心術

安心是常人求道的動機與目的[66]，這顯示求道是上帝加諸人的生命功課，因人具有良心又有惡性，天人交戰使人不安，故安心的需求引發問道的機緣，從而成為修養的目標；雖然這與追求終極真理猶有差距，但因凡人資質有限，所以安心之需在求道上多無妨礙卻有助益，易言之一般人的求道問題是生命的安頓，而非真相的探求；不過在求道進展至相當程度之後，為求安心而求道的善緣即有可能變成惡緣，畢竟只求安心便將忽略超越性義理（如原罪與神意），亦即專注「善」而輕視「真」，造成封閉自滿而不進取的平和心態。中國文明缺乏上帝信仰，其求道觀主要是道家與佛家的取向，亦即以心靈平靜為宗，儒家雖亦有此態度，但其人文主義以負責承擔為貴，故不以心安為最高標的；惟上帝觀念既不明，自我負責與對天負責難以合一，於是自責常多於認命，悲劇精神瀰漫，這使奮鬥而受挫的儒家往往退縮為釋道之流，安心的嚮往因此轉為平日情懷，真理終成服務人生的慰藉。由此可知，不安是天人交戰的感受，安心是天人合一的想像，以不安之身求心安之境實為無望，殊不知人生本為苦難，生命的意義是從負責

65.《格物通》〈正心〉上：「盡人道以復乎天道者也，故曰應天，所謂全而歸之也，非益之也，不然天予之而我喪之，豈應天乎。」

66.《曾文正公全集》〈紀氏嘉言序〉：「士之修德砥行，求安於心而已。」

而來，負責不僅為己立立人，且為忍受不安，安心是精神的嚮導，但不是靈魂的止境。

　　不安是人的原罪反映，此即人的缺陷造成擔心，「我無安心，心之中又有心」（《管子》〈心術〉下），天人交戰顯然是安心所以可貴的緣故，而「凡人之心理不相遠，其所不安古今一也」（《後漢書》〈左雄傳〉），故為求心安的個別行動竟造就極其相似的求道作風。「凡惻然有觸於心而未能安者，皆心之未能同乎天者也」（《宋史》〈王萬傳〉），天人不一是人的本質，既為本質則無可改變，所以不安是人的宿命，雖然追求心安絕非不義或無道67，但若以為「苟能天人合一，永永勿替，天命在我矣」（同上），這是人與天爭，將致更大的不安或不幸（例如快樂而愚昧）。有善意者皆感「非無安居也，我無安心也」（《墨子》〈親士〉），有正氣者咸認「我生本無鄉，心安是歸處」（《白氏長慶集》〈初出城留別〉）68，仁者深覺「反身而誠，樂莫大焉」（《孟子》〈盡心〉上），而智者亦稱「因病得閑殊不惡，安心是藥更無方」（《蘇文忠公集》〈病中遊祖塔院詩〉）；君子有終身之憂，不以心安為念，然仍以安心為喜，因為勇者不懼，但無懼之情更可慶幸，上天使人安神，信道者豈有不悒之理。理得而後心安，故君子之樂是「仰不愧於天，俯不怍於人」（《孟子》〈盡心〉上），若謂「心安後，便是義理」（《朱子語類》〈學〉三），這是求道的感想，不是心安然後理得的主張，因為主張是得理之論，天下絕無主張心安先於理得的論說。朱熹曰：「此心固是無虧欠，然須是事事做得是，方無虧欠。」（《朱子語類》〈朱子〉十七）其說若有矛盾，心安與理得於此互為因果，心物先後失序，然其意當在強調人性本善，但因人非完善，故有此勸善之言，可見安心之需是出於善意，但若乏善舉則不能心安，這是求道的知行合一性質體現。求道是恆久的天人交戰處境，故必不安，求道者「鞠躬盡瘁，死而後已」（諸葛亮〈後出

67.《宋史》〈文天祥傳〉：「以其合天理之正，即人心之安爾。」

68.《白氏長慶集》〈種桃杏〉：「無論海角與天涯，大抵心安即是家。」

師表〉），可知其安心無時。曾子有疾，召門弟子曰：「啟予足，啟予手，詩云『戰戰兢兢，如臨深淵，如履薄冰』（《詩經》〈小雅〉「小旻」），而今而後吾知免夫，小子！」（《論語》〈泰伯〉）即因心安是由於盡責，而盡責是一生的事，「聖人安於死，〔死時魂氣〕便即消散」（《朱子語類》〈禮〉四），這即是所謂「死可瞑目」，所以求道其實不為安心而是安命，心為人心而命為神命，順天才能順心，安心畢竟只是指標，不是目標。

　　求道是良心的發揚，所以誠意正心既是求道的起點也是終點，因為人的善性有所不足，善心使人力求止於至善，而至善的觀念證明人的善心不為完美，求道須善始善終，善始即是意誠，善終即是心正，二者一貫乃能成功69。誠為真，然真不僅是誠，人心有誠偽，而天道必為真，所以誠心是求道的意念，而非得道的氣度，因為天人合一時並無誠實的問題，故曰「思誠者，人之道也。」（《孟子》〈離婁〉上）中國的天人合一宇宙觀實是人本的世界觀，所以天心被視為人心，求道的心意被認作真理的內涵，於是「誠者天下之道也」（意見《中庸》三十二）70，終竟變作「誠者天之道也」（《孟子》〈離婁〉上），德行擴充而為神意，上帝觀念乃逐漸失落（「心誠則靈」本為無神觀）。《中庸》曰：「誠者，物之終始；不誠，無物。」（《中庸》二十五）此說已將誠心當作天意71，因此「唯天下至誠為能化」（《中庸》二十三）72，「唯天下至誠為能盡其性」（《中庸》二十二），「感物之道莫過於誠」（《宋史》

69.《經史問答》〈論語問目答范鵬〉：「一貫之說不須注疏，但讀《中庸》便是注疏『一者誠也』，天地一，誠而已矣。」

70.《中庸》三十二：「唯天下之至誠為能經綸天下之大經、立天下之大本、知天地之化育。」《中庸》二十：「誠者，天之道也；誠之者，人之道也。……誠之者，擇善而固執之者也。」

71.《吳文正集》〈誠求堂說〉：「誠也者，聖神之用心也。」

72.《素書》〈本德宗道〉：「神莫神於至誠。」

〈何鑄傳〉），而「不誠之人難于自信而易于信物」（《關尹子》〈七釜〉）73。所謂「不誠無物」原指造物之道出於誠，其意可能在強調事理為真（神靈為誠壹），然後來學者多以人倫取代天道解釋其義，亦即以求道之見替換論道之說，而以為「物者事也，言不誠則無復有事矣」（《陸宣公集》〈奉天請數對群臣兼許令論事狀〉），這是人道精神的弘揚，卻也是天道思想的沈淪，於是心與道合同，有道心即可得道，而有道不過是有德。如此，重視人道者主張「君子養心莫善於誠，致誠則無它事矣」（《荀子》〈不苟〉），而伸張天道者認為「聖人養心莫善於誠，至誠而能動化矣」（《淮南子》〈泰族訓〉），然二者差異甚小，蓋各方皆以為「誠，德之主也」（《韓詩外傳》卷四），而「德」兼為人道與天道，所以「誠」是天人合一的心，其實卻只是人的善意，而絕無超越性，故說「曰善曰德，盡其實之謂誠。」（《戴東原集》〈孟子字義疏證〉「誠」）以誠為天德，則「小人飾智不能及君子之任真」（《李泰伯集》〈易論〉八），而「人皆詐惡，我獨詐善，不亦可乎」（《後漢書》〈張湛傳〉）74，求道至此僅成育德，這是中國文化的道德至上主義表現，雖有益於修身卻不利於求知，因此其真理觀始終難以入門。

　　不誠的求道是自相矛盾，根本無從進行，求道須有誠心，而有誠心即可求道，於是**義利之辨**即為求道初步，因為求道相對於求生，捨生取義是求道的精神，雖然義利兩全並非不存，甚至是隨求道的進步而增加。「君子喻於義，小人喻於利」（《論語》〈里仁〉）75，「保利棄義謂之至賊」（《荀子》〈修身〉），「正其誼（義）不謀其利」（《漢書》〈董仲舒傳〉）即是求道。義為正當之理，利為厚生之資，本來義必有利，然凡人求利不求義，以致圖義於俗世之中常為不利；如此，「專為義則傷生，專為生則騫義……若義重於生，舍生可也，生重於義，全生可也」

73.《西山文集》〈樂安縣治記〉：「無妄者誠，而不欺其次也。」

74.《宋元學案》〈趙張諸儒學案〉「楊萬里」：「有敗詐，無敗誠。」

75.《荀子》〈大略〉：「義勝利者為治世，利克義者為亂世。」

（《後漢書》〈李固傳〉），義利之辨實因是非不明而起，其事以道心裁決立可處斷。合理者皆為有益，義為至理，固有大利，故曰「義〔者〕利之本也」（《左傳》昭公十年）76，「利者義之和也」（《周易》〈乾卦〉）77。「夫道一而已矣，為善而雜於利者非善也」（《困學紀聞》〈孟子〉），然義既本該生利78，義利兩全絕非不義，或說義利兩全究竟是（取）義而非（謀）利，故曰「利不以義，無以居功。」（《皇極經世》〈觀物內篇〉四）「能生利者道也」（《六韜》〈文師〉），「焉有善而不可用者」（《墨子》〈兼愛〉下），故「義無不直、無不利也」（《王文成公全書》〈龍場生問答〉）；「惟知義者為能知利」（《蘇文忠公集》〈謝卿材可直秘閣福建轉運使〉）79，所以「聖人以義為利，義安處便為利」（《近思錄》〈出處〉），利盡時即無義。義利兩全乃是正道的展現，有利無義是天道淪喪的現象，然「無道」是斥責惡行之詞，而非真相實情，故「仁義之外無功利，舉皆禍殃。」（《東萊博議》〈齊寺人貂漏師〉）天人合一為得道，得道則凡事義利兩全，如此乃見上帝所為無一無理，若有「不得已而欲之，非欲之也」（《墨子》〈大取〉）80，而是應天之舉，蓋聖人不避嫌不避諱，唯其無私，故替天行道則唯我獨尊。「君子之為仁義也，非有計於利害，然君子之所為義利常兼，而小人反是」（《蘇文忠公集》〈論魯隱公等〉），此因君子以義安利，故能得利，而小人見利忘義，故常失利。「凡人之性莫不善義，然而不能義者，利敗之也」（《春秋繁露》〈玉英〉），為利敗義乃是無義，小人以「利」對「害」，故常義利兩亡，君

76.《國語》〈晉語〉二：「義者，利之足也。」《呂氏春秋》〈無義〉：「義者百事之始也，萬利之本也。」《呂氏春秋》〈上德〉：「義之為利，博矣。」《新唐書》〈張玄素傳〉：「仁人之言，其利博哉。」

77.《左傳》襄公九年：「利，義之和也。」

78.《左傳》成公二年：「義以生利。」《左傳》成公十六年：「義以建利。」

79.《資治通鑑》〈周紀〉二：「唯仁者為知仁義之為利。」

80.《春秋繁露》〈深察名號〉：「禁天所禁，非禁天也。」

子以「利」對「義」81，而利隨義行，故常義利兩兼。「學非以要利，而富貴萃之」(《張河間集》〈應間〉)，所以「志士本不求富貴，而不能安有道之賤貧」(《蘇文忠公集》〈代滕達道湖州謝上表〉)，求仁得仁即是獲利，當仁不讓則為蒙利，義利兩全本為天理，求道而受害者未之有也。

　　求道是信仰行為，而信仰超越理性，所以求道須有誠心，同時須帶信念，也就是說求道必須虔誠，此即「虔者敬之始」(《真誥》〈握真輔〉一)，蓋「人若不自重，物理有可徵者亦弗之信。」(《宋學士集》〈諭頑〉)凡事以理性論斷而缺乏靈感或信仰者，亦得以求道，但必定難以深入真理，真理具有超越性，所以「因知而信」與「因信而知」的求道態度須雙管齊下，二者相互驗證而彼此推進，方可能領略真理的奧秘。凡夫知猶不信，學者因知而信，然可知者其實不需加以信仰──故「辯而後信未若不辯而信」(《魯齋遺書》〈辯說〉)──所謂因知而信乃是進一步推理或將知識延伸，以建立更廣泛而深遠的真理觀念，這表示真相超越經驗與理性的掌握範疇；即是因此，在擁有相當的知識之餘，求道者亦可採取某些信仰觀點，然後再經學習感受以確定之，此種因信而知之道所以可行，是因信仰必有一定的知識為其基礎，而非盲目採信，並且預設的信念也須經歷不斷的考驗方可持續，可見因信而知絕非迷信，而仍是理性的探索。因信而知所以為必要，乃因人的知識能力既有限又有效，蓋理性有限故須佐以靈性，同時理性有效故須加以信任，理性具有先天性的觀念 (innate ideas)，且具有推展知識的效力，人可不確知而相信即是理性的作用，不然則人將故步自封而所知無幾82。理性屬於天性，肯定理性即是信仰的態度，所以因信而知是求道必有的心術，此與因知而信實為相輔相成之方。中國文明

81.《鶴林玉露》〈利害〉：「人只知以『利』對『害』，便只管要尋利去。……『利』字只當以『義』字對。」

82.《潛邱劄記》〈古文尚書冤詞〉：「偽古文尚書甚難而實是，不偽古文尚書甚易而實非，人將從易而非者乎，抑將從難而是者乎。」

缺乏超越性信仰，對於知識的重視也有所不足，因此信仰與理性的關係未有深究，因知而信與因信而知之說罕見（尤其後者），於是可知中國式的虔誠主要是道德心意，而非靈性信念。

因知而信是平常或基本的學道態度，因信而知是超凡的求道路數，然其提出必與因知而信之議相應，而非單獨主張，這一方面表示因信而知不是反理性之見，另一方面表示其層次乃在因知而信之上，若乏學力即不能有此想法。朱子曰「篤信須是好學，但要好學也須是篤信」（《朱子語類》〈論語〉十七），這中國最顯著的知信合一之說，然進一步的申論不得而見。「至道不可以情求」（《列子》〈黃帝〉），無知則不能深信，「好知而無道」則為害更甚於不知[83]，因知而信乃能愈為有知，反之，「信而加思乃致知之方也，若紛然用疑，終亦必亡而已矣」（《粹言》〈聖賢篇〉），故曰「我知，為之，我不知，亦為之，厥光大矣；必我知而為之，光亦小矣。」（《法言》〈問神〉）因信而知之法不僅用於信仰不可證明的觀點，且可用於信奉他人，因為常人無法以自力求道，求師問道乃成必要，故「知不足以知賢，無可奈何矣」（《春秋繁露》〈精華〉），若得明師教誨則應全心信仰，方能精進而覺悟，否則必因個人缺陷以致自我蒙蔽，不易有得。信仰大師絕非英雄崇拜，蓋傳道高人必欲己達達人，他能因材施教而正確指引學者，使其自我教育、自立自強、而不墮入心病私衷，何況學者在全盤信任其師時，也處於全面驗證師說的情況，稍有不對即可質疑請教，若不能去疑則不需追隨，豈有自誤之虞。總之，凡人資質有限，所以必須無所不用其極，乃能發揮所長，於是因信而知成為不可不用的求道方法，人若自大或堅持己見而不能尊師重道，必然自我斷送而無法長進，有此情者亦必不重因知而信之道，因為可信者當有可知之處，不尊崇知識即不可能熱切信仰。

真理的超越性使人感覺神秘，然真理的一貫性又使人感覺單純，

83.《莊子》〈胠篋〉：「上誠好知而無道，則天下大亂矣。」

不論如何，真理為不易之道而理性是主要的求道憑藉，所以追求真理
應當探索常理而不務怪論（「不足為訓」者即不可信）84，因信而知若
無錯誤，必是因為詭異的信仰不能致知，而錯亂的知識也無法徵信。
「常者道之紀也」（《李泰伯集》〈易論〉八），故「君子道其常，而小人
道其怪」（《荀子》〈榮辱〉）85；「智者察同，愚者察異」（《素問》〈陰陽應
象大論〉），蓋「求之於同則得其所以異，尋之於異則失其所以同。」（《魏
書》〈高閭傳〉）86子曰：「素〔索〕隱行怪，後世有述焉，吾弗為之
矣。」（《中庸》十一）「聖人無屈奇之服、詭異之行」（《文子》〈符言〉），
這顯示得道者平易近人且入境隨俗，其識見通貫萬事萬物，故無入而
不自得，絕不招搖以自顯。「君子固有常，小人多變態」（《歐陽文忠公
集》〈庭前兩好樹〉），作怪者其實是受制於世俗價值觀而有所不滿，因其
無能超越又乏自信與天真，故以抗議之舉聊表無奈，然「務奇特者功
不大」（《譚子化書》〈仁化〉「善惡」），作怪只能自慰而不能革命。「人棄
常則妖興」（《左傳》莊公十四年），「好生奇則離道而惑俗」（《申鑒》〈雜
言〉下），因此「君子言欲純事，書欲純理，詳於誌常而略於紀異」（秦
觀〈逆旅集序〉）87，雖然「有茲事必有茲理，無茲理必無茲事，世人
之怪所希見，由明者視之，天下無可怪之事。」（《司馬溫公集》〈迂書〉
「無怪」）凡人才識平庸，因此聖賢示訓簡易明確，絕不暗藏玄機，所
謂「常語是規箴」（徐璣〈投楊誠齋詩〉）88，其說暗示「傳統的智慧」

84.《湛甘泉集》〈樵語〉「元氣」：「善學道者先正經而後救偏，正經即救偏矣，
　　苟專於救偏，是又一偏也。」

85.《海石子》〈中常〉：「人皆愛奇，而君子不愛奇。」阮籍〈詠懷詩〉十二：「小
　　人計其功，君子道其常。」

86.《莊子》〈德充符〉：「自其異者視之，肝膽楚越也；自其同者視之，萬物皆
　　一也。」

87.見《文獻通考》〈經籍〉四十三「子」。

88.《劉夢得文集》〈寓興〉：「常談即至理，安事非常情。」同上，〈上門下裴相
　　公〉：「利於行者固在乎常談，而卓詭孤特之言未必利於行也。」

(conventional wisdom) 必有哲理，求道者不事勤學而謀探密，必是心術不正，不然即是自視太高，而心神不定89。真理為常道，而世上卻多非常之事，所以權變或應變實需聖智，因為不知道者不能通權達變，應變而改塗者乃是迷路90。「夫道二，常之謂經，變之謂權，懷其常道而挾其變權，乃得為賢」(《韓詩外傳》卷二)，然則「知者不以變數疑常道」(《中論》〈脩本〉) 91，求知之道是「以其所正，正其所不正，不以其所不正，疑其所正」(《公孫龍子》〈名實〉)，因變反常是捨本逐末，以常釋變方為得理。然而變異之事未可盡明，若真理無法解釋一切情況，這是因為上帝在真理之上，神意難料而不可強學，必以常理釋疑是小看天道，以不變應萬變是麻木不仁，事有不可知者，求知因而有無限的意義，守常思變是求自我突破，非求神明啟示，如此乃能確認「不知為不知」(《論語》〈為政〉)，而不以不可知為怪。

　　求知既為求道的正途，**循序漸進**乃為初學者的求道課程，雖然所謂初學可能是凡人一生的歷程。理性是知識建構的根據或動力，而信仰須是基於知識而成立，所以信仰必為合理但又超越理性，為免誤信非道，以理智批判信仰是求道永恆的功課，因此基礎知識的建立是信道的先務，雖然所謂基礎知識可能是凡人所以為的高深知識92。「君子之道辟如行遠必自邇，辟如登高必自卑」(《中庸》十五) 93，所以「學

89.《歐陽文忠公集》〈送黎生下第還蜀〉：「聖言簡且直，慎勿迂其求。」《歐陽文忠公集》〈獲麟贈姚闢先輩〉：「正途趨簡易，慎勿事嶇崎。」

90.《朱子語類》〈孟子〉八：「天下有萬世不易之常理，又有權一時之變者……然畢竟還那常理底是，今卻要以變來壓著那常底說，少間只見說不行、說不通。」

91.《春秋繁露》〈暖燠常多〉：「毋以適遭之變，疑平生之常。」

92.《張燕公集》〈虛室賦〉：「形何費而不衰，性何煩而不夭，每竭源而追末，必亡多而穫少。」

93.《論語》〈子張〉：「子夏曰：『君子之道，孰先傳焉，孰後倦焉，譬諸草木，區以別矣。』」

不躐等」（《禮記》〈學記〉）94，而「教不陵節」（《隋書》〈經籍志〉一），
治學上的逾格越級不僅造成知識浮泛，也導致思想偏執，其害無有遠
識不能察覺，故學以害己者皆不自知。真理貫通一切事物，得道須知
所有學問，然則先聲奪人或先發制人並無求道上的價值，先入為主的
觀念反而有礙學習的體會，所以超等的求知終究佔不了一點便宜，此
理正如朱熹所謂「觀聖人若甚慢，只是你趕他不上。」（《朱子語類》〈論
語〉十六）《大學》有謂：「知止而后有定，定而后能靜，靜而后能安，
安而后能慮，慮而后能得。」又曰：「格物，致知，誠意，正心，修身，
齊家，治國，平天下。」其說是否正確尚有商榷餘地，然其循序漸進的
主張確為可取，求道而不務本不但欲速不達，並且逃避認命的責任，
是以於神意將更無體會，所失難以事後自修彌補。「夫學者之於道，非
知其大略之難也，知其精微之際固難矣」（《元豐類稿》〈說苑目錄序〉），
大義易曉而小理難解，故求道者之初學是為認識真理體系，至其熟知
道體時乃能應用於小事細節而通徹其義95，易言之「以小見大」並非
道學的初步功夫，「教條化」的經典記誦卻是必要的學道經驗，若自以
為天才而直探大道，必然得意而不經心，有學無識或有識無學，總是
空洞不實而深淺不一。總之，求道所以須循序漸進乃因「人不學不知
道」，不學則無術，有術則有高下，真理既貫通一切，而一切包括文明
歷史，所以不了解人事即不可能得道，人事有大小輕重，求道當然應
該服從權威，也就是遵循次序。

　　循序漸進的學習是求道之術，然真理具有超越性而人具有原罪且
資質不同，所以正確的學習未必可以持續致知，進學至一定程度之後，
困惑必出而上進維艱，於是融會貫通成為治學的要領與克明的希望，

94.《朱文公文集》〈答何叔京〉三十二：「天下之理有大小本末，皆天理之不可
　　無者，故學者之務有緩急先後而不可以偏廢，但不可使末勝本緩先急耳。」
95.《渭南文集》〈上執政書〉：「夫文章小技耳，然與至道同一關捩，惟天下有
　　道者乃能盡文章之妙。」

當其致果之時乃覺**頓悟**，此非無知而明，卻是有學而通，所以開竅須有恆心，而等待靈感即是不誠96。「人之心各有所蔽，故不能適道」（《明道先生文集》〈答橫渠張子厚先生書〉），然而求學大都只為正己而非問道，但正己即是修道，故有病妨礙得道卻無阻於求道，唯其求道更需啟發。求道即是求知，得道即是盡知，所謂盡知乃為通曉，故聖人即是通人97。能通知萬事必能以道論事且以事證道，然「物有畛而理無方，窮天下之辯不足以盡一物之理，達者寓物以發其辯」（《蘇文忠公集》〈書黃道輔品茶要錄後〉），故曰「至人能取譬」（《謝康樂集》〈芭蕉贊〉）。上帝為全知，得道者僅為盡知，而盡知是通達事理，然通者必博而博者不必通，故曰「知者不博，博者不知」（《老子》八十一）；其實知者何嘗不欲博，何況博為通之本，求知不能不博，只是不當散漫為學，而且掌握通識乃能博學，於是「一竅通，百竅通」98，「書讀到無可看處恰好看」（《朱子語類》〈朱子〉十三）。通者必博，所以悟道必經苦學，「至於用力之久，而一旦豁然貫通焉，則眾物之表裡精粗無不到，而吾心之全體大用無不明矣。」（朱熹〈格物致知補述〉）「積習既久則脫然自有該貫，所以然者，萬物一理故也」（《粹言》〈論學篇〉），如此「至理無二，知則俱知，惑則俱惑，安有知此而不知彼者哉」（《東萊博議》〈妖祥〉），所以「學苟知道，六經皆我註腳」（《宋史》〈陸九淵傳〉）99，蓋「六經與聖人合，非聖人合六經也」（《困學紀聞》〈詩〉），求學既為求道，道為無限而學有止境，知道即無庸再學，因為知識乃

96.《涇皋藏稿》〈日新書院記〉：「由修入悟善用實，其脈通於天下之至誠；由悟入修善用虛，其脈通於天下之至聖。」

97.《說文解字》「聖」：「聖，通也。」

98.《戴東原集》〈孟子字義疏證〉「權」：「一事豁然，使無餘蘊，更一事而亦如是。」

99.《陸象山集》〈語錄〉上：「學苟知本，六經皆我註腳。」《陳白沙集》〈題梁先生芸閣〉：「聖人與天本無作，六經之言天注腳。」

是論道之學。雖然，「頓悟之說非學者所宜盡心也，聖人所不道」（《朱子語類》〈學〉三），頓悟可遇不可求，而「恍然大悟」乃是反省回顧時的會通，亦即長久學習之良效，此不同於靈感直覺突臨而致的「頓悟」，求道者當求覺悟而非頓悟，因為認命才能悟道，而期望頓悟者既非認命之心且非求道之志。

第六章 行道問題

第六章　行道問題

　　因真理探索或上帝信仰不深，中國的求道說既不精闢也不盛行，相形之下其行道說則頗為可觀，這是中國文明現實性強或道德感重的又一證明。關於行道問題的討論，中國的成就若非優於西方也絕不遜色，此因上帝與真理的觀念不清，而世俗的功利思想濃厚，於是求道者的天人交戰與處世困窘尤深，在乏宗教權威的指示或教條化格局的安頓之下，天人之際的省思必須深刻乃能恭己自持、奉義而行。真理通貫一切，而一切包括現實情況，所以真理具有可行性，於是求道必須行道，亦即求道者有行道的義務；真理雖亦具有超越性而有其無法實踐之處，但超越性為不可知者，人於真理之所知乃為可言或可行者，故須加以實現。再者，經驗與理性相得益彰，知行合一可增進體認，而教學相長為求知之道，何況實踐理想信念為人格高尚之展現，所以求道者必樂於行道，雖然這不意味行道是快樂的事。真理是人平生的行為準則，神意是人必要遵從的旨歸，而求道是找尋真相與意義，有所領會豈可不動，如此求道必然認命，認命即當正己，己正自然有為，有為則是行義，因人間為不完美的世界，故求道者乃積極傳道與淑世。行道是推展天道於人事，故求道者必入境問俗而隨緣行善，在事涉大義時則撥亂反正而堅定不移，因其依道而行，一切秉公處理，所以有私情而無私心，有人情而無人欲，天人之際的省思決定人際關係的作為。由此可知，行道是求道的一部分（延伸），所謂「自我實現」(self-realization) 若為美事則必是「以大我自大」，行道須是當仁不讓，因為不是替天行道便是各行其是。

一、天道與人道

　　求道是以人應天，行道是以天處人 1，「聖人所由曰道，所為曰
事」(《淮南子》〈氾論訓〉) 2，「事為名教用，道以神理超」(《謝康樂集》
〈從遊京口北固應詔〉)，「理則極高明，行之只是中庸」(《二程語錄》〈師
訓〉)，求道與行道雖同時進行，然行出於知，道為事理，求道實重於
行道 3，故曰「於事則逸，於道則勞。」(《法言》〈孝至〉) 真理的性質
不含實用性，但真理頗可實用 4，所以行道是求道的證明，雖然實行
不足以證道，且行道是求道的義務，其目的本非明志。真理貫通一切
事物，所謂「物之所可非道之所宜，道之所宜非物之所可」(《新語》
〈懷慮〉)，只是對於世道敗壞的感慨，絕非關於宇宙真相的陳述，否
則此種理論豈非自相矛盾，而根本無法成立。「事無大小皆有道在其
間，能安分則謂之道」(《皇極經世》〈觀物外篇〉下)，所謂安分即是令萬
事萬物各得其所，而人亦為一物、為人亦為一事，故求道與行道也是
安分，此在人而言可謂盡己，安分守己必須確認個人在宇宙中的定位
或在世上的天職，可見行道與求道不可斷然二分。「理在事情」(《戴東
原集》〈孟子字義疏證〉「理」)，「理者，義也」(《禮記》〈喪服四制〉)，「志
行，為也」(《墨子》〈經上經說〉上)，故君子「動必緣義」(《呂氏春秋》
〈高義〉) 5，「進必以道，退不失義。」(《鹽鐵論》〈非鞅〉) 6 行道者必

1.《駱丞集》〈靈泉頌序〉：「元功幽贊，靈心以有德是親；至道冥符，篤行以
　　通神為本。」

2.《敬軒文集》〈送教諭韋穎考滿序〉：「兼道與事而一之於職。」

3.《水心文集》〈台州州學三老先生祠堂記〉：「士在天地間無他職業，一徇於
　　道、一由於學而已。」

4.《長短經》〈定名〉：「夫道者，人之所蹈也，居知所為，行知所之，事知所
　　乘，動知所止，謂之道。」《戴東原集》〈孟子字義疏證〉「道」：「古聖賢之所
　　謂道，人倫日用而已矣。」《韓昌黎集》〈原道〉：「博愛之謂仁，行而宜之之
　　謂義，由是而之焉之謂道。」

是求道者，行道無誤即是得道的表現，故曰「知進退存亡而不失其正者，其唯聖人乎。」（《周易》〈乾卦〉）7 籠統的道包括真理與神意，行道可能是實踐真理，亦可能是推行神意（神意優於真理故行道可能違背常情常理）8，此即「替天行道」9，所以「聖人之制萬物也，全其天也。」（《亢倉子》〈全道〉）「天令之謂命，命非聖人不行」（《漢書》〈董仲舒傳〉），然則「聖人以天自處」（《困學紀聞》〈易〉）——易言之「聖人者天地之使也」（《鬼谷子》〈抵巇〉）10——而能自許為天使者皆有聖心，所以有志者皆可執行天命。人有替天行道的職責，「天工人其代之」（《尚書》〈皋陶謨〉），此非人的偉大，卻是天的輝煌，故所謂「盡天道者王道也」（《粹言》〈君臣篇〉），其意是人之高貴繫於敬天。

　　以形式上的差異而言，**求道是本於個人的事，行道是關乎他人的事**11，不論如何，天道與人道關係密切且精神一致，故曰「道不遠人，人之為道而遠人，不可以為道。」（《中庸》十三）中國文化的現實精神

---

5. 《長短經》〈懼誡〉：「因天心以動作。」

6. 《鹽鐵論》〈褒賢〉：「不以道進者，必不以道退；不以義得者，必不以義亡。」《風俗通義》〈窮通〉：「不以其道進者，必不以其道亡。」《白氏長慶集》〈和思歸樂〉：「退不苟免難，進不曲求榮。」

7. 《周易》〈乾卦〉：「上下無常，非為邪也；進退無恆，非離群也。君子進德修業，欲及時也，故無咎。」

8. 《渭南文集》〈吳氏書樓記〉：「天下之事有合於理而可為者，有雖合於理而不可得為之者……彼不可得為之者則有命焉有義焉，不知命義，徒呶呶紛紛奚益，故君子不為也。」

9. 《黃氏日抄》〈廣德軍通判廳佐清堂記〉：「士自一命以上皆分有代天理物之責。」

10. 《曲江集》〈龍池聖德頌序〉：「成數有時而否，至理無代而亡，固在乎大聖之生也。」

11. 《伊川先生文集》〈上仁宗皇帝書〉：「道必充於己而後施以及人，是故道非大成不苟於用。」

強烈，其行道觀念主要呈現於政治與道德二方面，所謂行道經常涉及
行政，所謂有道大略意味有德 12，雖然中國的政治強調文教，而其道
德注重天理。對於志在濟世者而言，「所謂道，忠於民而信於神也」
（《左傳》桓公六年），信神是求道而忠民是行道，有所信乃能有所忠，
其心是代天牧民，此為傳統中國求道者的使命感，是以「大學之道，
在明明德，在親民，在止於至善。」（《大學》）揚雄曰：「天下為大，治
之在道，不亦小乎？四海為遠，治之在心，不亦邇乎？」（《法言》〈孝
至〉）如此，求道可謂治心，而行道可謂治國，真理之用乃為治理，故
曰「道者，所繇〔由〕適於治之路也。」（《漢書》〈董仲舒傳〉）基於入世
行道的熱情，中國求道者以為政為念而不以居職為意，於是「惟仁者
為能以大事小⋯⋯惟智者為能以小事大⋯⋯以大事小者樂天也，以小
事大者畏天也」（《孟子》〈梁惠王〉下），行道是施展天意，行道者自無
私意，於榮辱尊卑又有何計較。行道既以設教安民為重，社會倫常的
推動乃是重點，公平因此成為人道首義，而「平出於公，公出於道」
（《呂氏春秋》〈大樂〉），愛人不是迎合人之所求，而是導之以德、待之
以理，故謂「奚以為治法而可？曰莫若法天。」（《墨子》〈法儀〉）

　　行道是推展天理，枉道則是肆應人意，此即「棄道任術」（《陸士
衡集》〈五等諸侯論〉），其實「道苟違運，理用同廢」（《後漢書》〈申屠蟠
傳〉），無道即無理，無理即不仁，不仁則不能成人之美，故不行道必
然害人，古以「違天、反道、誑人」為「三殃」（《國語》〈周語〉下），
其義甚高。人有道心，不當自棄，「暴殄天物，是謂不道」（《李太白文
集》〈大獵賦〉）13，真理深奧以致求道不易，然亦因此行道不難，蓋不
知者不可（不必）行，而行善即可謂行道，故自愛者皆應務道，以免
玩人喪德。「大道之行也，天下為公」（《禮記》〈禮運〉），行道者公天

12.《莊子》〈人間世〉：「凡事若小若大，寡不道以懽成。事若不成則必有人道
　　之患，事若成則必有陰陽之患，若成若不成而後無患者，唯有德者能之。」
13.《杜工部集》〈又觀打魚〉：「暴殄天物聖所哀。」

下，絕不以自救為的，何況事實上世人未皆安樂之前，任一人不可能得享真正的安樂，人類的處境是禍福與共，然行道者淑世非為自身連帶受惠，而是要求人人舉義自利，不待他助。道為普世真理，所以行道須一視同仁，而無人己之異，如「輕施者必好奪」（《文中子》〈王道〉），此乃分別內外的處世態度表現，「明人不說暗話」，此為坦然面對人心而無迴避的負責精神，而「聖人光明正大，不以一二字加褒貶於人」（《朱子語類》〈春秋〉），此因宣傳性的評語是自我標榜的立意，故崇道者不為自尊而論人。由此可知，行道須是「行而世為天下法」（《中庸》二十九），至少也是「行己有恥」（《論語》〈子路〉），「仰不愧於天」必能「俯不怍於人」，不然也可無視於人言可畏。

行道必「直而無執」（《文中子》〈事君〉），然則「言不必信，行不必果，惟義所在」（《孟子》〈離婁〉下）14，簡言之替天行道不必取得他人諒解，或說天道高於人道，所以堅持人道必有不義。在常情之下，人應「義不背親」（《三國志》〈臧洪傳〉），這表示「大義滅親 15」有時不免——其壯舉是「誅不避親戚」（《白虎通義》〈誅伐〉）——蓋義有大小故有對立，誠如人道相當程度與天道吻合而與之有所不諧，行道的關鍵是勉為其難以人成天，因此「以義割恩」乃為大孝 16，「不以親害尊」則為常理（《春秋繁露》〈精華〉）17。《孝經》曰：「當不義則子不可以不爭於父，臣不可以不爭於君，故當不義則爭之，從父之令又焉得為孝乎。」（《孝經》〈諫諍章〉）孝為人倫而義為天理，孝義並稱表示孝有道

---

14. 《論語》〈子路〉：「子貢問曰：『何如斯可謂之士矣？』子曰：『行己有恥，使於四方，不辱君命，可謂士矣。』曰：『敢問其次。』曰：『宗族稱孝焉，鄉黨稱弟焉。』曰：『敢問其次。』曰：『言必信，行必果，硜硜然，小人哉，抑亦可以為次矣。』」

15. 《左傳》隱公四年，引古語。又見《風俗通義》〈十反〉。

16. 《漢書》〈外戚傳〉：「恩之所不能已者，義之所割也。」

17. 《漢書》〈王莽傳〉上：「不以親親害尊尊。」

義，然又暗示孝不如義，行義而不能盡孝實是天人合一的表現，因為
弘道者不以犧牲人道為不妥，故「父母以義見殺，子不復仇者，為往
來不止也。」(《白虎通義》〈誅伐〉) 同理，行道與其不及不如過度，因為
真理對人而言是「高標準」，行道難免不近人情，而在求道問題上人性
取向是退卻的，故以終極真理而論「過猶不及」(《論語》〈先進〉)，然
「不得中行而與之，必也狂狷乎，狂者進取，狷者有所不為也。」(《論
語》〈子路〉) 以人就天若不成，亦可有所依循或追尋，於是道德困局將
可破解，可知兩害相權取其輕也算行道，例如「是是近乎諂，非非近
乎訕，不幸而過，寧訕無諂」(《歐陽文忠公集》〈非非堂記〉) 18，行道不
能徹底除惡，這是人的原罪所致，不能以為是道有缺陷，所以權衡是
因道而出或依道而立，不是真理的本義。真理超越人而存在，人性是
天性的沈淪表現，所以求道須積極上進，而行道須主動有為，消極被
動者必非真理的信奉者，故「賢者常失之過，不肖者常失之不及」19，
而「緩不足為急者法，急則可為緩者師。」(《南史》〈王藻傳〉) 總之，真
理為恆常之道，而人間為不善之地，因此行道不似依法行事，而須有
所選擇與權變，這表示行道是欲改善事情至最佳狀況，而非改造世界

18.《蘇文忠公集》〈省試刑賞忠厚之至論〉：「可以賞、可以無賞，賞之過乎仁；
　　可以罰、可以無罰，罰之過乎義。過乎仁不失為君子，過乎義則流而入於忍
　　人，故仁可過也，義不可過也。」此說實主人道而非天道，絕不正當，雖然
　　「寧可濫賞不可濫罰」之見確為合理，但以濫賞為過乎仁而以濫罰為過乎
　　義，殊不可取，因為仁為人道而義為天道，人道有過度 (亦即錯誤) 的問
　　題，而天道絕無過當之虞，宣稱仁可過而義不可過，乃是擁護人道而誤解天
　　道，誤解天道即是不信天道，可見其意為損天利人。蘇軾自視才學過人，本
　　欲以論道自矜，但於真理不甚信奉且乏了解，故有自暴其短之時，可見心術
　　不正不能傳道，蓋「失道者寡助」(《孟子》〈公孫丑〉下)，不信真理而論道
　　是自欺欺人，這已是遭殃，又遑論天助。

19.《二程語錄》〈遺書伊川先生語〉：「聖人與理為一，故無過無不及，中而已
　　矣。其他皆以心處這個道理，故賢者常失之過，不肖者常失之不及。」

為天堂，故擇善固執是「該怎麼做就怎麼做」，這對凡人而言確是過分，但以真理而論實為不及。

行道者的社會思想或治國政策是保守主義 (conservatism)，易言之保守主義者的處世作為是替天行道，為此神意的解釋與傳統的維護是其要務，而後者尤其重要，因為歷久不衰的文化制度必是神意所重，且其價值與意義不斷獲得歷代先賢肯定20，天道與人道皆見於此，故「弘道在於學古」(《貞觀政要》〈規諫太子〉)，而施政必當「則天稽古」(《北史》〈柳虯傳〉) 21。「道之大原出於天，天不變，道亦不變」(《漢書》〈董仲舒傳〉)，而奉天與法古相當22，「世必有非常之變，然後乃有非常之謀」(《漢書》〈外戚傳〉下)，否則為政之道應是「不愆不忘，率由舊章。」(《詩經》〈大雅〉「假樂」)「聖人承天而制作」(《白虎通義》〈京師〉)，所以「君子重因循而憚改作」(《舊唐書》〈魏玄同傳〉) 23，「因循無革天下之理得之謂德也」(《太玄經》〈太玄首測衝錯攡瑩注〉)，故「法貴有常，政尚清淨。」(《宋史》〈張齊賢傳〉)「凡事善則長，因古則行」(《司馬法》〈定爵〉)，政治智慧是「無作聰明亂舊章」(《尚書》〈蔡仲之命〉) 24，所以「善為政者因其俗」(《新唐書》〈鄭惟忠傳〉) 25，可見「無

20.《文獻通考》〈王禮〉七「君臣冠冕服章」胡寅曰：「君子大復古、重變古，非泥於古也，以生人之具皆古之聖人因時制宜，各有法象意義，不可以私智更改之也。」

21.《蔡中郎集》〈和熹鄧后諡議〉：「事不稽古不以為政。」《王臨川集》〈詔進所著文字謝表〉：「百王之道雖殊，其要不過於稽古。」《日知錄》〈其稽我古人之德〉：「不學古而欲稽天，豈非不耕而求穫乎。」《伊川先生文集》〈又上太皇太后書〉：「圖治莫如稽古。」同上，〈為太中上皇帝應詔書〉：「稽古而行非為易也。」《張燕公集》〈隴右監牧頌德碑〉：「亦有不學而暗合於古，未更而懸辨其事，然其從政必問於遺訓而資於故實者也。」

22.《春秋繁露》〈楚莊王〉：「春秋之道，奉天而法古。」

23.《漢書》〈外戚傳〉下：「君子之道樂因循而重改作。」

24.《朱子語類》〈朱子〉五：「為政如無大利害，不必議更張。」《韓昌黎集》〈省

為而治」實為保守主義的政治態度，而所謂「以古為鑑可知興替」(《新唐書》〈魏徵傳〉)，其實是主張尊古而非改革。語曰「變古易常，不亂則亡」(《晉書》〈五行志〉中) 26，俗話說「不聽老人言，吃虧在眼前」27，這皆是傳統自樹權威的表現，其法雖有愚民的性質，但其理絕無扭曲之處，因「禁得起時間考驗」者須經時間考驗，故流傳愈久的頌古稱老之說愈為可信，雖然「識治亂者當言所以化之之術，曰歸之太古，非愚則誣」(《王臨川集》〈太古〉)。真理永不易，然行道之術可改，但萬變不離其宗，「聖王之治世不離仁義，故有改制之名，無變道之實」(《鹽鐵論》〈遵道〉) 28，此為自古保守主義精神長存而作風不一的緣故。信道必定認命，但又必須講理，故「居今之世則當安今之法令，治今之世則當酌古以處時」(《粹言》〈論政篇〉)，然神意高於真理，「世不患無法，而患無必行之法」(《鹽鐵論》〈申韓〉) 29，有良法而不行乃是天命使然，所以傳統可能不盡合理，卻是時勢所趨，必求革新而不顧古道終將得不償失，因為有法無天竟是不道，而傳統早已是可行之道，豈為無法。

　　行道的極限作為是「殉道」，然真理具有超越性而非俗物，且凡人對於真理認識無幾而少為此爭執，所以殉道固然是為真理而犧牲性命，但這絕不是高深的道理或神聖的事由所致，卻常因政治問題或人性欲

　　試學生代齋郎議〉:「大凡制度之改、政令之變，利於其舊不什則不可為已。」
　　《水心文集》〈法度總論〉一:「欲自為其國必先觀古人之所以為國。」《宋論》〈仁宗〉二:「夫言治者，皆曰先王矣。」

25.《舊唐書》〈鄭惟忠傳〉:「為政不可革以習俗。」

26.《史記》〈袁盎晁錯列傳〉:「語曰:『變古亂常，不死則亡。』」《三國演義》一百六回:「老生者見不生，常談者見不談。」

27.《樂志論》〈損益〉:「以才智用者謂之士，士貴者老。」

28.《漢書》〈董仲舒傳〉:「王者有改制之名，亡變道之實。」

29.《明史》〈李世達傳〉:「法不可廢，寧赦毋贖，赦則恩出於上，法猶存，贖則力出於下，人滋玩。」

求而起，也就是由於不信道者對於求道者的誤解或不滿而致，可知殉道雖是行道的極限作為，卻不是行道的極致表現，雖然在當事者而言極限即為極致。簡言之，殉道是求道者在人間所遇的靈性天災，它考驗個人信道的虔誠度，卻非測驗其真理知識的深度。殉道可謂「得正而斃」(《禮記》〈檀弓〉上)，其情對於仗義不屈者而言是「今日之事，有死而已。」(《宋史》〈張叔夜傳〉) 孟子曰：「天下有道，以道殉身，天下無道，以身殉道。」(《孟子》〈盡心〉上) 30 殉道的高貴是以不幸為由，所以殉道的精神只是認命，然行道是為傳道淑世，殉道不是行道的成就而是失敗，故殉道之事愈多愈為不道 31。諺曰「有屈死，無屈活」，求生是人的本能也是義務——雖然在精神意義上「活是天理，死是人欲」(《朱子語類》〈程子之書〉三)——所以「好死不如歹活」，然而「凡夫愛命，達士徇名」(《曹子建集》〈任城誄〉)，尋求生命意義者不能貪生怕死 32，故「樂善不防身」(宋之問〈梁王挽詞〉)，「視死忽如歸」(《曹子建集》〈白馬篇〉)。中國文化少有完美主義，但於名節的問題「大丈夫寧可玉碎，不能瓦全」(《北史》〈元景安傳〉)，生命的可貴在於生以立命，而若命不能為生，則殉節是唯一的去路。然「背死不義，忘生不仁」(《新唐書》〈孝友傳〉引李華〈二孝贊〉)，「死生有命，知命者不苟死」(《郁離子》〈食鮐〉) 33，故「非死之難，得死之難」(《南史》〈齊武帝諸子傳〉) 34，「死有重於太山，貴其理全也。」(《北史》〈節義傳〉)

30. 《文子》〈符言〉：「世治即以義衛身，世亂即以身衛義。」

31. 《廿二史劄記》〈東漢尚名節〉：「昔人以氣節之盛為世運之衰，而不知并氣節而無之，其衰乃更甚也。」

32. 《柳柳州集》〈遊确過小嶺至長烏村〉：「志適不期貴，道存豈偷生。」

33. 《戰國策》〈趙策〉：「忠臣不愛死以成名。」

34. 《李太白文集》〈比干碑〉：「非夫捐生之難，處死之難，故不可死而死是輕其生，非孝也，可死而不死是重其死，非忠也。」《梁書》〈侯景傳〉：「苟事當其義則節士不愛其軀，刑罰斯衄則君子實重其命。」《戴東原集》〈原善〉下：「去生養之道者，賊道者也。」

　　朱子曰：「殺身成仁亦只是義當殺身，即是成仁，若為成仁而殺身，便只是私心。」(《朱子語類》〈論語〉十六) 殉道須得其理而不能不為，此事世所罕見，史上所謂殉道大都不實，誠如朱子說「自古聖人未嘗為人所殺」(《朱子語類》〈朱子〉四) 35，因為「聖人智足以周身，安可殺也」(《二程語錄》〈遺書伊川先生語〉) 36，而且除了「明哲保身」的能力之外，「吉人自有天相」，「大德必得其位、必得其祿、必得其名、必得其壽」，蓋「天之生物，必因其材而篤焉。」(《中庸》十七) 由此可知，「愛生而敗仁者，其下愚之行歟；殺身而成仁者，其中人之行歟。」(《文中子》〈事君〉) 玩世不恭者謂「善敗者不亡」(《漢書》〈刑法志〉)，因其以為「好船者溺，好騎者墮，君子各以所好為禍」(《越絕書》〈吳王占夢〉)，殊不知有所得必有所失，求道是以生命為代價追求生命意義，而行道是以真理貫徹於生活，此為忤逆人性之事，本不得以成敗論英雄，「不由其道而勝，不如由其道而敗」(《春秋繁露》〈俞序〉)，故「善作者不必善成，善始者不必善終。」(《史記》〈樂毅傳〉)「夫大義之不成，既有成矣已」(《呂氏春秋》〈論大〉)，蓋「志士仁人所為，根心者也，君子以之得，固貴矣，以之失，亦得矣」(《後漢書》〈宋弘傳〉)，因為求道已是上達，行道已是有為，所以「君子之脩其行，未得則樂其意，既已得又樂其知」(《說苑》〈雜言〉)，可見殉道不是人生的目的，然若其事絕不可免，則當視為終身的成就而非一生的失敗。

　　求道是體認真理與上帝，故行道包括推展真理與實踐神意，可知認命既是求道也是行道，能認命才知天意，也才能推行天道。「人之於天也，以道受命」(《穀梁傳》莊公元年) 37 ── 然則「不安乎命不可謂

---

35. 《宋元學案》〈龜山學案〉「楊時」：「若使死可以救世，則雖死不足卹，然豈有殺賢人君子之人。」《梁書》〈蕭子恪傳〉：「當知有天命者，非人所害，害亦不能得。」

36. 《論衡》〈定賢〉：「道為功本，功為道效，據功謂之賢，是則道人不肖也。」

37. 《春秋繁露》〈順命〉：「人於天也，以道受命。」《文山先生文集》〈跋彭叔英

義」(《東里集》〈吾隱堂記〉) ──「聖人處天地之間，率神祈之意」(《魏書》〈刑罰志〉)，此即體道認命而執行道命，從天所欲而行即不見成敗，故曰「君子之道或出或處，易地則皆然，未易以功名優劣論也。」(《宋史》〈范祖禹傳〉)「人寄命於公」(《太玄經》〈昆〉)，而「命有定分，非智力所移，唯應恭己守道，信天任運」(《南史》〈顧覬之傳〉) 38，所以「為道者不與命謀」(《欒城集》〈劉凝之屯田哀辭〉)；「違天不祥」，「克德者不詭命」(《鶡冠子》〈武靈王〉)，「釋道而任智者危，棄數而用才者困」(《文子》〈道德〉)，唯「信天任命，理乃自得。」(摯虞〈思遊賦〉) 39 上帝在真理之上，神意的超越性更勝於真理，所以「求知意義的認命」(求道) 甚為不易，然理性既為求道的主要憑藉，講理乃是認命的首務，故曰「推理安常，委命也。」(《宋史》〈晁迥傳〉) 40 即使神意可知而命可認，「服從天意的認命」(行道) 仍極困難，「知其無可奈何而安之兮，乃聖賢之高躅」(《歐陽文忠公集》〈病暑賦〉) 41，凡人不求道不行道，所以怨氣橫生而耐心不足，認命是天人合一的企圖，有志於此乃能不怨天不尤人，何況「非道弘人，歸咎無所。」(《陳同甫集》〈祭妻弟何少嘉文〉) 求道意義的認命難以確定，行道意義的認命則較易決定，因為天意可

談命錄〉：「聖賢所謂知命俟命致命，皆指天理之當然者而言。」

38. 《阮嗣宗集》〈通易論〉：「應運順天，不妄而作。」《水滸傳》〈自序〉：「人生三十而未娶不應更娶，四十而未仕不應更仕，五十不應在家，六十不應出游，何以言之？用違其時，事易盡也。」

39. 《嵇康集》〈釋難宅無吉凶攝生論〉：「命者所稟之分也，信順者成命之理也。」《二程語錄》〈元豐己未呂與叔東見二先生語〉：「理則須窮，性則須盡，命則不可言窮與盡，只是至於命也。」

40. 《嘉祐集》〈心術〉：「知理則不屈，知勢則不沮，知節則不窮。」

41. 《白氏長慶集》〈詠懷詩〉：「窮通不由己，歡戚不由天；命即無奈何，心可使泰然。」此說實不可信，蓋萬般皆是命，人心感受與思想情緒俱是命定，以樂觀的精神處世也不能改變悲觀的事實，自我安慰的認命態度終究是不認命，此舉或有人文主義氣魄，但乏面對真相的知識與勇氣，仍不可謂仁。

能不明，但人事不難了解，人事雖應以天意處置，然天意不明則須以
知識裁斷，故認命行事的要領是「理貴變通」(《宋史》〈趙普傳〉) 42。
「聖人之運莫大乎承天」(《通典》〈禮〉二「郊天」上)，而「與奪隨時，
道無恆體」(《魏書》〈任城王傳〉)，故「聖人能與世推移，而俗士苦不知
變。」(崔寔《政論》)「有道順命，無道衡命」(《孔子家語》〈弟子行〉) 43，
「知命者則不滯于俗」(《嵇康集》〈宅無吉凶攝生論〉)，然「唯聖人為能
知權」(《文子》〈道德〉)，「非君子不可與語變」(《文中子》〈述史〉)，認
命須先求道，「求之有道，得之有命」(《文獻通考》〈經籍〉三十六
「子」)，方能權衡應變而不失義。認命是「明目張膽，以身任責」(《宋
史》〈劉安世傳〉)，知命則樂天，故「人勉及任，是謂樂人」(《司馬法》
〈定爵〉) 44；上帝為至善，認命以行道不可能為惡，所以君子「不卜
非義」(《文中子》〈禮樂〉)，而行善必是應天之舉。神意難知，但為善必
合於神意，而且盡人事須在聽天命之先，故「聖人不自言命，凡言命
者皆為眾人言也。」(《朱子語類》〈論語〉二十六) 認命本是積極之事，但
其慣常說法卻是消極接受之意，這表示凡人並不相信天意，但以此說
撫慰人心於不幸之時 45；然認命實為行道的依據，以認命求解乃是瀆
神，故迷信不如不信，認輸不如認錯，為安慰而求神不如為警惕而求
道。

　　認命者須知「天生我材必有用」(李白〈將進酒〉) 46，此義以人的
感受而言可謂「才為世生」(《北史》〈祖瑩傳〉)，以天的用意而論則可謂

42.例如「赦雖非正道，而可以權行。」(《北史》〈崔宏傳〉)

43.《史記》〈晏嬰傳〉：「國有道即順命，無道即衡命。」

44.真德秀〈送張元顯序〉：「命一也，恃焉而弗脩，賊乎天者也，安焉而弗求，
　　樂乎天者也，此聖狂所以異。」

45.《陵川集》〈命論〉：「聖人安命，賢人俟命，而小人委命，安命者道化，俟
　　命者德全，委命者自棄。」

46.《朱子語類》〈大學〉五：「天之生人物，個個有一副當恰好，無過不及底道
　　理降與你。」

「天生烝人必將有職」(《舊唐書》〈彭偃傳〉) 47，總之「天授之謂才，人從而成之之謂義。」(《司馬溫公集》〈史贊評議〉「讀張中丞傳」) 諺云「天不生無用 (無福) 之人」，或曰「有人自有才，有才自有用」48，然則「義也者，盡人之才也」(《皇極經世》〈觀物內篇〉四)，「君子之所謂義者，貴賤皆有事於天下。」(《禮記》〈表記〉) 如此，「天佑而子之，號稱天子」(《春秋繁露》〈三代改制質文〉)，「非其人居其官，是謂亂天事」(《史記》〈夏本紀〉) 49，而「才輕任重，災眚必及」(《南史》〈劉勔傳〉)，但「天命所在，不以貴賤美惡論」(《李泰伯集》〈周禮致太平論〉「內治」四)，故「居者居其所也，雖失天下莫敢有也」(《穀梁傳》僖公二十四年)，反之則「大才當大用」(《新唐書》〈韋安石傳〉)，「大器之於小用，固有所不宜也。」(《後漢書》〈邊讓傳〉)「上天之生余，亦有期於下地」(《韓昌黎集》〈感二鳥賦〉)，「不能樂天不能成其身」(《禮記》〈哀公問〉)，所以認命則負責，此乃自我負責即為對天負責的原由；既然「人要隨才成就」(《王文成公全書》〈傳習錄〉上) 50，「人之相知，貴識其天性，因而濟之」(《嵇康集》〈與山巨源絕交書〉)，這是認命者的連帶責任，也是己立立人之義。「聖人不空出，賢者不虛生」(《新語》〈思務〉)，而凡夫何嘗不然，「用之則為虎，不用則為鼠」(《鶴林玉露》〈陳子衿傳〉)，所以「使人各得其所長〔則〕天下事當」(《墨子》〈雜守〉) 51，雖然「君子者，無所不宜也。」(《說苑》〈修文〉) 命為個人之命，認命是個人的天人之際省思，相依為命僅為求生而非為求道，各人皆是孤獨的

---

47. 《莊子》〈天地〉：「天生萬民必授之職。」《子華子》〈晏子〉：「天地之生材也實難，其有以生也，必有所用也。」《潛夫論》〈實貢〉：「物有所宜，不廢其材，況於人乎。」

48. 《李泰伯集》〈強兵策〉九：「人莫不有才，才莫不可用。」

49. 《白虎通義》〈爵〉：「爵者盡也，各量其職，盡其才也。」

50. 《後漢書》〈獨行列傳〉：「性尚分流，為否異適矣。」

51. 《抱朴子》〈務正〉：「役其所長則事無廢功，避其所短則世無棄材矣。」

生命，負責不是共謀，行道必為自力，所以認命是勇敢之舉，而承擔
是人人能力所及之事，因為命是個人化的責任。

　　命為神意，神為道主，認命者必信道，信道者必行道，故「君子
行法，以俟命而已矣。」（《孟子》〈盡心〉下）若說「人無夭壽，各以其
好惡為命」（《鹽鐵論》〈論菑〉），其實是「信命者亡壽夭」（《列子》〈力
命〉），蓋求道者「修身以俟死」（《孔子家語》〈觀鄉射〉），「可以生而生，
福也，可以死而死，亦福也」（《宋史》〈安世通傳〉）52，故曰「盡其道
而死者，正命也。」（《孟子》〈盡心〉上）君子「畏患而不避義死」（《荀
子》〈不苟〉）53，因「君子能行是，不能禦非，雖在刑戮之中，非其罪
也」（《鹽鐵論》〈非鞅〉），所以「知其不可而為之」並非不認命54，卻是
勇於行道而甘心受罪，此乃徹底的認命，蓋神意難知而真理不二，堅
持行善即是崇道，而崇道即是神意不明時的認命，故曰「知道者以義
處命，理行則行，理止則止」55。「必死不如樂死，樂死不如甘死，甘
死不如義死，義死不如視死如歸」（《說苑》〈指武〉），視死如歸為義無
反顧，義無反顧則舉措無疑，舉措無疑是全然自由，可見「畏患而不
避義死」乃為安樂56。「有義不義，無祥不祥」（《墨子》〈公孟〉），「是
非之外無禍福」（《讀通鑑論》〈晉惠帝〉四），認命者依此隨遇而安，所
以無入而不自得，此即所謂「居易以俟命」57，其意不是無所選擇58，

52.《張茂先集》〈遊獵篇〉：「至人同禍福，達士等生死。」

53.《淮南子》〈精神訓〉：「君子義死而不可以富貴留。」《王臨川集》〈推命對〉：
　　「由仁義而禍，君子不屑也。」

54.《鹽鐵論》〈訟賢〉：「知其不可而強行之，欲以干名。」

55.《文獻通考》〈經籍〉十五「讖緯」胡寅曰：「知道者以義處命，理行則行、
　　理止則止，術數之學蓋不取也。」

56.《莊子》〈人間世〉：「仲尼曰：『知其不可奈何而安之若命，德之至也。為人
　　臣子者，固有所不得已，行事之情而忘其身，何暇至於悅生而惡死。』」《莊
　　子》〈德充符〉：「申徒嘉曰：『知不可奈何而安之若命，惟有德者能之。』」

57.《中庸》十四：「君子素其位而行，不願乎其外。素富貴，行乎富貴；素貧

卻是「不凝滯於物，而能與世推移。」(《楚辭》〈漁父〉)認命既為行道，
悲傷太過或苦悶太久皆是不認命的表現，因為人生挫折降自天意，不
能接受便是抗拒，而且面對苦難才可有為，陷於悲情而無法自拔，若
非沈溺放縱便是不曉神命真理，所以「節哀，順變也」59，「包羞忍恥
是男兒」60。「君子有天命而無咎」(《朱子語類》〈易〉六)，蓋「上見其
原，下通其流，至聖人明學，何不吉之有哉。」(《戰國策》〈齊宣王見顏
蠋〉)所謂「上通而不困」(《孔子家語》〈儒行解〉)，意指「原天命則不惑
禍福」(《韓詩外傳》卷二)，然則「窮亦樂，達亦樂，所樂非窮達也，道
得於此則窮達一也。」(《呂氏春秋》〈慎人〉)上帝為宇宙主宰，人力實無
改變世事的作用，故曰「時至道行，器大者不悅」(《抱朴子》〈任命〉)，
又曰「以天命之所損益，疑人之所得失，此大惑也」(《春秋繁露》〈循
天之道〉)；人不如天，因此人有改善的餘地，也有犯錯的機會，以天
責人的不當是漠視人格，但有此警覺者必欲以天自責。行道既為替天
行道，認命便是行道的首務，所以「禮，時為大，順次之」(《通典》
〈禮〉六十四「單複諡議」)，因為神意可辨則應依神意而行，神意不可
辨則應依真理而行，若真理不可知則應依理性而行，理性人人皆有而
彼此共通，故所有人皆可行道，也皆可認命。

二、傳道與淑世

真理具有普世性，而人具有良知，所以一人求道即表示人人應當

賤，行乎貧賤；素夷狄，行乎夷狄；素患難，行乎患難。君子無入而不自得
焉。……君子居易以俟命，小人行險以徼幸。」

58.《蘇文忠公集》〈跋司馬溫公布衾銘後〉：「士之得道者，視死生禍福如寒暑
畫夜，不知所擇。」

59.《禮記》〈檀弓〉下：「喪禮，哀戚之至也；節哀，順變也，君子念始之者
也。」

60.《樊川集》〈題烏江亭詩〉：「勝敗兵家不可期，包羞忍恥是男兒。」

求道，同時表示求道者必須傳道，使人人求道61。求道若為可能則必
為義務，因為求道是上進之事，而上進是人的責任；同理，傳道若為
義務則必為可行，因為傳道是求道者的反省作為，而受教者也必有自
學的能力。各人資質不同且命運不同，因此求道不必竟成而必有所成，
換言之求道本身即是價值，不必更有所求以為效益，若以得道為求道
之功而認定其價值，此為求利而非求道，故以學成為考量而稱「道可
受而不可傳」(《楚辭》〈遠遊〉) 62，實為誣道；或曰「道可遇而不可
傳，非真不可傳也」(《海石子》〈遇傳〉) 63，這也是功效之論而非道說，
然其意雖不熱中傳道，卻仍以獲得傳人為樂而不反對傳道，可見求道
而不傳道可能為自私，可能為自大，更可能為自誤，因為缺乏普世性
價值的道見必定有錯，所謂敝帚自珍於此為患最烈。求道則必傳道，
「重其道所以立其教」(《中論》〈貴言〉)，人若求道而不傳道必然自相
矛盾，因為個人性的真理既不正確也無需追求，道雖珍貴卻非寶物，
「擁道自重」是可笑的想像。

　　「夫仁者，己欲立而立人，己欲達而達人」(《論語》〈雍也〉)，「君
子立言，非苟顯其理，將以啟天下之方悟者；立行，非獨善其身，將
以訓天下之方動者。」(《後漢書》〈丁鴻傳〉) 傳道對求道者而言是義利兩
全之事，蓋真理為舉世通則，傳道不僅可以淑世，且可教學相長，有
益於求道，故曰「教也者義之大者也，學也者知之盛者也，義之大者
莫大於利人，利人莫大於教，知之盛者莫大於成身，成身莫大於學。」
(《呂氏春秋》〈尊師〉) 求道先於傳道，學先於教，「學者君子之本務，

61.《菜根譚》〈前集〉：「道是一重公眾物事，當隨人而接引；學是一個尋常家
　　飯，當隨事而講求。」

62.《四存編》〈存學編〉「由道」：「道不可以言傳也。」同上，「總論諸儒講學」：
　　「性命之理不可講也，雖講人亦不能聽也，雖聽人亦不能醒也，雖醒人亦不
　　能行也。」

63.《江文通集》〈別賦〉：「術既妙而猶學，道已寂而未傳。」

而教者聖人之餘事，故學則求之，教則應之」（《王臨川集》〈答史諷書〉）；然傳道之責隨求道而起，且教與學可互長，因此二者先後之別當因求道與學習的進展而減，終至求道與傳道一齊而學與教同時。子曰「學而不厭，誨人不倦」（《論語》〈述而〉）64，其道是「學不厭，智也，教不倦，仁也」（《孟子》〈公孫丑〉上），然後世慣稱「好學不倦」而少「好教不倦」之說，由此可見凡人求知不為求道，所以重學不重教（求道則必傳道故學者必教）。傳道所以為求道者的義務，不僅是因真理具有普世性，並且是因求道必須行道，而傳道是行道之舉，蓋知者必行，而言為其一，解說真理是知行合一的作為，傳道即是論道，故亦為行道。傳道是求道者的行道表現，這同時呈現真理有可行（理性）與不可行（超越性）之處，是以「好學近乎知，力行近乎仁，知恥近乎勇」（《中庸》二十），因為求道即為求知，行道依於仁義，而面對原罪須是有勇，於此可行者為可知，不可行者常非可知，不知導致錯誤，而錯誤啟發知識，故傳道是進一步的求道，將更有所獲，也有永不能克服的困難。

求道即是求知，**傳道即是施教**65，求知理當出於個人意願，施教理當基於他人請求，但事實上不盡然，因為一無所知則無求知之欲，而不受迫學習則所知有限，且知識具有普世性意義，不因當事者的感受而改，故人之求學與受教常非主動之舉，其施教則常非被動之為，而此道竟無大害，有時甚至利多於弊，這證明真理是人人均應珍視之事。「同天下之志者，其盛德乎」（《申鑒》〈雜言〉下），此事必為教育，然「道者教之本也，有道然後教也」（《新書》〈大政〉下）66，有同化天

64.《呂氏春秋》〈尊師〉：「子貢問孔子曰：『後世將何以稱夫子？』孔子曰：『吾何足以稱哉。勿已者，則好學而不厭，好教而不倦，其惟此邪。』」

65.《宋元學案》〈屏山鳴道集說略〉「趙秉文」：「傳道之謂教。」

66.《魯齋遺書》〈小學大義〉：「為教而不本於道則非教也，為學而不本於道則非學也。」

下之志卻無傳道之念乃是強烈的政治野心，其害深遠，所以傳道不僅是求道的任務，也是淑世的事業。「合鬼與神，教之至也」(《禮記》〈祭義〉)，正確的教育是引導人認識真理，所以「聖人以神道設教而天下服矣」(《周易》〈觀卦〉)，事若不然，這是凡夫自棄所致，不是傳道之誤。「師者，所以傳道、授業、解惑也」(《韓昌黎集》〈師說〉)，然授業與解惑皆是傳道的工作，可見老師當即是傳道者67，或說傳道即是為師，而聞道有先後，「聖人為天口，賢人為聖譯（鐸），是故聖人之言天之心也，賢者之所說聖人之意也。」(《潛夫論》〈考績〉)「師之貴也知大知也，小知之師亦賤矣」(《法言》〈問明〉)，因此「記問之學不足以為人師，必也其聽語乎」(《禮記》〈學記〉) 68，能聽語即能因材施教，能因材施教即能解人之惑，能解惑則可謂知道，故「經師易求，人師難得」(《北史》〈盧誕傳〉)，而最佳的傳道者必為得道者。真理是世間最偉大的事，因而傳道是世上最偉大的職業，傳道即是教育，所以最偉大的人當為老師（可見老師大都不夠好）69，而最偉大的工作應是著述，如孔子的「至聖」身份與其「先師」角色相當，其「述而不作」是文明早期的傳道表現，不論成敗，這已是做人的最高價值所在。

神意高於真理，「得理不饒人」不是講理之方，傳道須得他人授權（首肯），否則不僅教育的效果不佳，而且在精神上實有所侵害，故「君子之於人也，有不語也，無不聽也。」(《孔叢子》〈刑論〉) 70「可與言而不與之言，失人；不可與言而與之言，失言。知者不失人，亦不

67.《四明文獻集》〈慈湖書院記〉：「儒以道得民，師以賢得民，師言賢不言道，身即道也。」

68.《禮記》〈內則〉：「博學不教。」

69.孔子、孟子、朱子、蘇格拉底、柏拉圖、康德等人皆為教育家，也就是最好的老師。

70.《劉蕺山集》〈與章格庵〉：「士君子語默各有宜，而賢者之不可測類如此也。」

失言。」(《論語》〈衛靈公〉) 在傳道的意義上，所謂「失人」即是該傳而未傳，所謂「失言」即是不當傳而傳，這未必是因聽者資質不良，卻必是因其誠意不足或心術不正，而可教者皆能自教，不可教者受教則為有害，可知失言較失人更為不智——然就求道而言則「寧可失言不可失人」(《焚書》〈與耿司寇告別〉)——故曰「非智之難也，處智則難。」(《長短經》〈釣情〉) 71「夫道固惡於不傳也，不傳則妨道，又惡於不得其所以傳也，不得其所以傳則病道」(《子華子》〈神氣〉)，然「道無求而誨之者，求人而誨之則喪道，喪道以求傳道，則鷙取以為道。」(《王臨川集》〈答史諷書〉) 72「古之至人本不吝惜道術，但以人無受道之質，故不敢輕付之」(《蘇文忠公集》〈與劉宜翁使君書〉)，然則所謂「道必當傳其人」(《桓子新論》〈辨惑〉)，理應是「可教則教」之意，若以為「道為知者傳，苟非其人，道不貴矣」(《孔叢子》〈居衛〉) 73，這不僅是私意且是非道，在此想之下「得其人〔而〕不教，是謂失道」(《素問》〈氣交變大論〉)，但一切關於「衣鉢」傳承的私相授受 (單傳密授) 行為皆因此而生，由此法之偽善可知其道必非真理。「師之教也，不爭輕重尊卑貧富，而爭於道」(《呂氏春秋》〈勸學〉)，故傳道者「有教無類」(《論語》〈衛靈公〉)，來者不拒，因此其門下成員複雜多變 74。子曰

71.《長短經》〈釣情〉：「孔子曰：『未見顏色而言謂之瞽。』……孫卿曰：『語而當，智也；默而當，知也。』尸子曰：『聽言，耳目不懼、視聽不深，則善言不往焉。』是知將語者必先釣於人情，自古然矣。」

72.《王文成公全書》〈答儲柴墟〉二：「若年齒相若而無意於求道者，自當如常待以客禮，安得例以前後輩處之，是亦妄人矣。」

73.《蔡中郎集》〈廣連珠〉：「道為知者設。」《素問》〈金匱真言論〉：「非其人勿教，非其真勿授，是謂得道。」

74.《荀子》〈法行〉：「南郭惠子問於子貢曰：『夫子之門何其雜也?』子貢曰：『君子正身以俟，欲來者不距，欲去者不止……是以雜也。』」《說苑》〈雜言〉：「東郭子惠問於子貢曰：『夫子之門何其雜也?』子貢曰：『……夫子脩道以俟天下，來者不止，是以雜也。』」

「自行束脩以上，吾未嘗無誨焉」(《論語》〈述而〉)，傳道者對於所有真誠求知者必熱切指教，所謂「禮有來學而無往教」(《韓詩外傳》卷三)，其意實在於確認學者求教的心意(「自行束脩以上」的意義即在此)，而非強調為師的尊嚴，是以「師法者，非可以自處得也，彼以是求我而我以是應之耳。」(《王文成公全書》〈答儲柴墟〉二) 75

　　傳道是正確的教育，其義有二，一是以真理為教育宗旨，二是以適當的方法施教，因真理貫通一切，故正確的教法亦屬道識，可知傳道者當為教育家。「君子善導人」(《中論》〈貴言〉)，「語道之序則先精義而後崇德，及喻人以修之之道則先崇德而後精義」(《王臨川集》〈致一論〉) 76，然「中人以上可以語上也，中人以下不可以語上也」(《論語》〈雍也〉) 77，而「大惡之資終不可化」(《潛夫論》〈述赦〉)，「聖賢亦不能開愚夫之違惑」(董仲舒〈士不遇賦〉) 78，可見傳道是隨緣行善的事，可堅持而不可強求。傳道者因材施教並非「見人說人話，見鬼說鬼話」，而是循循善誘，「欲其自得之」(《中論》〈貴言〉) 79，因此「與智者言，依於博；與博者言，依於辨；與辨者言，依於要」(《鬼谷子》〈權篇〉)，其意是因勢利導，使人自覺80。「明人不說暗話」，「聖人示人無隱」(《王文成公全書》〈論元年春王正月〉)，儘管真理具有超越性而

75.《周易》〈蒙卦〉：「匪我求童蒙，童蒙求我，忘應也。」

76.《抱朴子》〈廣譬〉：「化俗以德，而言非其本。」《孟子》〈盡心〉上：「仁言不如仁聲之入人深也。」

77.《權文公集》〈答左司崔員外書〉：「夫中人之性，或不以利回而多以名敗，或時能蹈義而鮮能克仁，此誠細者可力，大端則循情而動矣。」

78.《禮記》〈學記〉：「力不能問，然後語之，語之而不知，雖舍之可也。」《說苑》〈指武〉：「夫下愚不移，純德之所不能化，而後武力加焉。」

79.《鹽鐵論》〈非鞅〉：「善歌者使人續其聲，善作者使人紹其功。」《焚書》〈答耿中丞〉：「孔子未嘗教人之學孔子也。」

80.《宋學士集》〈待制柳先生私諡議〉：「育才莫善於和，成德莫善於肅，嚴肅之君子其猶霜露之教乎。」

難以解說──「知之者欲教而無從，心達者體知而無師」（《後漢書》
〈律曆志〉上）──傳道不能故弄玄虛或出以神秘主義，而須以論學之
方論道，以理性之法立教[81]，因為可知者乃可教授，既可教授則應明
示其理，而不應迂迴為言[82]。「至道無言，非立言無以明其理，大象無
形，非立象無以測其奧」（《新論》〈崇學〉），「心雖離相，因相始可明
心」（《元豐類稿》〈請文慧和尚開堂疏〉）[83]，傳道若不以知識為之，即無
傳道之義，蓋道之可傳是因其有理，且因人有智，傳道而不教育等於
宣告無知可以得道，其無德即已證明其說無稽。雖然，正確的真理觀
必含上帝信仰，而上帝為宇宙主宰，所以人無自由意志，也無改變事
情的真正能力，如此傳道其實是無效的；但信道者必須認命行事，而
且神意不可預知，失敗主義絕非虔誠的思想，在「盡人事以聽天命」
的精神下，教育仍應勉力為之，由此可知，最偉大的教育家（即最偉
大的人）絕不相信教育的改造作用，卻有「知其不可而為之」的行道
誠心。

　　求道則必傳道，正確的真理觀反映於正確的傳道作為，而錯誤的
真理觀使人以錯誤的態度傳道（如基督教），或是不積極傳道（如佛
教），由傳道作法的缺失可以推斷其道有誤，因為以真理而論，手段與
目的不應取法相違，形式與內涵不應標準不一。凡人不求道亦不傳道，
然「人之患在好為人師」（《孟子》〈離婁〉上），其行為多有教育或教訓
他人的意味，這其實是自我肯定的心理需求所致，由此世上議論紛紜

81.《黃氏日抄》〈讀春秋序〉：「聖人豈先有凡例而後作經乎。」
82.《蘇文忠公集》〈孫武論〉上：「夫智本非所以教人，以智而教人者，是君子
　　之急於有功也。」此說是標新立異的自負論點，其錯誤隱藏於「自我否定」
　　的矛盾現象中，蓋此說若為正確，則其觀點絕不容許此說之示教於人。
83.《讀通鑑論》〈漢光武帝〉二十八：「道非直器也，而非器則道無所麗以行。」
　　《駱丞集》〈上吏部裴侍郎書〉：「理存乎象，非書無以遂其微；詞隱乎情，
　　非言無以筌其旨。」《梁書》〈侯景傳〉：「書不盡言，言不盡意，然則意非言
　　不宣，言非筆不盡。」

與是非混淆之情常在，顯示真理對人的重要以及人不求道的禍害。求
道是面對個人的天人之際，不能以引誘或威脅之法促成，所以「以言
警世者，不可為駭世之論」(《東萊博議》〈管仲言宴安〉)，能使人自省才
是良師；因傳道是啟蒙的工作，理性良知的啟發乃是重點，一切迎合
人性的怪力亂神之說均應排斥，故有心人「無傳不經之談」(羊祜〈戒
子書〉)，而「流言止於知者」(《荀子》〈大略〉)。謠言雖可不攻自破，似
是而非的論調卻永難自滅，為撥亂反正「君子必辯」(《荀子》〈非相〉)，
因凡人無力且不喜深究事理，故「好辯」成為論道者常有的罪名，可
見傳道難免「犯眾怒」。老子曰「善者不辯，辯者不善」(《老子》八十
一)，此說是自然主義者的反智主張，本無討好人性之意，卻有助長俗
意之效，由此失當可知其非理 (此言本身亦是一辯，而依其理乃為不
善)。「辯之為言別也，為其善分別事類而明處之也。……君子之辯也，
欲以明大道之中也。」(《中論》〈覈辯〉) 如此，「不有言者，誰明道乎」
(《文中子》〈禮樂〉)，孟子曰「予豈好辯哉，予不得已也」(《孟子》〈滕
文公〉下) 84，此可謂正辯。韓愈說：「吾與人商論，不能下氣，若好
勝者然，雖誠有之，抑非好己勝也，好己之道勝也……若不勝則無以
為道，吾豈敢避是名哉。」(《韓昌黎集》〈重答張籍書〉) 無論此說是否出
於真情，不以人廢言，則須肯定其理，蓋當仁不讓者即使不仁，亦可
成仁，為好名而論道，雖有不美，亦應樂觀其成，何況「今求善者寡，
不強說人，人莫之知也。」(《墨子》〈公孟〉) 在傳道的技巧上，「凡語人
者，以我之說告其人；折人者，必就彼之說窮其人」(《戴東原集》〈緒
言〉上)，此「非好辯也，君子之教也」(同上)，因為各人皆有其短，
傳道不僅是告知道理，且是指出錯誤，因應人性而教不免招惹反感，
若是以和為貴則不能有言，故與其「春風化雨」不如「當頭棒喝」。總

84.《文中子》〈魏相〉：「君子奚辯，而有時乎為辯，不得已也，其猶兵乎。」《遜
　　志齋集》〈訥齋記〉：「工於辯者非能言者也。」《魯齋遺書》〈辯說〉：「辯之要
　　在於自克，自克則喻。」

之，凡事皆含善惡，只要善多於惡即是可為，傳道的社會性功用是淑世，抑惡興善便是改良，所以傳道不圖圓滿（皆大歡喜），而圖方正（眾志成城）。

　　真理可相當實行，故傳道有淑世作用，而行道是淑世責任，可見求道是義利兩全的事。張載曰：「為天地立心，為生民立命，為往聖繼絕學，為萬世開太平。」（《張子全書》〈近思錄拾遺〉）85 這是最佳的求道淑世宣言，它呈現中國千古的真理信仰傳統，而有智仁勇兼備的正義精神。人的資質優劣不同，求道者是人類的代表，亦即最佳的人，故求道者必自命為救世者，此非驕傲而是道義。「正己而不期於正物，是無義也」（《王臨川集》〈答王深甫書〉一），對求道者而言，「宇宙內事是己分內事，己分內事是宇宙內事」（《陸象山集》〈雜說〉）86，因其任務是「事上帝而理兆人，和百靈而利萬物」（《隋書》〈高祖紀〉），故行道的胸懷無分內外。君子「修己治人」，其性「內聖外王」（《莊子》〈天下〉），而「拯溺由道情，龕暴資神理」（《謝康樂集》〈述祖德詩〉），故「撥亂世，反諸正」（《公羊傳》哀公十四年），乃是替天行道87。替天行道者必有天助，其情是「力勝其任即舉者不重也，能稱其事即為者不難也」（《文子》〈自然〉）(Cf. 'He carries well to whom it weighs not.')，故仁者必是能者，能「先天下之憂而憂，後天下之樂而樂」（《范文正公集》〈岳陽樓記〉）88，乃因「不以樂天知命之樂，而忘與人同憂之憂。」（《鶴林玉露》〈誠齋退休〉）偉人自愛而愛人，故造福於世而鮮有享受，此乃能者多勞的境遇，他人對此所以不知，實因偉人「汎愛眾而親仁」（《論語》〈學而〉），其心以蒼生為念而志在促進文明89，小民於此當然少有

85. 《東里集》〈稼軒記〉：「務適乎己而無天下生民之思者，凡民耳。」
86. 《王子安集》〈拜南郊頌序〉：「至人無外，撫天下以為家。」
87. 《蔡中郎集》〈薦太尉董卓表〉：「天生神聖，特以靖亂整殘，匡誕洪業。」
88. 《鹽鐵論》〈散不足〉：「賢人君子，以天下為任者也。」
89. 《老子》四十九：「聖人無常心，以百姓心為心。」《後漢書》〈申屠剛傳〉：

受惠之感90。「聖人常善救人，故無棄人」（《老子》二十七），然「大人
之愛小人也，薄於小人之愛大人也，其利小人也，厚於小人之利大人
也」（《墨子》〈大取〉），聖人救人之道不是凡人所望，所以凡人常不覺
聖人有益於世，可見聖人為善不為人知，而不為人知之善乃為大善。
雖然，淑世之事並非僅有偉人可為，人生在世若功多於過便有為人的
價值，否則即是造孽；在功過相抵之下，除去個人一生之罪而對世間
猶有貢獻，此皆可謂淑世，所以凡人不應自輕。自私的人「務在獨樂，
不顧眾庶」（《司馬長卿集》〈上林賦〉），故「生無益於事，死無損於數」
（《曹子建集》〈求自試表〉）；負責的人「生有益於人，死不害於人」（《禮
記》〈檀弓〉上），故簡居薄葬91，「死欲速朽」（《禮記》〈檀弓〉上）92，
遺愛後世。「生無益於時，死無聞於後，是自棄也」（《晉書》〈陶侃傳〉），
自棄者多自憐，而自愛者常自謙，故「有德者葬愈薄，無德者葬愈
厚。」（《舊唐書》〈令狐峘傳〉）凡人不應過分自奉，因為自厚必然有損於
人，以致自侮，故「死於陵者葬於陵，死於澤者葬於澤」（《尸子》佚
文），這是減罪增功的身後善意。總之，聖人淑世以擔當大任為要，凡
人淑世以安分守己為主，大人自由而小人自制則天下太平，不能自救
即不能救世，且將以害世，故聖人以自強濟世，凡人以自助益世，而
「君子莫大乎與人為善」（《孟子》〈公孫丑〉上），「成人之美，不成人之
惡。」（《論語》〈顏淵〉）93

　　在古代菁英主義文化中，從政是淑世的大道正途，仕宦雖非大材
之用，然行道本是求道之餘事，可為則當為，「學而優則仕」（《論語》

　　「聖人不以獨見為明，而以萬物為心。」
90.《論語》〈雍也〉：「子貢曰：『如有博施於民而能濟眾，何如？可謂仁乎？』
　　子曰：『何事於仁，必也聖乎，堯舜其猶病諸。』」
91.《魏武帝集》〈終令〉：「古之葬者必居瘠薄之地。」
92.《舊唐書》〈姚崇傳〉：「真魂去身，貴於速朽。」
93.又見《穀梁傳》隱公元年。

〈子張〉）94，既是實現理想之方且是服從天意之舉，求道者無由拒
絕95。「夫權者天下之大利大害也，小人竊之以成其惡，君子用之以濟
其善，固君子之不可一日去、小人之不可一日有者也，欲濟天下之難
而不操之以權，是猶倒持太阿而授人以柄，希不割矣。」（《王文成公全
書》〈寄楊邃庵閣老〉二）為政不是聖賢在世的大業，卻是其救世的要
法，而為善之道在於除惡，求道者不能以自清處事，故君子必與小人
對抗以爭公道，當仁不讓的精神乃須體現為當權不辭的勇氣。政治的
後盾是暴力而非知識，且世上智者少而愚者多，故位高權重者多非有
德有能，於是「貴之所以能成其貴者，以其貴而事賤也；賢之所以能
成其賢者，以其賢而事不肖也。」（《管子》〈樞言〉）為政若為淑世，「為
君者必擇人而官，為臣者罔擇官而處」（《陸宣公集》〈優恤畿內百姓並除
十縣令詔〉），「君子不辭下位」（《風俗通義》〈十反〉）96，乃因其以成事
為意，而不以成就為喜，然居上位者常非大人，故君子為官總難以施
展97。行道是求道的一部分，或者行道是求道的義務，所以行道雖有
淑世的意義，但淑世實非行道的原因或目的，而是行道的心意或效果，
然因真理具有超越性而不能確切實踐，而且上帝注定一切，故行道未
必能有淑世的成效。因此，君子行道若乏改善現狀的實效，絕不因此
懷憂喪志，卻有求道的心得與盡責的安寧，同時又有「做多少算多少」
的坦然態度，而不退縮放棄，此即所謂「仁不輕絕，智不輕怨。」（《戰

94.張籍〈祭退之詩〉：「學無不該貫，吏治得其方。」劉基〈送胡生詩〉：「仕學
　猶兩翅，對舉不可遺。」

95.《宋論》〈理宗〉四：「君子之大事在仕與隱，仕隱者君子之生死也。」《西山
　文集》〈送李茂先之官南恩序〉：「士於科第特以為行道之資耳，若其可貴則
　不在是。」

96.《陳書》〈徐陵傳〉：「擇官而仕非曰孝家，擇事而趨非云忠國。」

97.《孟子》〈萬章〉下：「位卑而言高，罪也；立乎人之本朝而道不行，恥也。」
　《西山讀書記》〈辭受〉：「以出位為罪則無行道之責，以廢道為恥則非竊祿
　之官，此為貧者之所以必辭尊富而寧處貧賤也。」

國策》〈燕王喜為趙孝成王壽〉)「不仁愛則不能群」(《漢書》〈刑法志〉), 反之, 「安於仁故不離群」(《後漢書》〈陳寵傳〉) 98, 「聖人仁士之於天地之間, 民之父母也」(《新序》〈節士〉) 99, 故「聖人無棄物, 王者重絕人。」(《粹言》〈論政篇〉) 如此, 「道在為人, 而失在為己」(《晏子春秋》〈問上〉五), 「賢而隱, 庸為賢乎」(《晏子春秋》〈問上〉十三) 100, 行道既是義務, 豈有因挫敗而免之時, 雖「唯至人乃能遊於世而不僻」(《莊子》〈外物〉), 然「義者不絕世」(《孔子家語》〈屈節解〉) 101, 真摯的求道者也能入世而自處, 何況「天無絕人之路」, 行道不利必另有所獲, 因為求道不可能徒然枉費。

　　子曰:「道不行, 乘桴浮於海。」(《論語》〈公冶長〉) 又曰:「篤信好學, 守死善道, 危邦不入, 亂邦不居, 天下有道則見, 無道則隱。」(《論語》〈泰伯〉) 此說似有氣餒, 然既主「守死善道」, 則不可能有棄世退隱之想102, 可見其意感慨多於持論, 故夫子又主「治國去之, 亂國就之」103, 「邦有道如矢, 邦無道如矢。」(《論語》〈衛靈公〉) 104 「立德何隱, 含道必授」(《文心雕龍》〈諸子〉), 「聖人之仁不以無道必天下而棄之也」(《正蒙》〈三十〉) 105, 然則「得時行道者, 聖人之本心, 不

98.《歐陽文忠公集》〈答李秀才啟〉:「群居久離則弗能於無過。」

99.《荀子》〈大略〉:「天之生民非為君也, 天之立君以為民也。」

100.《陶淵明集》〈與殷晉安別〉:「良才不隱世, 江湖多賤貧。」

101.《潛夫論》〈讚學〉:「君子者性非絕世, 善自託於物也。」《曹子建集》〈七啟八首〉:「君子不避俗而遺名, 智士不背世而滅勳。」張協〈七命八首〉:「聖人不卷道而背時, 智士不遺身而匿跡。」《新語》〈慎微〉:「懷道而避世, 則不忠也。」《韓非子》〈有度〉:「離俗隱居而以非上, 臣不謂義。」《六韜》〈上賢〉:「窮居靜處而誹時俗, 此奸人也。」

102.《周易》〈乾卦〉:「龍, 德而隱者也, 不易乎世, 不成乎名, 遯世無悶, 不見是而無悶, 樂則行之, 憂則違之, 確乎其不可拔, 潛龍也。」

103.《莊子》〈人間世〉:「回 (顏淵) 嘗聞之夫子曰:『治國去之, 亂國就之。』」

104.《論語》〈憲問〉:「邦有道, 危言危行; 邦無道, 危行言孫。」

遇而去者，聖人之不得已」(《朱子語類》〈孟子〉四) 106，「隱道能行，
然亦不忍」(《孔子家語》〈三恕〉)，惟「我本不棄世，世人自棄我」(《李
太白文集》〈送蔡山人〉) 107，當時不我與，君子必能認命引退而不戀棧，
卻又另謀淑世之途而不置身事外。偉人既是天才，天才的使命自與凡
夫不同，「帝王之功，聖人之餘事也」(《慎子》〈外篇〉)，而世間最偉大
的事業乃是傳道教育，故偉人為政經世不可能順利，這是偉人的原罪，
也是其天恩，因為偉人不由權柄而興，卻必以文德而顯，故曰「聖人
無隱者也，聖人天也，天隱乎?」(《經學理窟》〈學大原〉下) 不論如何，
求道者處世行止一貫，唯理是從，其志無成敗之異 108，「天下有道則與
物皆昌，天下無道則修德就閒」(《莊子》〈天地〉)，「易不遺物，周不害
通」(《李退叔文集》〈壽州刺史廳壁記〉)，「窮則獨善其身，達則兼善天
下。」(《孟子》〈盡心〉上) 109 「能處窮斯能處達」(《困學紀聞》〈孟子〉)，
「通則視其所舉，窮則視其所不為」(《晏子春秋》〈問上〉十三)，而至
人「通則一天下，窮則獨立貴名」(《荀子》〈儒效〉) 110，「遭逢則以功
達其道，若其不遇則以言達其道」(《晉書》〈祖納傳〉) 111，其心窮達如

105.《彭城集》〈處士論〉：「凡責於處士者，為其知道也。」《樊川集》〈送薛處士
　　序〉：「國有大知之人不能大用，是國病也，故處士之名自負也謗國也，非大
　　君子其孰能當之。」

106.《資治通鑑》〈漢紀〉四十三：「古之君子，邦有道則仕，邦無道則隱，隱非
　　君子之所欲也。」

107.《曹子建集》〈臨觀賦〉：「進無路以效公，退無隱以營私。」

108.《渭南文集》〈樂郊記〉：「出處一道也，仕而忘歸與處而不能出者，俱是一
　　癖。」《宋論》〈理宗〉四：「君子之道，仕者其義也，隱者其常也，知仕則知
　　隱也。」

109.《周書》〈沈重傳〉：「近取無獨善之譏，遠應有兼濟之美。」

110.《韓詩外傳》卷四：「窮則有名，通則有功。」《讀通鑑論》〈隋煬帝〉五：「天
　　下有道，保以其德；天下無道，保以其名。」

111.《晉書》〈王隱傳〉：「古人遭時則以功達其道，不遇則以言達其才，故否泰

一，並無改念。「往而不返者先民誠有之，斯所謂獨善其身而亂大倫，山林之士耳；賢人君子則不然也，屈己以安民，艱身以濟物，所謂以先知覺後知，同塵而與天下俱潔者也。」(《魏書》〈彭城王傳〉) 求道須藉眾成己，行道應與人沈浮，「世亂則賢者不能獨治」(《文子》〈道德〉)，同舟共濟是淑世者因感人溺己溺而自取的遭遇，故慈悲的人不可能竊喜，卻常以獨秀為憂。「先名實者，為人也，後名實者，自為也」(《孟子》〈告子〉下)，但獨善其身與兼善天下既然道理一致，為人即是為己，為己須由為人，所以名實先後無妨於為善；「聖代無隱者」(王維〈送綦母潛落第還鄉〉)，隱者非聖明，求道必須做事，故「有道則隱，無道則見」(《文子》〈道原〉)，「大道既濟而猶不見隱，不為賢」(《李泰伯集》〈易論〉六)，當真理全然落實時，人已無存在的價值，可知「止於至善」是永遠的工作。

　　傳道須得他人授權，淑世須經待人接物，求道者應以認命安身，於是「承擔世間的錯」乃為必要，故「入境問俗」或「入境隨俗」是行道須有的體諒 (正如「客隨主便」) [112]。「物之所受於天者異，則其自處必高，自處既高，則必趯然有所不合於世俗」(《欒城集》〈上劉長安書〉)，然「受命於天，性善是也，受命於人，從俗是也」(《李泰伯集》〈廣潛書〉二)，「凡所以求容於世，為行道也」(《孔叢子》〈公儀〉)，由此可見，「夫能自全也，而盡隨於萬物之理者，必且有天性。」(《韓非子》〈解老〉) 固然「士大夫當以世從道，不可以道從世」(《宋史》〈王霆傳〉)，但「不辨風塵色，安知天地心」(張巡〈聞笛詩〉)，俗務民風亦是神意安排，必有其理，求道者豈能罔顧，何況淑世不能不知世俗 [113]，因此「位重者為世以屈己，居聖者達命以忘情。」(《魏書》〈穆亮傳〉) 真

不窮也。」《後漢書》〈荀爽傳〉：「平運則弘道以求志，陵夷則濡跡以匡時。」

112.《魏文帝集》〈追崇孔子詔〉：「屈己以存道，貶身以救世。」

113.《震川先生集》〈送王汝康會試序〉：「人不知己，不足以行志；己不知人，不足以及物。」

理有上下體系，善惡有高低層次，而原罪問題使選擇成為兩害相權，於是「事之無害於義者，從俗可也」(《王文成公全書》〈遠俗亭記〉) *114*，故曰「當其時順其俗者，謂之義之徒。」(《莊子》〈秋水〉)「依世則廢道，違俗則危名，此古人所以難受爵位也」(《漢書》〈何武傳〉) *115*，然「知仁善處俗」(《文中子》〈天地〉)，擇善固執不與從善如流相違，若知輕重緩急而能「曲而不屈」(《左傳》襄公二十九年)，則知「隨時之宜，道貴從凡。」(《崔亭伯集》〈達旨〉) *116*「有道者內不失真而外不殊俗」(《文中子》〈禮樂〉)，「仕不求聞，退不譏俗」(《南齊書》〈高逸傳〉)，「隱不違親，貞不絕俗」(《後漢書》〈郭太傳〉)，所以欲有為者「入竟而問禁，入國而問俗，入門而問諱。」(《禮記》〈曲禮〉上) *117*「聖人不以智輕俗」(《三國志》〈劉廙傳〉) *118*，因而「懷英逸之量者，不務風格以示異」(《抱朴子》〈博喻〉)，反之，「行特者其德不厚」(《新序》〈節士〉) *119*，蓋「道存跡自高，何憚去人近」(《李太白文集》〈北山獨酌寄韋六〉) *120*，愈是特立獨行愈無仁心。超凡方能入聖，「有入俗之高真，乃為道者之重累也」(《抱朴子》〈辨問〉)，然有道則無私，見義勇為必捨己為人，「追亡者趨，拯溺者濡，今民陷溝壑，雖欲無濡，豈得已哉。」(《鹽鐵論》〈論儒〉) *121*「君子蒞民，不可以不知民之性而達諸民之情」

114.《王子安集》〈八卦卜大演論〉：「有可有不可，非聖人之謂也；無可無不可，是夫子之心也。」

115.《涇皋藏稿》〈庸說〉：「徇則媚世，矯則驚世，凡皆庸之賊也。」

116.《歐陽文忠公集》〈送黃通之郇鄉〉：「君子貴從俗，小官能養賢。」

117.《淮南子》〈齊俗訓〉：「入其國者從其俗，入其家者避其諱。」

118.《周書》〈蕭大圜傳〉：「智不逸群，行不高物。」《劉夢得文集》〈答饒州元使君書〉：「因時在乎善相，因俗在乎便安。」

119.《新序》〈雜事〉一：「聖人瑰意奇行，超然獨處。」此說僅能以精神意象解釋之，若以實際行為而論聖人必不然，蓋聖人是淑世者，絕無孤芳自賞之舉。

120.《沈休文集》〈和謝宣城〉：「從宦非宦侶，避世不避喧。」

《孔子家語》〈入官〉），既然「君子不奪人情」（《三國志》〈吳主傳〉），亦
當不可自居於世情之外，入境問俗則應入境隨俗，故「居今之世則當
安今之法令」（《粹言》〈論政篇〉）122，淑世者須以認命的態度示範，這
不僅是以身作則且是自我負責。同理，在治化上捨近求遠是不負責任，
由近及遠才是老實行善，於是「修身、齊家、治國、平天下」有其程
序而不可亂，故「與其為善於鄉也不如為善於里，與其為善於里也不
如為善於家」（《國語》〈齊語〉）123，若「經國之義雖弘而隆家之道不
足」（《南史》〈宋本紀〉下），則必虛偽浮薄而不可信。總之，「立教觀
俗，貴處中庸，為可繼也」（《三國志》〈和洽傳〉），當政者須順應風習，
善導民意，乃能長治久安，否則即使用心良善而施法有理，亦將因不
符民情而招一意孤行之譏，以致難以立效。由此可知，神意勝於真理，
行道所以須顧慮現實情形，即因理想不可超越天命，此非妥協而是認
命，也就是承擔，因為這使求道者更感艱辛與無奈，而其代價且可能
為自我犧牲124。

　　「曲高和寡」（阮瑀〈箏賦〉），「君子詘乎不知己，而信乎知己者」
（《新序》〈節士〉）125，仁人淑世鮮有不受誤解者，詩云「知我者謂我心
憂，不知我者謂我何求，悠悠蒼天，此何人哉」（《詩經》〈黍離〉），難

121.《菜根譚》〈前集〉：「君子當存含垢納污之量，不可持好潔獨行之操。」

122.《近思錄》〈政事〉明道曰：「居今之時，不安今之法令，非義也。」《商君
　　書》〈靳令〉：「法已定矣，不以善言害法。」儘管「非法之刑非所以助治」
　　（《宋史》〈錢易傳〉），然神意高於真理，非法之刑有時可能重於法治，這雖
　　不合理卻是天命安排，身處其境者須衡量輕重以取捨，不能一概依法行事而
　　自以為公正。

123.又見《管子》〈小匡〉及《鶡冠子》〈王鈇〉。《東萊博議》〈子圍逃歸〉：「謀
　　於塗者不若謀於鄰，謀於鄰者不若謀於家。」

124.《元豐類稿》〈贈黎安二生序〉：「知信乎古而不知合乎世，知志乎道而不知
　　同乎俗，此余所以困於今而不自知也。」

125.《史記》〈晏嬰傳〉：「君子詘（屈）於不知己，而信（伸）於知己者。」

怪夫子曰「知我者其天乎」(《論語》〈憲問〉)。「維此哲人謂我劬勞，維彼愚人謂我宣驕」(《詩經》〈鴻鴈〉)，無奈「必入聖人之域，然後知聖人之心」(《東萊博議》〈隱公問羽數〉)，「小人自齷齪，安知曠士懷」(《鮑明遠集》〈放歌行〉)，凡眼總以為求道者「知其不可而強行之，欲以干名」(《鹽鐵論》〈訟賢〉)，此乃古今志士救世無功之恆理。「甚矣，聖道無益於庸也」(《法言》〈問明〉)，因真理為至善而人類有原罪，故「道與世事不並興」(《抱朴子》〈金丹〉)，以致「聖人之利天下也少，而害天下也多。」(《莊子》〈胠篋〉)「民之多幸，國之不幸」(《左傳》宣公十六年) 126，「小人之幸，君子之不幸」(《貞觀政要》〈論赦令〉)，在眾口鑠金的世界裡，「得一君子而天下未即蒙其利，失一小人而流毒足以禍世矣」(《文史通義》〈論文辨偽〉) 127，所謂「義者不必遍利天下」(《孔叢子》〈抗志〉) 128，其意不僅為君子不廣受歡迎，而且是君子不取媚於人。「至公至平，誰與為鄰」(《阮嗣宗集》〈為鄭沖勸晉王牋〉)，「雖賢聖不能逃死亡避戮辱者，何也，則愚者難說也，故君子難言也」(《韓非子》〈難言〉)；「上智不能移下愚」(《抱朴子》〈金丹〉)，而「愚人偏說人愚」，故「秀才遇到兵，有理說不清」，於是智者不僅受害於不智，而且受害於不德。「有高世之功者必負遺俗之累，有獨知之慮者必被庶人之恐〔怨〕」(《戰國策》〈武靈王平晝閒居〉) 129，「道尊則群謗集，任重而眾怨會」(魏收〈枕中篇〉) 130，「器博者無近用，道長者其功遠」(《後漢

126.《晉書》〈郭璞傳〉：「人之多幸，國之不幸。」

127.《吹劍錄》一：「善人為國未必有赫然可喜之功，然戮及衣冠善類則亂亡隨之。」

128.《嘉祐集》〈利者義之和論〉：「義者所以宜天下，而亦所以拂天下之心。」

129.《商君書》〈更法〉：「有高人之行者固見負於世，有獨知之慮者必見訾於民。」《蘇文忠公集》〈賈誼論〉：「有高世之才必有遺俗之累。」《彭城集》〈明莊論〉：「無非常之譽則無非常之咎。」《菜根譚》〈前集〉：「怨因德彰……仇因恩立。」

130.《韓昌黎集》〈原毀〉：「事修而謗興，德高而毀來。」《駱丞集》〈鈞磯應詰

書》〈宋弘傳〉），「獨行之賢不足以成化，獨能之事不足以周務」[131]，「大
道每隳於橫議，良才常困於中傷」（《陸宣公集》〈論朝官闕員狀〉），由是
「君子有奇志，天下不親」[132]，因其「以高見外」（《三國志》〈步騭
傳〉），「言足以經萬世而不見信于時」（李康〈運命論〉）[133]。「道隱於小
成，言隱於榮華」（《莊子》〈齊物論〉），而「非至明，其孰能毋用讒乎」
（《新序》〈雜事〉二），所以「聖世之良幹，乃闇俗之罪人也。」（《抱朴
子》〈擢才〉）「眾人多而聖人寡，寡之不勝眾，數也」（《韓非子》〈解
老〉）[134]，「舉世皆濁我獨清，眾人皆醉我獨醒，是以見放」（《楚辭》〈漁
父〉），然則「貧者士之常」（《世說新語》〈德行〉），存意淑世之智士因有
志難伸反受其害，卻因此悟道更深而心力更堅，從此其才轉用於天職
而歸返本命，生命價值乃得以充分發揮，於是可知「貧者士之宜」（《後
漢書》〈獨行列傳〉），大材小用則非天才，處世順利不能濟世，行道只是
求道的緣分，知道而不為人知是謂配天。

三、處世的態度

　　求道即是求知，知識是對真理的了解，行道是知識的實踐，故知
行合一是求道者的處世作風。真理的超越性乃至神意的權威使知行合
一原則不盡可知可行，因為不可知者即不可行，而物質層次不及精神，

　　文〉：「勢牽於人，道窮乎我。」《康齋集》〈日錄〉：「為君子當常受虧於人方
　　做得。」

131.《長短經》〈卑政〉：「獨行之賢不足以成化，獨能之事不足以周務，出群之
　　辯不可為戶說，絕眾之勇不可與正陣。」

132.《文獻通考》〈經籍〉四十一「子」晁公武文引宋齊邱《化書》。《化書》〈異
　　心〉：「君有奇智，天下不臣。」

133.《蘇子美集》〈粹隱堂記〉：「至於人也，蓋物之大者也，而又自相置次，才
　　者多不得其地，皇皇於用者何哉，此造物之意不可以理通也。」

134.《長短經》〈反經〉：「天下之善人少而不善人多，則聖人之利天下也少，而
　　害天下也多矣。」

可知者又未必可行（落實），且神意於世事「臨時的介入」（求道者對神意一時的特別體認）使人不得以常理處事，故知行合一是行道應有的態度，卻不是最高標準。中國傳統文化常以為行難於知，這是中國真理觀缺乏超越性思考的表現，也是中國文化的道德至上主義呈現（道德觀念皆為可行）；其實不知則不行，知先於行，知易行難之說忽略知識的深究及其極限，因而僅以個人所知為憑斷定知識的重要性，這是以管窺天的陋見，何況真知令人服從，有知必求其實現，知為行之主，行豈可能重於知。「學道而不能行者謂之病」（《史記》〈孔子弟子傳〉），得以知行合一者必為真理中可知可行之處，於此「弗知實難，知而弗從，禍莫大焉」（《左傳》昭公三年），故「知而弗為，莫如勿知。」（《孔子家語》〈子路初見〉）知而不行可能因為知之不徹，也可能反映「天人交戰的失敗」，亦即人欲的堅執，然這是痛苦的放縱，可謂自作自受，故求道而不行道是美中不足的醜惡。「知之者不如好之者，好之者不如樂之者」（《論語》〈雍也〉），知而不行其實是不好知或不樂知，此乃擁有天恩卻受恩不裕之狀，而當事者因不能善用良緣以致使其轉化為惡緣，於是天恩亦變作天譴，所謂「良心的譴責」即是自知不服從良心所致的不安，其情是緊張而非矛盾，可見「天人交戰的成功」是人對天的降服，不是抵抗天良的勝利。子曰：「始吾於人也，聽其言而信其行；今吾於人也，聽其言而觀其行。」（《論語》〈公冶長〉）此言「一語成讖」似的預料了「孔子之言滿天地，孔子之道未嘗行」（《李泰伯集》〈潛書〉十五）[135]，其景呈現人有心求道而無意行道，然終究顯示凡人並不求道，所以求道者自明之方是知行合一，而若其意旨在服人則自明便只是自我暗示，如此出於需求而非追求的求道勢必後繼無力，因為不論需求是否獲得滿足，人心絕無法由此振作。

135.《陳白沙集》〈道學傳序〉：「孔子曰：『十室之邑必有忠信如丘者焉，不如丘之好學也。』後世由聖門以學者眾矣，語忠信如聖人鮮能之，何其與夫子之言異也。」

　　行道是替天行道，所以行道者必大公無私，而求道者必明公私之
分；公私之分若明，處事態度必坦然無愧，於是隨便乃可方便，有利
乃成有理136。「夫道者，無私就也，無私去也」(《淮南子》〈覽冥訓〉)，
「公公私私，天地之德」(《列子》〈天瑞〉)，「公則一，私則萬殊」(《近
思錄》〈道體〉)，「道固公物，非可私而有」(《柳柳州集》〈與楊誨之第二
書〉)，聖人「所以能明，在於至公。」(《司馬溫公集》〈進修心治國之要劄
子狀〉) 137「公天下之身，公天下之物，其唯至人矣」(《列子》〈楊
朱〉) 138，義利兩全即為公私兩便，此乃天人合一者的處世感受，至於
凡夫則「背私謂之公」(《韓非子》〈五蠹〉)──可知公為本而私為末──
須自制乃能不害公，其實是「公於己者公於人，未有不公於己而能公
於人也」(《周濂溪集》〈通書〉「公明」)，能「不以私累己」(《韓非子》〈大
體〉)，方為大公。「君子小人即是公私之間」(《朱子語類》〈論語〉六)，
「人皆有私，則謂天下無公矣」139，君子有公心故能知私，小人有私
心故不能識公，蓋私是公的缺失，知公則知私，而知私不足以知公，
可見求道者是凡夫之上的人。生命是孤獨的性靈，人非生而無私，所
以求道是去私就公，以天下為己任即是道心，故「天下之可信者，無
大於以天下與人，亦無大於受天下以公」(《宋史》〈傅堯俞傳〉)；然所謂
「天下為公，一人有慶」(《貞觀政要》〈論刑法〉)，仍屬私意而非正義，
因為在所有人皆為無私之前，無人可以確信天下為公而因此慶幸，所
以大公者必以人之有私為憂，而不以己之無私為喜。公私之分不是官

136.《明史》〈禮志〉一「齋戒」：「太祖曰：『凡祭祀天地社稷宗廟山川等神，為
　　天下祈福，宜下令百官齋戒，若自有所禱於天地百神，不關民事者，不下
　　令。』」

137.《司馬溫公集》〈迂書〉「絕四論」：「無我則公，公實生明。」

138.《涇皋藏稿》〈題邑侯林平華父母赴召贈言〉：「古之所為之己公共之己，而
　　今之所為之己軀殼之己也。」

139.庾亮〈讓中書令表〉：「雖太上至公、聖德無私，然世之喪道有自來矣……人
　　皆有私，則謂天下無公矣。」

方與民間之別，而是天理與人欲之異[140]，所以仁者敢仗義執言插手私事，其實有公義問題則無私人立場，見義勇為不是好管閒事而是認命行動，因其不為眾人所了解，故更有替天行道的意義，或是自我檢驗的作用。真理為良善，良善為有益，義利畢竟一致，然則「為公者必利」（《韓非子》〈外儲說〉右上），「為無私者終得其利，故公私之利同也。」（《晉書》〈劉頌傳〉）如此，「公事有公利，無私忌」（《左傳》昭公三年），聖人以其無私故能成其私[141]，天人合一即無公私之別，功利主義 (utilitarianism) 實為義利兩全的主張，因為大利所在乃是義，正如無私之私乃是公。

聖人公私如一，但凡夫不然，所以君子入世須以公私分明的態度待人接物，這一方面是正義的堅持，另一方面是教育的作法，可見行道須有承擔的精神。在公私不洽的情況下，「公事不私議」（《禮記》〈曲禮〉下）[142]，以免小人假公濟私，如此「推賢達德，不望其報」（《孔子家語》〈儒行解〉），公舉而私謝未可為義[143]，同理「私讎不入公門」（《韓非子》〈外儲說〉左下），所以「賢君無私怨」（《列子》〈力命〉）。君子「舉公義，辟私怨」（《墨子》〈尚賢〉上），故「有公共之樂，無私己之怨」（《朱子語類》〈論語〉二），「為政者不賞私勞，不罰私怨」（《孔子家語》〈正論解〉），乃能「不以私患害公法」（《晏子春秋》〈諫下〉二），而秉公處私。先公後私仍非上德，有公無私才是正直，政治為公務，尤應正直以待，然則「治國制刑，不隱於親」（《孔子家語》〈正論解〉），所以

---

140. 《劉子遺書》〈學言〉一：「天理人欲本無定名，在公私之間而已。」

141. 《老子》七：「聖人後其身而身先，外其身而身存，非以其無私邪，故能成其私。」《王仲宣集》〈安身論〉：「自私者不能成其私，有欲者不能濟其欲，理之至也。」

142. 《梁書》〈蕭琛傳〉：「公庭無私禮。」

143. 《漢書》〈張安世傳〉：「舉賢達能，豈有私謝。」《陸象山集》〈得解見通判〉：「習俗有進謝之禮，公舉而私謝，僕以為未安。」

「內舉不避親，外舉不避讎」（《韓非子》〈說疑〉）144。「官爵者天下公
器」（《新唐書》〈張九齡傳〉），「人主有私人以財，不私人以官」（《鹽鐵
論》〈除狹〉）145，為政「有公賦無私求，有公用無私費，有公役無私
使，有公賜無私惠，有公怒無私怨」（《申鑒》〈政體〉），故「媚其君者，
將順於朝廷之上，不若逢迎於燕退之時也」（《日知錄》〈媚奧〉），蓋辦公
有神聖性，而私交多情意感。雖然，君子不避嫌146，因為避嫌是為顯
示清白，其意重視他人對己看法，而少自我負責的認知，易言之避嫌
是基於「防人之心不可無」的顧慮而起，此乃考量人際關係而非天人
之際所致，實為私心而非公心的表現，可知「問心無愧」當為對天負
責，而不應是自作主張以致自鳴清高。公私之分既是天人之別，則眾
不代表公而寡不意味私，「從眾者非從眾多之口，而從其所不言而同然
者」147，故私人可能表達公意，而公眾可能傳達私心，殉道之事即同
時反映此二者。人皆有私心，天人不一則處公不能無私，此時即使義
利兩全也是巧合而非良謀，真正替天行道者必為得道者，其餘則為有
心上進而力有未逮者，故聖人可以自專而凡夫不可自用；於是以身作
則乃成取信於人之道，在社會性標準之下，「殺一人以存天下，非殺一
人以利天下也，殺己以存天下，是殺己以利天下」（《墨子》〈大取〉），
可見無私者不可能為人所信，凡人所以為的天性不過是「少私寡欲」，
世上的公私之分終究是眾寡之別，然這竟是無私之心得以自我成就的
處境。

144.《左傳》襄公二十一年：「外舉不棄讎，內舉不失親。」《新論》〈薦賢〉：「內
　　薦不避子，外薦不避讎。」

145.《明史》〈桂萼傳〉：「自古帝王相傳，統為重，嗣為輕。」

146.《粹言》〈聖賢篇〉：「避嫌之事賢者且不為，而況聖人乎?」《王文成公全書》
　　〈寄楊邃庵閣老〉三：「避嫌之事賢者不為。」

147.《蘇文忠公集》〈思治論〉：「天下之事不可以力勝，力不可勝則莫若從眾。
　　從眾者非從眾多之口，而從其所不言而同然者，是真從眾也。」

　　公私之分暗示人際關係的存在，若人無私心或不處於社會，則節制個人慾望一事並不重要，若人的天性充分或者時時面對上帝，則私欲不興而無公私有別之感，由此可知正確的人際關係應決定於天人之際的省思（以公處私），若以社會規範與習慣認定行為準則，道德必然低落，因為個人的惡性可能合理化的唯一因素是他人的同情。生命本是孤獨的個體，不能自處則將受人誘惑或誤導他人，以致共同惡化，因此「慎獨者，與人交接之本也」（《王文成公全書》〈君子慎其所以與人者〉），而「知我者希則我貴矣」（《老子》七十），蓋「與世爭貴，貴不足尊」[148]，偉人「乘虛無而上假兮，超無友而獨存」（《司馬長卿集》〈大人賦〉），因其超凡入聖，自不與大眾為伍。人出於神而非出於他人，追本溯源便知人際關係只是現象而非真相，而人既有求道的任務，與人交往是為為道，於是「同志為友」（《說文解字》「友」）[149]，而「道不同，不相為謀。」（《論語》〈衛靈公〉）「所謂仁者同好者也，所謂義者同惡者也」（《鶡冠子》〈學問〉），「異德則異類」（《國語》〈晉語〉四），「君子與君子以同道為朋」（《歐陽文忠公集》〈朋黨論〉）[150]，而「所謂知己者，信其道也」（《李泰伯集》〈上富舍人書〉）[151]，非同其意也。求道者崇理而不求勝，故「君子無所爭」（《論語》〈八佾〉），然「遊必擇士，所以脩道也」

<hr>

148. 《阮嗣宗集》〈大人先生傳〉：「與世爭貴，貴不足尊；與世爭富，富不足先。」

149. 摯虞〈答杜育詩〉：「好以義結，友以文會。」《李太白文集》〈別韋少府〉：「交乃意氣合，道因風雅存。」

150. 《元氏長慶集》〈祭亡友文〉：「交本乎道，道通乎類。」《蔡中郎集》〈正交論〉：「朋友之道，有義則合，無義則離。」《王子安集》〈上郎都督啟〉：「古之君子重神交而貴道合者，以其得披心胸而盡志義也。」《朱文公文集》〈答郭希呂〉一：「人之相知貴相知心，而古之君子不盡人之歡、不竭人之忠，所以全交。」

151. 《王摩詰集》〈送權二詩〉：「一見如舊識，一言知道心。」《李義山文集》〈為濮陽公涇原署營田副使賓牒〉：「既見君子，竊慕古人。」

《說苑》〈雜言〉），故「無友不如己者」《論語》〈學而〉），可知君子所爭者唯理而已。「責善，朋友之道也」《孟子》〈離婁〉下），「良友結則輔仁之道弘矣」《抱朴子》〈交際〉）152，然求道者志於道而非志於朋，「君子過人，以為友，不及人，以為師」《晏子春秋》〈不合經術者〉四）153，於是「見賢思齊焉，見不賢而內自省也」《論語》〈里仁〉），足見聖人無常師亦無常友。「君子之交淡若水，小人之交甘若醴，君子淡以親，小人甘以絕，彼無故以合者，則無故以離」《莊子》〈山木〉），「以權利合者，權利盡而交疏」《史記》〈鄭世家〉），友誼循理而生乃能長存不衰，而「志道者少友，逐俗者多儔」《潛夫論》〈實貢〉），故「寡交多親謂之知人」《管子》〈戒〉）。「君子之交人也，和而不同，易親而難媚」《中論》〈法象〉），小人反是，所以「君子絕愈于小人之交」《白虎通義》〈嫁娶〉）；「君子於為義之上相疾也，退而相愛，小人於為亂之上相愛也，退而相惡」《孔子家語》〈顏回〉），所以「聖人先忤而後合，眾人先合而後忤。」《淮南子》〈人間訓〉）「有道交者，有德交者，有事交者」《關尹子》〈九藥〉），「詳交者不失人，而泛結者多後悔，故曩哲先擇而後交，不先交而後擇也。」《抱朴子》〈交際〉）以道義交者，不以交情論事，所以「交淺而言深，是忠也」，非亂也154；所謂「朋友之交，交之最輕者也」155，意味有公義則無私情，君子求道愛人，故不以友誼為尚。總之，人際關係對求道者而言只是行道的因緣，因緣為天注定，雖有神意蘊含其中，但其作用主要是考驗而非啟示，且其啟示須以講理而非講情的態度探求，故人際關係應以情理一致之心維持，

152.《論語》〈顏淵〉：「君子以文會友，以友輔仁。」

153.《論語》〈述而〉：「三人行必有我師焉，擇其善者而從之，其不善者而改之。」

154.《戰國策》〈馮忌請見趙王〉：「交淺而言深，是亂也。……交淺而言深，是忠也。」

155.《三國志》〈張溫傳〉：「君臣之義，義之最重；朋友之交，交之最輕者也。」

不然即應任其變化而不固守，否則人情世故將掩蔽天道真理，而致互助成為相害。

　　人際關係中最具有天命意義者為**親子關係**，親子關係為「天倫」，故謂「親有天」（《國語》〈晉語〉四）156，所以「仁人之事親也如事天」（《禮記》〈哀公問〉），雖然親子關係常因人性的作用而神聖性大減。「人皆天所生也，託父母氣而生耳」（《白虎通義》〈誅伐〉），如此，「人綱始於夫婦」（《抱朴子》〈弭訟〉），而「父子之道天性也」（《孝經》〈聖治章〉），然親屬關係終究須以天理為據處理，所以「大義滅親」不是六親不認也非目無尊長，而是親屬性質的還原表現，這顯示一切的人際關係其實皆是天人之際的問題。「人道，親親也」（《禮記》〈大傳〉），「不愛其親而愛他人者，謂之悖德」（《北史》〈隋宗室諸王傳〉），然人道出於天道而不如天道，故「子之愛親，命也，不可解於心」（《莊子》〈人間世〉），親親為自然，但未必為理所當然，當情理不一時，只能背親就義。理有高下輕重，大義之下乃有滅親必要，否則「義不背親」（《三國志》〈臧洪傳〉），「骨肉之恩爽而不離」（《三國志》〈曹植傳〉），親子關係重於友誼，一般的是非問題不足以為毀親之由，這證明神意貴於真理，不認命則不能盡孝。雖然，孝順不是百善之先，在孝道不合天道時，認命使人不得盡孝，如為父報仇不足為訓，即因「以報仇取代報應」有「以人抗天」之意，何況此舉不符道德理念，然則「讎之不復者天也，不忘復讎者己也，克己以畏天，心不忘其親，不亦可矣。」（《王臨川集》〈復讎解〉）157 因天道難明而人情難抑，「父子之際，古今以為難言」

---

156. 《關尹子》〈九藥〉：「有道交者，有德交者，有事交者；道交者父子也，出于是非賢愚之外，故道。」

157. 《韓昌黎集》〈復讎狀〉：「伏以子復父讎見於春秋、見於禮記、又見周官、又見諸子史，不可勝數，未有非而罪之者也。最宜詳於律，而律無其條，非闕文也，蓋以為不許復讎則傷孝子之心而乖先王之訓，許復讎則人將倚法專殺，無以禁止其端矣。」此說出於功利考量，而乏理念探討，實非高見。

《蘇文忠公集》〈賀范端明啟〉）158，於是「君子辟內難而不辟外難」（《公
羊傳》莊公二十七年），「門內之治恩揜義，門外之治義斷恩」（《禮記》
〈喪服四制〉）159，親子關係在道德問題中似為例外，但其實不然，蓋
「恩不害義」（《文中子》〈事君〉），內外之治絕無二致，孝道使人為難是
由於情而非由於理，可見凡人不講理是因惡意，非因無知。親情所具
有的神聖感來自生命的創造與延續現象，所以傳宗接代常被視為孝道
的本務160，這反映凡人對永恆的希望或其深切的人生有限感，然而親
子關係的性質畢竟是私而非公，執著於此必耽誤大事161，故「君子遠
其子」（《論語》〈季氏〉）。親子關係的天性暗示宇宙秩序的上下體系（父
子關係常被喻為神人關係），平等論理於此難以展開（正如人不得與神
爭議），因而有謂「君子不教子」而「父子之間不責善」162，然親情的
神聖意義實不及求知，因親廢理乃是為人損道，可見不能善用神意安
排必反而為其所誤，家道不興則成家累，行道不力將致問道無心，以
家為重即忽視天下，聖人以天下為家，故常情理兼得而內外通同。

---

158. 《周書》〈宇文孝伯傳〉：「父子之際，人所難言。」

159. 《孔子家語》〈本命解〉：「門內之治恩掩義，門外之治義掩恩。」

160. 《孟子》〈離婁〉上：「不孝有三，無後為大。」《陶淵明集》〈命子〉：「三千
    之罪，無後為急。」《蘇文忠公集》〈答范蜀公〉十：「死生壽夭皆常事，惟有
    後可以少慰。」

161. 《後漢書》〈獨行列傳〉：「大丈夫居世，貴行其意，何能遠為子孫計哉。」

162. 《孟子》〈離婁〉上：「古者易子而教之，父子之間不責善，責善則離，離則
    不祥莫大焉。」《孟子》〈離婁〉下：「責善，朋友之道也，父子責善，賊恩之
    大者。」

第七章　知識觀

第七章　知識觀

　　知識是對真理的了解，這表示不重視真理則不重視知識，或者真理認知偏差則知識觀念有誤，中國文明因真理體系不明，故知識的定義與定位不清，連帶使知識的價值低落，同時「真與善」（知識與道德）或「知與行」的上下主從關係也說法不一，尤怪者是認定知識為道德之本原者，亦未對於知識的崇高性加以闡揚，可見不信真理則知識僅有現實的用處，而不論其功利大小皆無永恆的意義。中國文明有其知識觀，但無知識論（這可由 'epistemology' 兼有知識論與認識論二意得知），或者中國有其求道觀點下的知識論，但無純粹學術性的知識論。哲學中的知識論研究知識的有效性或正確性（若謂認識論則是指正確知識建立之法或求知之道的研究），但無知識觀點高下優劣之別的探討，所以知識論其實無法發現真理，亦即不是問道的良方；然而不以真理為意（視為基礎）則無有知識論建立的可能，可見西方文明重視真理而中國文明則較忽略，但因真理具有超越性，不能單憑理性追究，因此知識論雖含真理信念，卻因學術的限制而無法得道。中國文明對上帝信仰不堅而其真理觀念含糊，因此知識論難以發展，但也因此嚴格的理性標準未出，知識觀不受學術專業限制，所以反而形成兼含理性與信仰的「求道式知識論」，其問道的功用竟大於西方的知識論，雖然這不表示其正確性亦然。整體而論，中國的知識觀不論質或量均不可觀，其見大約與求道觀相同，而中國的真理觀既富有道德與現實精神，中國的知識觀亦復如此；由此可知，中國實無明確或單純的知識觀念，其求知之說與求道主張混合而缺乏獨立性，而學者可能傾向探究天人之際的知識，然切實可行（技術性）的知識訊息雖不受推崇，卻是實際上常人心思之所重。中國的科學不發達是因其傳統文

化輕視低級的知識（重人文而輕物理）*1*，但中國終究缺乏超越性信仰，以致其知識探索高不成低不就；經驗主義 (empiricism) 是一般中國人的知識觀，而實用主義 (pragmatism) 是其知識態度，然此二理論皆為外來而不見於中國傳統中，這是中國文明在知識上用功有餘而認真不足的表現。

一、知識的性質與價值

知識的根源與性質息息相關，易言之知識的產生或由來決定知識的取向，如以經驗為致知之因者，必以為知識是現實產物而是非即為效用有無，而以理性為致知之因者，必以為知識是先天概念而是非即為真假問題；中國的知識觀固有此二類，然上乘之說是理性主義，而世俗之見是經驗主義，這表示中國文明主張求道，但人心民情並不信道。「人之知覺通乎天德」（《戴東原集》〈緒言〉中），易言之「心通乎道，然後能辨是非」（《伊川先生文集》〈答朱長文書〉）*2*，人具先知故能求知或能認識——因此「人自有生即有知識」（《朱文公文集》〈與張欽夫〉三）*3* ——所謂先知即是理性或是天賦觀點，人以此驗證其所接觸的事物乃生知識，符合先知者為真，不符者為假*4*，故順者理也（《說文解字》「順」）。「理也者，是非之宗也」（《呂氏春秋》〈離謂〉），有理則有真理，因為理出於道而非出於人，若理為人意，人意萬殊，然則理不成理矣，故「是非之所在不可以貴賤尊卑論也」（《淮南子》〈主

---

1. 《東里集》〈贈醫士陳名道序〉：「夫醫，聖人之教也。」
2. 《朱文公文集》〈雜學辨〉「張無垢中庸解」：「是非之心人皆有之，所以為知之端也。」《梁書》〈范縝傳〉：「是非之慮，心器所主。」《魯齋遺書》〈大學直解〉：「人之一心雖不過方寸，然其本體至虛至靈，莫不有簡自然知識。」
3. 《焚書》〈答周西巖〉：「天下無一人不生知，無一物不生知，亦無一刻不生知者，但自不知耳，然又未嘗不可使之知也。」
4. 《駱丞集》〈上吏部裴侍郎書〉：「情蓄於中，事符則感；形潛於內，跡應斯通。」

術訓〉）5。由此可見理可能是真理，可能是理性，理性源於真理，故可以斷定是非而追求真理；但人有理性卻未必能善用，或者各人理性能力強弱不一，所以「有真人而後有真知」（《莊子》〈大宗師〉）6，當是意謂強理者能知道，而非知本於人。簡言之，人須以理性致知，「耳目之察不足以分物理，心意之論不足以定是非」（《淮南子》〈覽冥訓〉），若無普世性則理與知皆不能成立，所以「智出於當」（《管子》〈九守〉），「私智」不是知識而是意見，其實則是私心。知出於理，理出於道，「心通乎道，然後能辨是非」（《近思錄》〈致知〉），所以求道即是求知，而求知須以求道為目的，否則必玩物喪志而所知失當；且因真理為至善而知識與道德互通，存心不良則求知不順，或者用心良苦則得知愈深，「智而用私不如愚而用公，故曰巧偽不如拙誠。」（《說苑》〈談叢〉）7人多自以為有知，於是知識與智慧乃成有別8，其實「智也者知也」（《法言》〈問道〉）9，「知是非之正為智」（《朱子語類》〈周子之書〉），「敏於悟道之謂智」（《吳文正集》〈永愚說〉），而「智足以飾非」（《史記》〈五宗世家〉），實為不知（以致不智），真正的知識即是智慧，將二者區別，必於真理有所不察，或是敬而遠之。真理有上下體系，知識固有大小，何況見解亦有高下，「慧士可與辨物，智士可與辨無方，聖人可與辨神明」（《說苑》〈政理〉）；「大知閑閑，小知閒閒」（《莊子》〈齊物論〉），不識大道則「小智自私」（賈誼〈鵬鳥賦〉），於是「小辯害義，小言破道」（《孔子家語》〈好生〉）10，一知半解反較一無所知為

5.《文子》〈上仁〉：「是非之處不可以貴賤尊卑論也。」
6.《文子》〈精誠〉：「有真人而後有真智。」
7.《韓非子》〈說林〉上：「巧詐不如拙誠。」
8.《梁書》〈范縝傳〉：「知即是慮，淺則為知，深則為慮。」
9.《白虎通義》〈性情〉：「智者知也，獨見前聞，不惑於事，見微知著也。」《吳文正集》〈評鄭夾漈通志答劉教諭〉：「知者心之靈而智之用也，未有出於德性之外者……夫聞見者所以致其知也……今立「真知」「多知」之目，而外聞見之知於德性之知，是欲矯記誦者務外之失，而不自知其流入於異端也。」

害更烈 11。「有俗人者，有俗儒者，有雅儒者，有大儒者」(《韓詩外傳》卷五)，「質美者以通為貴」(《新語》〈資質〉) 12，故「君子不器」(《論語》〈為政〉) 13，「無事於小為大人」(《法言》〈五百〉) 14，而「雜學不為通儒」(《尉繚子》〈治本〉)，其尤惡者則是「學非而博」(《孔子家語》〈刑政〉)。總之，知識為真理之見，真理通貫萬事萬物，所以知識是組織性的訊息，有其一貫性，缺乏體系的知識乃是小知，「不道之知」實為誤解或惡意而非真知，學者或知識份子的價值也決定於其求道所得，而非學術專業成就，如此知識是真理的產物，或者知識的性質是天理，人之有知是由於其神格，故良心與良知本為同一。

　　真理具有超越性意謂知識有其極限，**知識的極限**絕不使知識的價值降低，蓋不求道者不能領會真理的超越性，也就無法了解知識的極限，而求道者探索真理的最大憑藉即是理性，故不因知識有極限而輕視其價值，可見強調知識力量有限者，必是不重求知而知識淺薄的人，或是號稱求道卻圖謀簡易速成的迷信者。知識雖有極限，但既有知識對人而言其量有如無限，況且知識的極限證明真理的偉大與求道的難得，其意義因此更盛，而所知愈多愈覺所知不多，知識的極限常因知識的增加而消減，所以動輒以知識極限為憾乃是無知的表現。正如原罪有人類共同原罪及個人性原罪，知識的極限一方面是人類所知之有限，另一方面是個人對文明所知之有限，以個人之不知斷定人類之不知乃為無知，然其極限感同樣深重，如稱「智不能盡謀」(《管子》〈心術〉上)，這可能是個人的無奈，也可能是人類的無助，而二者性質相

10.《孔叢子》〈公孫龍〉：「小辨而毀大道。」

11.《周書》〈李賢傳〉：「學不精勤，不如不學。」

12.《曹子建集》〈贈丁翼〉：「君子通大道，無願為世儒。」

13.《法言》〈君子〉：「君子不械。」《白氏長慶集》〈君子不器賦〉：「抱不器之器，成乎有用之用。」

14.《淮南子》〈齊俗訓〉(又見《文子》〈下德〉)：「人才不可專用。」

似，於是以個人知識困境推論人類知識極限，在精神意義上並無不可
（亦即相當可靠）。知出於理，所以「智不足以為理」15，知識是理性
應用經驗之所得，但理性能力有限而經驗永遠不足——個人之情尤然
——故人無法為全知。莊子曰「人之所知不若其所不知」（《莊子》〈秋
水〉），此乃強不知以為知，蓋人既有所不知，又如何得知其所不知之
量，以與既知者相較，何況無人可能知曉人類所知全部而為此言，然
而若以強調知識的極限而言，此說所傳達的感受大約是凡人共認者。
人之所知有限，因此「太上知之，其次知其不知」（《呂氏春秋》〈謹
聽〉），但不得皆知者須退而求其次，故「知止其所不知，至矣。」（《莊
子》〈齊物論〉）「有不知則有知，無不知則無知」（《正蒙》〈中正〉）16，
「知道者必先圖不知止之敗」（《尉繚子》〈戰權〉），然則「知而不知尚
矣，不知而知病也」（《淮南子》〈道應訓〉），故曰「知之為知之，不知為
不知，是知也。」（《論語》〈為政〉）「不知之知」其實是非理性之說，此
見已由知識探討轉為道德論述，或由理性批判改為超越性思考，不論
如何，這是中國知識觀與求道觀混同之範例，其所顯現者實為學術觀
念的缺乏，雖然此事利弊皆有，並非有失無得。即使知識無限，「吾生
也有涯，而知也無涯，以有涯隨無涯，殆已」（《莊子》〈養生主〉）17，
然此難不應使人棄學，反而可能啟示求知之道，蓋「物眾而智寡，寡
不勝眾，智不足以遍知物，故因物以治物」（《韓非子》〈難三〉），所以
「聖人明君者非能盡其萬物也，知萬物之要也。」（《商君書》〈農戰〉）
「物之於人，小者易知也，其於大者難見也」（《春秋繁露》〈身之養重於
義〉），然而「知莫大乎棄疑」（《荀子》〈議兵〉），「不以其所疑敗其所察」
（《韓非子》〈外儲說〉右上），則可去非如是而幾於大知，故「人之於知

15.《長短經》〈適變〉：「智不足以為理，勇不足以為強。」
16.《王文成公全書》〈別張常甫序〉：「古之君子惟有所不知也，而後能知之；
　　後之君子惟無所不知，是以容有不知也。」
17.《韓非子》〈難一〉：「天下過無已者，以有盡逐無已，所止者寡矣。」

也少，雖少，恃其所不知而後知天之所謂也。」(《莊子》〈徐無鬼〉) 超越性是超理性而非反理性，理性極限造成不知卻非無知，因為已知與未知相關而非相反，極限之上不與能力所及衝突，確認不可知者須是有知，而推理之外人尚有靈感可以輔助求知，所以人可能因不知而知，可見知識的極限暗示知識的價值及求道的意義。

　　求道即是求知，知識既為探求真理的主要憑藉，其價值之大不言而喻，然中國真理觀的現實性與道德性太多，以致知識的取向亦然，知識的價值因此未受應有的重視，蓋實用的知識層次不高 (乃至不足以為知識)，而一般道德的確認不須經由高深的知識 (良心與社會要求已足以使人認可道德)。愈為有知則愈加肯定知識的價值，為現實用處與道德意識而求知者是相當無知的人，故其所認定的知識價值不是不大便是偏差，可見有識者必定以知識為貴，而凡夫不重知識乃因未受教育或智能不強。王充曰「人有知學則有力矣」(《論衡》〈效力〉) 18，此說早於英國學者培根的名言 (「知識就是力量」) 一千餘年 19，但這不表示中國文明對知識的崇敬勝於西方，因為中國文人大都不以真理為治學目的，卻傾向以知識安身及安心，其結果是創造了一個富有情調的生活領域，更使學者沈浸於怡情養性的文化氛圍中，而無意於追根究底辨理論道。中國的勸學之說常以現實利益為誘餌 20，如謂「學

18. 《魏武帝集》〈請爵荀彧表〉：「慮為功首，謀為賞本，野績不越廟堂，戰多不逾國勳。」

19. 'Knowledge itself is power.' Francis Bacon, *Religious Meditations* (1597), 'Of Heresies'.

20. 宋真宗〈勸學文〉：「富家不用買良田，書中自有千鍾粟；安居不用架高堂，書中自有黃金屋；娶妻莫恨無良媒，書中有女顏如玉；出門莫恨無人隨，書中車馬多如簇；男兒欲遂平生志，五經勤向窗前讀。」菁英主義自古以來逐漸式微，故子曰「學也祿在其中矣」(《論語》〈衛靈公〉)，此乃事實的陳述，且是合理之見 (前言之上文為「君子謀道不謀食，耕也餒在其中矣」)；然至宋代時，此說的切實性或合理性已大減，故其功利觀念甚為強烈。

也，祿在其中矣」（《論語》〈衛靈公〉），其意雖有求道義利兩全的暗示，但終究有所誤導而害多於利，因為以錯誤的知識觀求知不能致知，卻更使人不學無術而心術不正。中國文化因缺乏絕對真理的追究精神，故無「為知識而知識」的態度21，反而以知識作為合理化人生觀或價值觀的工具，如傳統中國教育有辨識句讀的訓練，但書籍印刷卻全無標點，這是重視人格修為勝於知識提升的例證，於此「站在巨人肩膀上」的求知觀念顯然不足。再者，為避諱而改字修辭的作法也顯示政治權威或道德標準勝於知識真相，其所導致的文獻失真問題尚非大患，然由此所致的價值觀念扭曲則為害深遠，這表示「真」是「善」與「美」的源頭或根據，知識有錯則一切言行皆誤入歧途。中國文人因不重視知識本身的價值，而對知識之下的道德問題特為關注，乃多以為「做人」重於「為學」而「行」重於「知」，故「學者所以為學，學為人而已。」（《陸象山集》〈語錄〉下）22 德行乃是人事，而知識乃是天理，治學主要是以人事論天理，然以德為尊的求知者認為「學以人事為大，今之經典，古之人事也」（《皇極經世》〈觀物外篇〉下），這使中國知識觀成為無神信仰的人文主義，既乏哲學性也少科學性。以人事為大的知識觀不是錯誤而是鄙陋，然人事盡處即為天理，完人以天性為準，求知畢竟是自覺自全之道，因此「學所以盡其才也」（《鹽鐵論》

21.真理的體系由上而下涵蓋「真善美」三大領域，所以「為藝術而藝術」(art for art's sake) 的作法是自絕於道德與知識的玩物喪志行為，然而「為道德而道德」的作法害處少於前者，因為道德固然應出於知識而動，但無知的善行縱然不是高德也絕非惡事，至此可知「為知識而知識」的作法錯誤最少，因為求知而不求道雖有所失，然小知即使不如大知，也與真理接近而無不道之虞。事實上「為藝術而藝術」的說法盛於「為道德而道德」，「為道德而道德」的說法又盛於「為知識而知識」，而這些說法是近代真理信仰沒落時的新興論調，可見其不合理或驚世駭俗的程度以藝術自主一說為最甚，而以知識自立一說為最微。

22.《陳同甫集》〈與朱元晦秘書〉（乙巳春）：「學者所以學為人也。」

〈殊路〉) 23，由是天人之際的問題仍得以發現，故曰「凡學，非能益也，達天性也，能全天之所生而勿敗之，是謂善學。」(《呂氏春秋》〈尊師〉) 由此可知，知識的價值是求道，而中國文明既為信道，其知識觀雖不深刻，但於知識的價值絕無否認，故未曾有懷疑論 (skepticism) 的提出 (雖然懷疑論的提出也具有認真的求知精神)，中國有知識觀而無知識論，正是其肯定知識但不熱中知識的證明。

　　中國文化所認定的知識性質與價值偏重道德性意義，易言之**知識與道德 (真與善) 的關係**是中國知識觀的要旨，其意是知識的主要價值在於成就道德，於此究竟知識是道德之本抑或道德為知識之本，說法不一而未有定論，這又是中國文明對於知識重視不足的證據。關於知識與道德的關係，愈是信仰真理的人愈為強調知識的崇高地位，因為道德為人倫，其現實性甚高，而知識展現天道，其理想性甚強，所以主張求知重於行善者是信道者，而主張行善重於求知者是自信者，然不論如何，整體而言這皆表示中國真理觀的超越性與知識性不足24，畢竟討論知識與道德的關係，在層次上絕不如討論知識與真理的關係。真理為通貫萬事萬物之道，而知識是對真理的了解，所以知識當為道德之本，若以道德為知識之本，則知識將成為對道德的了解，此見顯然為錯誤，因為一般道德問題僅憑良心直覺 (不需學識) 即可判斷其中善惡，且知識的對象不止於道德問題，其範疇也包括所有的非道德課題，可見主張道德為知識之本若非反智也是輕智 (此說之錯誤呈現於自相矛盾，蓋道德為知識之本的主張乃是知識觀點而非道德觀點)。中國史上主張道德為知識之本者，甚多於主張知識為道德之本者，但文明為上乘文化，它代表一國文化的最高成就，所以中國文明的正統觀點也是認定真在善之上，而以知識為道德之本，故中國自命為「禮儀之邦」，卻有「知崇禮卑」之說 (《周易》〈繫辭〉上)。

23.《皇極經世》〈觀物外篇〉下：「學者所以成其才也。」

24.《真誥》〈甄命授〉二：「道德無形，知之無益。」

　　知識為道德之本，然常人不必有知而能辨善，此因知識為理性產
物，而理性人人皆具，況且人性本善，良心使人善善惡惡，故人在未
學之前已有相當的道德意識，雖然深刻的道德觀念或正確而勇敢的善
舉，必定基於高深的知識。「心徹為知」（《莊子》〈外物〉），「智者心之
符也，智公則心平」（《長短經》〈昏智〉），有知即有德，所以修行必須求
知25，單純養德不可能進德，儘管無知未必無德，但無知絕無貴德，
並且小節的注意與改進必由學養，而不可能自然無瑕。「凡善之生也，
皆學之所由」（《說苑》〈雜言〉），「學問可以廣明德慧」（《說苑》〈建本〉），
「人不學則無以有懿德」（《中論》〈治學〉）26，「好仁不好學其蔽也愚，
好知不好學其蔽也蕩，好信不好學其蔽也賊，好直不好學其蔽也絞，
好勇不好學其蔽也亂，好剛不好學其蔽也狂。」（《論語》〈陽貨〉）「德性
資於學問」（《戴東原集》〈孟子字義疏證〉「理」）27，「修德之要莫先於
學」（《宋史》〈呂公著傳〉），「宣德教者莫明乎學」（楊泉《物理論》），凡人
雖屬善類，然無以為仁者，蓋「知者固善之端，而人之所難至也。」
（《元豐類稿》〈筠州學記〉）君子乃為善人，而善本於知，所以君子必是
智德兼備或兼重28，而不只是有德而已，一般善男信女不足以稱作君

25.《陳書》〈儒林傳〉：「砥身勵行，必先經術。」《了凡四訓》〈改過之法〉：「善
　　改過者，未禁其事，先明其理。」

26.《司馬溫公集》〈善惡混辨〉：「不學則善日消而惡日滋，學焉則惡日消而善
　　日滋。」

27.《荀子》〈非十二子〉：「不知則問，不能則學，雖能必讓，然後為德。」《潛
　　夫論》〈讚學〉：「德義之所成者，智也。」《水心文集》〈答吳明輔書〉：「學明
　　而後德顯。」《菜根譚》〈前集〉：「德隨量進，量由識長。」《日知錄》〈求其放
　　心〉：「夫仁與禮，未有不學問而能明者也。」《小倉山房文集》〈公生明論〉：
　　「仁而不明者有矣，未有明而不仁者也。」

28.《禮記》〈曲禮〉上：「博聞強識而讓，敦善行而不怠，謂之君子。」「聖」是
　　最崇高的人格，「賢」為其次，故聖為才德雙全（全面優秀），而賢可能意指
　　才能或是品德，其說法不一暗示有最高的品德必有最高的才能（反之亦然），

子亦是因此。知識為道德之本，而為學需要資質，故曰「才者德之資也」（《資治通鑑》〈周紀〉一），「若分才德為兩事，則是天下果有不豪傑之聖賢矣」（《鶴林玉露》〈聖賢豪傑〉）29，若稱「能愈多而德愈薄」（《淮南子》〈本經訓〉），這不是諷刺便是誤解，而因才在德上，所以「古者君之使臣也，使仁者（有德）佐賢者（有才），不使賢者佐仁者。」（《穀梁傳》文公六年）如此，無才不是德30，勸善之道是「上賢以崇德」（《禮記》〈王制〉）──反之「貴德所以勸賢也」（《士翼》〈述言〉中）──而世人作惡之因皆是「非愚則誣」31，故「可與為惡，不可與為善，是謂下愚。」（《漢書》〈古今人表〉）俗見以為「知善非難，行善為難」（《鶴林玉露》〈蘧伯玉〉），凡夫「蹈善而少智」（《中論》〈智行〉），其所為畢竟是小善，然欲為大善非有大智不可，「見善而不能知，雖善何為」（《李文公集》〈感知己賦序〉），「知善不行謂之狂，知惡不改謂之惑」（《長短經》〈定名〉），真知必有貞德，無知者可能有小行，但終究不能淑世化俗，甚至可能反而為害32。「誠則明矣，明則誠矣」（《中庸》二十一），德與知互通，但知為主而德為從33，故「君子之欲誠也，莫若以明」（《蘇文忠公集》〈中庸論〉中），而「所以能當，在於至明」34。所謂「道

蓋臻於至善則為全能（諸善一以貫之）而無特點可言，賢者既非完人全才，稱賢即不意謂至善，因而論者可能（有時）看重其才，亦可能（有時）強調其德，以致賢者之義多重。

29.《西山讀書記》〈才德〉：「古之所謂才與德，蓋通言之也。」《格物通》〈正心〉中：「古之才也出於一，今之才也出於二，古之所謂才合德而言之者也，今之所謂才外德而言之者也。」

30.《張子全書》〈西銘〉：「濟惡者不才。」

31.《長短經》〈是非〉：「非妖則妄。」

32.《了凡四訓》〈積善之方〉：「為善而不窮理，則自謂行持，豈知造孽，枉費苦心，無益也。」

33.《文史通義》〈史德〉：「能具史識者必知史德。」

34.《司馬溫公集》〈進修心治國之要劄子狀〉：「德行高人謂之賢，智勇出眾謂

德上通而智故消滅」（《淮南子》〈覽冥訓〉），意謂通達真理時知與德因融
會而皆消失，若以為道德為本而知識為末，則道德不必上通而知識已
無大用矣，可見德與知平等乃是得道之境，正如真善美合一必為至理，
故形容上帝需以各式說法，而諸說其實一貫相通。

在真理體系中，知識的層次高於道德，所以善難知而易行，若「知
宇宙之大則不可劫以死生」（《淮南子》〈精神訓〉），知而不行其實是知之
未徹，天人交戰而人欲凌駕天理便是知識不足的結果，如理性作主則
無不為善。「殺身成仁之行可力為，而至鑒玄測幽之明難妄假」（《抱朴
子》〈仁明〉），「為仁在於行，行可力為，而明入於神，必須天授之才」
（同上），所以善人乃是智者而惡人乃是愚者，這不是由於善有善報而
惡有惡報，亦即不是考量功利所致，而是因為無知則無法知善，而不
知善則無法正確行善，可見道德其實是知識問題。「知仁勇三者，天下
之達德也」（《中庸》二十），「智也者言乎其不蔽也，仁也者言乎其不私
也，勇也者言乎其自強也」（《戴東原集》〈孟子字義疏證〉「誠」），然仁與
勇是道德，而知並非道德，將知識視為德目，可能表示道德為知識之
本，但亦可能主張知識為道德之本，故三達德以知為首35。以倫理學
而論，知為仁之由，「聰明則仁愛著而廉恥分矣」（《韓詩外傳》卷
一）36，但若仁不止於道德，而為人文主義精神，則仁是文明極致之
義，如此知不如仁37，而為成仁之資，故曰「仁者安仁，知者利仁」
（《論語》〈里仁〉）。不論如何，道德若乏知識內涵則為虛善甚至偽善，

　　之能，賢不必能，能不必賢。……所以能當，在於至明。」此說前後矛盾，
　　蓋「至明能當」意味有知則有德，故「能者必賢」；若其說無誤，則其所謂
　　賢不是至德，其所謂能不是大智，因而必是至明乃能一切得當。

35.《焚書》〈復耿侗老書〉：「不智故不仁、故無勇，而智實力之先矣。」
36.《說苑》〈雜言〉：「聰明形則仁愛著。」
37.《王臨川集》〈仁智〉：「智者仁之次也，未有仁而不智者也。」《文中子》〈問
　　易〉：「不能仁則智息矣。」

無知之善終非道德，大善需有大知，於此德與智幾乎不分軒輊，而仁
為高德故需睿智，仁者必智而智者必仁 38，仁與智境界相近，故曰「知
者動，仁者靜」（《論語》〈雍也〉）。子曰：「十室之邑必有忠信如丘者
焉，不如丘之好學也。」（《論語》〈公冶長〉）這表示知識畢竟高於道德，
即因知識為道德的根據，所以「敢作敢當」尚非大德，「做得到且說得
到」才是懿德，故「不患無敢為之臣，患無敢言之臣。」（《宋史》〈彭汝
礪傳〉）世俗現象是「有德者必有言，有言者不必有德」（《論語》〈憲
問〉）39，這顯示在道德問題上「說得到而做不到」是凡夫通病，其尤
惡者「巧言亂德」（《論語》〈衛靈公〉），然言不即是知，有言未必有識，
「能言者未必能行，能行者未必能言」（《說苑》〈權謀〉），「言之無文，
行而不遠」（《左傳》襄公二十五年）40，可知言而不行者僅具小知，未
足以成事。言不是知但呈現知（故有言則頗可能有行41），求知必須求
言，而知造成善且優於善，所以「唯善人能受盡言」（《國語》〈周語〉
下），而識人者「無以德掩其言」（《世說新語》〈德行〉）；能知必能行，
知人即是知其人之知，而求道即是求知，修行乃是其次，以善代知實
為不修，蓋有善意即可為善，而有理性卻不能立得知識。總之，知識
啟發道德，知識的道德性使人崇敬知識，這雖不是知識的最高價值，
卻是引導學者發覺知識最高價值的主因，亦即引導世人求道的主力，
至理為至善，大德為大道，道德感與神聖感相符，知識的道德意義顯
然超越道德而指示真理。

38.《春秋繁露》〈必仁且智〉：「仁而不智則愛而不別也，智而不仁則知而不為
　也，故仁者所愛人類也，智者所以除其害也。」

39.《說苑》〈尊賢〉：「能行之士必能言之，是故先觀其言而揆其行。」

40.《劉夢得文集》〈唐故衡州刺史呂君集序〉：「古之為書者，先立言而後體
　物。」

41.《梁書》〈賀琛傳〉：「夫能言之，必能行之。」

二、求知之方

知識論所探討的求知問題是如何建立有效或正確的知識，而不處理知識的高下價值（因此不論知識的體系），中國傳統所討論的求知問題是求道觀點下的治學提示，而不研究知識的確實性，如此知識論是問學的利器，卻不是真理的指引，而中國知識觀是求道的示範，卻缺乏學術的理路。中國的求知論點既以求道為急務，故人文在科學之上的觀念極為顯著，然因重視人文而輕忽科學，且於專業理論無所用心，所以人文優於科學的學術性道理未有清楚闡釋。整體而言，中國的求知說廣泛而不深刻，量寡而零散，其見創意不高而道德性強，卻含有神聖的求道精神而目標遠大，這使學者敬意多而體認少，其啟示性顯然不足，而其規範性又因人而異。

求道即是求知，而真理通貫一切事物，所以治學應當廣博，《大學》所謂「致知在格物」意味求知須求無所不知，蓋物為心之對（外物相對於內心），亦即為所有的外在事物，格物致知乃是經由了解萬事萬物而知曉真理。人為萬物之靈，人亦是一物，然為物之最尊者，故「能盡人之性則能盡物之性」（《中庸》二十二），由此可見求知包括求知者的自我認識。「物理即道理，天下初無二理」（《朱子語類》〈大學〉二），然「物一理也，通其意則無適而不可」（《蘇文忠公集》〈跋君謨飛白〉），求道者必須了解自我也應了解外物，二者互動互通，不能細分先後，知物與知己並成乃可無入而不自得。「理不外物，若以物便為道，則不可」（《朱子語類》〈孟子〉八），因知識是由訊息組織而成，而訊息的組織需經融會貫通，所以求知不止於發現，解釋才是致知之道。解釋乃是推理，推理所以可行證明理性與真理的存在（理性不存在則推理無依，真理不存在則推理無效），由此可知人有天性，而求知為可能是因人有先天智識，雖然各人的天賦優劣不等。如此，「或生而知之，或學而知之，或困而知之，及其知之，一也。」（《中庸》二十）「生

而知之者謂理也義也，若古今之故，非學不能知也」(《粹言》〈聖賢篇〉)，蓋知識是理性解釋經驗所得，經驗是後天之事而不能預知或推想，求知者智能再高也無法不學而知（所以「數學天才」或「音樂天才」較「史學天才」可信），故認真求知必須入世，其求道意義於是充分展現。

真理為完美，人須求道顯示人不完美，而求道即是求知，所以求知必因求知者自覺有所不足而追求完備。「人之為學惟患不自知其所不足」(《朱子語類》〈朱子〉十六)，「學者惡其自足，足則不復進」(《經學理窟》〈氣質〉)，而「愚者自以為知，故不學。」(《鹽鐵論》〈殊路〉)「人本枉，以己為式」(《鹽鐵論》〈論誹〉)，因其「足己而不學」(《史記》〈絳侯周勃世家〉)，以致愈老愈為狂妄無知42，蓋「學如逆水行舟，不進則退」，學問不是與日俱增便是依時遞減，不學之害損及舊知，人不用心思考則粗疏駑鈍，靈魂不振則生命沈淪，「自大而不修其所以大，不大矣。」(《孔叢子》〈居衛〉) 個人經驗極其侷限，「居近識遠，處今知古，惟學矣乎」(《文中子》〈禮樂〉)，「秀才不出門，能知天下事」，乃因好學，非因聰慧，人欲自我了解便須了解外在世界（非我），於是個人在宇宙中的定位方能確認，所以求知既是為己也是為人，這表示知識具有普世性而個人具有社會性。「人之所知者淺，而物變無窮，曩不知而今知之，非知益多也，問學之所加也。夫物常見則識之，嘗為則能之……以一世之壽而觀千歲之知，今古之論雖未嘗更也，其道理素具可不謂有術乎。」(《淮南子》〈泰族訓〉) 知識有限是因理性能力與經驗範圍有限，然理性可以推演而經驗可以累積，這雖不是無限但近乎無窮，所以知識的發展未可限量，而後見之明有驚人的啟蒙力量43；「神以知來，知以藏往」(《周易》〈繫辭〉上)，然而知古似神，大可解惑，求知者雖感「累世不能盡其學，當年不能究其事」(《抱朴子》〈省煩〉)，但求

42.《論語》〈憲問〉：「幼而不孫弟，長而無述焉，老而不死，是為賊。」
43.《北史》〈高允傳〉：「今之所以觀往，後之所以知今。」

知的傳統必使真理漸明而道心漸安，可見文明歷史是求道的轍跡，治學不可能落空。歷史的時空是人所擁有的最大時空，歷史的內容是人類所有的知識，而且歷史學以時間感求知，其所呈現的事物變化意義不可見於任何其他學科，所以為求道而求知應即是探究歷史，而「讀史當觀大倫理、大機會、大治亂得失」（《朱子語類》〈學〉五），否則其「見樹不見林」的弊害將更甚於一般專業44，因為糟蹋最好的事是最壞的事，其惡必為自作自受。

　　求知應為求道，或者求知應省察知識的終極價值與目的，是以「學，立志而後成，遜志而後得。」（《困學紀聞》〈書〉）人因有所不足而求知，然若為個人之不足而求知，其所得多為小知，為至善而求知乃可獲得大知。「人之學，求盡其性也」（《公是先生弟子記》），然欲發覺個人之性則不能不知他人之性，求知非為自足而為自強，不求恢弘的知識則不知個人極限，不知個人極限則不能盡己，不能盡己則不能盡性，故為己而學須有為人之心45。學習由小及大，然小知可能誤人，「進學不誠則學雜」（《粹言》〈論學篇〉），學雜則自誤，「為學須思所以超凡入聖」（《朱子語類》〈學〉二），故「學者大要立志」（同上）46。「夫學莫先於立志」（《王文成公全書》〈示弟立志說〉），「立志者為學之心也，為學者立志之事也」（《王文成公全書》〈書朱守諧卷〉），「無志則不能學，不學則不知道，故所以致道者在乎學，所以為學者在乎志。」（《陸象山集》〈論語說〉）「志者學之帥也」（《中論》〈治學〉），「君子學以植其志」（《柳柳州

44.《文中子》〈問易〉：「史傳興而經道廢矣，記註興而史道誣矣。」

45.《宋元學案》〈伊川學案〉上「程頤」：「古之學者為己，其終至於成物；今之學者為人，其終至於喪己。」

46.《伊川先生文集》〈為太中上皇帝應詔書〉：「所謂立志者，至誠一心，以道自任。」《士翼》〈述言〉下：「學莫先乎辨志。」《康齋集》〈學規〉：「學者所以學為聖賢也。」《陳白沙集》〈古蒙州學記〉：「希賢亦賢，希聖亦聖，希天亦天，立吾誠以往，無不可也。」

集》〈送薛判官量移序〉），立志然後學並非依志而學，學可以壯志，而志可以勵學，求知既須展望亦當反省，志向與知識相輔相成而可能調整47。凡人立志乃為自惕，因人欲常蒙蔽天理而致陷溺，故「存良心莫如立志」（《宋史》〈胡宏傳〉），然「資稟厚者必竟有志」（《陸象山集》〈語錄〉下），而不必刻意立志，可見求知本是善意的作為，無需加以監督，但凡人的善心不堅且目光短淺，所以須立志而學，人若有求道之心則不必立志，因為追求真理已是世上最大的抱負與最高的目標。

　　真理不是定律，其體系宏大而義理精微，不能以規則掌握，何況「聞道有先後」而資質有高低，所以「**務學不如務求師**」（《法言》〈學行〉），「論學不如論師」（《陸象山集》〈與符舜功〉三），求道難以自修成功，求知需要良師指引，這顯示道學不是科學，而物理不如人文，真理知識深奧且細膩，故有志者須得有識者教導方易就學。求知是為求道，稍有偏差即不可能得道，儘管正確求知也難以得道，但求知應以得道為的而維持於正道，若方向無誤則學必有成，否則失誤日趨嚴重而去道愈遠，故「三歲學不如一歲擇師」（《桓子新論》〈啟寤〉），而尋求新知不如檢討舊學。「學必由聖，所以致其材也」（《孔叢子》〈雜訓〉），求師不是求人而是求教，「悟道雖由於自得，投機必賴於明師」（《蘇文忠公集》〈齊州請確長老疏〉），即因「學莫便於近乎仁」（《朱子語類》〈易〉七），所以除非英才「人不可以不就師」（《潛夫論》〈讚學〉）。「大聖學乎神明而發乎物類也，賢者不能學於遠，乃學於近，故以聖人為師」（《中論》〈治學〉），然則「談學而無師承，與師承之不正者，最為害道。」（《陸象山集》〈與陶贊仲〉二）48凡人為求道而求知則不能不求師，求師是求人師，非求經師，而既以高人為師則「不敢執己而惟師之信」（《粹言》〈聖賢篇〉）──正如「治經不可致疑」（《遜志齋集》〈周禮辨疑〉）──故有謂「一日為師，終身為父」；如此尊師實因重道，蓋為師必賢於弟

47.《宋論》〈太宗〉九：「以讀書為嗜好，則適以導人於欲也。」
48.理學家之一病是重求師而輕求學。

子，且能因材施教，所以學生不能信仰老師則不需跟隨，既已拜師則不能不全面遵從，然而有疑必問而有問必答，乃可繼續執禮持養。道高於人，而人上有人，求道者一方面信仰真理，另一方面信仰聖人，而信仰與理性並不違背，因理性不斷檢驗信仰而支持信仰，故求道者在信仰真理之時應加以考驗，以聖人為師亦應在信仰之時加以質問，如此學思並進而知行合一，心智乃能篤實成長。凡人求學須有師，但聖人無師可自通，或者天才不得其師所以只得自學，所謂「聖人無常師」（《韓昌黎集》〈師說〉）49，其實若非以眾人為師，即是不恥下問，因此能博學周知而從他人經驗領悟道理。「知之者欲教而無從，心達者體知而無師」（《後漢書》〈律曆志〉上），聖人之學非求師所得，以聖人為師者必無聖人之資，故不可能因此得道，易言之明師不能出高徒（卻可能出叛徒），聖人施教是出於傳道的義務，而非因為學者之可教。如此，求師之時尚須求己，「師父帶進門，修行在各人」，不能自我負責則不能將外來知識「內化」而使之成為己有，然則必陷於「教條化」以致所知空洞死板；由此可見「一從聖人沒，學者自為師」（《歐陽文忠公集》〈獲麟贈姚闢先輩〉），這一方面是自大，另一方面卻是無奈，因為無人指點則不免自以為是，自信與無知常互為因果而當事者總不自知。

　　求知者必有所知而有所不知，亦即有惑，**故求知旨在解惑明理，以求通曉**；通曉不是無所不知，而是悟道，此為性質上（非實質上）的全知，所以「知道」便是知。「學之為言覺也，以覺悟所不知也」（《白虎通義》〈辟雍〉）50，「人莫不以其知知，而不知其所以知，知其所以知之謂知道，不知其所以知之謂棄寶」（《呂氏春秋》〈侈樂〉），是以「聖人不察存亡而察其所以然」（《列子》〈說符〉）51。「道可重，故物為輕；理宜存，故事斯忘。」（《謝康樂集》〈山居賦〉）資訊的掌握只是對

49.《紀文達公遺集》〈邁古論〉：「聖人相師，聖人亦不盡相師。」

50.《孫廷尉集》〈喻道論〉：「學之為義，悟物之謂。」

51.《呂氏春秋》〈審己〉：「聖人不察存亡賢不肖，而察其所以也。」

現象的記憶，懂得其中道理才算有知52，因果的認定是知識的根基，意義的解釋則為知識的精華，而人的心力有限，無法事事兼顧，所以學習須有體系，亦即辨別主從本末，方能了解要義內涵而幾於明智，這雖不是「去小知而大知明」(《莊子》〈外物〉)——大知可以通貫小知——卻是精神上的去蕪存菁53。有惑必有感，「好問近乎智」(《史記》〈平津侯傳〉) 54，「惑者之患不自以為惑，惑惑之中有曉焉，冥冥之中有昭焉」(《呂氏春秋》〈離謂〉)，「凡謂之問者，非有所未知，必有所未安也」(《東萊博議》〈隱公問羽數〉)，求知解惑必須以疑問著手，所以「學者先要會疑」(《近思錄》〈致知〉)，「為學患無疑，疑則有進。」(《陸象山集》〈語錄〉下) 疑惑是因道理未明，所以有疑絕非一無所知，「疑者覺悟之機也」(《明儒學案》〈白沙學案〉上)，然「危莫危於任疑」(《素書》〈本德宗道〉)，率性質疑不是致知之道，任意質問是鬧學之舉，「理以去穢為務」(《後漢書》〈楊震傳〉)，「以不惑解惑，復於不惑，是尚大不惑」(《莊子》〈徐無鬼〉) 55，故「好學莫如改過」(《李文公集》〈答朱載言書〉)，求學不如知錯。真理之下有是非而無是非之中，知非則可知是，如此「反推」雖不能確知真相，但已能體認正確之理，若堅持凡事必有充分證據方為可信，這是假學術之名行反知識之實，蓋理性為推理能力，推理不是周全完備的證明，而理性既為致知主力，求知是常識通義的增長，不可絕對以經驗立說。「辭多類非而是，多類是而非，是非之經不可不分，此聖人之所慎也。然則何以慎？緣物之情及人之情以為所聞，則得之矣。」(《呂氏春秋》〈察傳〉) 治學需有理智與誠

52.《朱子語類》〈性理〉二：「上蔡(謝良佐)見明道(程顥)，舉經史不錯一字，頗以自矜，明道曰：『賢卻記得許多，可謂玩物喪志矣。』」

53.《宋元學案》〈伊川學案〉上「程頤」：「善學者要不為文字所拘，故文義雖解錯而道理可通行者，不害也。」

54.《讀通鑑論》〈晉孝武帝〉八：「問，次於學者也；問之道，尤重於學也。」

55.《宋書》〈顧顗之傳〉：「論之所明，原本以為理；難之所疑，即末以為用。」

心，異端之論「彌近理而大亂真」（朱熹〈中庸章句序〉），學者應「以人
所易曉者明其所難曉者」（《朱子語類》〈張子之書〉一），乃得去疑除惑，
否則「聰明反被聰明誤」，以怪異為高將淪於以神秘為神，這是扭曲超
越性問題的偽智，故曰「和易以思可謂善喻」（《禮記》〈學記〉）。理性
是天性，求知是理喻，知識是理念，「學者之要貴乎知類」（《文史通義》
〈易教〉下），「所謂不出於環堵之室而知天下者，知反之己者也」（《說
苑》〈政理〉）56，若人能善用其推理之智，即可思過半矣。

　　理性是求知的最重要憑藉，而經驗是理性運用所需的材料，經驗
的取得可謂為學，理性的運作可謂為思，求知是學思並進的心術，「**學
而不思則罔，思而不學則殆**」（《論語》〈為政〉）57，「學問生於神智，
而神智又出於學問也。」（《文史通義》〈雜說〉）就致知而論，理性的價值
勝於經驗，亦即思重於學，然而凡人的理性能力不強，且多不學，於
是空談妄想之弊常更甚於固執經驗而不推論，雖然經驗的體認其實含
有理性的歸納。子曰：「吾嘗終日不食終夜不寢以思，無益，不如學
也。」（《論語》〈衛靈公〉）「不學而好思，雖知不廣」（《韓詩外傳》卷六），
「舍學聖之道而靜居獨思，譬其若去日之明於庭，而就火之光於室
也。」（《新書》〈脩政語〉上）萬事萬物無一是多餘，上帝所為必有其理，
理性固為求知的首要條件，然經驗是生命時光的遭遇，此乃神意啟示
之所在，不容忽視，思而不學是「先天性的求知」，此法所以為不可
能，一方面是因思考與學習無法隔絕，另一方面是因其道否定神蹟
（「視若無睹」是可能的心態，但「視而不見」是不可能的事情）。求
知是理性對經驗的解釋，「巧婦難為無米之炊」，有理性而乏經驗則見
識無從展現，但理性畢竟是知識的根源，「凡學者，大義為先，物名為

56.《孔子家語》〈賢君〉：「人所謂不出環堵之室而知天下者，知反己之謂也。」
　　《韓詩外傳》卷三：「不出戶而知天下，不窺牖而見天道，非目能視乎千里
　　之前，非耳能聞乎千里之外，以己之情量之也。」
57.《高子遺書》〈語〉：「明經不明心者俗儒也，明心不明經者異端也。」

後，大義舉而物名從之」（《中論》〈治學〉），有經驗而乏理性必為無知；學者以為「思而不學」之害（殆）更大於「學而不思」（罔），此見其實是思考而非學習之所得，亦即求知者的反省，可見求學必有思，而「讀書別無法，只管看，便是法」（《朱子語類》〈論語〉一），這是「不學無術」的反義。思考是推理，推理在斷定是非上當為絕對無疑而不反覆，故「三思而行」並非善謀，「再，斯可矣」58，蓋初想若為正確，再思是加以確定，初想若為錯誤，再思是加以糾正，如不以二思為限而至於三思，則恐將陷入自我質疑的「兜圈子」困局，這是理性能力與負責精神皆有所欠缺的後果。人具天性亦具原罪，所以人有理性但理性不足，即是因此「再思」是理性上的盡力而為，「止於再思」則是發揮個人理性極限的自我要求，故為負責的表現，而理性既為天資，凡事以理推想「雖不中亦不遠矣」，學而不思不但所知貧乏，且為不道德之舉，因為發揚天分是人生在世的責任。

　　求知是為求道，而真理貫通一切事物，所以了解一切事物之理是求知的目的，認識一切事物既無可能也無必要，雖然理論上欲了解一切事物之理必須認識一切事物，而且認識一切事物確是人所希望的能力。全知即為全能，而人既不能有此，「博而寡要」乃為求知的原則59，這顯示學者所以有所不知乃因真理具有超越性，又因人無法盡知可知之事，不顧此義而一心務學將反受其害，此所謂「知以無涯傷性」（《真誥》〈甄命授〉二）。「道雖要也，非博無以通矣」（《申鑒》〈時事〉），因此「君子博學於文」（《論語》〈雍也〉）60，而「聖人教人有序，未有不先於博者。」（《朱子語類》〈論語〉十五）博不如精，精不如通，「學者博誦云乎哉，必也貫乎道」（《文中子》〈天地〉），通者必博，「能知一即無一之不知也，不能知一即無一之能知也」（《文子》〈九守〉），

58.《論語》〈公冶長〉：「季文子三思而後行，子聞之曰：『再，斯可矣。』」

59.《東里集》〈克一齋記〉：「人非學則道不明，故學貴博，既博，貴知要。」

60.《新語》〈思務〉：「君子廣思而博聽。」

博而不通亦必不精，此即一知半解。「自古儒士論天道定律歷者皆學通之，然可以兼明，不可以專業」(《顏氏家訓》〈雜藝〉)，博雖非高明，然猶勝於專，因為博較專更接近真理，博為通之本，專則與通相異。同理，在流弊上博較專可能為患更烈，因為博而不通則錯誤遍生，專而不精其害有限。「多聞見而識乎邪道者，迷識也」(《法言》〈寡見〉)，求道者志在通義，故「博不溺心」(《文心雕龍》〈情采〉)；「博學而不自反必有邪」(《管子》〈戒〉)，「學而不約必叛道」(《後漢書》〈范升傳〉)，然則不道而博是自陷於不義。「學者以多方喪生，學非本不同、非本不一，而末異若是，唯歸同反一為亡得喪。」(《列子》〈說符〉) 縱使「多聞多雜，多雜眩真」(何晏〈景福殿賦〉)，然「多聞則守之以約，多見則守之以卓，寡聞則無約也，寡見則無卓也」(《法言》〈吾子〉)，「人病以多知為雜，惟聖人為不雜」(《法言》〈問神〉)，若知求通則雜學無妨於得道。通識源於博學而有所取材[61]，「盡信書，則不如無書」(《孟子》〈盡心〉下)，「小者無不識，則天下不足識也」(《管子》〈小問〉)，通者必博而博者未必通，其異在於理解的程度，能掌握事物的道理即可因博而通且因通而博，不然則將因博而困，反成「見樹不見林」，可見博通原為一致，而不通者實不能博。

求道則須傳道，求知則須施教，這不僅是義務且為增進所知之法，可見行道必然義利兩全。「學然後知不足，教然後知困，知不足然後能自反也，知困然後能自強也，故曰**教學相長**也。」(《禮記》〈學記〉)「未知未能而求知求能之謂學，已知已能而行之不已之謂習」(《朱子語類》〈論語〉二)，傳道或施教有助於檢驗所學，並使知識體系成形，融會貫通的能力因此提升，神聖感也於是增加，這是知行合一的效果，也是善有善報最為確實的證據。常言道「書到用時方恨少」，其實未必如此，因為替天行道者必得神惠，或說自助者必有天助 (God help those

---

61.《論語》〈公冶長〉：「子在陳曰：『歸與！歸與！吾黨之小子狂簡，斐然成章，不知所以裁之。』」

who help themselves.)，施教即為自教，故求知之時常感所知有限，然教導之時可能驚覺所知不少（學而不用者乃多「書到用時方恨少」之歎），此乃「只問耕耘而不問收穫」者的驚人收穫，所謂「善的本身即是行善的報應」（反之「惡的本身即是行惡的報應」），其意義可見於此。求知是為求道，而求道是為人的天命，所以「學在不止，沒身而已」（《皇極經世》〈觀物外篇〉下），求知是一生的職責，施教是終身的義務，以求道之志求知必定以傳道之心施教，能「活到老、學到老」則所學博大，能「知無不言、言無不盡」則所教深刻，而在教學相長之下其所得若非智慧亦是覺悟，由此可知最佳的求知之方乃是為師傳道。

三、實用精神與經驗主義

中國文明的現實性甚強，其知識觀強調實用價值62，其求知路數主要為經驗主義，因此知與行的關係或知行合一的要求特受注重63，這顯示中國的知識觀富有道德意識，而缺乏理論性質或學術深度。中國學者一般認為「得於內者，未有不可行於外也，有不可行於外者，斯不得於內矣。」（《元豐類稿》〈梁書目錄序〉）如此，「知是行的主意，行是知的功夫」（《王文成公全書》〈傳習錄〉上），「知者行之始，行者知之成，聖學只一個功夫，知行不可分作兩事」（同上），故「為之者不必知，知之者不得為」（《北史》〈李彪傳〉），乃是中國教育家引以為憂的文化病徵。中國知識觀罕有超越性概念，其學術傳統主張「言行抱一謂

62.《陵川集》〈庸齋記〉：「一物一道也，故道外無物；一道一用也，則用外無道。」同上，〈上紫陽先生論學書〉：「道貴乎用，非用無以見道也。」同上，〈文弊解〉：「天人之道以實為用，有實則有文。」《士翼》〈述言〉中：「道者實用，神者妙用。」《宋元學案》〈北溪學案〉「陳淳」：「吾儒所謂高遠，實外於人事卑近，非窮諸天地萬物之表；所謂玄妙，實不離乎日用常行，非求諸空無不可涯矣之中。」

63.《湛甘泉集》〈樵語〉「克艱」：「知者行之幾，行者知之實。」《宋論》〈真宗〉八：「學也者所以擇術也，術也者所以行學也。」

之貞」(《新書》〈道術〉)，並認為「凡事之不可言者皆其不可行者也」
(《劉子遺書》〈學言〉二)，在此務實精神之下，「事見於言，言以為事，
未嘗分事言為二物」(《文史通義》〈書教〉上)，所以「智莫大於闕疑，
行莫大於無悔」(《說苑》〈談叢〉)，可知者必可行而可行者必可知，求
知常於實行中進展，知識常於落實時確立。理為精神而非物質，真理
若在則精神必然高於物質，二者絕無平等之可能，而知識為精神性表
現，行動則是物質性現象，所以知理當高於行，知行合一之見低估了
知識的地位而高估了行動的價值，其勢終將導致「行重於知」或「知
易行難」的觀念，造成反智主義 (anti-intellectualism) 的思想與現實主
義 (realism) 的態度 64。朱熹曰：「知行常相須……論先後，知為先，
論輕重，行為重。」(《朱子語類》〈學〉三) 65 此說分別先後與輕重，誠
有卓識，蓋先後之序是天道，輕重之義為人道，其「知先行後」的觀
點正確呈現「心上物下」的宇宙體系，而其「行重知輕」的說法顯示
現實人間的道德要求；然而此說將本質與事實相提並論，以致知識與
行動似為同等，且因其言以「行為重」結語，頗令聞者認定行動的境
界層次猶高於知識，何況重視實務者必皆認為輕重問題優於先後問題，
而看輕「知為行本」之理，這是「知行相須」一見所致的連環錯誤。
知行合一之說原為強調實踐所知的義務——故曰「安行徐言非德也」
(《文獻通考》〈選舉〉十「舉官」) ——或是肯定知識與事實相符的性質，
這本為正確的知識觀，然而中國文化的現實取向使得此說轉變為「知

64.《湛甘泉集》〈雍語〉「虛實」：「行易而知難，行近而知遠，故聖人之於凡
　　民，不能無難易之歎耳。」
65.《朱文公文集》〈答呂晦叔〉九：「夫泛論知行之理而就一事之中以觀之，則
　　知之為先、行之為後，無可疑者，然合夫知之淺深行之大小而言，則非有以
　　先成乎其小，亦將何以馴致乎其大者哉。」《南軒集》〈寄周子充尚書〉一：
　　「知有精粗，行有淺深，然知常在先，固有知之而不能行者矣，未有不知而
　　能行者也。」

基於行」之意，於是眾見以為「坐而言不如起而行」，俗儒深信「士雖有學而行為本焉」(《墨子》〈修身〉)，而一般論學標準竟是「說莫難於悉行」(《太平御覽》卷 462 引《鬼谷子》〈摩意〉)，此種偏見的流行實已證明錯誤的認知將造成錯誤的行為。

求道即是求知，行道即是行善，求道先於行道，所以求知先於行善，故曰「君子以識為本，行次焉」(《粹言》〈心性篇〉) 66，「篤志力行而不知道，終是淺。」(《明儒學案》〈河東學案〉上「薛瑄」)「真」高於「善」，對真理的了解是為知識，對善惡的了解是為道德，道德亦為知識，因為真理通貫善惡問題。缺乏知識則行善不篤，「仁智信直勇剛，皆可以力行，皆可以自得，然好之而不好學，則各有所蔽」(《陸象山集》〈與劉淳叟〉二)，其實行不可能先於知，不知而行只是盲行，其義不能以道德評論。有知則有為，「知而違之，偽也」(《後漢書》〈文苑列傳〉下)，「知而不為者，惑也」(《韓昌黎集》〈送浮屠文暢師序〉)，「未有知之而不能行者，謂知之而未能行，是知之未至也。」(《粹言》〈論學篇〉) 67 同理，「非知之而不改，謂不改則不知」(《南史》〈陸厥傳〉)，可見為惡皆因無知，沒有人是真正有心為惡 68。真知必化作善行，於此乃可謂知行合一，若以為「外心以求理，此知行之所以二也」(《王文成公全書》〈傳習錄〉中「答顧東橋書」)，這是簡化或美化的說法，因為知識必須用心學習乃可獲致，不是捫心自問即得，「心即理」即使為真

---

66. 《二程語錄》〈遺書伊川先生語〉：「君子以識為本，行次之。今有人焉，力能行之而識不足以知之，則有異端者出，彼將流蕩而不知反。」

67. 《吳文正集》〈學則序〉：「行之而不知有矣，知之而不行未之有也，知之而不行者未嘗真知也。」《王文成公全書》〈傳習錄〉上：「未有知而不行者，知而不行，只是未知。」《二程語錄》〈元豐己未呂與叔東見二先生語〉：「人知不善而猶為不善，是亦未嘗真知，若真知決不為矣。」

68. 《朱子語類》〈學〉三：「方要做好事，又似乎有個做不好事底心從後面牽轉去，這只是知不切。」《朱子語類》〈論語〉二十八：「人有知不善之不當為，及臨事又為之，只是知之未至。」

確，理性也不等於知識，何況人尚有不理性之質，僅有合理之心仍不足以使人知行合一。由於不辨理與知，且於超越性問題未有省察，理學家的「心學」往往淪為「實學」，其唯心論與現實主義混合，以致知行合一之說有時以知為本，有時以行為本，莫衷一是，然在此說之下知識本為簡易實用的觀點，而非深奧抽象的概念，所以「知易行難」的感覺在士人之間普遍存在。常人所謂「談何容易」乃表示「說的比做的簡單」(Easier said than done.)，亦即「非知之艱，行之惟艱」(《尚書》〈說命〉中) 69，所以君子「先行其言，而後從之」(《論語》〈為政〉)，唯恐說得到而做不到，使人懷疑其學不實（為了傳道的考慮）。以為「行難於知」乃是重視善而忽視真的表現，然無知則不能解釋「行重於知」之義，故此類說法常為詭辯，如稱「行異乎言，言之錯也，無害於智，言異乎行，行之錯也，有傷於仁，是故君子務以行前言也」(《中論》〈脩本〉)，這便是以成見立論的怪說，可見「知重於行」乃為知識性定理，任何反對主張必定自相矛盾。

　　強調知與行的關係乃是**經驗主義**的知識觀表現，知行合一的主張畢竟認定行貴於知，這即是重視經驗而輕忽理性，或者認為經驗才是致知的主因 70，然而中國文明中並無經驗主義一說，這又表示其思想現實性甚高，著重行動效用而忽略知識原理，終至於「以行為知」而「有術無學」。陸九淵曰「學問須論是非，不論效驗」(《陸象山集》〈語錄〉下)，其說在中國傳統中近乎絕無僅有，甚至陸氏本人也非常存此念，而多有「為學是為自我實現」之想，可見中國的知識觀不是對於知識本質的探討，而是出於既定觀念的求知議論，所以特重效用。例

69.《左傳》昭公十年：「非知之實難，將在行之。」《鹽鐵論》〈非鞅〉：「言之非難，行之為難。」《抱朴子》〈極言〉：「非聞道難也，行之難也。」《鶴林玉露》〈遽伯玉〉：「知善非難，行善為難。」《商君書》〈賞刑〉：「聖人治國也，易知而難行也。」

70.《西山讀書記》〈心性〉：「道雖無所不在，須是就己驗之而後見。」

如中國古代兵書繁多，然其內容貧乏無奇，但說法誇張而常離題論道，
這表示中國學術重視實用，但又有感意義不足，故多渲染攀附之說，
而其成效有限卻為人津津樂道，更顯民心庸俗勢利，少有理想。中國
的真理觀既少超越性，其知識觀自然亦乏理性主義，因為超越性的感
受須於理性發揚至極時方得出現，若以為「道行之而成，物謂之而然」
（《莊子》〈齊物論〉）──易言之「道之及，及乎物而已耳」（《柳柳州集》
〈報崔黯秀才論為文書〉）──則知識的探索必然限於現實經驗，其「終
極關懷」（ultimate concern）也必因此止於安命，所謂「上有天堂，下
有蘇杭」，其意是天堂之美不過樂生，然則求知有如求生，而求生既須
務實，求知豈可論虛。中國式的經驗主義並不純粹，正如中國式的物
質主義並非絕對，然大致而言傳統中國的求知論點是「不經一事不長
一智」，其道是「心官於耳目，耳目狹而心廣者未之有也，耳目有得則
感於心，感則思，思則無所不盡矣。」（《李泰伯集》〈慶曆民言〉「廣意」）
在此種觀念中，人心受環境所「制約」（conditioned），「善惡性殊者，
染化故也」（《新論》〈從化〉）71，由是「少成若天性，習慣成自然」（《陔
餘叢考》〈成語〉）72，「必有其世而後有其人」（《文子》〈道德〉），此所謂
「時勢造英雄」。如此，「知行合一」之見演化為「行重於知」，再轉變
為「行為物化」，人文主義一步步沈淪，於是知識觀與人生觀無異，而
現實世界既令人失望，知識信念也萎靡不振，連英雄主義都無法流行，
這是中國文明在近世的頹運，其病根實為求知精神隨求道風氣沒落而
消沈。

　　信仰上帝或真理者必知凡不可否定者皆為真實，而不信者則以為
凡不可證明者皆非真實，這是理性主義與經驗主義之別，中國文人大
都認為「事莫貴乎有驗，言莫棄乎無徵」（《中論》〈貴驗〉）73，其心念

71.《宋史》〈宋琪傳〉：「人之善惡以染習而成。」

72.《謝康樂集》〈辨宗論〉：「久習可以移性。」

73.《法言》〈問神〉：「無驗而言之謂妄。」

是「學之所益者淺，體之所安者深」(《晉書》〈王承傳〉)，於此無神信仰
顯然與經驗主義合同。經驗主義者認為「凡事履而後知，歷而後難」
(《戴東原集》〈與方希原書〉)，「倚老賣老」成為人情即與此見息息相關，
諺云「讀萬卷書不如行萬里路」，這是不學者自慰之詞，因為行萬里路
的心得可著於書冊而為人所學，可見經驗豐富卻不加以理解者必為無
識。王陽明曰「若離了事物為學卻是著空」(《王文成公全書》〈傳習錄〉
下)，此說雖非謬誤但卻有失，蓋抽象推理或想像假設亦可謂為事，然
其無益於實用使人不以為真實或不視為正事，所以此說似有反對哲學
之意，至少有誤導凡人廢理棄文之虞，尤其中國文化本已富於現實主
義，如此為言更將助長其風，顯非傳道良言。經驗主義必與實用主義
結合而強調知識的功利性，其求知觀點是「不聞不若聞之，聞之不若
見之，見之不若知之，知之不若行之，學至於行之而止矣。」(《荀子》
〈儒效〉)而在「知以行為宗」的觀念下，「學之之博未若知之之要，知
之之要未若行之之實」(《朱子語類》〈學〉七)，「知而形之言，不若察而
行之事」(《宋史》〈吳育傳〉) 74，「君子之所以大過人者，非以其智能知
之，彊能行之也。」(《蘇文忠公集》〈既醉備五福論〉) 如此，「閎大廣博，
妙遠不測，則見以為夸而無用」(《韓非子》〈難言〉)，「高議而不可及，
不若卑論之有功」(《說苑》〈談叢〉) 75，「得一言而致用，愈於通萬言
而無用者矣。」(《文史通義》〈說林〉) 76 此種實用主義的知識觀終究不信
知識的真實性，依其理「實無名，名無實，名者偽而已矣」(《列子》
〈楊朱〉) 77，知識只是處事的工具，自當不具永恆意義。

---

74. 《法言》〈學行〉：「學，行之上也，言之次也，教人又其次也。」《文中子》
　　〈禮樂〉：「知之者不如行之者，行之者不如安之者。」

75. 《史記》〈張釋之傳〉：「卑之，毋甚高論，令今可施行也。」《鹽鐵論》〈非
　　鞅〉：「賢者處實而效功，亦非徒陳空文而已。」

76. 《王臨川集》〈取材〉：「學者不習無用之言，則業專而修矣。」

77. 王弼《老子指略》：「凡名生於形，未有形生於名者也。」

　　經驗主義的知識觀既以現實為重，而現實事物以人為最尊，於是
識人成為至上的學問，「智莫大於知人」（《文子》〈微明〉）78，「有理而
無益於治者，君子弗言」（《尹文子》〈大道〉上）；中國的知識觀無疑深
受人文主義支配，而其中的政治性又使求知趨向求治，因此自我了解
竟不如了解他人重要，知識的真理性乃更不可期。在「學以致用」的
求知態度下，「學不可行者君子弗取也，言不可用者君子弗詢也」（《公
是先生弟子記》）79，「學者非他，方策之謂也」（《舊唐書》〈經籍志〉上），
知識領域的侷限若此，知識的成就自然少有可觀者。不信道則堅信「事
實勝於雄辯」，不知道則誤以為「聖人言事實，不言虛理」80，「行重
於知」的觀念造成「立事有三（立德、立功、立言），言為下列」（《張
河間集》〈應間〉），於是「言教不如身教」的說法也普遍流傳81，在錯
誤的教育下正確的知識難以推展，中國的民智不開顯然不僅是因統治
者的愚民政策，而且是因士大夫的自我蒙蔽。總之，人若不重知識便
將集體欺心，中國文化的反智傾向實與修行清心的宗教情懷有關，原
來在儒家追究超越性真理而受困於天人之際的緊張情境時，道家與佛
家以其清靜自安的人生觀廣受歡迎，於是「凡異說皆主於無欲，不求
無蔽，重行，不先重知」（《戴東原集》〈孟子字義疏證〉「權」），附和者競
以去知取代求知作為立命之道，為學不為圖利便為安心，明理者竟不

78.《長短經》〈知人〉：「夫聖賢之所美，莫美乎聰明，聰明之所貴，莫貴乎知
　　人。」《長短經》〈適變〉：「智者莫大於知賢。」

79.《周易》〈繫辭〉下：「精義入神以致用也。」《法言》〈吾子〉：「君子之道有
　　四易，簡而易用也，要而易守也，炳而易見也，法而易言也。」《墨子》〈非
　　儒〉下：「（賢人之言行）言明而易知也，行明而易從也。」

80.《文史通義》〈書貫道堂文集後〉引文：「聖人言事實，不言虛理，《易》言
　　天地，不言天地之先；有物混成，先天地生，聖人之所不知則不言之，所以
　　立教也。」

81.《陸宣公集》〈奉天論奏當今所切務狀〉：「動人以言者其感不深，動人以行
　　者其應必速。」

可多得，這是中國文化的不幸，而覺察此事者卻極少，由此可知無知
可能使人快樂，但更使人可悲。

第八章 道德觀

第八章　道德觀

　　中國文明的道德意識深濃，其道德論述足以與西方倫理學媲美，這一方面表示道德是文明必定擁護的普世準則，另一方面表示中國文明的層次確實不如西方，因為關於「善」之上的「真」與「神」，中國文明即無此等成就。如此，中國文明的一大特點是道德至上主義，此種唯德思想與人文主義結合，使「君子」形象別有高貴而悲愴的氣節，因為道德要求實為神命而人文精神是承擔責任，認命負責而成敗由天，豈非可歌可泣。中國的道德觀相信德出於天，而天不即是上帝，所以中國行善者所需具備的自律自主力量猶強於西方的上帝信徒，這不意味中國文化較西方更為善良，但卻顯示中國的好人較西方的好人更多苦心。善惡報應之說舉世皆有，然中國所論特為深刻而辛酸，這正是因其上帝信仰不明，行善者「自求多福」而「好自為之」的心志尤為重要，而在「天不從人願」時，所為何來與終極因果的問題乃引人深思，同時志士仁人卻樂意自我犧牲以促成「現世報」，這更增善惡果報的曲折性與神聖感。報應不爽之事雖不可期，中國的道德觀卻始終屹立不搖，於此各項德目齊備而千古傳承不斷，人倫大義無不盡顯，而其輕重之別也多有闡釋，所有道德困境皆得出路。中國文化特別重「禮」，禮為道德化的行為模式，「禮多人不怪」乃因善行不嫌繁，中國自命為禮儀之邦即是自許為道德之域，故堪稱東方上國。中國道德觀強調仁、義、信、勇、孝諸善，其一貫精神是人文主義，蓋仁與義一體、孝源於仁、信本於義、而勇為行善之志，可見道德是為人的依據，而中國是道德的文明。

一、道德的根源與性質

　　文明的精神是人文主義，人文主義的作為是道德，中國文明的主要思想是人文主義，故其特色是**道德至上主張**。廣義而言，德即是性，故德有「美德」亦有「凶德」，德的廣義解釋暗示尚德的立場。德以道為本，德出於道而非宇宙最高義理，但傳統中國以道釋德，竟造成道德相等之見，因此有謂「道者所以明德也，德者所以尊道也。」(《孔子家語》〈王言解〉) 1 如此，「天理即是『明德』，窮理即是『明明德』」(《王文成公全書》〈傳習錄〉上) 2，「知善知惡為知之極」(《明儒學案》〈浙中王門學案〉一「錢德洪」)，求道與育德無殊，有德即為有道，真理的超越性於此全然不存 3。道在德之上，若謂「道德仁義，天之道也」(《論衡》〈辨祟〉)，此猶無誤，若稱「夫道之本，仁義而已矣」(《申鑒》〈政體〉) 4，或稱「至德以為道本」(《周禮》〈師氏〉)，這是大謬，蓋道德僅為人倫，以人為本是無天之想 5。《尚書》曰「惟德動天，無遠弗屆」(《尚書》〈大禹謨〉)，此為尚德之說，並無以德為天之意，其旨是「大率天下之道只是善惡而已」(《朱子語類》〈易〉三)，但這絕非表示「道莫大乎仁義」(《韓昌黎集》〈送浮屠文暢師序〉)，由尚德思想轉為唯德主義是上帝信仰消沈的結果，因為天道高於人倫，以德為道無異是以人代天。然而道為超越性真理，不可知者永為不知，於是人之求道以修德為主 6，「有德則易以王，無德則易以亡」(《新序》〈善謀〉下)，

1. 《讀通鑑論》〈齊明帝〉二：「德立而後道隨之。」

2. 《李遐叔文集》〈常州刺史廳壁記〉：「古之為理本於德行。」

3. 《高子遺書》〈答王儀寰〉：「吾輩格物，格至善也，以善為宗，不以知為宗也。」

4. 《荀子》〈彊國〉：「道也者何也？曰禮義辭讓忠信是也。」

5. 《北溪字義》〈德〉：「道是天地間本然之道，不是因人做工夫處論，德便是就人做工夫處論。」

6. 《近思錄》〈聖賢〉明道曰：「學本是修德，有德然後有言。」

「妖不勝德，唯修德可以銷變」（《貞觀政要》〈論災祥〉）7，此非迷信，而是善盡人事的認命樂天想法，可見視道為德雖非高見但也不是俗念，中國文明雖不精深但絕非錯誤。

中國尚德者以善為真，同時認定道德高於知識，或主張德為知之本，《周禮》所謂「六德」（知、仁、聖、義、忠、和）包含知識一項（《周禮》〈大司徒〉），而傳統士人的「知易行難」之說實為道德思想（「知難行易」才是真理論述），其知識觀是「智由於德性，故為心之能而稱是非之心」（《戴東原集》〈緒言〉中），或是「心徹為知，知徹為德。」（《莊子》〈外物〉）8 重德輕知者認為人之異於禽獸非因理性而因善心9，然其道德化的世界觀又以為禽獸亦有善心，所以人與萬物之別竟不多，這是中國人文主義的自毀性表現，其危機實源於無神信仰，因為不重天性則人性之意義必大失。在道德至上主義之下，「大上有立德，其次有立功，其次有立言，雖久不廢，此之謂三不朽」（《左傳》襄公二十四年）10，然有德乃可曰功11——故有謂「功近而德遠矣」（《穀梁傳》僖公十八年）——而「有德者必有言」（《論語》〈憲問〉），且立言必有興德之意，所以「唯令德為不朽」（班昭〈東征賦〉）12，雖然此說本是立言而非立德。有知乃難於有行，凡人無知，所以庸俗之見以德為高，所謂孔門四科（德行、言語、政事、文學）以德行為首（《論語》〈先進〉）13，此乃出於俗儒之議而非聖人本意，蓋傳道即是教育，

7.《漢書》〈藝文志〉：「德勝不祥。」

8.《忠經》〈政理〉：「德者，為理之本也。」

9.《李文公集》〈復性書〉下：「人之於萬物一物也，其所以異於禽獸蟲魚者，豈非道德之性乎哉。」

10.《魏文帝集》〈與王朗書〉：「人生有七尺之形，死為一棺之土，惟立德揚名可以不朽，其次莫如著篇籍。」

11.《南齊書》〈蕭穎冑傳〉：「念功惟德。」

12.《詩經》〈湛露〉：「顯允君子，莫不令德。」

13.《北史》〈儒林傳〉上：「人之立身雖百行殊塗，準之四科，要以德行為首。」

而教育旨在啟發知識，聖學是真理的探索，不是道德的修養，否則「偉大」之義何其平凡。有知為才，有行為德，中國傳統盛行德重於才之說，於是「男子有德便是才，女子無才便是德」（陳繼儒〈安得長者言〉），如此「德勝才謂之君子」（《資治通鑑》〈周紀〉一）14，而女行之極是為婦德15，用人必以德行為先而才能其次16，評論人事之道亦然。道德既成至理，求道即為修德，故「勤學所以修身也，博文所以崇德也」（《經學理窟》〈氣質〉），而「君子者，以名夫成德者也」（《戴東原集》〈戴童子壙銘〉）17；中國的求道者主要是行善者而非求知者，所以「君子莫大乎與人為善」（《孟子》〈公孫丑〉上），其信念是「積善成德，而神明自得，聖心備焉。」（《荀子》〈勸學〉）諺云「住場好不如肚腸好，墳地好不如心地好」，為提倡道德人格，「闔棺然後定諡，皆累其生時美惡，所以為將來勸戒，身雖死，使名常存也」（《北史》〈甄琛傳〉）18，這是中國的「永生」定義或生命永恆化之法，雖善卻不真，畢竟道德是人專有的問題（上帝不受道德規範而萬物不識道德），而不普遍即非終極，人因為善而高貴，但絕不因此偉大。

　　道德至上主義實有矛盾之處，蓋道德不能自生或創造萬物，主張道德為宇宙至理則必稱「德在乎天」（《莊子》〈秋水〉），然道德若有根

　　《司馬溫公集》〈起請科場劄子〉：「凡取士之道當以德行為先，文學為後。」
　　《陵川集》〈儒行序〉：「文章者儒之末，而德行者儒之本也。」

14.《湛甘泉集》〈雍語〉「求仁」：「才與德合，其古之言才者歟，才弗出於德，君子不以為才也。」《曾文正公全集》〈筆記〉「才德」：「與其無德而近於小人，毋寧無才而近於愚人。」

15.班昭〈女誡〉：「女有四行，一曰婦德，二曰婦言，三曰婦容，四曰婦功。」

16.《文獻通考》〈自序〉：「古之用人，德行為首，才能次之。」

17.《粹言》〈論學篇〉：「古之君子，脩德而已。」《荀子》〈勸學〉：「德操然後能定，能定然後能應，能定能應，夫是之謂成人。」

18.《穀梁傳》桓公十八年：「諡所以成德也，於卒事乎加之矣。」《白虎通義》〈諡〉：「諡之為言引也，引列行之跡也，所以進勸成德，使上務節也。」

源而非自然，則道德顯非至上，可見「徒善不足以為治」是真理所造成的世情。雖然，宣德者不得不強調道德的天性，因為一切價值均決定於其符合天道的程度，或其接近上帝的距離，故「貴始，德之本也。」(《穀梁傳》僖公十五年)「通於天地者德也，行於萬物者道也……德兼於道，道兼於天」(《莊子》〈天地〉)，所以「不明於天者不純於德」(《莊子》〈在宥〉)，「明大道者先明天而道德次之」(《莊子》〈天道〉)，然則「人君所畏惟天，若不畏天，何事不可為者」(《宋史》〈富弼傳〉) 19，而「天命有德，天討有罪」(《尚書》〈皋陶謨〉) 20，為善乃是「積仁為靈」21，為惡則是「有罪于鬼神」(《史記》〈魯周公世家〉)。董仲舒曰：「天之所為有所至而止，止之內謂之天性，止之外謂之人事，事在性外，而性不得不成德。」(《春秋繁露》〈深察名號〉) 其說以「內外」釋「天人」雖有不當，但其人性本善與德行由天之見則為正確，推而廣之可知其意是「道德乃為天命」。人之天性要求道德，而人難以盡從，因此發誓是人的善心與惡性共同作用使然，如「盟，所以周信也，故心以制之，玉帛以奉之，言以結之，明神以要之」(《左傳》哀公十二年)，上帝的超越性與人格的不完善 (善惡兼具)，正是造成道德問題的根本要素，對人而言這是天降的心性考驗。

在中國模糊的天道觀之下，道即是天，因而「德出自天」等於「德出自道」，易言之「道所以成德」(《王臨川集》〈洪範傳〉)，「**道者德之元**」(《文子》〈道德〉) 22，「德者道之功」(《韓非子》〈解老〉)，「德之有也，以道為本。」(《新書》〈道德說〉) 23「事之當然之謂道，得其當然之

19.Cf. 'If there is no God, then anything is permissible.' F. M. Dostoyevsky, *The Brothers Karamazov* (1880), bk. vi, 3.

20.《宋書》〈五行志〉一：「從德獲自天之祐，違道陷神聽之罪。」

21.《說苑》〈修文〉：「積恩為愛，積愛為仁，積仁為靈。」

22.《莊子》〈庚桑楚〉：「道者德之欽也。」

23.《北溪字義》〈德〉：「道與德不是判然二物，大抵道是公共底，德是實得於

謂德」(《海石子》〈道德〉),「有道即有德」(《文子》〈道原〉),「進德在於求道」(《伊川先生文集》〈又上太皇太后書〉),「得道而德從之矣」(《淮南子》〈說林訓〉),反之則未必,故曰「仁者資道以成仁,道非仁之謂也。」(《隋書》〈經籍志〉三)「德者以道率身者也」(《中論》〈藝紀〉),而道為至善完美,故「德以居全為稱」(《世說新語》〈政事〉),然人有原罪,因此不能以圓滿為功德。老子曰「失道而後德,失德而後仁,失仁而後義,失義而後禮」(《老子》三十八)——簡言之「道散而為德,德溢而為仁義」(《淮南子》〈俶真訓〉)——此說所呈現的真理上下層次尚稱確實,但其「道消德長」之見甚是謬誤,蓋真理具有普世性與永恆性,道德出於真理而不可能減損真理,仁義不是道德全部,卻是道德精華的體現,德不如道而衛道,德盛則道興,故求道者必須進德修業而非重道輕德。反對「德生於道」者必以為「德生於力」[24],因而有謂「古之易財,非仁也,財多也;今之爭奪,非鄙也,財寡也」(《韓非子》〈五蠹〉)[25],此種論調乃以不道德的觀點解釋道德,其實自相矛盾,然而這也顯示否定真理者大都無法否認道德,因為道德責求善行,而無人可以主張去善從惡。

　　道有其理,德生於道,所以「德生於理」(《管子》〈九守〉)[26],於是道德與知識的關係已呼之欲出,此即道德本乎知識,也就是本於對真理的了解。真理是超然的標準,由此所出的道德自非因人而異,「善不善本於義」(《呂氏春秋》〈聽言〉),故人不可「因其所喜而為善」(《蘇文忠公集》〈明君可與為忠言賦〉)。同理,「言人之惡非所以美己,言人之

身,為我所有底。」

24.《商君書》〈靳令〉:「力生彊,彊生威,威生德,德生於力。」

25.《淮南子》〈本經訓〉:「逮至衰世,人眾財寡,事力勞而養不足,於是忿爭生,是以貴仁。」

26.《湛甘泉集》〈雍語〉「一理」:「德也者,理也。」《格物通》〈謀慮〉上:「善當乎理也。」王弼《老子注》第二章:「善不善,猶是非也。」

枉非所以正己，故君子攻其惡，無攻人惡。」（《孔子家語》〈顏回〉）「德者黯理而普至」（《韓非子》〈揚權〉），道德為普世的行為準則，所以「己所不欲，勿施於人」（《論語》〈衛靈公〉），「若己為君子而使人為小人，亦非仁人忠恕惻怛之心。」（《王文成公全書》〈寄希淵〉一）[27] 然而道德既為通則，人人皆可自我要求而為善，受害於他人以致必須為惡之情實不存在，這表示「以身作則」是道德的精神，故曰「善人，天地之紀也。」（《左傳》成公十五年）「才所以為善也，故大才成大善，小才成小善，今稱之有才而不能為善，是才不中器也」（《三國志》〈盧毓傳〉），儘管「善人不得聖人之道不立」（《莊子》〈胠篋〉），但「人皆可以為堯舜」（《孟子》〈告子〉下），故所有人都能行善，正如所有人皆應求道。總之，道德為天理，而凡人皆具善性，所以道德義務普及人世，人一方面是受命於天以為善，另一方面是替天行道以立德，道德不是人做不到的事，故為可行可期。

道德是人間正義，其性質定於真理，而真理為良善，故善惡之別乃以善為準而判分。「夫正，德之道也」（《國語》〈周語〉下），道德是不偏不倚的正確行止，所以有德者是正人君子，而學者乃常釋「德」之義為「得」，意謂「得正為德」，甚至是「德者天地萬物得也」（《尸子》〈處道〉）。所謂「德者得也」是以諧音字訓義的傳統釋例，然此例的形式意義甚多於實質內涵——其課題為「德者得也，凡有性質而可有者也。」（《正蒙》〈至當〉）——故論者須更加補充性解說以明示其意，而由於此一解釋模式的限制太大，各種牽強附會之說叢出，以致其說往往陳義過高（解為「得道」）或陳義過低（解為「自得」），可見真理不是法則定律，不可以規格論。以根源而言，「德也者，人之得於天者也」（《陸象山集》〈經德堂記〉），「聖人之道與神明相得，故曰道德」（《鶡

27.《蘇文忠公集》〈劉愷丁鴻孰賢論〉：「君子之為善非特以適己自便而已，其取於人也必度其人之可以與我也，其予人也必度其人之可以受於我也……既為己慮之，又為人謀之……若己為君子而使人為小人，是亦去小人無幾耳。」

冠子》〈泰鴻〉）；以道理而言，「德者，得理之稱」《五經正義》〈曲禮〉孔疏），「施行得理謂之德」《新書》〈道術〉），或可謂「德，得也，得事宜也」《爾雅》〈釋名〉「釋言語」）；以感受而言，「德也者，得之於其心也」《王文成公全書》〈觀德亭記〉）28，此即「得於己，故謂之德」《元豐類稿》〈思政堂記〉）29，然則「德者人之所得也，使人各得其所欲謂之德」《長短經》〈定名〉）30，或說「德，自得其得者也」《海石子》〈道德〉），進一步言則「所謂德者，能得人者也。」《鶡冠子》〈環流〉）總之，「德」是人普遍認同的「道」，其義可能為「得天」、「得理」、「得宜」、「得心」、「得己」、或「得人」，諸說觀點不一但精神一致，這是道德具有一貫性的證明。

　　道德觀念「放諸四海皆準」，故曰「善，以言乎天下之大共也」《戴東原集》〈讀易繫辭論性〉）31，然則「責己者當知，無天下國家皆非之理」《近思錄》〈克治〉），因為普世性即是公共性，人既有良心即不可能相欺至一齊泯滅天理，大眾只能忽視真理，但不能反對真理，所以惡人無不虛偽。普世性不是普及性，然於此量變可造成質變，普及至無所不在者（普遍）即有普世性意義，所以「天下之所同安者聖人指以為善，而一人之所獨樂者則名以為惡」《蘇文忠公集》〈揚雄論〉），善與惡的差異可謂是普世性與普及性之別，而無論如何惡不可能普及至變成普世之道。「為善為公，心之正也；為惡為私，心之邪也」《陸象山集》〈贈金谿砌街者〉），此說有如諺云「善欲人知，不是真善；惡恐人知，便是大惡」32，其理即是善有普世性，而惡不是缺乏普世性（惡

28.《洪範口義》卷上：「德者，內則得之於心，外則得其理，故謂之德。」

29.《二程語錄》〈遺書伊川先生語〉：「所謂德者得也，須是得於己，然後謂之德也。」

30.《素書》〈原始〉：「德者人之所得，使萬物各得其所欲。」

31.《朱文公文集》〈答張敬夫〉二十：「善者人之所同欲，惡者人之所同惡。」
　　王弼《老子注》六十三章：「順天下之所同者，德也。」

絕無普世性），卻是少有普及性。善具普世性，然於現實世界中其普及
性可能不高，但這不妨礙善之為善，甚至更得促進其價值，語曰「時
不與善，己獨由之」（《長短經》〈是非〉），這是最高意義的行善作風，蓋
道德具有自主性，「信行者所以自為也，非所以為人也」（《長短經》〈詭
信〉），被迫行善乃是不善（避嫌之非善由此可知）。即因善具普世性，
基於特殊立場或個別著想的舉措均非正當，所以「匹夫之勇」不是勇，
而「婦人之仁」不是仁，蓋「小人之仁，大仁之賊」（阮瑀〈為曹公作
書與孫權〉），道德絕無適用對象的選擇問題，凡人皆應盡力為善，匹夫
須有大勇，婦人當圖大仁，善惡非以成敗論定，氣魄才是道德的神智。
普世之志不以現實利害為意，小人擔心「善惡陷於成敗」（干寶〈晉紀
總論〉），「君子上德而下功」（《白虎通義》〈禮樂〉）33，「從善不求勝」
（《鹽鐵論》〈論誹〉），故能永遠行善不怠，於是可知普世性與永恆性實
為相通。

　　惡是善的不足，所以「離著善，便是惡」（《朱子語類》〈性理〉二），
善惡無兩大之理34；易言之，**善惡必然相抗**，「惡不廢則善不興」（《中
論》〈虛道〉），「去小惡則大惡懼，舉小善則眾善興。」（《元豐類稿》〈代上
張學士〉）自了漢以為「善惡不相干」（《新語》〈本行〉），殊不知萬事萬
物有互動關係，更遑論善惡之際，事實是「化惡莫若進善」（《蘇文忠公
集》〈南安軍學記〉）35，「罰善必賞惡」（《國語》〈晉語〉九），而「惠惡者
不為仁」（《鹽鐵論》〈授時〉），故「赦贖數，則惡人昌而善人傷矣。」（《潛

32.《菜根譚》〈前集〉：「為惡而畏人知，惡中猶有善路；為善而急人知，善處
　　即是惡根。」

33.《管子》〈戒〉：「聖人上德而下功。」

34.《陸象山集》〈與楊守〉三：「善惡之習猶陰陽之相為消長，無兩大之理。」
　　《魯齋遺書》〈語錄〉上：「善惡消長，善少惡多，則善其善而不敢攻其惡，
　　善多惡少，然後敢攻。」

35.《讀通鑑論》〈晉〉十五：「植君子則小人自遠，則以進賢為本、斥姦為末，
　　此自姦邪未逞之日言也。」

夫論》〈述赦〉）「徒善未必盡義，徒是未必盡仁，好仁而惡不仁，然後
盡仁義之道」（《近思錄》〈克治〉），所以「惡惡道不能甚，則其好善道亦
不能甚」（《說苑》〈君道〉） 36，「姑息敗德」（《法言》〈問明〉），「能疾惡，
然後能為善。」（《朱子語類》〈學〉七） 37 在道德上絕無中庸之道，「正義
之士與邪枉之人不兩立」（《潛夫論》〈潛歎〉），好人「聞善若驚，疾惡如
讎」（《潘安仁集》〈楊荊州誄〉） 38，絕無妥協善惡之念 39。「人既不知善
之為善，又將不知不善之為不善」（崔寔《政論》） 40，壞人不信真理，
故少有堅持而常欲折衷和解，然「相惡固相助」（《呂氏春秋》〈察微〉），
「同惡相求」（《左傳》昭公十三年），「同惡相濟」（《晉書》〈文帝紀〉） 41，
狼狽為奸乃為小人慣習，畢竟君子不與小人為伍，而小人相處不可能
責善。惡是善的沈淪，善卻求上進，而真理為完善，求道是「止於至
善」，可見善為永恆而惡為短暫，如此就道理而言善報較惡報更為重
要，故「君子之惡惡也疾始，善善也樂終」（《公羊傳》僖公十七年） 42；
但在現世中君子更希望惡有惡報，因為人間是不完美的世界，善惡報
應不盡合理，所以善人寧願受罪以求惡人受懲，如此善惡對抗之勢顯
然是君子主動發起的戰局，這是「善為本而惡為末」的實證與實例。

　　道德的作為必具有善意 (good will)，無意之舉不屬於道德 43，而

36.《孔子家語》〈五儀解〉：「君子之惡惡道不甚，則好善道亦不甚。」

37.《格物通》〈儆戒〉三：「鑒善不如鑒惡，以其懲戒之心切也，鑒惡之心不
　　切，則其為善之志不勇矣。」

38. 孔融〈薦禰衡表〉：「見善若驚，疾惡若讎。」

39.《西遊記》第七回：「正直無私怎忍耐。」

40.《史通》〈辨職〉：「夫人既不知善之為善，則亦不知惡之為惡。」

41.《史記》〈吳王濞傳〉：「同惡相助，同好相留，同情相成，同欲相趨，同利
　　相死。」

42.《公羊傳》昭公二十年：「君子之善善也長，惡惡也短，惡惡止其身，善善
　　及子孫。」

43.《陳同甫集》〈復呂子陽〉：「夫子之所謂仁者，獨論其心之所主，若泛然外

惡意之生已是不道德44。「善行動於心，善言出於意」(《論衡》〈變
虛〉) 45，「心善，無不善也；心不善，無能善」(《論衡》〈定賢〉) 46，
故曰「德在己而不在事」(《讀通鑑論》〈唐玄宗〉十八)，而「惡莫大於離
心」(《龍門子凝道記》〈士有微〉) 47。所有的道德問題皆是一種心靈困
境，也就是天人交戰的局面，雖然其為難程度可能不大；在道德抉擇
的處境中，個人須以善意作主乃能有為，而無所考慮則不成善意，故
「先迷後能從善」(《文心雕龍》〈定勢〉)。「夫警惕者，萬善之本而眾美
之基也」(《王文成公全書》〈氣候圖序〉)，道德須是自主，自主必有自覺，
若人有不在乎的心態，便不能真正行善，卻極可能著實為惡。「德行，
得之於心而見於行事者也」(《朱子語類》〈論語〉二十一)，行事者須為裡
外一致方能為善，「事雖義而心則私」乃非道德48，「跡同於聖人而道
不同，則其為小人也孰禦哉。」(《王臨川集》〈祿隱〉) 如此，「善無主於
心者不留」(《墨子》〈修身〉)，「精神亂則無德」(《韓非子》〈解老〉)，故

馳，雖曰為善，猶君子之所棄也。」

44.呂祖謙曰：「事有善惡而念無善惡，是念加於事之善者則名善念，加於事之
　惡者則名惡念，所謂念者初無二也。」(《東萊博議》〈虞叔伐虞公〉) 此說標
　新立異，其實與傳統之見大略無殊，蓋善惡之事與善惡之念本相結合，不論
　道德意念是否先於事情而出現，善意不作惡，惡意不為善，惡事不能產生善
　意，善事不可創造惡意，行善者必有善意，為惡者必具惡意，人既是道德的
　主體，事有善惡即表示念有善惡，畢竟事之善惡乃是人心的判定。

45.《格物通》〈立志〉下：「萬化生於心，故萬善始於志也。」

46.《嘉祐集》〈遠慮〉：「夫君子為善之心與小人為惡之心一也，君子有機以成
　其善，小人有機以成其惡，有機也雖惡亦或濟，無機也雖善亦不克。」〈太上
　感應篇〉：「夫心起於善，善雖未為而吉神已隨；或心起於惡，惡雖未為而
　凶神已隨之。」

47.《魯齋遺書》〈語錄〉上：「稱人之善宜就跡上言，議人之失宜就心上言。」

48.《朱子語類》〈朱子〉十二：「事雖義而心則私，如路，好人行之亦是路，賊
　人行之亦是路，合如此者是天理，起計較便不是。」

「妄予不為惠」(《鹽鐵論》〈授時〉),而無心之過不必苛責。即因善惡繫
於心意,所以「春秋之治獄,論心定罪」(《鹽鐵論》〈刑德〉) 49,有心
為善不賞,無心為惡不罰,而「積惡多者雖有一善,是為誤中,未足
以存」(《潛夫論》〈慎微〉),積善多者雖有一過,是為誤犯,不足以害。
同理,君子寧願上當不欲矇騙,蓋「受欺之害身害也,欺人之害心害
也」(《東萊博議》〈鄭伯克段于鄢〉),道德思考是天人之際的省察,不是
人際關係的顧慮,所以善行絕不可能受損於他人的惡意。善惡存乎一
心,道德發於自律 50,「賞不足以勸善,刑不足以懲過」(《管子》〈內
業〉) 51,「以賞譽自勸者,惰乎為善」(《晏子春秋》〈諫上〉三),「賞善
之不可也,猶賞不盜」52,所以法律罰惡而不獎善 53。總之,道德是
良心的問題,而人性本善,行善實為人的本能,子曰「我欲仁,斯仁
至矣」(《論語》〈述而〉) 54,這也是凡人的本事,所謂「人非聖賢,孰
能無過」,乃是小人放縱的託辭,因為有善意便即成善,而善意是世上
最可得而不受限之物。

　　善出於真而求真,**道德的要求為絕對而無可改易**,所以「君子無
終食之間違仁,造次必於是,顛沛必於是」(《論語》〈里仁〉),可知善
人皆是始終如一,經常改變心意者必非善類。道德的真理性使諸善一
致而諸惡不諧 (Virtues all agree, but vices fight one another.),「為善不
同,同歸于治;為惡不同,同歸于亂」(《尚書》〈蔡仲之命〉),真理為良
善且為通貫,小善大善一律也,「小惡大惡一類也」(《新書》〈連語〉),

49.《蔡中郎集》〈陳留太守行小黃縣頌〉:「原罪以心,察獄以情。」

50.《曹子建集》〈玄暢賦〉:「弘道德以為宇,築無怨以作藩。」

51.《貞觀政要》〈論封建〉唐太宗曰:「國家大事惟賞與罰。」

52.《商君書》〈畫策〉:「善治者刑不善而不賞善,故不刑而民善。……賞善之
　　不可也,猶賞不盜。」

53.《新語》〈無為〉:「夫法令者所以誅惡,非所以勸善。」

54.《梁書》〈王僧辯傳〉:「苟欲行夫忠義,何忠義之遠矣。」

所以「勿以惡小而為之，勿以善小而不為。」(《三國志》〈劉備傳〉裴注)
「立德之基有常，而建功之路不一」(《陸士衡集》〈豪士賦序〉)，求道必
殊途同歸，圖利則分道揚鑣，道德不許妥協卻使善舉合作無間，這是
因為道德的目的是唯一至理。道德的觀念是真理，道德的行為是善事，
固然真知必化為善行，但道德思想的知識層次不高，而人性有其墮落
的一面，所以在道德問題上凡人常「說得到而做不到」，於是「君子不
以言舉人，不以人廢言」(《論語》〈衛靈公〉) 55，而責善其實不需自己
有為 (故說「不看僧面看佛面」)，未能立德示範者也可 (應) 要求他
人行善，雖然能以身作則乃更為可取 56。道德是超然的標準，有德者
可為凡夫的模範，但不可取代善惡的準據，因為道德具有普世性而聖
賢畢竟是個人，所以修德與求道一樣，必須以求知為主。「道德有常」
(《管子》〈宙合〉)，同德則同道，故「德不孤，必有鄰」(《論語》〈里
仁〉) 57，「君子不黨」實因其已是同志。道德觀點是有志一同，「求逞
於人，不可；與人同欲，盡濟」(《左傳》昭公四年)，所以「施諸己而不
願，亦勿施於人」(《中庸》十三) 58，然唯有聖人可以「己所欲，施於
人」(Do unto others as you would have others do unto you.) 59，尚未天人

---

55. 《隋書》〈文學傳〉：「所謂能言者未必能行，蓋亦君子不以人廢言也。」

56. 《亢倉子》〈順訓道〉：「當責眾人之惡者視己善乎哉，當責眾人之邪者視己
    正乎哉，此之謂返明。」

57. 《周易》〈坤卦〉：「君子敬以直內，義以方外，敬義立而德不孤。」《韓詩外
    傳》卷十：「至德不孤。」

58. 《論語》〈衛靈公〉：「己所不欲，勿施於人。」《讀通鑑論》〈唐太宗〉二十
    一：「以己之欲推之於物，難之難者也……故君子之恕推其所不欲以勿施於
    人，而不推其欲以必施，以所欲者非從心而不踰矩，未可推也。」

59. 'Therefore all things whatsoever ye would that men should do to you, do ye even
    so to them: for this is the law and the prophets.' Matthew 7: 12.「己所欲施於人」
    之說是耶穌自我證明 (自我神格化) 的方法，其實卻證明他不可信，因為此
    說忽略人性原罪，只會造成道德沈淪而不能改善世道，然替天行道者豈可惡

合一者均不得以此自度，因為道德是「罪人」(sinner) 的功課，而非完人的規範。道德既具普世性，「言忠信，行篤敬，雖蠻貊之邦行矣」（《論語》〈衛靈公〉），而「爵人必於朝，與眾共之也；刑人必於市，與眾棄之也」（《孔子家語》〈刑政〉），教化的目標乃在「一道德以同俗」（《禮記》〈王制〉），文明的境地大約即是善良的社會，這是人類最可期望的政治理想。「推恩足以保四海」（《孟子》〈梁惠王〉上），慈悲是普世性最高的道德情操，「老吾老，以及人之老；幼吾幼，以及人之幼」（同上），這是以大我自命的行善胸懷，不僅富有同情心，而且具有「德為人道」的認知，幾近於神格，可知道德雖是人專有的問題，然其作用實為破除人性而轉化凡心，故為善不能以功利為念或以他人感受為意，而須以人類的希望為禱。

二、道德抉擇與善惡報應

　　道德是上帝對人的命令，而認命是人的責任，所以道德是不能選擇卻須決定的義務，不論當事者是否信仰上帝。中國的上帝信仰不深，道德為神命的觀念因此不明，然而**道德責任**的主張卻極強烈[60]，這是中國人文主義的承擔精神表現，也是其文化高貴性的呈現。道德是人倫，然其本質不是人文而是天道，此即道德之行不是決定於人際關係而是天命安排，因此盡責遠較安慰迫切，自我要求遠較成全他人重要，其理是對自己負責即是對上帝負責，可見「仰不愧於天」即可「俯不怍於人」，問心無愧者「只欠上帝一死」而不抱歉。道德的立場是「該怎麼做就怎麼做」，而該不該的問題是天人之際的探討，不是約定俗成所致之情，所以「為所當為」是孤獨的抉擇，不必看人臉色。「主道者

　　化人心以美化自己，何況若耶穌果為上帝化身，則更無須如此傳道而誤導世人（為所欲為本非人的權力）。

60.《敬軒文集》〈送孔節文分教徐州序〉：「職無大小皆天工也，能修其職，斯於天工為無曠。」

使人臣有必言之責，又有不言之責……言默則皆有責也」（《韓非子》〈南面〉），這不是雙方協定的問題，而是各盡其責的道理，故「吾雖不殺伯仁，伯仁由我而死」（《晉書》〈周顗傳〉），此為仁者之自罪，的確不無其過，而史筆所謂「趙盾弒其君」（《左傳》宣公二年），雖太過誇大「無為之罪」(sin of omission)，但其道德責任的主張具有醒心的意義，然則「人可以有德而不可恃其有德」（《遜志齋集》〈深慮論〉八）。道德既是義務則須加以實踐，而不能止於善意，故曰「德行，內外之稱，在心為德，施之為行」（《通典》〈禮典〉馬融曰）；易言之，「實行為德」（《論衡》〈書解〉），「君子以果行育德」（《周易》〈蒙卦〉），「有德即有功」（《文子》〈道原〉），有功須有德（故知有「德功」而無「功德」）[61]。雖然，事實上善行必有其害，或者行善必以為惡為代價，只要善多於惡即為可行與當為，蓋人有原罪而人間為不完美的世界，道德問題必是一個心靈困境，亦即是善惡利害之間的抉擇，而非有好無壞的單純美事，如所謂「求仁得仁」乃是善無善報的殉道，不能無有妨礙或傷害（更遑論缺憾）[62]，所以「事非權不立」（《戰國策》〈燕王謂蘇代〉），行事應當衡量輕重緩急，方有功超越過的貢獻，否則徒有善意而乏智識，將使行善變成造惡，適得其反（這有似俗話所謂「越幫越忙」）。總之，道德是神命，行善是認命，神命令人為難，認命使人無奈，但人不得自由卻須負責，只能擇善固執而非從善如流[63]，於是為難與無奈造就勇氣與尊嚴，這便是人並不偉大卻得以高貴之由。

真理有上下體系，善出於真，有知方能有德，所以不明善惡大小之義則無正確的德行。「德有數德，優劣不同」（《北史》〈羊祉傳〉），「聖人之於善惡也，必權輕重數眾寡以定之」（《中論》〈考偽〉），無有選擇而一概行好即是「濫好人」，所以「要做好人就要做壞人，不做壞人便

61.《焚書》〈高潔說〉：「有德者必篤實，篤實者則必有德。」

62.《戰國策》〈蘇代謂燕昭王〉：「廉不與身俱達，義不與生俱立。」

63.《宋論》〈仁宗〉三：「聽言輕，則從善如流，而從惡亦如流。」

絕不是好人」，所謂「我不下地獄，誰下地獄」，其理正如此。「罪莫大
於無道」（《文子》〈道德〉），然「得道者務無大失，凡人者務有小善」
（《鶡冠子》〈世兵〉），蓋人有罪性，無過即為完善，而立德不如除惡，
將功贖罪乃能致善，專務小行終難補過，可知人所以須行善乃因人原
非良善。「小德害義，小善害道，小辯害治」（《文子》〈微明〉），故「大
德不踰閑，小德出入可也」（《論語》〈子張〉）。「屈寸而伸尺，聖人為
之，小枉而大直，君子行之」64，「為王者不拘小節」（《魏書》〈成淹
傳〉）65，「佐世良材不拘細行」（《新論》〈妄瑕〉）66，治史者「大惡書，
小惡不書」（《公羊傳》隱公十年），凡此皆是「不以小疵妨大行」（《孔叢
子》〈陳士義〉）。「小人之仁，大仁之賊」（阮瑀〈為曹公作書與孫權〉）67，
所以「非仁義不能使間」（《孫子》〈用間〉），「精神性的潔癖」只求無過
而不求有功，終將造成「大過不犯而小過不斷」，結果必是誤己害人。
「過有厚薄則刑有輕重，善有大小則賞有多少」（《商君書》〈開塞〉），
「善為政者綱舉而網疏，綱舉則所羅者廣，網疏則小必漏」（《晉書》
〈劉頌傳〉），不能面對原罪而於事有所裁度者，即無「公事公辦」的能
力，其害隨主事者的影響力或事務的公共性之增加而惡化，不可以動
機良善自解。由此可知，道德不是私事，善惡有絕對的標準，也有程
度的差異，又有互動的變化，行善不是單純為善，而是在善惡交錯的
事情中戴罪立功，所以不忍常致殘忍，而忍心才可安心68，智仁勇兼
備乃能做好事，有益無害是不道德的想法。

---

64. 《淮南子》〈氾論訓〉：「屈寸而伸尺，聖人為之；小枉而大直，君子行之。
　　周公有殺弟之累，齊桓有爭國之名，然而周公以義補缺，桓公以功滅醜，而
　　皆為賢。」《鹽鐵論》〈論儒〉：「小枉大直，君子為之。」

65. 《列子》〈力命〉：「不羞小節，而恥名不顯於天下。」

66. 《貞觀政要》〈君臣鑒戒〉：「小臣不可委以大事，大臣不可責以小罪。」

67. 《貞觀政要》〈論赦令〉：「謀小仁者，大仁之賊。」

68. 《明史》〈劉同升傳〉：「人有所不忍，而後能及其所忍。」《宋論》〈太宗〉
　　七：「夫忍，必有不可忍者矣。」

　　道德是神命，不可不嚴守，然神命出於神意而神意難以了解，道德的目的因此不明。善有善報而惡有惡報是道德的精神，卻不是道德的目的，因為上帝可以輕易造就此事，而不需憑藉人事發展以促成此境，何況真理具有超越性，**善惡報應**不爽乃是人道之想而非天道必然69。正是因為道德的目的令人費解，道德的價值才得以出現，若善惡果報率皆合理，則道德便如物理而無考驗人心的性質70，而若善惡果報率不合理，則道德便似巫術而無激發良心的作用，可見道德標準明確而意義難知之情，竟是道德所以有效且重要之因。希望善有善報是道德的精神，但若以此為動機而行善則是惡事，道德的態度是寧願善有惡報也要堅持為善，這不是自虐而是自尊，因道德是自主性的認命，獨當一面而甘心受害是好人的勇氣。道德既是神命，善惡報應的問題若以上帝信仰認定之則可逆來順受，但這也易於陷入教條化的迷信 (e.g. the Last Judgement) 而缺乏困學之思，中國的上帝信仰淡薄而道德意識濃烈，故於果報問題甚有深究，其認識體會的程度乃至勝於西方，這是中國文化的悲情反映，也是其熱情流露。

　　常人無知，難以有心，而「善惡之報類變萬端，不可齊一，故視聽者惑焉」(《長短經》〈運命〉)，其意以為「善惡苟不應，何事空立言」(《陶淵明集》〈飲酒〉二)，殊不知果報若皆應，善惡即消失。「善惡之理雖詳，而禍福之驗常昧；逆順之體誠分，而吉凶之效常隱。」(《宋書》〈顧顗之傳〉) 為報應問題所擾者必為善人而非惡人，其憂多是惡無惡報而非善無善報，雖然此二者其實相同。好人為善不止，因而不免陷於困頓，惡人理當遭禍，所以反可無惑於災，然而「為惡得福，善者有殃」(《荀子》〈堯問〉)，故有德者莫不感慨「何為善者之不幸而為

69.《蘇子美集》〈己卯冬大寒有感〉：「我欲叫上帝，願帝下明罰，早令黠虜亡，無為生民孽。」

70.《陳同甫集》〈問答〉下：「有所利而為善，有所畏而不為惡，則其入人也亦淺矣。」

惡者之幸?」(《資治通鑑》〈唐紀〉三十六)「節義天所護,然不能護之使
必無遭害,何也? 悲夫!」(《震川先生集》〈張氏女子神異記〉) 善有善報
乃是正義,但事實常非合理,即使為善得禍之例可能少於為惡得福者,
良心的感受使人常有善無善報的「經驗性」印象,這不是錯覺而是義
氣,因此無人敢於以實例統計之法駁斥此念。愈為善良者愈覺世道險
惡,故有說「邪者勝正者十常八九」(《元豐類稿》〈邪正辨〉),此乃善人
明志之言,絕無助惡之心;語曰「直如弦,死道邊;曲如鉤,反封侯」
(《史通》〈直書〉) 71,其意未必為勸善,卻有道德批判之見,可知凡為
善惡報應之說皆具善意,不論其如何喪志灰心甚至錯誤不實。善有惡
報或惡有善報「乃理或然」 72,正如善有善報或惡有惡報亦屬偶然,
雖然後者方為合理,但真理具有超越性,合理者未必為真,何況即使
報應有道,所報為何也非人所可想像。現世中的報應常令人失望,故
所謂「現世報」最大快人心,然此事多指惡有惡報而非善有善報,可
見善人對於「行惡得善」最難以接受,也最無法解釋,由此「行善得
惡」乃成論者亟欲申冤之事,以撫慰受苦者不平之氣,且正視聽。為
合理化善惡報應失當的現象,有說「命有三名,行善得善曰受命,行
善得惡曰遭命,行惡得惡曰隨命」(《孟子》〈盡心〉上趙岐注);所謂「受
命」或稱「正命」,這是強調善有善報為終極正義的表示,而「遭命者
行善得惡,非所冀望,逢遭於外,而得凶禍,故曰遭命」(《論衡》〈命
義〉) 73,這是主張上帝為最高主宰的暗示,其意以為行善須有認命的
精神,不能期望必有福分;此說未論及行惡得善之命,殆因有此一說

71.《杜工部集》〈錦樹行〉:「自古聖賢多薄命,姦雄惡少皆封侯。」《歐陽文忠
　　公集》〈顏跖〉:「顏回飲瓢水,陋巷臥曲肱。盜跖屢人肝,九州恣橫行。回
　　仁而短命,跖壽死免兵。愚夫仰天呼,禍福豈足憑。」

72.《歐陽文忠公集》〈左班殿直胥君墓誌銘〉:「苟者多得,偷者易安,守義而
　　窮,乃理或然。」

73.《孔叢子》〈敘世〉:「為不善而災,報得其應也;為善而災,至遭時運也。」

則將肯定為惡的價值，而違背其立論本意，況且行惡得善之事唯有以上帝威權或超越性神意加以解釋方可，而這需有虔誠的上帝信仰才能感受，不然則邪念迷信將趁隙而出，可見不信神便不能充分體認道德之義。若稱「施吉報凶謂之命，施凶報吉謂之幸」(《中論》〈脩本〉)，這是自我安慰式的價值判斷評語，絲毫未能說明惡有善報之理，蓋萬般皆是命，區別幸與命便是不知命，「雖云王者之師有征無戰，不義而強古今常有」(陳琳〈為曹洪與魏文帝書〉)，神意難解但絕非無理，必以人道釋天實為自欺，然以無道視天則為自棄，道德的要求是信神而盡己，於是不能知天亦須持道，故曰「神福仁而禍淫，淫而無罰，福也，祭，其得七乎?」(《左傳》成公五年)

人性本善而善性不足，所以常人肯定善行卻行善不力，由是善惡報應之說成為凡夫自我鼓勵的勸善文化，其意可嘉而不必苛察，因為善多於惡即是有德。俗話道「善有善報，惡有惡報，不是不報，時機未到」，此說非屬佛家或儒家，而是道德家之言，其於現實果報不合道理之處，深信有死後報應加以糾正或彌補（將「不知」視為「未知」而以為「可知」），這是以人論天的觀點——意想「死而有靈，庶慰冤魂」(《潘安仁集》〈馬汧督誄〉) ——雖非有識但亦非無稽，因為超越性不是反理性，合理的期望儘管可能落空，然絕不至於敗德。道德的標準不論有知無知各方所見略同，但道德的意義則隨個人知識多寡而看法歧異，凡夫的道德思想雖不深刻，然大約無誤且偶有可取之見，因為道德是良心與信仰的呈現，而良心人皆有之，信仰則非知識所立，所以關於道德問題大眾並不是門外漢，而專家學者未必能有超凡的見解（故「道德家」一稱絕非美名）。例如善惡報應之事乃是天道，實非學術所能究查，故虔誠的信徒於此可能較一般文人更有正論。若知上帝安排一切而神意難測，則知「遭遇所得非善惡所致」(《論衡》〈卜筮〉) 74，故君子「行善而備敗」(《國語》〈周語〉上)，絕無妄想。簡言

74.《隋書》〈煬三子傳〉:「神理冥漠，天道難究，仁不必壽，善或怨祐。」《列

之，道德的心意是認命，而道德的原則是理性，為善須以認命態度承
擔而以理性行事，至於果報則應置之度外，如此「非理之福不可徼幸」
(《宋史》〈蔡襄傳〉) 75，而行善之禍無可怨尤。「有德則興，無德則絕，
豈非所謂天命者常不顯其符，而俾有國者兢兢以自勉耶。」(《新唐書》
〈高祖紀〉) 神意若明顯而合理，則道德必失其效，善惡報應若皆得當，
則善惡便非道德 (惡行將因此大減而善行將因此變質)，困惑是構成道
德問題的要素，「上帝自有計畫」乃是行善必備的信念，藉此決疑即能
有為，否則道德淪為習俗或法律，即使普受遵守亦無神聖的意義 76。

　　善有善報而惡有惡報是道德的觀點，然因其未必合於事實，故亦
為信仰的觀點，由此可見道德思想必有信仰成分。不論善惡果報是否
真實，主張道德則須加以肯定，故曰「報應之勢各以類至，其道然
矣。」(《漢書》〈刑法志〉) 77 「報應之來固難得而妄說，但……高明在
上，定自有知，不可謂神冥昧難信。」(《北齊書》〈樊遜傳〉) 78 然若稱
「善惡之報若影隨形」(《舊唐書》〈張士衡傳〉) 79，這不僅為誇張而且
為迷信，因為事果如此則無須這般宣傳，果報觀念乃是必要的信仰，

子》〈說符〉：「行善不以為名而名從之，名不與利期而利歸之，利不與爭期
　而爭及之，故君子必慎為善。」

75.《新五代史》〈趙犫傳〉：「君子之罹非禍者，未必不為福；小人求非福者，
　未嘗不及禍。」

76.《明史》〈五行志〉一：「夫苟知天人之應捷於影響，庶幾一言一動皆有所警
　惕，以此垂戒，意非不善，然天道遠人道邇，逐事而比之，必有驗有不驗，
　至有不驗則見以為無徵而怠焉。」

77.《宋書》〈謝晦傳〉：「天道微於影響，人事鑒於前圖，未有蹈義而福不延、
　從惡而禍不至也。」《忠經》〈證應〉：「惟天監人，善惡必應。」《廿二史劄記》
　〈宋齊多荒主〉：「劫運煩促中仍有報施不爽者，可以觀天咫矣。」

78.《敬軒文集》〈禎槐堂記〉：「凡德善之積無有不報，但時之希闊踈遠有似乎
　落落而難信者，及夫天定勝人則若合符契於左右手，蓋無絲毫之爽焉。」

79.《崔亭伯集》〈大理箴〉：「天鑒在顏，無細不錄，福善災惡，其儆甚速。」

故勸善者皆謂「善惡之報各如其事」（《漢書》〈梅福傳〉），「事雖無顯報，理合有陰功」（羅隱〈寄大理徐郎中詩〉）80，但吾人不可因此堅稱報應有其定律。「古聖王必以鬼神為〔能〕賞賢而罰暴」（《墨子》〈明鬼〉下），好人必信「雖吉凶報應未皆影響，總而論之積善多慶」（《北史》〈齊本紀〉上），因為「人事雖可罔，天道終難欺」（《白氏長慶集》〈讀史〉四），所以「人惡，人怕天不怕；人善，人欺天不欺。」諺曰「善惡若無報，乾坤必有私」，此說於超越性問題顯有不知，但確已有相關的警覺或感受，在信念上不可謂錯誤，同時也具有道德勇氣。善有善報是正統的倫理學思想，這是務本的道德觀，故曰「如使仁而無報，奚為脩善立名乎，斯徑廷之辭也」（《劉孝標集》〈辨命論〉），此非道德的功利主義，而是衛道的理想主義；反之，善無善報的想法是一種邪念惡意，這是以現象為真相的偏見，故曰「世之治也，行善者獲福，為惡者得禍，及其亂也，行善者不獲福，為惡者不得禍，變數也。」（《中論》〈脩本〉）一般的果報說不是辯論果報之有無，而是強調果報信仰的重要，這主要是對於報應不速所作的解釋，其無奈之深正反映其信心之堅，所以果報論者的行動旨意不過是「善惡到頭終有報，只爭來早與來遲。」善惡果報必為教育的主張，這是義利兩全之事，若此舉有愚民之虞，乃是由於「見山是山」的初步觀點與深度思想，表面相符而內涵有別，然其實並非二致，故以報應之說勸善雖嫌淺薄但無誤導。傳統中國的道德化神意說以為「皇天無親，惟德是輔」（《左傳》僖公五年引周書言）81，「天道福善禍淫」（《尚書》〈湯誥〉）82，「鬼神不順無

80.《淮南子》〈人間訓〉：「夫有陰德者必有陽報，有陰行者必有昭名。」（《說苑》〈貴德〉作「隱行」）

81.《老子》七十九：「天道無親，常與善人。」《國語》〈晉語〉六：「天道無親，唯德是授。」《真誥》〈運題象〉四：「大道不親，唯善是與；天地無心，隨德乃矜。」《三國志》〈魏文帝紀〉：「天命不于常，惟歸有德。」《遼史》〈耶律曷魯傳〉：「天道無私，必應有德。」《魏書》〈李彪傳〉：「皇天，輔德者也。」《說

德」(《後漢書》〈光武帝紀〉下),「為善者天報之以福,為不善者天報之以禍」(《荀子》〈宥坐〉),此類傳道說法實以勸善為主而以儆惡為輔,因為善為本而惡為末,惡是善的敗壞後果,從善即可消惡;然以神道設教者則宣稱「天地有司過之神,隨人所犯輕重,以奪其算」(《抱朴子》〈微旨〉) 83,其所以強調「天之罰神」(《說苑》〈辨物〉),乃為嚇阻惡性較強的凡夫起心動念,這表示善人可以勉勵,而惡人應予警戒,其道雖為一貫,但因材施教須有異方。諺云「善神相逢,惡神遠去」,善的力量必強於惡,報應亦當以善報為先而惡報其次,正如道德問題包含善惡,但道德一名意謂善而非惡,善惡共存必是惡附著於善,上帝若在則必是善神,因為惡有自毀性(惡即是壞),惡神根本無法自立,所以果報大義是在賞善之餘方才罰惡,故曰「天若不知有罪,則何以使下國勝?」(《國語》〈吳語〉)

道德是神命,所以道德觀念是一種信仰,因此善惡報應的問題也須以信仰態度處之,這即是自信有福而甘心受禍。古諺有謂「心苟無瑕,何恤乎無家」(《左傳》閔公元年),因上帝決定一切,行善作惡皆是神命,所以有德即有神恩(未為惡當感慶幸而非驕傲),「善人者天所厚也」(《宋學士集》〈蟠松說〉),又何以善無善報而怨天尤人。「積善之家必有餘慶,積不善之家必有餘殃」(《周易》〈坤卦〉),「積德累行,不知其善,有時而用;棄義背理,不知其惡,有時而亡」(枚乘〈上書諫吳王〉),「多行不義必自斃」(《左傳》隱公元年),「多行無禮必自及」(《左傳》襄公四年),為善者自感慶幸尚且不及,豈有羨慕行惡得善之時,何況「脩善尚不蒙福,為邪欲以何望?」(《世說新語》〈賢媛〉) 84 善

　　苑》〈權謀〉:「皇皇上帝,其命不忒,天之與人,必報有德。」

82.《國語》〈周語〉中:「天道賞善而罰淫。」《抱朴子》〈廣譬〉:「天居高而鑒
　　卑,故其網疏而不漏;神聰明而正直,故其道賞真而罰偽。」

83.《元氏長慶集》〈翰林承旨學士記〉:「陰騭之神必有記善惡之餘者。」

84.《世說新語》〈賢媛〉:「趙母嫁女,女臨去,敕之曰:『慎勿為好!』女曰:

有善報而惡有惡報乃是道德的期望或合理的觀念，故「君子有不幸而無有幸，小人有幸而無不幸」（《論衡》〈幸偶〉），「君子得禍為不幸而小人得禍為常，君子得福為常而小人得福為不幸」（《困學紀聞》〈左氏〉），因此君子在當仁不讓之餘，也應坦然受報，以促進報應之道。如此，「君子不以小言受大祿，不以大言受小祿」（《禮記》〈表記〉），有功者「度德拜爵，量績受祿」（《張河間集》〈應間〉），此為推展正義，不應謙讓，蓋「功之受賞也，可傳繼之道也，君子雖不欲，亦必將受之」（《柳柳州集》〈非國語〉下「董安于」）85──可見固執「為善不欲人知」乃是錯誤──否則便是沽名釣譽，假公濟私，而有違真理的一貫性或道德的普世性。善惡報應既為理所當然，個人必須承受其事，也應盡力加以推行，「史之為用也，記功司過，彰善瘅惡，得失一朝，榮辱千載」（《史通》〈曲筆〉），這即是替天行道的人為果報，堪稱世上最大的慈善事業。果報的觀念是基於道德責任的主張，責任不可轉移，報應也不可牽連，於是「有罪必罰，罰必當辜」（《北史》〈韓顯宗傳〉），然而賞善重於罰惡，善報優於惡報，這是天道的本質，也是人道的期望，所以「罰弗及嗣，賞延于世」（《尚書》〈大禹謨〉）86，「譽猶可過也，毀不可過。」（《鶴林玉露》〈前褒後貶〉）

道德是神命，行善是認命，人為報應亦當服從天命，所以「罪疑惟輕，功疑惟重」（《尚書》〈大禹謨〉）87，蓋善有善報較惡有惡報更符合（接近）至善之理──相對而言惡有惡報是人道而善有善報是天道

「不為好，可為惡邪？」母曰：「好尚不可為，其況惡乎？」

85.《左太冲集》〈詠史〉三：「功成不受賞，高節卓不群。」

86.《南史》〈柳惔傳〉：「罰不及嗣，賞延于後。」

87.《尚書》〈大禹謨〉孔安國注：「刑疑附輕，賞疑從重，忠厚之至。」《漢書》〈于定國傳〉：「罪疑從輕。」《文獻通考》〈刑〉十一「赦宥」北周宣帝時京兆郡丞樂運上疏曰：「刑疑從罰，罰疑從免。」《朱子語類》〈中庸〉一：「如有人似有功又似無功，不分曉，只是從其功處重之；有人似有罪又似無罪，不分曉，只得從其罪處輕之。」

——事情可疑而不可決是神意使然，於是人不能以私意獨斷，甚至不可以經驗常識裁定，故須罪疑從輕，以免冤枉好人，且應功疑從重，以鼓勵好事，此乃善有善報的思慮。同理，「賞不欲僭，刑不欲濫，賞僭則利及小人，刑濫則害及君子，若不幸而過，寧僭無濫，與其害善，不若利淫。」（《荀子》〈致士〉）88 總之，善待善人較嚴懲惡人更重要，為免傷害好人，有時不得不優待壞人，尤其「失生即生，失殺即死」（《新序》〈節士〉），錯殺不如錯放，所以「與其殺不辜，寧失不經」89，這是以善人為主的道德考量，也是敬畏上帝的謹慎作法。雖然，果報是人道思想，應使其盡快實現於世間，不應坐視不義而寄望來世的報應，真正的好人必欲犧牲自有善報以促成惡有惡報，故其強調的重點是「天討有罪」，而其重視的問題是「刑濫則小人道長，賞謬則君子道消」（《貞觀政要》〈論刑法〉），於是「君子不患過乎重，常患過乎輕；不患過乎厚，常患過乎薄也。」（《皇極經世》〈觀物外篇〉下）由此可知，替天行道者其實是以人道而非天道做事，其觀點是好人之見而未必是上帝之意，畢竟真理具有超越性，不是求道者所可知，人只能學習上帝所能，卻不能學習上帝所為，因為行道是為淑世，而神意常無法理解，在天不從人願時，人只能堅持良知而為，卻不可順其自然而放縱沈溺，如此乃不致自絕於天，而反得以倚天通神。

　　善合天理，故惡必違天，行惡得善僅為一時情狀，絕非終極果報，易言之為惡已是不蒙天恩，豈可能變成好事，故曰「可以死而不死，

88.《左傳》襄公二十六年：「善為國者賞不僭而刑不濫，賞僭則懼及淫人，刑濫則懼及善人，若不幸而過，寧僭無濫，與其失善，寧其利淫。」《呂氏春秋》〈開春〉：「善為國者賞不過而刑不慢，賞過則懼及淫人，刑慢則懼及君子；與其不幸而過，寧過而賞淫人，毋過而刑君子。」《北史》〈蘇綽傳〉：「與其殺無辜，寧赦有罪；與其害善，寧其利淫。」

89.《左傳》襄公二十六年引夏書言，可見於《尚書》〈大禹謨〉。《新書》〈大政〉上：「與其殺不辜也，寧失於有罪也。」

天罰也。」(《列子》〈力命〉)「夫天之所棄，必驟近其小喜，而遠其大憂」(《國語》〈吳語〉)，然則「天之假助不善，非祚之也，厚其凶惡而降之罰也。」(《左傳》昭公十一年) 所謂「天之疾惡也，常有以助之」(《李泰伯集》〈潛書〉十三)，這不能以事實看待，而須以寓意思考，因為善惡皆是上帝所安排，依理神不需惡化惡以毀滅惡，然而惡既是神所不愛，小人得勢自當是惹禍上身而不該沾沾自喜，所以上進者不消為惡有善報之事懷憂喪志，卻應於此深思神意的巧妙計畫。「夫兵事者危物也，不時而勝、不義而得，未為福也」(《管子》〈問〉)，施行惡政而成功最是可怕，因為政權是人間最大的勢力，政治不救人則反將害人，故人君「驕侈而克敵，是天益其疾也，難將作矣。」(《左傳》成公十七年) 惡人囂張不可能終有福報，但不可因此認定其將有災難，蓋人之作惡實由神命，惡有惡報若為終極之理，則上帝若非自相矛盾也是多此一舉，顯然惡有惡報較善有善報更難理解；其實善有善報是道德本義，惡有惡報是由此反推所得的觀點，正如「惡是善的不足」，惡報乃是善報的遺念餘事，也因此善報可曉而惡報難懂，這有如「惡是善的產物」一樣不可思議。不論如何，善人對善有善報可安心接受，惡人對惡有惡報卻不能歡喜認可，善有善報即使不真然卻合理，惡有善報雖為事實但極無理，所以「道而得神是謂逢福，淫而得神是謂貪禍」(《國語》〈周語〉上)，「德不純而福祿並至謂之幸，夫幸非福，非德不當雍，雍不為幸。」(《國語》〈晉語〉九) 90 「無德而望其福者約，無功而受其祿者辱」(《戰國策》〈齊宣王見顏蠋〉)，「唯厚德者能受多福，無德而服者眾，必自傷也」(《國語》〈晉語〉六) 91，故曰「善人富謂之賞，淫人富謂之殃，天其殃之也，其將聚而殲旃。」(《左傳》襄公二十八

90.《後漢書》〈竇武傳〉：「瑞生必於嘉士，福至實由善人，在德為瑞，無德為災。」

91.《國語》〈晉語〉六：「夫德，福之基也，無德而福隆，猶無基而厚墉也，其壞也無日矣。」

年）好人不在意善無善報，卻對於無善而獲善報極感不安，「聖人甚禍無故之利」（《戰國策》〈秦王謂公子他〉），因為真理超越理性而非無理，不合理即為無道，所以「無德而富貴者固可豫弔也」（《潛夫論》〈遏利〉）92。行惡得善本是天命而非人意，無須為此更加醜化惡人，然惡人若以此自寬則是惡上加惡，因為行惡得善已有兩惡，僥倖待之則成三惡，如此「惡是惡的報應」，不知此理而以無禍竊喜，更將自陷於罪惡的淵藪，誠為可悲，蓋「凶人不終，命也；作凶事、為凶人，不助天，其助凶人乎？」（《左傳》昭公二年）93

　　善惡非因賞罰而致，卻是因意念而起，在道德上人人皆是自主的心靈，「舉天下以賞其善者不足，舉天下以罰其惡者不給，故天下之大不足以賞罰。」（《莊子》〈在宥〉）好人做事只是「強為善而已矣」（《孟子》〈梁惠王〉下），並不問報酬94，然而「賞所以勸善也，辭賞，亦非常法也」（《新序》〈節士〉），君子入境隨俗，故能守法而不拒賞罰，此非媚世而是勸世。因為凡夫不知道德自主之義，但知善惡有則，故傳道者須顧及人性而倡導「標準化」的道德觀，避免高風亮節被誤認為特立獨行，以致是非混淆而善惡顛倒。善有善報而惡有惡報是道德正義，所以君子「以直報怨，以德報德」（《論語》〈憲問〉），絕不奢談「報怨以德」（《老子》六十三）95，因其不足為訓，故曰「以德報怨亦是私」（《朱子語類》〈論語〉二十六）96。「以直報怨」是秉公處私，「以惡報惡」則為假公濟私（《穀梁傳》僖公二十三年）97，其實乃是自我推

92.《漢書》〈景十三王傳〉贊：「亡德而富貴謂之不幸。」

93.《真誥》〈甄命授〉二：「惡人害賢猶仰天而唾。」

94.《朱文公文集》〈跋程宰登瀛閣記〉：「古之君子施而不望其報，祀而不祈其福，蓋以為善為當然，而天人之間應若影響者自不容已也。」

95.《禮記》〈表記〉；「以德報怨，則寬身之仁也。」

96.《三國志》〈孟光傳〉：「夫赦者偏枯之物，非明世所宜有也。」

97.《論衡》〈譴告〉：「用惡報惡，亂莫甚焉。」《新唐書》〈源休傳〉：「以血洗血，污益甚爾。」

翻，因為報應若有理則必出於天意而非人謀，況且不具善意即不能為善，故「懷惡而討不義，君子不予也。」(《公羊傳》昭公十一年) 98 道德是公理，行善可謂執行公務，善惡報應乃是公道，故不可私行；好人行善只是「求仁得仁」，其心若非不求善報，便是深知「善是善的報應」，又何與人計較 99。「為惡或免於禍，然理無可為之惡，為善或未蒙福，然理無不可為之善，此主理言也，天下孰有尊於理者哉……以理即感得禍蒙福，斯應之矣，蓋未有感而無應者。」(《潛邱劄記》〈跋太上感應篇〉) 如此，「功者自功，禍者自禍，欲望其賞罰者大謬」(《柳柳州集》〈天說〉)，而深明此義者自覺已受厚報，乃更無所求，故「聖人不積，既以為人己愈有，既以與人己愈多。」(《老子》八十一) 真正的好人既不求善報，其高德亦難以報答，因為偉大的善行富有神聖性，而極其可敬者不需加以稱許 (如上帝不應加以讚美)，故「大恩不言謝」，而「重德不報」(《史記》〈鄭世家〉) 100。「為善一、為惡均，而禍福異其流、廢興殊其跡，蕩蕩上帝豈如是乎？詩云『風雨如晦，雞鳴不已』，故善人為善，焉有息哉。」(《劉孝標集》〈辨命論〉) 101 善惡報應對求道者而言只是世間的善法，不是永恆的真理，君子行善即是行道，而行道是求道的義務，豈另有所圖，故以果報觀念求道乃是心術不正，其所求至多僅是善而非真，然善出於真，求善而不求真已為不善，又

98.《資治通鑑》〈漢紀〉二十：「君子以正攻邪猶懼不克，況……以邪攻邪，其能免乎。」

99.《陔餘叢考》〈成語〉：「但知行好事，莫要問前程。」

100.《史記》〈龜策傳〉：「盛德不報。」庾肩吾〈和太子重雲殿受戒詩〉：「重善無論報，輕毛庶有因。」《李義山文集》〈為東川崔從事謝辟啟〉：「雖有命以酬，實無言可謝。」

101.《劉孝標集》〈辨命論〉：「修道德、習仁義、敦孝悌、立忠貞、漸禮樂之陶潤、蹈先王之盛則，此君子之所急，非有求而為也；然則君子居正體道，樂天知命，明其無可奈何，識其不由智力，逝而不召、來而不距，生而不喜、死而不慼。」

何以臻於至善。

三、道德綱目及其實踐

中國文明對道德的高度重視反映於其「禮儀之邦」的自許，因為在中國文化中禮為道德的體現[102]，其範圍甚為廣大，而其精神甚為崇高，雖然這多有想像之處。中國傳統對禮的定義本極神聖，幾有視為真理之意——故曰「禮莫重於祭」（《明史》〈盧洪春傳〉）[103]——這雖誇張但不虛偽，其情顯露中國真理觀的超越性不足或現實性強烈[104]。崇禮者宣稱「禮者天地之序也」（《史記》〈樂書〉）[105]，或謂「禮者道之中也」（《公是先生弟子記》）、「禮者人道之極也」（《荀子》〈禮論〉）[106]、「禮者德行之本也」（《公是先生弟子記》）、禮者「世教之主也」（《李泰伯集》〈禮論〉一），諸說皆強調禮具有真理性，不是社會約定俗成的規則[107]，故「禮不必皆出於古，求之義而稱、揆之心而安者，皆可舉也。」（《渭南文集》〈寧德縣重修城隍廟記〉）在「六經」之中，「禮」的討論最富有真理論述的性質，可見中國文化所認知的禮，原是天道觀念下的人道設計[108]，故曰「夫禮，先王以承天之道，以治人之情」（《禮記》〈禮運〉），又曰「夫禮必本於大一，分而為天地，轉而為陰陽，變而為四時，列而為鬼神，其降曰命，其官於天也。」（同上）[109] 如此，宇宙有

102.《曾文正公全集》〈筆記〉「禮」：「舍禮無所謂道德。」

103.《舊五代史》〈禮志〉下：「禮莫重於奉先。」

104.宗教社會不是「禮儀之邦」，因為虔誠的信仰反對儀式的講究 (ritualism)，中國文明缺乏宗教性，其重禮態度是「天人參半」的世界觀反映，畢竟是神聖性不足。

105.《陳同甫集》〈經書發題〉「禮記」：「禮者天則也。」

106.《李泰伯集》〈禮論〉一：「夫禮，人道之準、世教之主也。」《黃氏日抄》〈讀禮記〉五「禮器」：「禮之近人情者，非禮之至也。」

107.《明史》〈邵經邦傳〉：「禮唯至公乃可萬世不易。」

108.《讀通鑑論》〈五代〉中五：「酌道之宜乃可以制禮。」

其次序，人間因而亦有秩序，於是「禮之大意存乎明天下之分」（《蘇文忠公集》〈禮以養人為本論〉），「君子爭禮，小人爭嘴」，其所爭之不同正在於人是否應當「去爭」。社會要安定有序則人須各守本分，所以「禮以分為重」（《宋史》〈胡銓傳〉）110，「定人之謂禮」（《史記》〈晉世家〉），要之，禮者綱紀也111；進一步言，「禮有分異之義」（《後漢書》〈循吏列傳〉），「尊卑有分，上下有等，謂之禮」（《阮嗣宗集》〈樂論〉）112，「禮者所以別嫌明微」（《日知錄》〈繼母如母〉），「學禮所以求不疑」也（《經學理窟》〈禮樂〉）。然而「禮無生而貴者」（《晉書》〈禮志〉下），「自敬，禮之至也」（《法言》〈君子〉），有數乃能有禮（故曰「禮數」），行禮不是彼此限制，卻是表達個性以使各得其所，故禮為安人之道。在中國傳統思想中，禮與樂的性質或意義有相對性（論禮之見常出現於論樂之文113），「樂，象陽也；禮，法陰也」（《白虎通義》〈禮樂〉），「樂者為同，禮者為異，同則相親，異則相敬」（《史記》〈樂書〉）114，此說未必切實允當，然其宇宙論式的解釋具有神聖的精神，這使禮樂的價值更受敬重，而人倫更為隆重，顯然禮不是儀式而已。

　　道德是行為準則，而禮亦然，所以禮為道德的體現，易言之，禮的本原或根據是道德，而一切道德的性質皆是禮的內涵，所謂「禮尚往來」即表示禮為通行之理，故人人均應有禮，正如人人均應有德。

109.《通典》〈禮〉一「禮序」：「夫禮必本於太一，分而為天地，轉而為陰陽，變而為四時，列而為鬼神，其降曰令，其居人曰義。」《禮記》〈禮運〉：「夫禮，必本於天，殽於地，列於鬼神。」《白虎通義》〈禮樂〉：「夫禮者，陰陽之際也，百事之會也，所以尊天地、儐鬼神、序上下、正人道也。」

110.《資治通鑑》〈周紀〉一：「禮莫大於分。」

111.《資治通鑑》〈周紀〉一：「何謂禮？紀綱是也。」

112.《長短經》〈定名〉：「禮者履也，進退有度，尊卑有分，謂之禮。」

113.禮為主而樂為輔，故論樂者常需兼論禮。

114.《荀子》〈樂論〉：「樂合同，禮別異。」《隋書》〈音樂志〉上：「禮定其象，樂平其心，外敬內和，合情飾貌，猶陰陽以成化，若日月以為明也。」

如此,「禮者義之文也」(《韓非子》〈解老〉),「行修言道,禮之質也」
(《禮記》〈曲禮〉上),或可謂「禮也者理也」(《禮記》〈仲尼燕居〉) 115,
「禮者所以文鄙行也」(《鹽鐵論》〈毀學〉),故「未教,不足與為禮也。」
(《儀禮》〈士昏禮〉) 禮是據理而行的動作與措施,所以「禮無虛加,故
必有其實,然後為之文」(《鹽鐵論》〈孝養〉) 116,並且「禮也者,由體
也」(《孔子家語》〈曲禮子貢問〉),「外飾之所以諭內也」(《韓非子》〈解
老〉),「有禮無體」誠為「禮之賊也」。總之,「禮者,則天地之體,因
人情而為之節文者也」(《韓詩外傳》卷五) 117,故曰「禮,報情反始也」
(《禮記》〈樂記〉),此與求道所圖的「反璞歸真」意義相似。禮既為合
理的行為準則,所以「禮與法表裡也」(《司馬法》〈天子之義〉) 118──
禮法常並稱──「禮禁未然之前,法施已然之後」(《史記》〈太史公自
序〉) 119,於是有謂「出禮入刑」(故「童禮」並不重要120),意即「禮
之所去,刑之所取,失禮則入刑」(《後漢書》〈陳寵傳〉),然則「禮者所
以御民也」(《晏子春秋》〈諫下〉二十五),其道與法治不同之處是禮以教
育導民,可謂柔性的勸善。「禮制凡品,不拘上智;法備小人,不防君
子」(《隋書》〈李穆傳〉),然「守法者不以禮廢刑,居禮者不以法傷義」
(《陳拾遺集》〈復讎議狀〉),禮法共存是世情不美的現象,亦是其改善
之道。「夫禮,所以整民也」(《左傳》莊公二十三年),「禮者民之紀」
(《晏子春秋》〈諫下〉十二),故謂「禮者為政之本」(《魏書》〈禮志〉四),

115.《禮記》〈樂記〉:「禮也者,理之不可易者也。」
116.《朱文公文集》〈講禮記序說〉:「禮者履也,謂昔之誦而說者,至是可踐而
　　履也。」
117.《禮記》〈坊記〉:「禮者,因人之情而為之節文,以為民坊者也。」
118.《曾文正公全集》〈孫芝房侍講芻論序〉:「古之學者無所謂經世之術也,校
　　禮焉而已。」《宋書》〈禮志〉一:「夫有國有家者,禮儀之用尚矣。」
119.《公是先生弟子記》:「禮之為貴也,用於未亂,而不用於已亂。」
120.《禮書》〈童子屨〉:「童者未有知未有與也,先王制禮則寬之而不嚴、略之
　　而不詳。」

而為化解人際衝突，「禮讓」一義特別受主政者提倡，乃至有說「讓，禮之主也」(《左傳》襄公十三年)，或說「讓，德之主也，讓之謂懿德。」(《左傳》昭公十年) 121 其實行禮應當講理，講理則當仁不讓，故依禮未必退讓122，禮讓之說有所不妥，不可一概而論，可見禮俗富有政治性要素，即因其用意是「禮者所以救淫也」(《淮南子》〈本經訓〉)，所以「禮多人不怪」的怪說也因此流行。

禮是道德的體現，然非道德的本身，故「禮者，成化之所宗，而非所以成化也」(《新論》〈法術〉)；因此，執禮者若忘禮之為理，則將虛有其表而淪為空洞甚至虛偽之舉，所以所謂「行禮如儀」實為失禮。行禮如不合理或乏真情乃為欺人，而有情有理之禮必有節度 (故曰「禮節」) 123，因為情理一致則不濫情也不做作 (智者必自制)，「禮繁者實心衰也」(《韓非子》〈解老〉) 124，於是「禮煩則亂」(《尚書》〈說命〉中) 125，「禮勝則離」(《禮記》〈樂記〉)，而「禮疑從重」之說 (《晉書》〈禮志〉中) 未必得當，蓋所有的禮儀問題均可且應以理智裁斷 (禮儀問題絕無超越性)，何況「禮與其奢也寧儉」(《論語》〈八佾〉)。禮須合理，所以失理之禮不為禮，如「男女授受不親，禮也；嫂溺援之以手者，權也」(《孟子》〈離婁〉上)，「禮有變正又有從宜」(《陳書》〈沈洙傳〉)，「拘禮之人不足與言事」(《商君書》〈更法〉)，通理者必達情，講理者必有禮，故「禮疑從理」。同理，「禮者，因人情為文」(《韓詩外傳》卷二)，所以「禮尚從俗」(《新論》〈隨時〉)，標新立異必為非禮，

121.《晏子春秋》〈雜下〉六：「讓者，德之主也。」《陵川集》〈讓說〉：「讓也者，禮之本、義之方、克己之要、求仁之術也。」

122.《讀通鑑論》〈漢文帝〉二：「君子之謙，誠也。」

123.《明史》〈禮志〉十四「服紀」：「人情無窮，而禮為適宜。」

124.《梁書》〈孝行傳〉：「孔子稱『毀不滅性』，教民無以死傷生也，故制喪紀，為之節文。」

125.《呂氏春秋》〈適威〉：「禮煩則不莊。」

而禮既使人親愛生敬，禮若不是行道之舉，則將反成「道之賊也」，故為禮者若無道心也應有誠意。老子曰「夫禮者，忠信之薄，而亂之首」（《老子》三十八），此說所表現的憤世嫉俗態度，一方面是出於對真理的懷疑，另一方面是因為對事實的不滿，這顯示禮的浮濫早已成為嚴重的通病，而其原因是人有善意卻善意不足，故偽善成性，虛禮成習；然不論如何，禮是德行，無知的善行固非道德，但畢竟不是壞事──「行而未知者雖未為至德亦可為敏德」（《吳文正集》〈學則序〉）──有口無心念經總比不念經要好，禮若不能體現道德，至少也有節制惡行的作用，故「禮，與其亡也，寧有」（《穀梁傳》哀公元年），如必以完善為善，則天下不僅無善可言，且將陷於一片惡風，因為人不能自愛則必相殘。

　　嚴格而言，禮並不是一項德目，而是所有善行的象徵性表現（常淪為表面性作為），所以有禮的人不必是深具道德感的人，真正有德的人乃是仁慈的智者或明智的仁者。**中國傳統中最受重視的德目是仁、義、信、勇、孝五者**，然仁義一貫，信義相合，義勇共生，仁勇同道，於是可見其旨為二，此即仁義與孝，故「仁孝」常合稱而「孝義」常並舉；但中國文明的主流精神是人文主義，人文主義的內涵一言以蔽之即是「仁」，由此可見若中國道德觀的主要德目有二，這應是仁與孝而非義與孝，而孝與仁的相通性實高於孝與義（中國文明重仁而西方文明重義），此為中國文明以人文主義為本的佐證，也是人文主義以仁為宗的輔證126。在中國道德觀之中，仁為義之原，而信與勇皆本於義，此外孝乃是仁的基本表現，而仁既為道德的最高原則，「百善孝為先」的意義其實是「仁為善本」，這又可由「信勇出自義而義出自仁」一理證明127。總之，中國的道德綱目簡單而平易，其中心精神為仁而主流

126.《敬軒文集》〈蕭敩仁字說〉：「夫道之至大者莫大於仁。」《朱文公文集》〈克齋記〉：「性情之德無所不備，而一言足以盡其妙，曰仁而已。」《陵川集》〈仁論〉：「仁也者道德之要，所以盡性存心焉者也。」

善行為孝，整體的道德氣氛溫和而安詳，此為中國文明的「生活化」（而非「理想化」）取向表現。

仁的意義即是為人的意義，人為萬物之靈，所以仁的精神便是「高貴」，然而人有原罪而不完美，缺陷與困境使人備感艱辛，於是仁心即為同情心，慈悲可謂仁的本質。中國文明缺乏超越性信仰，因此人的宇宙地位被高估，做人的道德情操也受溢美——故「妄譽，仁之賊也」（《法言》〈淵騫〉）——仁的價值與性質乃有如天道，這是中國真理觀深度不足的呈現，也是中國道德觀境界高超的展現。在儒家的觀點中，「夫仁，天之尊爵也」（《孟子》〈公孫丑〉上），或者「仁者人心之天理」（《朱子語類》〈論語〉七），人之成仁是為自我提升以達天人合一，故曰「修道以仁」（《中庸》二十）。仁是完美人格的素質，而完人有能者多勞及隨緣行善的義務，所以由己及人或由近及遠的推恩是施仁之道，此所謂「仁者人也，親親為大。」（《中庸》二十）仁者可謂人類的代表，能仁即是善體人情，慈悲即是博愛，故曰「親而不可不廣者，仁也。」（《莊子》〈在宥〉）仁為人道，人道可施用於個人與群體卻不可限於自己，所以「無私便是仁」（《朱子語類》〈論語〉二十三）——易言之「公者人之所以能仁也」（《南軒集》〈仁說〉）——修仁者視人如己，然而「自愛，仁之至也」（《法言》〈君子〉），因為人心相同，愛己便知愛人，捨己為人固為大仁，但自卑以尊人絕無法求仁。仁則有愛，然愛不必有仁，因為仁為公心而愛常是私意，故曰「以德愛者仁也」（《王臨川集》〈九變而賞罰可言〉），「愛不足以盡仁……公則仁，仁則愛。」（《朱子語類》〈性理〉三）道德須有道理，合理切當方才為善，「人皆有所不忍，達之於其所忍，仁也」（《孟子》〈盡心〉下），所以「唯仁者能好人，能惡人」（《論語》〈里仁〉），「君子而不仁者有矣夫，未有小人而仁者也。」（《論語》〈憲問〉）「仁以不害物為名」（《世說新語》〈政事〉），然仁是至人

127.《宋元學案》〈明道學案〉上「識仁篇」：「仁者渾然與物同體，義禮智信皆仁也。」

之德，而「人為萬物之靈」的事實已顯示世間不是圓滿之域，因此聖人行善也必然有所選擇而有所犧牲，於是「慈故能勇」（《老子》六十七），而無勇不能圖善，故「仁者必有勇，勇者不必有仁」（《論語》〈憲問〉），「有勇見於外，必有仁於內。」（《越絕書》〈計倪〉）

　　仁而無情須是有勇，有勇乃因有義，可見「仁者必有勇」意謂仁義相成 128。仁與義關係密切 129，仁在天人之際，義在真善之際，天為真理境域，人為道德生命，所以天人之際與真善之際相當，而仁與義相近 130。中國傳統文人或主「仁為義之本」，或主「義為仁之本」，其思想雖有差異，但其觀念絕不對抗，蓋仁的精神是人文主義，義的立場是正義公理，而為人的可貴在於行義，故仁義互通，並無分歧 131。雖然，仁為人道，義為天理——「仁者，人也；道者，義也」（《禮記》〈表記〉）——天高於人，故義重於仁；中國所以有「仁優於義」之見，這是其文明缺乏超越性信仰而推崇人文主義所致，但中國學者亦有「義先於仁」之說，這又顯示企圖突破人文主義的求道者不乏其人。義為天理，故仁義相關而相對的觀點表示仁為崇高之善，然不識天道者乃認定仁已是至德，義理當由此而發，所以其見以為「仁者義之本也」（《禮記》〈禮運〉），「義者仁之事也」（《韓非子》〈解老〉），「言仁可以賅義」（《戴東原集》〈孟子字義疏證〉「仁義禮智」），取義是為成仁。其實道德出於真理，而「仁以為質，義以為理」（《韓詩外傳》卷六），所以義乃是仁之根據，不義必然不仁，而不仁未必不義；「仁，是以親親；義，是以尊賢」（《戴東原集》〈原善〉上），尊賢之道貴於親親，可見義高於

128.《魯齋遺書》〈家語亡弓〉：「語仁而不及義非仁也，其流必入於兼愛；語義而不及仁非義也，其弊必至於為我。」《龜山集》〈答伊川先生〉：「仁之過其蔽無分，無分則妨義；義之過其流自私，自私則害仁。」

129.《朱子語類》〈論語〉八：「聖人將仁字與義字相同說。」

130.《康齋集》〈日錄〉：「仁之至，義之盡。」

131.《朱文公文集》〈答董叔重〉八：「義行則仁存，未有違義而可以為仁也。」

仁，故「君子處仁以義，然後仁也。」(《荀子》〈大略〉) 無力評斷仁義
之高下者，常對比仁義而不論其主從關係，如謂「仁以博愛，義以除
惡」(《中論》〈智行〉)，或謂「溫柔，仁之本也；貞烈，義之資也」(《隋
書》〈列女傳〉)，又有謂「以仁安人，以義正我，故仁之為言人也，義
之為言我也」(《春秋繁露》〈仁義法〉)，凡此皆是牽強的對應性說法，其
意誇張而含混，因為所有德性均有其大小輕重不同的地位，而不可能
有平等相對之情，所謂「內仁外義」之說早為孟子所駁斥[132]，若仁義
同等重要，則道德選擇於此根本無法進行，可知仁義必有先後之別，
否則為善者不能有仁或有義。蘇軾曰「仁可過也，義不可過也」(《蘇
文忠公集》〈省試刑賞忠厚之至論〉)，其說所以不當是因顛倒仁義高下之
序，但其分辨二者本末之作法實為必需，此為論者所不可迴避的問題。
正義為最高的德行，常使人有不近人情之感，而仁慈為同情的表現，
普遍受人敬愛，然道德是服從神命而非順從人心之舉，天人不諧時自
應以天為尊，仁義不能兩全時本該捨仁取義，「義者仁之斷」(《朱子語
類》〈周子之書〉)，有仁之人無不忍之仁，「惟其義盡，所以仁至」(《宋
史》〈文天祥傳〉)，不義而仁其實有害，故仁者無敵乃因義無反顧。

　　義為應當，「當然是義」(《朱子語類》〈孟子〉二)，義務為不得不做
的事[133]，義務性是人面對真理時的責任感，可見義出於道，故曰「道
義」。「仗正道曰義」(《容齋隨筆》〈人物以義為名〉)[134]——簡言之「正者
義也」(《文子》〈道德〉)——而「道無不理，義也」(《莊子》〈繕性〉)，
故「義者理也」(《新書》〈道德說〉)[135]。「凡物必有所以然之故，亦必有
所當然之則，所以然者理也，所當然者義也。」(《吳文正集》〈評鄭夾漈
通志答劉教諭〉) 義本乎道而道為事理，故「義也者，萬事之紀也」(《呂

---

132. 見《孟子》〈公孫丑〉上與〈告子〉上。

133. 《正蒙》〈中正〉：「不得已，當為而為之，雖殺人皆義也。」

134. 《申鑒》〈政體〉：「正者，義之要也。」

135. 《荀子》〈大略〉：「義，理也。」

氏春秋》〈論威〉)，然則「義者本心之當為，非有為而為也」(《宋史》〈張
栻傳〉)，「爭一言以相殺，是義貴於其身也，故曰萬事莫貴於義也。」
(《墨子》〈貴義〉)「義者循理而行宜也」(《淮南子》〈齊俗訓〉)，易言之
「義者宜也，斷決得中也」(《白虎通義》〈性情〉) 136，然因義基於理而
理有高下，故「義者宜也，尊賢為大。」(《中庸》二十)「義載乎宜之謂
君子，宜遺乎義之謂小人」(《淮南子》〈繆稱訓〉) 137，「義無二信」(《左
傳》宣公十五年)，「善善惡惡為義」(《朱子語類》〈性理〉三)，所以「德
人必有義」(《潛夫論》〈釋難〉)，義士乃是知行合一者。義為真理所體現
的最高道德，所以義為正義或公義，「士立義不爭」(《新序》〈義勇〉)，
且「不以私行義」(《新序》〈雜事〉三)，而為臣者「義而行，不待命」
(《左傳》定公四年)，因人須就義而義不從人，故「義者，非能遍利天
下之民也。」(《淮南子》〈主術訓〉) 如此，「遠而不可不居者，義也」(《莊
子》〈在宥〉)，人之行義常須勉強，而義理所在多無疑義，無疑則應強
行，故曰「人皆有所不為，達之於其所為，義也。」(《孟子》〈盡心〉下)
總之，義為最高的德目，「君子義以為上，君子有勇而無義為亂，小人
有勇而無義為盜」(《論語》〈陽貨〉) 138 ── 所謂義勇軍常為亂眾暴民
── 為人須見義勇為，「見得思義」(《論語》〈季氏〉)，而因義有深意奧
理，不可曲解濫用，故「妄毀，義之賊也。」(《法言》〈淵騫〉)

　　義既是最高的道德精神，各項德目必皆與義有關，亦即皆出於義，
故前述五大德目中義與其他四者皆常並稱，而有「仁義」、「信義」、
「義勇」、「孝義」諸詞，可見義為通貫之德。重視道德的社會性功用
者最重視忠信的價值，有謂「忠，德之正也；信，德之固也」(《左傳》
文公元年)，信是人際約定的實踐，「人無信不立」139，社會運作需人有

136.《法言》〈重黎〉：「事得其宜之謂義。」

137.《周書》〈孝義傳〉：「義在合宜，惟人賴以成德。」

138.《嘉祐集》〈心術〉：「惟義可以怒士，士以義怒，可與百戰。」

139.《論語》〈顏淵〉：「民無信不立。」《周易》〈繫辭〉上：「人之所助者信也。」

信，故「信之為功大矣，信立則虛言可以賞矣。」（《呂氏春秋》〈貴信〉）
「守命共時之謂信」（《左傳》僖公七年），人之守信乃由於義 140，故曰
「信近於義，言可復也」（《論語》〈學而〉），然則信實為小德，其本質
在於義，無義而信必將亂德 141。「言以信名」（《國語》〈周語〉下），然君
子「不言而信」（《周易》〈繫辭〉上），因其本為有義，故無庸信誓旦旦
以取信於人，可知「大信不約」（《禮記》〈學記〉），「必諾之言不足信
也」（《管子》〈形勢〉），「信而喜信於人者可誑也」（《長短經》〈將體〉）。
「可欲之謂善，有諸己之謂信」（《孟子》〈盡心〉下），信本於義而義為
高德，故「信之所以為信者道也」（《穀梁傳》僖公二十二年），守信即是
守道，其義是盡己而非忠於他人。「所貴信者，為其遵所理也」（《呂氏
春秋》〈當務〉），所以「大人者，言不必信，行不必果，惟義所在」（《孟
子》〈離婁〉下）142，小人崇信乃因無能或因無情 143，而結黨營私者更
以忠信互許，故「大姦似忠，大詐似信。」（《宋史》〈呂誨傳〉）信為忠
道，不道則不可言信，然求道者少而講信者多，可見「信言不美，美
言不信」（《老子》八十一），「盟者不相信也，故謹信也」（《穀梁傳》僖公
五年）144，人所以重信顯然是因不信神，蓋對天負責即是自我負責，
人際保證不是負責之義，難怪發誓是最不可信的承諾。

　　道德為神命，認命為義務，所以道德是責任，而負責的態度乃為
勇，故行善須有勇氣，善人必是勇者。「勇，志之所以敢也」（《墨子》
〈經上經說〉上），「養志者忘身」（《韓詩外傳》卷一）145，是以果敢，無

140.《陳拾遺集》〈復讎議狀〉：「信人之義，其政必行。」

141.《穀梁傳》僖公二十二年：「信而不道，何以為道。」

142.《長短經》〈詭信〉：「孔子曰『君子貞而不諒』，又曰『信近於義，言可覆
　　也』，由是言之，唯義所在，不必信也。」

143.《左傳》昭公元年：「武將信以為本，循而行之。」

144.《史記》〈孔子世家〉：「孔子曰：『要盟也，神不聽。』」

145.《鹽鐵論》〈非鞅〉：「惻怛之忠誠，心動於內，忘禍患之發於外，志在匡君
　　救民，故身死而不怨。」《呂氏春秋》〈知分〉：「生，性也；死，命也。」

志之勇實為莽撞，有所思而動方是果決，故「不疑之謂勇」（《韓非子》
〈解老〉），無知則不能有勇。勇為道德的要素，敗德之舉不可謂為勇，
「所貴於勇敢者，貴其能以立義也」（《禮記》〈聘義〉）146，故「見義不
為，無勇也」（《論語》〈為政〉）。「義以生勇，勇以成義」（《讀通鑑論》
〈梁敬帝〉一），而「君子勇於義，小人勇於氣」（《二程語錄》〈外書〉），
其異在於道德意識之有無，「剛毅勇敢，不以傷人」（《荀子》〈非十二
子〉），有勇氣者必有善謀，勇非求勝而為自責，若感不安即有不義，
知過能改亦是勇，故曰「知恥近乎勇」（《中庸》二十）147。「勇者不避
難」（《孔子家語》〈屈節解〉），殺身成仁為極致之勇，然「知死必勇，非
死者難也，處死者難」（《史記》〈廉頗傳〉），蓋道德源於知識，有勇無謀
不能立德，「以義死用謂之勇」（《國語》〈周語〉中），「死而不義，非勇
也」（《左傳》文公二年），故「勇不虛死」（陳琳〈檄吳將校部曲文〉），「專
死不勇」（《漢書》〈韓王信傳〉）。「士之為人，當理不避其難，臨患忘利」
（《呂氏春秋》〈士節〉），然「慷慨赴死易，從容就義難」（謝枋得〈卻聘
書〉）148，「勇者不必死節」（司馬遷〈報任少卿書〉），君子「不枉義以從
死」（《說苑》〈立節〉），「以死為義者，不足以立功」（《晏子春秋》〈雜上〉
二），正義之舉有時是忍辱求生，因為認命而活可能較喪志而死更艱
苦。總之，勇是執行道德責任的精神力量，其念為「安危在是非，不
在於強弱」（《韓非子》〈安危〉），依理勇不是無所不敢，而可能是「勇於
不敢」149，此即有所不為，因為勇的立場是大我，個人榮辱無關勇怯，
所以擇善固執便是勇敢，以私害公即是懦弱150。

146.《東萊博議》〈魯莊公圍郿〉：「勇者以義不當校，故勝其私心而不校，使遇
　　義所當校者，出其餘勇天下已不能當矣。」

147.司馬遷〈報任少卿書〉：「恥辱者，勇之決也。」

148.《近思錄》〈政事〉：「感慨殺身者易，從容就義者難。」

149.《老子》七十三：「勇於敢則殺，勇於不敢則活。」

150.《新序》〈義勇〉：「懼者吾私也，死義吾公也，聞君子不以私害公。」

　　能使凡夫克制其不義之勇的首要心思是**孝**，而志士勇者成仁取義所須超越者亦是孝道，可知孝是人倫之德，它是基本而自然的善行151，因此總成為超凡入聖的障礙或挑戰152。所謂「百善孝為先」其實不意味孝是最高德性，而是表示孝是基礎德行，因其近乎本性，不太需要勉強──「孝由天性，何須設教」（《北史》〈李德林傳〉）153──所以孝親本為人倫，卻多被視作天倫，雖然天人確有相通之處。親屬關係是人間現象（後天性），然其安排是出於神意（先天性），道德是神命而行善是認命，所以孝順是為人子女的責任，其為道德之屬絕無疑義。人皆有親，「思修身，不可以不事親」（《中庸》二十），盡孝的義務隨人之成長而增，又隨人之年高而益須傳授後代，因其事與人生共始終，凡人一生對孝道意義的體認且愈老愈深（「養兒方知父母恩」），故曰「夫孝，德之本也，教之所由生也。」（《孝經》〈開宗明義章〉）對常人而言，孝是做人的根本道理，有心但不識大道者更認為「人之行莫大於孝」（《孝經》〈聖治章〉），而因孝道極有益於社會倫常或階級秩序的鞏固，所以統治者皆極力加以提倡，以致不孝竟成為僅次於不忠的大罪154。孝是人道，但它反映天道，亦即宇宙次序，因為孝的要求暗示一種個人在世的地位或角色，這使統治者亦得自我肯定，故帝王所見是「孝悌，天下之大順也。」（《漢書》〈文帝紀〉）「君子之事親孝，故忠可移於君」（《孝經》〈廣揚名章〉），易言之「移孝作忠」所以可行乃因良民「資於事父以事君」（《孝經》〈士章〉）155──「忠臣出於孝子之門」

151.《陳書》〈孝行傳〉：「孝者百行之本，人倫之至極也，凡在性靈孰不由此。」

152.宗教社會重視神人關係而非親子關係，世俗性強的社會反是，故強調孝；所謂「事親如奉神」（《道德指歸論》〈上德不德篇〉），乃為信仰不深之見，因為人絕不可以神比擬。

153.《西山文集》〈孝友堂記〉：「孝友之性得之於天，有不待學而能致其所以為孝友者，非學亦莫之識也。」

154.《孝經》〈五刑章〉：「五刑之屬三千，而罪莫大於不孝。」

155.《周書》〈孝義傳〉：「孝始事親，惟後資於致治。」

──如此「孝立則忠遂矣」(《文中子》〈周公〉)，於是「以孝治天下」便成為中國傳統的道德化政治觀 156。孝為民事而非政務，但孝道竟對政治的安定大有貢獻，這顯示道德具有普世性價值，諸善相長互通，行善義利兩全，雖然小善應為大善犧牲，而政治安定之善未必大於孝道之善。

孝道其實不是大善，它是平常之德，但人若無大事即應篤守小善，「孝弟也者，其為仁之本與」(《論語》〈學而〉)，「不孝者生於不仁」(《孔子家語》〈五刑解〉) 157，所以育德應以孝道為始，行善當從孝順做起。孝雖是小德，但親子關係是天命，而孝以順為主，若父母有不當的言行，子女須衡量輕重以對，在「大義滅親」的關頭到來之前，不可以理毀情，此事極其困難，其所含有的天意考驗是不容忽視的上帝啟示。「在孝子固以恩事親，而在仁人當以義率祖」(《明史》〈禮志〉六「獻皇帝廟」)，「可以從而不從是不子也，未可以從而從是不衷也，明於從不從之義，而能致恭敬忠信端愨以慎行之，則可謂大孝矣。」(《荀子》〈子道〉) 然而在日常小事中，「天下無不是的父母」，「事親有隱而無犯」 158，於是「事父母幾諫，見志不從，又敬不違，勞而不怨」(《論語》〈里仁〉) 159，因孝親是克己復禮而難以自白的事，所以「以敬孝易，以愛孝難。」(《莊子》〈天運〉)「孝子揚父之美，不揚父之惡」(《穀梁傳》隱公元年)，儘管「子為親隱，義不得正」(《韓詩外傳》卷四) 160，

156.《說苑》〈政理〉：「治民以孝為本。」

157. 老子曰：「絕仁棄義，民復孝慈。」(《老子》十九) 此說以孝慈為不仁不義，顯不可信，或者其說以為「道消德長」，這使善惡皆成無理，更為荒謬；若道德是人自然之舉，則絕仁棄義之事不可能出現，如此依其理孝慈亦無從產生，可知道家「有道無德」，而此情證明其道錯誤虛假。

158.《禮記》〈檀弓〉上：「事親有隱而無犯……事君有犯而無隱。」

159.《禮記》〈曲禮〉下：「為人臣之禮不顯諫，三諫而不聽則逃之；子之事親也，三諫而不聽則號泣而隨之。」

160.《莊子》〈天地〉：「孝子不諛其親，忠臣不諂其君。」

然而「不私其父，非孝也」(《新序》〈節士〉) 161，因為親子關係富有天命性質，不似朋友可以為理絕情，故孝道問題最迫人省思善惡的輕重差異以及天人關係，而不能概依準則規範行事，其神聖性與神秘性耐人尋味。「夫孝者，善繼人之志，善述人之事也」(《中庸》十九)，大孝的精神不是順從而是繼承，「三年無改於父之道，可謂孝矣」(《論語》〈里仁〉)，而「立身行道，揚名於後世，以顯父母，孝之終也」(《孝經》〈開宗明義章〉) 162；然則父母須有懿德壯志，子女方能實踐崇高的孝行，「上孝養志，其次養色，其次養體」(《鹽鐵論》〈孝養〉)，孝道的價值原來是與父母求道的程度相當，天下絕無背道之德，孝所以為道德實因上帝意欲所有人（親子雙方）皆為善者。由此可知，中國的道德觀雖可能在諸項德目的高低層次上有所誤解，但這對善惡的分辨並無妨礙或誤導，畢竟德為有道，求道若難以精進也必有得，而真在善之上，求道已是善，豈有因得道不成反倒為惡之事。

161.《史記》〈石奢傳〉：「不私其父，非孝子也。」《顏氏家訓》〈歸心〉：「孝子安家而忘國。」

162.《文中子》〈周公〉：「〔孝〕始於事親，終於立身。」《明史》〈禮志〉二「大饗禮」：「孝莫大於嚴父，嚴父莫大於配天。」

第九章　美感問題

第九章　美感問題

　　中國文明重情輕理，本應富有藝術性而缺乏知識性，然事實上中國文明富有藝術活動，但缺乏對藝術的學理性認識，其美學論述乏善可陳，而「為藝術而藝術」(art for art's sake) 的觀念幾乎不存，因為中國文明的重情輕理其實是傾心於生活涵養的表現，於是藝術的功能主要是增進情趣雅興與強化精神慰藉，故純粹性的藝術創作及理論性的藝術探討均不多見。中國的藝術是一種「生活藝術」，藝術是為美化生活或表達人生觀而存在，心靈的平靜是其寄望——故「自然」是首要的美感主張而「寫意」是主流的藝術風格 1 ——認真的美感思考非其所重，因為這樣的藝術態度將使生命的缺憾與辛苦更加顯露，所以平常的藝術思想「不登大雅之堂」，少有呈現於重要經典者，而正統著述對於藝術則高談闊論，常強調美育的道德意義而罕言美感本質 2。美學是哲學性知識，中國的知識觀並不博精，其美學更無可觀之處，因為美感問題是真理體系中的細枝末節，對此欲有見識須由大道推論而得，且須於知識本身（非實用性訊息）具有高度的重視方可，中國文明既以道德為宗，自然忽視藝術的真理性，或是必然主張一種道德化的美學，如此其藝術觀所呈現的中國學術消息實在微不足道。「琴棋書

---

1. 《歷代名畫記》〈論畫體工用搨寫〉：「夫失於自然而後神，失於神而後妙，失於妙而後精，精之為病也而成謹細。」《焚書》〈讀律膚說〉：「不克諧則無色，相奪倫則無聲，蓋聲色之來發於情性、由乎自然，是可以牽合矯強而致乎？」《法書考》〈集評〉：「張懷瓘云：『先其天性，後其習學，且以風神骨氣居上，妍美功用者居下。』」同上，〈筆法〉：「夫書者，心之跡也，故有諸中而形諸外，得於心而應於手。」《王摩詰集》〈畫學秘訣〉：「凡畫山水，意在筆先。」

2. 《朱文公文集》〈與張敬夫〉二十一：「藝者，所以養吾德性而已。」

畫」是中國文人生活方式的要素，但不是學者的專業或關懷，這表示中國文化是幽雅的卻不是靈慧的，亦即美好卻不美滿，其藝術使人安心而不令人感動，所謂品味多屬感性而少有理性，自我陶醉的作用乃較怡情養性更大。中國傳統對於美感問題討論最多的課題是文學與音樂，西方視為藝術主流的繪畫與雕刻（乃至建築），並不受中國衛道之士關心，蓋文學可以傳道而音樂可以治心，形象藝術卻易於使人遐想幽思而不易藉以引導情緒，顯然中國藝術的教育性甚高，但其思想性卻不深，因為修道式的藝術品大都美感不足而教條化有餘。由於注意藝術的教化意義，中國的藝術觀對於「真善美」的關係（以及美的標準）稍有討論，而於美的價值極少涉及，可見中國文化的藝術性不強，藝術的地位未受重視，但其社會性或工具性功用卻隨處皆在，這證明真理觀念不精則美感探索不深，中國真理觀的超越性太少，所以其藝術觀的現實性太強，中國的藝術創作成就不高也與此密切相關 3。

一、美感與真理

　　真善美的真理體系雖非中國文明所發明，然中國文明的求道立場亦使其認定美的意義不及善，而善的意義不及真，於是美與真的疏遠關係與輕重地位也為中國學者所察覺 4，同時美的素質含有善，或者美的本原出於真，也不乏其發現者 5。真理為至善，至善為完美，完

3. 中國的書法藝術獨樹一格，但難以向外傳播，其特殊性且是西方的發現，中國文人反少有自覺；中國的音樂單調貧乏，遠不如西方音樂豐富靈巧，其樂器與樂理尤其不足以與西樂相提並論；中國的繪畫在創作風格上不外寫意，其理念與技巧皆不如西畫精彩與多元，而在現代藝術推陳出新的潮流中，中國畫風更無一席之地。總之，中國的藝術專屬於中國，因其精神是中國特有的人文觀與天道觀，故不易流傳於異域。

4. 《王摩詰集》〈代陳司徒謝敕賜麟德殿宴百像詩序表〉：「經天緯地者聖人之文，多才多藝者元良之美。」

5. 《歷代名畫記》〈敘畫之源流〉：「夫畫者，成教化、助人倫、窮神變、測幽

美為美之極致，故「道則高矣美矣」(《孟子》〈盡心〉上)；如此，善不如至善，美不如完美，而不善則不美，故真在善之上，而善在美之上。由此可知，是真的必是善的，是善的必是美的；反之，是美的未必是善的，是善的未必是真的。美出於善而善出於真，或者真造成善而善造成美，真涵蓋善與美，美亦生於真，然美的意義或價值遠不及真，而愈美者愈富有善或真的素質，故曰「充實之謂美」(《孟子》〈盡心〉下) 6。因人有良知善性，無法安心以審美的態度看待不善的事物，於是不真則不美，而「溢美」為不美，蓋「溢美過實」(《論衡》〈是應〉) 7，「麗靡過美則與情相悖」(摯虞〈文章流別論〉)，所以「過悅必偽」(《文心雕龍》〈論說〉)，「兩喜必多溢美之言」(《莊子》〈人間世〉)，而「華而不實」畢竟無華。中國文明對於美的義理未能深究或直接解釋，但不因此而有「亂真」的美學，卻多有「反面說法」以表示無理則不美，這證明人性本善而善要求真且決定美，美而不善令人不安。不真之美「麗則麗矣，然未盡其理也」(《嵇康集》〈琴賦序〉) 8，不道之藝「美則美矣，亦非公義也」(《資治通鑑》〈陳紀〉六)，「目之所美，心以為不義，弗敢視也」(《尸子》〈貴言〉)，所以「非禮勿視，非禮勿聽」(《論語》〈顏淵〉) 9，沈溺於敗德的美感必是喪心病狂，而病態不為美事，美而不正其實是醜。

　　真善美一貫而以真為主，「辨於知者，美醜是非也，而因有好惡」(《戴東原集》〈孟子字義疏證〉「才」)，有知識乃有鑑賞能力，「通乎群藝之情實者，可與論道」(《中論》〈藝紀〉) 10，而無知者必無高雅的美

微，與六籍同功、四時並運，發於天然，非緣述作。」

6.《黃氏日抄》〈讀禮記〉六「郊特牲」：「祭祀器物皆不尚美而尚質。」

7.《左太沖集》〈三都賦序〉：「侈言無驗，雖麗非經。」《陸士龍集》〈逸民箴〉：「名者實之賓，位者物之寄，窮高有必顛之吝，溢美有大惡之尤。」

8.《遺山集》〈趙州學記〉：「可為美觀，而不可以夷考也。」

9.《北溪字義》〈禮樂〉：「接於視聽者所以養其耳目，而非以娛其耳目。」

感，所以「達道之化者可與審樂，好音之聲者不足與論律」（《阮嗣宗集》〈樂論〉），可見人人皆有其審美標準，但大多為錯誤之見。「君子而不知音樂，古之達論謂之通而蔽」（《曹子建集》〈與吳季重書〉），求道者探索貫通一切事物之理，而藝術亦在其中，故輕視美感者必然靈性不強而知識不足，雖然求道非以審美入門，而求道者亦不需著力於藝術創作11。以求道的實務而言，真善美的領域即是知識、道德、藝術三者，有知識必有道德，然有知識或有道德卻未必善於藝術，因為「藝即道之有形者也」（《小倉山房文集》〈與薛壽魚書〉），藝術創作需有技巧，而技巧需經練習以生──雖然學藝必須「以道進技」（《陵川集》〈敘書〉）12──所以有知識則必有美感，但治學者多非藝術家。「繪雪者不能繪其清，繪月者不能繪其明，繪花者不能繪其馨，繪泉者不能繪其聲，繪人者不能繪其情，然則言語文字固不足以盡道也」（《鶴林玉露》〈繪事〉），這一方面顯示知識重於藝術，另一方面表示單憑知識仍不足以成就藝術，於是可知人非完美的生命，無法才藝雙全，然應發揮個人所長，以成大器。不論如何，求知優於學藝，「為文謂之藝猶之可也，讀書謂之藝則求諸書者淺矣」（《二程語錄》〈游定夫錄〉），「古人以學為詩，今人以詩為學」（《鶴林玉露》〈以學為詩〉），這是本末倒置而玩物喪志的士風沈淪13。若文學屬於藝術，而有知即能文──作文的技巧亦為知識而非練習經驗所致──於此知識足可創造藝術，因為知必有言，而「言不貴文，貴於當而已，當則文」（《粹言》〈論學篇〉）14，

10.《宣和畫譜》〈道釋敘論〉：「藝也者，雖志道之士所不能忘，然特游之而已；畫亦藝也，進乎妙，則不知藝之為道、道之為藝。」

11.《墨池編》〈濟溪續書斷序〉：「夫書者，英傑之餘事、文章之急務也，雖其為道賢不肖皆可學，然賢者能之常多，不肖者能之常少也，豈以不肖者能之，而賢者遽棄之不事哉。」

12.《周書》〈沈重傳〉：「道為藝基。」

13.《三魚堂文集》〈曹魯元交友尺牘跋〉：「古之以一藝名者，皆有不可一世之意……嗚呼，此其所以為藝而遠於道也。」

這證實真即是美。總之，「凡物皆有可觀，苟有可觀，皆有可樂」（《蘇文忠公集》〈超然臺記〉），美源於善而善源於真，所以真為大美，「取美於宏壯」（《文心雕龍》〈雜文〉）乃有盛美，「美麗」(the beautiful) 不如「崇高」(the sublime) 之美，美的因素是真理性，美的程度是完美性，「功以權成，化與道合，君子歡其德，小人悅其美」（《三國志》〈呂岱傳〉），此非求道者不重美而是所重為壯美。

　　表現美感與真理關連最密者乃是文學，因為文學常為抒情之作，然人在感性之外又有理性，傳情必須憑理，且情理一致方能盡情抒懷而無不安，同時思想觀念的提升可使情意境界更高，有助於感動人心，所以文學之美實乃由於情節道理，修辭藝術絕非首要，聲韻格律更是其次 15。「懇惻者辭為心使，浮侈者情為文使」（《文心雕龍》〈章表〉），「言宣則力減，文勝則意虛」（《宋史》〈葉味道傳〉），以辭害意是因為美而犧牲真，如此無理豈能有趣，故為文的原則是「因事以陳辭」（《韓昌黎集》〈答胡生書〉），單為美感而作文是無病呻吟，這或許有自娛娛人之樂，但絕無可喜可觀之處。「道者文之本也」（《公是先生弟子記》）16，「文者貫道之器也」（李漢〈集昌黎文序〉），「文人而不說經可也，說經而不能為文不可也」（《小倉山房文集》〈虞東先生文集序〉），然則「文章一小技，於道未為尊」（《杜工部集》〈貽華陽柳少府詩〉）17，故「文章以華采為末，而以體用為本」（《蘇文忠公集》〈答喬舍人啟〉），能辨本末謂之文德。「文所以載道也」（《周濂溪集》〈通書〉「文辭」）18，「道者文之

14.《陸象山集》〈語錄〉下：「文以理為主，荀子於理有蔽，所以文不雅馴。」

15.《履齋示兒編》〈破題道盡〉：「為文有三難，命意上也，破題次也，遣辭又其次也。」

16.《宋學士集》〈白雲稿序〉：「文本乎經。」同上，〈王君子與文集序〉：「三代無文人，六經無文法。」

17.《魏文帝集》〈典論論文〉：「蓋文章，經國之大業，不朽之盛事。」

18.《陵川集》〈原古錄序〉：「道非文不著，文非道不生。」《元史》〈儒學傳〉一：「儒之為學一也，六經者斯道之所在，而文則所以載夫道者也，故經非

根本，文者道之枝葉……理精後，文字自典實」《朱子語類》〈論文〉上），易言之「志足而言文，情信而辭巧……精理為文，秀氣成采」（《文心雕龍》〈徵聖〉），其義是「真則美」，所以「聖人之文雖不可及，然大抵道勝者文不難而自至也。」（《歐陽文忠公集》〈答吳充秀才書〉）19「文者以明道」（《柳柳州集》〈答韋中立論師道書〉），明道即是講理，故「文所以為理」（《韓昌黎集》〈送陳秀才彤序〉）20，「言文而不及理，是天下無文也。」（《文中子》〈王道〉）「理得而辭中」（《文心雕龍》〈詔策〉），「理定而後辭暢」（《文心雕龍》〈情采〉），然「非辭之難，處辭為難」（《文心雕龍》〈祝盟〉），「言愈多，於道未必明，故言以簡為貴」（《粹言》〈心性篇〉）21，子曰「辭達而已矣」（《論語》〈衛靈公〉），其意是美出於真。「辭多則史，少則不達，辭苟足以達，義之至也」（《儀禮》〈聘禮〉），所以「義典則弘，文約為美」（《文心雕龍》〈銘箴〉），「辭語者以信順為本，以詭麗為末」（《潛夫論》〈務本〉）22，能掌握要義才能用詞簡約，文句華美而含意空洞有似詐欺，可見無知則無德而無德即不美，所謂含蓄之美實為蘊藏知性與德性的典雅美感。

　　音樂特有一種「空靈」感23，與現實事物關係不密，因其難以具體形容，故可能為有心者用以論道，而別具神聖意義，這即是中國文明的音樂觀取向。中國的文化風情偏向嚴謹而乏活潑純真之性，此景

文則無以發明其旨趣，而文不本於六藝又烏足謂之文哉？由是而言，經藝文章不可分而為二也明矣。」

19.《陳白沙集》〈與張廷實主事〉三十四：「自古未有足於道而不足於言者也。」《曾文正公全集》〈致劉孟容書〉：「能文而不能知道者或有矣，烏有知道而不明文者乎。」

20.《李文饒集》〈文章論〉：「君子以言可教於人謂之文。」

21.《震川先生集》〈雍里先生文集序〉：「以為文者，道之所形也。……夫道勝則文不期少而自少，道不勝則文不期多而自多，溢於文，非道之贅哉。」

22.《文心雕龍》〈物色〉：「詩人麗則而約言，辭人麗淫而繁句。」

23.《周書》〈沈重傳〉：「至樂形於鐘鼓之外。」

清楚呈現於音樂格調中，因為音樂創作極需靈感創意或深情篤志，若乏此心則樂風必然僵固沈穩而不生動自然。傳統的中國音樂常為禮儀的伴奏，少有其獨立存在的地位[24]，且其聲律刻板嚴肅，不太表現常人心情或生命感懷，彷彿是外在的精神旋律[25]；然中國音樂的主要功用是教化，士人「修樂以道志」（《禮記》〈禮器〉）[26]，卻因上帝信仰淡薄而現實精神強烈，以致音樂的神秘感甚微，道德性則太濃，而娛樂性竟不足。中國音樂的成就極低，但它竟是中國美學討論的重點，可見中國文明的美感認知或藝術思想實不高明，而其所含的真理觀念卻頗為顯著（不論正誤）。中國的傳統音樂觀以為「樂者，所以動天地、感神祇、調陰陽、通人鬼」（《魏書》〈樂志〉）[27]，「天機啟則律呂自調，六情滯則音律頓舛」（《南史》〈陸厥傳〉），故「聖人作樂，以應天地之和，以合陰陽之序」（《通典》〈樂〉三「歷代製造」），於是「聲音之道與天地同和、與政通」（《經學理窟》〈禮樂〉）[28]，「而治亂之兆皆足聽而知之」[29]。此種「真理化」的音樂觀宣稱「樂有二，一曰姦聲，二曰正

24. 《北溪字義》〈禮樂〉：「禮先而樂後。」

25. 馬融〈長笛賦〉：「聆曲引者觀法於節奏、察變於句投，以知禮制之不可踰越焉。」

26. 《琴史》〈周公〉：「作之朝廷則君臣和而治本成，作之鄉黨則仁義修而人倫厚，作之閨門則父子親而家道正，作之庠序則師友悖而學藝成，琴之所補豈小哉，是以君子重之。」同上，〈師曠〉：「治平之世，民心熙悅，作樂足以格和氣，暴亂之世，民心愁慼，作樂可以速禍災，可不誡哉！」

27. 《南齊書》〈崔祖思傳〉：「樂者，動天地，感鬼神，正情性，立人倫，其義大矣。」《夢溪筆談》〈樂律〉一：「古之樂師皆能通天下之志，故其哀樂成於心，然後宜於聲，則必有形容以表之，故樂有志，聲有容，其所以感人深者，不獨出於器而已。」

28. 《宋史》〈樂志〉六：「張載曰：『聲音之道與天地通。』」

29. 《文獻通考》〈樂〉十五「樂歌」引陳暘《樂書》曰：「聲音之道實與政通，而治亂之兆皆足聽而知之。」《琴譜合璧》〈禮樂序〉：「王教者皆始於音，音

聲……不知聲者不可與言音，不知音者不可與言樂，知樂則幾於道矣」
（《北史》〈何妥傳〉），其主張實是「樂在人和，不在音也」《文獻通考》
〈樂〉二「歷代樂制」），所以「欲觀至樂必於至治」《呂氏春秋》〈制
樂）），顯然音樂是道德的工具而非單純的藝術，這表示中國的美感觀
點是「善生美」，而其美學中的真理觀實為道德主義，畢竟深奧的思想
無法以藝術展現。

二、美感與道德

中國文明的尚德觀念使藝術成為一種德業，藝術創作大受限制，
藝術理念也封閉固定，自由的精神與個性的表現極其罕見，因為道德
是行為準則，道德化的藝術僅有輔助性的勸善作用，所以藝術的價值
普受忽視。在真善美三者之中，真富有超越性而難以捉摸，善具有規
範性而確定不移，美含有變化性而巧妙靈活，由此看來真與美的性質
較為相似（不是相近），藝術的真理性雖不如道德所有者多，然其靈性
氣氛的表現卻較道德更為明顯，可見藝術若為道德服務，其美感性成
就必定不高，其傳道效用也不能充分發揮。美本於善而善本於真，美
與善當然關係密切，但美若僅為善而不求真，則美的素質或精神將遠
不及理想，這是藝術「為德不卒」所致的美中不足，中國藝術的困境
即在於此。在中國的天道觀之中，天人相應而實以人為本，於是「德
成而上，藝成而下」《禮記》〈樂記）），「美與善同意」《說文解字》
「美」），然「**善者美之實**」《朱子語類》〈論語〉七），藝術是道德的美感
式體現，故「盛德之士文藝必眾」《中論》〈藝紀〉 30，而其努力是欲
「進文藝於道德之歸」《王文成公全書》〈答南元善〉一）31。如此，在

正而行正，故音樂者，所以動盪血脈、流通精神、而和平心氣也。」

30.《遜志齋集》〈幼儀雜箴〉「書」：「德有餘者其藝必精，藝本於德，無為而
名，惟藝之務，德則不至。」

31.《寶真齋法書贊》〈張宣公書簡帖〉：「據德游藝，言立志通。」

精神意義上中國文人皆為藝術家，或者中國的藝術家並非專業人士，
而是涵養深厚的學者，雖然最好的藝術家確是富於某種學養的專家。
正因中國藝術家主要是治學的文士，所以中國的藝術主流是文學，或
說文學的藝術性在中國特為豐富，而藝術的道德性既然深受士人重視，
故「文以載道」乃成為中國最崇高的美學主張。中國傳統所謂「道」
常不過是「德」，於是文以載道之說其實是「文人之筆勸善懲惡也」
《論衡》〈佚文〉) 32，其範例即是史書的撰述，這使中國史學的文藝性
質濃烈而知識深度太淺。

　　道德化的美感當然不以美術為意，而是以美德為念 33，「先王制軒
冕所以著貴賤，不求其美；設爵祿所以守其服，不求其觀」《管子》
〈法法〉)，由於有義無情、有心無方，中國藝術的美感並不高，其形
式化 (stylization) 的風格長時因襲不改，有如教條化的宗教，宣傳有功
而開導無力。善在美之上，不善則不美，但若以道德原則支配藝術創
作則是以善代美，未為良計，畢竟美的存在有其意義（凡存在者皆有
其理），何況美的性質在善之外且含有真，為了善而取消美有違於真，
這不是替天行道，卻是目中無天。如此，「不善則不美」與「是美的未
必是善的」二義一致，可知完全不善當然絕對不美，不善的程度導致
美感增減，但世上並無全然的惡，所謂不善常是不夠良善而非一無是
處，故美必具有善與真，只是其素質皆不充分，而因美的層次不及善
與真，所以「雖不正也，於美猶可也。」《穀梁傳》定公二年）美有其善
而有所不足，這令人愛美又感其可恨，因此有謂「妖氣生美好，故美
好之人多邪惡」《論衡》〈言毒〉)，審美的感受其實是愛恨交加——雖
然愛恨常非相當——而其主因是道德要求未得滿意。「夫有尤物，足以
移人，苟非德義，則必有禍」《左傳》昭公二十八年），惡感與美感抵
觸，所以令人覺得不善的事物難以令人覺得美麗。「夫美也者，上下、

32.《潛夫論》〈務本〉：「詩賦者，所以頌善醜之德、洩哀樂之情也。」
33.《吳文正集》〈玄庵銘後序〉：「色之中正者黃也。」

內外、小大、遠近皆無害焉,故曰美;若於目觀則美,縮於財用則匱,是聚民利以自封而瘠民也,胡美之為?」(《國語》〈楚語〉上) 道德與藝術不同,然二者不能分離,不道德的藝術儘管可能仍有美感,但不易獲得重視,雖然只顧呈現道德主張的藝術也缺乏美感而使人厭惡,因為這是「假善欺美」,完全無視藝術的角色。美不及善,但神聖之美必有大善,然大部分藝術品僅具有小善所生之美感,而多數人也不欲或無力欣賞偉大的作品,所以合乎一般見解的藝術竟最受歡迎,因其「足以悅人而不足以移人」34,這表示凡人的道德觀念既不強亦不弱。為善棄美雖亦有失,若不得已而為之則可,以美蔽善則無論如何皆為不當,此乃得不償失,然而美感的價值雖不如善行與智識,但其吸引力可能最大,求道者須知「視不為惡色所蔽為明」(《朱子語類》〈尚書〉二),無法自持者當覺「美色令人目盲,美聲令人耳聾」(《王文成公全書》〈傳習錄〉上)35,孔子所以「惡紫之奪朱也,惡鄭聲之亂雅樂也,惡利口之覆邦家者」(《論語》〈陽貨〉),其意是在端正視聽而提倡合理之美。總之,美必有善,善則必美,然善勝於美,重善輕美尚可,因美害善則不可,雖然以善排美亦是不善不美。

　　道德可以理論,藝術難以理解,以道德立場闡釋藝術本質必為簡化,而中國的美學以文學與音樂為主要課題,文學本較易理論而音樂本不易理解36,然論者以道德標準評議二者,使文學更為平實而音樂更為單調,其性質差異因此減少。道德可以理論而文學本是言詞構造,

────────────────

34. 《蘇文忠公集》〈寶繪堂記〉:「凡物之可喜,足以悅人而不足以移人者,莫若書與畫。」

35. 《老子》十二:「五色令人目盲,五音令人耳聾。」道家自然主義本來反對藝術(藝術是人為的創作),所以王陽明所言「美色令人目盲,美聲令人耳聾」,較具批判性或解釋性的意義,而老子對於五色五音一概唾棄,全盤否定美術,其見缺乏說理辨駁的精神。

36. 《讀通鑑論》〈隋文帝〉九:「古之教士也以樂,今之教士也以文。」

所以文學的勸善作用甚大於音樂，這表示中國的道德化藝術觀對於音樂理應限制較小，然音樂若缺乏性靈情感則其自由神韻將大減，而這正是**音樂道德化**的後果，故中國的音樂美感極少而勸善的功能也極低。由於忽視音樂的靈性卻又強調其德性，中國的音樂觀近乎迷信，其傳統之見為「德音之謂樂」（《禮記》〈樂記〉），於是樂與音之異以善惡判定，制禮與作樂成為相輔相成的政治大事，而從事者須具適當的身分與操行，「人而不仁如禮何，人而不仁如樂何」（《論語》〈八份〉）37，「雖有其位，苟無其德，不敢作禮樂焉」（《中庸》二十八），藝術美感在此顯然不為所重。音樂既被視作德業，「君子反道以修德，正德以出樂」（《呂氏春秋》〈音初〉），而「聲音自當以善惡為主，則無關于哀樂」（《嵇康集》〈聲無哀樂論〉），如此「正樂者所以屏淫聲也」（《阮嗣宗集》〈樂論〉）38，「歌以詠志」（《魏武帝集》〈步出夏門行〉），學樂有如治身，寄情於美聲須有節制，故「所以調琴者禁也，禁人之邪心〔也〕」（《二程語錄》〈謝顯道記憶平日語〉）39；簡言之，「凡作樂者，所以節樂」（《史記》〈樂書〉），「樂者，通於倫理者也」（同上）40，「樂者，所以象德也」（《禮記》〈樂記〉），故「聞其樂可以知其德」（《元豐類稿》〈聽琴序〉），而

37.《朱子語類》〈禮〉四：「禮之誠便是樂之本，樂之本便是禮之誠。」《讀通鑑論》〈隋文帝〉九：「治心而後可以審音。」

38.《吹劍錄》三：「釋教以善道誘人，儒教猶得以并行；夷樂以淫聲蕩人，雅樂遂至於盡廢。」

39.《琴譜合璧》〈上古琴論〉：「琴者禁也，禁邪僻而防淫佚，引仁義而歸正道，所以脩身理性，返其天真，忘形合虛，凝神太和。……故視琴聽音可以見志觀治，知世道興衰之理。」《紅樓夢》八十六回：「琴者禁也，古人制下原以治身，涵養性情，抑其淫蕩，去其奢侈。若要撫琴，必擇靜室高齋，或在層樓的上頭，或在林巖的裡面，或是山巔上，或是水涯上，再遇著那天地清和的時候，風清月朗，焚香靜坐，心不外想，氣血和平，纔能與神合靈、與道合妙。」

40.《禮記》〈樂記〉：「凡音者生於人心者也，樂者通倫理者也。」

「在樂思善」(《國語》〈楚語〉下)，「論樂豈須鐘鼓，但問風化淺深」
(《通典》〈樂〉二「歷代沿革」下)，於是乃有「亡國之音」的說法41。
「子謂韶，盡美矣，又盡善也；謂武，盡美矣，未盡善也」(《論語》
〈八佾〉)，音樂的好壞當然與其道德內涵有關，但音樂若僅是道德之
聲則絕非天籟，也不足以抒發一般人的心情，中國的音樂高不成低不
就，這是其文化缺乏靈性而不重個性的反映，可見忽略「真」則將誤
會「美」。

三、美的標準及價值

　　道德化的美學觀呈現「善高於美」的主張，而道德化的真理觀承
認「真高於善」的原則，二者合而觀之則可見「真善美」的上下體系，
這表示中國文明精神實與西方一致，然而中國傳統學術對於「真與善」
及「善與美」的關係皆頗有論及，卻於「真善美」整體層次未有注意
(因忽略美的義理故不能整合真善美三者而呈現體系)，這是中國文明
不如西方精深的證據。即使如此，中國文明對於真善美三者的一貫性
絕不反對，而實有間接的認定，但同時「美無絕對而普遍的標準」竟
是流行的觀點，此與前見有所矛盾，這是因為中國的美感觀念以道德
為尚，於是美的自身不受重視，其價值常淪為道德的工具，而道德本
已廣受人心肯定，藝術的勸善用處事實上並不重大，所以美的標準未
為各方關注，因而未得產生權威性的統一答案，卻在任人解釋之下出
現不同的說法。由此可知，美的標準若非人人相同，或者美若無放諸
四海皆準的依據，則美的價值必因各人看法不一而低落，其貶值之勢
且隨眾說紛紜的加劇而惡化。中國傳統關於美的標準討論不多，絕對
與相對之說均有，而其主流或多數者之議是相對主義，可見在中國的
真理觀之中，美的地位過於卑微，美的價值太受藐視，雖然在現實生
活中文人愛美的程度可能非比尋常 (錯愛不是正確的美感)。

41.《讀通鑑論》〈隋文帝〉九：「盛世之音必不諧於衰世之耳。」

美是真理體系的下層素質，也就是真理問題中的小事，凡人對於大道已甚為無知，對於微義當然更不了解或在意，於是人性自大之氣橫生，美的標準見仁見智乃成審美通義，而在以訛傳訛的相互驗證過程中，「美為個人式的觀感」更形牢不可破。柳宗元曰「夫美不自美，因人而彰」（《柳柳州集》〈邕州柳中丞作馬退山茅亭記〉），這是中國美感觀的代表性說法，此與俗話「情人眼裡出西施」含意相似，可見中國的學者與匹夫在美學思想上差異不多，故「女為悅己者容」一說（《戰國策》〈趙策〉一），雖出自文士卻為大眾所公認。蘇軾曰「美惡在我，何與於物」（《蘇文忠公集》〈答畢仲舉〉一），白居易曰「始知無正色，愛惡隨人情」（《白氏長慶集》〈白牡丹〉），這也是獨斷的美感，在此想法之下「天下無正聲，悅耳即為娛，人間無正色，悅目即為姝」（《白氏長慶集》〈議婚〉），「麗於形者皆不相通」（《士翼》〈述言〉上），而「玉有定形而察之不同，非好相反，瞳睛殊也。」（《桓子新論》〈辨惑〉）然而「美色不同面，皆佳於目」（《論衡》〈自紀〉），易言之「好者不必同色而皆美，醜者不必同狀而皆惡」（《新語》〈思務〉），這一方面可能意味各人皆以私意審美，另一方面可能顯示個人審美的原則為一定而不隨物改易，如此普世絕對的美感標準若有似無，於是「古稱天下無正色，但恐世好隨時移」（《歐陽文忠公集》〈洛陽牡丹圖〉），不具永恆性卻有一時普遍性的美感觀點使人受害最深。莊子曰：「其美者自美，吾不知其美也。」（《莊子》〈山木〉）42 道家以自然為美，此乃反對審美（人定的美醜），抑或不信超越性的美感，表面上其說似有「美為絕對」的主張，其實美不能自生故不能自美，而人若不具審美天性，則美根本無從感受或呈現，可見道家的美感說法是虛假的美學，雖然它確有駁斥「美因人而異」的作用。快樂主義者必為相對主義者或個人主義者，蓋圖求心情平靜的人自不欲受制於崇高的標準，而率趨於自我作則的態度，所

---

42. 《左太冲集》〈詠史〉六：「貴者雖自貴，視之若埃塵；賤者雖自賤，重之若千鈞。」

以「美惡在我」的思想是凡夫一致的意見，這是最簡單的致樂之道，也是中國美學取向的心理因素。王安石曰：「美者自美，吾何為而喜？惡者自惡，吾何為而怒？」(《王臨川集》〈白鶴吟示覺海元公〉) 此說似為唯心論的反義，其想罕見，然美的絕對標準仍未獲得確認，不欲受美惡困擾而謀解脫的心思反而清楚表露，因此王安石又不免自相矛盾而稱「夫喜者非自外至，乃其中心固有以然也」(《王臨川集》〈通州海門興利記〉)，可見心情屬於「美」(而非「善」或「真」) 的層面，而追求快樂的捷徑是唯我獨尊。在中國傳統中，認定美為超然之理者僅是少數的求道者，所謂「聖人之喜怒不繫於心而繫於物」[43]，這即是據道審美，以服從道德一般的精神考量美醜，其念是「琴瑟鳴，不為無聽而失其調；仁義行，不為無人而滅其道」(《中論》〈脩本〉)[44]，可知好惡由義者皆是絕對美感的信仰者，雖然這不表示好人都有藝術高見。

人可能不信真理，但不可能否認真理的價值，不信真理者不應也不需評論真理的價值，接受真理之義者則無法輕視其價值，所以美的標準若在則美的價值必高，美的標準若無則美的價值必亂。真理是一切事情的標準，「沒有真理」是一種真理觀，「沒有標準」是間接的真理信念，故真理必真而所有事物皆有其價值。不論人是否察覺，美的標準確實存在，故曰「詩者人心之樂也，不以世之興衰而存亡」(《通志》〈序〉)，然則美的價值亦不以人心之變而改動，但標準是理而價值是情，未能情理合一者可能重理也可能重情，其重理者必忽視美的價值[45]，其重情者必曲解美的價值，可見美的價值向來未得適當的肯定，

43.《明道先生文集》〈答橫渠張子厚先生書〉：「聖人之喜，以物之當喜，聖人之怒，以物之當怒，是聖人之喜怒不繫於心而繫於物也，是則聖人豈不應於物哉，烏得以從外者為非，而更求在內者為是也。」

44.《三國演義》六十五回：「越之西子，善毀者不能閉其美；齊之無鹽，善美者不能掩其醜。」

45.《通志》〈樂略〉一「樂府總序」：「古之詩今之辭曲也，若不能歌之，但能

畢竟只有得道者能正確認知美的價值。中國的真理觀既不完整深刻，其美感論點當然偏差嚴重，因為美去真甚遠，而不真則不美甚矣。美與真一致，或說真貫通美，所以美可以傳真、可以傳道，於此中國士人確有所覺46，但因其忽視美的本質原理卻誇張其靈性意義（精神價值），以致關於美之為用常言之無物，或流於宣傳與說教。中國文明尚德，美的價值常被認為勸善，於是「樂不過以聽耳，而美不過以觀目，若聽樂而震、觀美而眩，患莫甚焉」（《國語》〈周語〉下），因為美的本身不受重視而其真理性也未得了解，所以美的價值有時更以「敗德壞事」而深受扭曲，所謂「紅顏薄命」即是病態的審美觀感47。中國古代「六經」早失其「樂」，這已反映中國文化缺乏藝術的純粹興意，而音樂竟是中國美學的主要課題，其道德旨趣顯示中國的音樂與美學皆無足觀，此情證明中國是信道有餘而求道不力的文明。總之，美是善與真的產物，美若不與善或真齊觀則美不自美，如此美將惡化而為醜，或者美將美化而為妖，中國傳統以善制美而不以真求美，故其美感不能盡善也不能盡美，因為盡美為善而盡善為真，真在善中亦在美中，不知真即不識美，不愛美則不念真，以善論美而不以真責善是半途而廢的求道，這是中國的文明病，或是靈性不足者的共同困境。

誦其文而說其義可乎？不幸腐儒之說起，齊魯韓毛四家各為序訓，而以說相高，漢朝又立之學官，以義理相授，遂使聲歌之音湮沒無聞。」

46.《歷代名畫記》〈敘畫之源流〉：「無以傳其意故有書，無以見其形故有畫，天地聖人之意也。」《圖畫見聞誌》〈敘自古規鑒〉：「文未盡經緯，而書不能形容，然後繼之於畫也，所謂與六籍同功、四時並運，亦宜哉。」同上，〈論氣韻非師〉：「揚子曰：『言，心聲也；書，心畫也；聲畫形，君子小人見矣。』」

47.白居易〈青塚詩〉：「禍福安可知，美顏不如醜。」

第十章　假道學的退縮心態

第十章　假道學的退縮心態

　　求道是上進，不求道是墮落，假道學則是退縮不前的心思1，然生命無可暫停，求道不進則退，所以依從假道學是表面求道而其實不求道的沈淪，此舉可能起於誤信，但畢竟是自欺所致，因為假道學是迎合人性的輕鬆看法，而以逸待勞或好逸惡勞的態度豈可能需要他人啟發2。中國的真理觀層次未達極致，此即上帝信仰不明不深，因而中國文明中的異端思想也不顯著，在真理認知有待提升的情形下，相對於進取的求道志業，意志消沈而良心不安者委身於假道學之中，以問道之名行自慰之實，其風之盛反映中國傳統富有信道精神卻知識不足的困境，同時呈現凡夫具有慧根但天資有限、或是人性本善而善性不強的窘況3。正如虛偽是肯定道德而難以從善的扭曲性作為，假道學是信仰真理而力不從心的偽裝式虔誠，其道所以流行乃因大道不行，但假道學自命為正道，絕非懷疑主義之屬，所以其害是在於混淆是非而不在於推翻公理，且其信仰者急於自我合理化而不重傳道，故其欺世之害實非巨大。假道學以退為進，終究有退無進，其消極態度誤己最甚，而其影響力極為有限；中國的假道學是真理探索難以為繼的流弊表現，因無崇高的上帝信仰加以批判，故能長久存在，但勢力始終不盛。中國的假道學可分為三類，此即中庸之道、虛無思想、與自抑主張，中庸之道是誤入歧途的儒家觀點，虛無思想是道家自然主義的中心理念，自抑主張是放棄為人使命的逃避路數，三者的共通處是反

---

1. 《遜志齋集》〈斥妄〉：「不能盡人之道而欲善其死者，此異端之惑也。」
2. 《西山文集》〈孟子要略序〉：「異端之學循人欲之私，所以咈其性也。」
3. 《朱文公文集》〈答程正思〉十二：「世學不明，異端蠭起，大率皆便於私意人欲之實，而可以不失道義問學之名，以故學者翕然趨之。」

對超越性義理而圖求心靈平靜4，其法未必是無為，但總是少思寡欲，以和為貴。如此，假道學所以為假乃因其不求真而求樂，樂雖非必假，但必是虛，且其境界低下（屬於「美」的層次），故假道學即使不是倒行逆施也是玩物喪志，而糟蹋最好的事是最壞的事，所以假道學畢竟是得不償失或惡多於善，可見求道不可能成為處世的手段，因為真理不是工具而人生的目的是實踐天職。

一、中庸之道

中國文明的超越性信仰淡薄，其唯德思想與現實精神強烈，因此邪門歪道不盛，蓋「方直不曲謂之正，反正為邪」（《新書》〈道術〉）5，「述正道而稍邪哆者有矣」（《法言》〈吾子〉），道學不興而邪說橫行未之有也，邪門歪道乃對應真理論述而生6——以此而言「凡叛道之人都是聰明漢」（《劉子遺書》〈學言〉三）——真理觀念模糊則「反其道而行」者無從著力，何況反道德與反現實的態度尤難見容於中國文化。「邪道者，迷識也」（《法言》〈寡見〉）7，求道之人當「去邪勿疑」（《尚書》〈大禹謨〉），然「苟無恆心，放辟邪侈無不為已」（《孟子》〈梁惠王〉上），如此則「亡正處邪」（《逸周書》〈王佩解〉），反而敗壞心術，加害世人。著迷於邪道者常「設教作怪」（《朱子語類》〈朱子〉十七），以圖自我肯定，此乃「非弘道以利物，惟飾智以驚愚」（《南史》〈梁本紀〉下），其害己實甚於害人，必自取其咎。中國人信道不篤，所以邪道不昌，為患最烈者不是異端之說而是遲疑之心8，因凡事不

4.《劉子遺書》〈學言〉一：「心無物累便是道，莫於此外更求道。」

5.《明史》〈陳音傳〉：「異端者，正道之反。」

6.《讀通鑑論》〈漢元帝〉五：「邪說之行於天下，必託於君子之道。」

7.《宋元學案》〈橫浦學案〉「張九成」：「人多不識異端，所以難去。」

8.《文山先生文集》〈送隆興鄒道士序〉：「兼人己為一致，合體用為一原，吾儒所以為吾儒也；重己而遺人，知體而忘用，異端之所以為異端也。」

求甚解，姑息妥協的風氣無孔不入，論道的態度多為和解，於是各式似是而非的觀點紛陳，人心徘徊於求道與縱情之間，共同造就一種「無為而為」的太平假象，在此極端的謬論固無立足之地，真正的理想也無發達之機。

　　由中國成語可知中國人對真理的曖昧態度，如「大公無私」、「天真無邪」、「守正不阿」、「頂天立地」、「安分守己」、「義正辭嚴」、「理屈詞窮」、「強詞奪理」、「天怒人怨」、「德高望重」、「洗心革面」、「清心寡慾」、「癡心妄想」、「喪心病狂」、「心服口服」、「恣意妄為」、「玩世不恭」、「憤世嫉俗」、乃至「人情世故」諸說，均顯示對真理的堅持或正確認知，蓋「大公」乃能「無私」、「天真」才會「無邪」、「守正」必然「不阿」、「頂天」而後「立地」、「安分」便將「守己」、「義正」方能「辭嚴」、「理屈」必致「詞窮」、「強詞」是為「奪理」、「天怒」重於「人怨」、「德高」才可「望重」、「洗心」先於「革面」、「清心」自將「寡慾」、「癡心」即將「妄想」、「喪心」最是「病狂」、「心服」然後「口服」、「恣意」導致「妄為」、「玩世」必將「不恭」、「憤世」必定「嫉俗」、而「人情」造成「世故」；相反地，「安身立命」9、「安貧樂道」、「尊師重道」、「師嚴道尊」、「敬老尊賢」、「大逆不道」、「橫行霸道」、「志同道合」、「恩深義重」、「忘恩負義」、「心安理得」、「通情達理」、「合情合理」、「息事寧人」、「年高德劭」、「忠君愛國」、「國泰民安」、乃至「怡情養性」、「多愁善感」等說則不恰當，蓋「立命」貴於「安身」10、「樂道」方能「安貧」、「重道」先於「尊師」、「道尊」乃及「師嚴」11、「尊賢」優於「敬老」、「不道」才是「大

9.《傳燈錄》卷十：「安身立命。」《水滸傳》第二回：「那里是用人去處，足可安身立命。」

10.《鮑明遠集》〈園葵賦〉：「樂道安命。」《孝經》〈開宗明義章〉：「立身行道，揚名後世。」

11.《新書》〈大政〉下：「道者教之本也。」《宋書》〈禮志〉一：「尊道而貴士

逆」、「霸道」所以「橫行」、「道合」方為「志同」、「義重」高於「恩深」、「負義」惡於「忘恩」、「理得」才可「心安」、「達理」才能「通情」、「合理」勝於「合情」、「寧人」方得「息事」、「德劭」不必「年高」、「愛國」重於「忠君」、「民安」乃能「國泰」、「養性」強於「怡情」、而「善感」乃覺「多愁」。總而言之，中國文明肯定真理卻有所忽略，而其忽略主要出於逃避，逃避之事無非天人交戰，然天人交戰無可逃避，安心者不得心安，故立說以自安必為詭辯，而詭辯不盛行於中國，因為中國人畢竟不重知識，其自安之道只是「退一步海闊天空」。

　　求道是在求生之時──不是「之餘」──進行，這不意味求生重於求道，卻是表示求道是求生的目的，或者生存是為發現與發揚生命的意義。求生止於死亡，求道亦然，但求生當適可而止，求道則應無所不至，求生是求道的基礎，卻非求道的根據，蓋生命有時而道理無窮，生活稍有安頓即應求知問道，安身不是立命的原由，因為嚴格而言安身永無妥當無虞之時，若必安身乃可立命則求道遙遙無期，故求道可與求生並進而不可為其犧牲，即因「安身立命」之說不合正理，故有謂「安心立命」，這是求生必須求道的天良呼籲[12]。安身立命一說不是儒家正統之見，而是儒道複合的論調[13]，其意以為安身乃可立命而行道是為立身，殉道顯非其念，道身兩全才是其想，這終竟是以道殉身[14]，因為真理若無超越性地位，則求道必是捨天為人。《周易》曰「君子安其身而後動」（《周易》〈繫辭〉下），此非主張求道須先求生，

……士之所貴由乎道存。」

12.《魯齋遺書》〈小大學或問〉：「奉天命立人道。」

13.《江文通集》〈無為論〉：「恬然養神，以安志為業。」

14.《涇皋藏稿》〈朱子二大辨序〉：「凡人之情於其受病處未有不畏而卻者也，於其安身立命處未有不戀而留者也，惟是安身立命處即其受病處，幾微之間固已易眩而難決。」

卻暗示求道者必能求生，因為真理亦在生活之中，不能安身豈能有為，
「智可以養生乃能周物」(《李文饒集》〈智囊賦〉) 15，求生有方是亦求
道，高談闊論而無力治生（或治身）必為誣道。「君子以義安命，小人
以命安義」(《二程語錄》〈遺書伊川先生語〉) 16，立命以安身重於安身以
立命 17，故曰「妖壽不貳，修身以俟之，所以立命也。」(《孟子》〈盡
心〉上) 對君子而言，「去道者身亡」(《新語》〈術事〉)，對小人而言，
「利之為貴莫若安身，身安則道隆」(《北史》〈裴文舉傳〉)，其差異是精
神與物質的輕重辨別，而安身立命之說雖似有求道之意，但強調安身
者畢竟認為「人生貴得適意爾」(《世說新語》〈識鑒〉)，故其安身之道儘
管可能是精神修養，然其所為實為求樂，而快樂即使是心靈平靜而非
物欲滿足，這仍不是崇高的精神追求，且其作法常是藉控制物質以穩
定心情，猶有物質主義之風。因為人有原罪而世事難以兩全，所以重
立命則不重安身，雖然求道者必善於求生。由此可知，為安身之論者
是不重立命之人，所謂「崇德莫大乎安身，安身莫尚乎存正，存正莫
重乎無私，無私莫深乎寡欲」(潘尼〈安身論〉) 18，其實是以立命為名
安身，而求道既不可能做為處世的手段，此見不過是較為清高的求生
觀念而已，難怪其最高主張是寡欲，寡欲可以致樂，但這不是靈性的
追求而是心理的安慰，而心理與物質的關係更勝於其與精神的關係，

15.《宋元學案》〈丘劉諸儒學案〉「樓鑰」：「進德可以養生，養生可以進德。」

16.《水心文集》〈沈氏萱竹堂記〉：「君子則以義安其身者也。」墨子曰：「覆天
　　下之義者，是立命者也。」(《墨子》〈非命〉上) 由此可見，不信超越性真理
　　的求道者立義以非命，而不立命以安身，其道無法天人合一，亦不得義利兩
　　全。

17.《紀文達公遺集》〈梁天池封翁八十序〉：「有安命之學，有立命之學，是二
　　者若相反，然安命即立命也。……不徼倖所不可知而務為所當為，久之未有
　　無穫者，是謂安命以立命。」

18.《王仲宣集》〈安身論〉：「崇德莫盛乎安身，安身莫大乎有政，有政莫重乎
　　無私，無私莫深乎寡欲。」

足見安身立命之說是虛偽的求道觀，終究不可採信。

　　假道學必為中庸之道，因為求道者不虛偽，而反道者不必虛偽，介於二者之間即是無力求道而無意反道的假道學，這顯示安身立命之說也是傾向中庸的假道學。真理是終極意義，真理體系含高低層次，所以求道應「無所不用其極」，而不當「顧左右而言中」，何況真理具有超越性，抱持中庸是自絕於天，豈能得道，故曰「雖有中庸之道，不極高明以行之，則同污合俗矣。」(《經說》〈中庸解〉) 莊子曰：「天與人不相勝也，是之謂真人。」(《莊子》〈大宗師〉) 此說顯示主張中庸者逃避天人交戰，而天人交戰乃是求道的永恆心境，可見中庸之想畢竟是不求道。中庸其實是中和，中庸是以理而言而中和是以情而言，二者的心思相同，倡議中庸是為合理化中和的意念[19]，其理論深度甚為有限，因而多是宣傳灌輸之語，故有謂「多言數窮，不如守中。」(《老子》五) 所謂「天本諸陽，地本諸陰，人本中和」(《潛夫論》〈本訓〉)，根本無闡釋之效，而僅為孤意陳述，其理不可得見，這有如宣稱「立政鼓眾，動化天下，莫尚於中和」(《法言》〈序〉)，一樣言之無據，若此說確為有效，這是人性現象而非真理真相，仍不可信。「夫中正者天之道也，中和者人之道也」(《湛甘泉集》〈樵語〉「語道」)，求道是奉天而非自奉，信道是信神而非自信，中庸之說若非模糊即是簡易，其標準低落而常由人自取，所以「小人無忌憚，自以為中庸」(《困學紀聞》〈論語〉)[20]，但這與其說是小人無忌憚，不如說是中庸之道使人肆無忌憚。蘇軾曰「吾見中庸之至於此而尤難也，是故有小人之中庸焉」(《蘇文忠公集》〈中庸論〉下)，又說「小人貪利而苟免，而亦欲以中庸之名私自便也」(同上)，其意一方面肯定中庸為高深之理，另一方面表示中庸易受曲解，實有矛盾之處，蓋真理具有超越性，可能不為人所知，

---

19. 《經史問答》〈大學中庸孟子問目答盧鎬〉：「致中之功難以遽施，則必先致和。」

20. 《中庸》第二章：「小人之中庸也，小人而無忌憚也。」

可能為人所誤認，但不可能任人扭曲以自解，奧義必是曲高和寡，豈是眾說紛紜或可自圓其說。「古之所謂中庸者，盡萬物之理而不過，故亦曰皇極……後之所謂中庸者，循循焉為眾人之所能為，斯以為中庸矣，此孔子孟子之所謂鄉原也。」(《蘇文忠公集》〈策略〉四) 雖說「過猶不及」，但兩害相權則寧「過」而毋「不及」，子曰「道之不行也，我知之矣，知者過之，愚者不及也；道之不明也，我知之矣，賢者過之，不肖者不及也」(《中庸》四)，求道的態度「過」勝於「不及」，因「緩不足為急者法，急則可為緩者師」(《南史》〈王藻傳〉)，故「不得中行而與之，必也狂狷乎，狂者進取，狷者有所不為也。」(《論語》〈子路〉) 總之，真理為至道，中庸不是正義，若中庸實非中間路線而為大中至正，則中庸之名理當拋棄，因為有誤導之虞者絕非正論；問道者不當有所偏好，尤其不得偏好溫和之言，若有此執著必有心病，中庸之說為假道學可由其支持者不欲（無法）徹底申論而獲證實。

　　中庸思想的宇宙論觀點是「物極必反」，此說雖是道家名言，但其實是一般主和者共有的想法，並非特殊之見。平衡可能是物質世界的盛況，然人文至善之境絕非如此，物極必反的觀念不求極致真相而僅圖平和之情，故其宇宙觀是循環論而非目的論21，在人事上其立場乃是妥協而非專制。以中庸為尚者當然認為「天道之數，至則反，盛則衰」(《管子》〈重令〉) 22，「運極則化，理亂相承」(《蔡中郎集》〈釋誨〉)，然則「陽至而陰，陰至而陽」(《國語》〈越語〉下)，「陰窮反陽，陽窮反

21.《鶡冠子》〈環流〉：「物極則反，命曰環流。」《鹽鐵論》〈錯幣〉：「物極而衰，終始之運也。」《史記》〈平準書〉：「物盛則衰，時極而轉，一質一文，終始之變也。」《范文正公集》〈上執政書〉：「否極者泰，泰極者否，天下之理如循環焉。」

22.《淮南子》〈泰族訓〉：「天地之道極則反，盈則損。」《阮嗣宗集》〈通易論〉：「道至而反，事極而改。」王儉〈皇太子妃哀策文〉：「數盈則反，否極斯昌。」《呂氏春秋》〈似順〉：「至長反短，至短反長，天之道也。」

陰」(《說苑》〈辨物〉)，因「道罔隆而不殺，物無盛而不衰」(《張茂先集》〈女史箴〉)，故「功成者墮，名成者虧」(《管子》〈白心〉下)，「樂往必悲生，泰來猶否極。」(《白氏長慶集》〈遣懷詩〉) 23 主張物極必反者常以自然現象為據論斷人事之理，這是人文主義的淪喪，然持此說者其實是先有人文成見然後引用物理為證，其論並非科學研究的心得，故不須以學術視之，而可以信仰處之。語曰「日中則移，月滿則虧」，常人所以師法自然實為順其自然，於是乃稱「進退、盈縮、變化，聖人之常道也」24，此為折衷主義的價值觀，其意不欲擇善固執，故曰「曲則全，枉則直，窪則盈，敝則新，少則得，多則惑。」(《老子》二十二)與其走極端不如守中庸，然而與其守中庸不如求極限，因為極限是極致之鄰，勇於逼近極限乃有超越之契機，求道而守中庸必以物極則反之說自我蒙蔽，此為脆弱人格的故步自封，實是平凡的極端作為。宣稱「物至而反」(《戰國策》〈頃襄王二十年〉)，即思「物不至者則不反」(《列子》〈仲尼〉)，其心必有所畏，所謂「天之道損有餘，人之情矜不足」(《新論》〈辯施〉)，實為弱者自憐之論，可知主張「物極必反」則將「以退為進」，然以退為進乃是矛盾之說，其意實為逃避，結果莫不「反其道而行」，必然敗德。老子曰「夫唯不爭，故天下莫能與之爭」(《老子》二十二)，又曰「柔勝剛，弱勝強」(《老子》三十六)，其說絕非因果定律且不符合事實，蓋不爭者未必強大，而「柔勝剛」雖有可能，但「弱勝強」乃為悖謬，然物極必反若為真理，則是非對錯善惡好壞皆將顛覆，何可堅持。物極必反之說既與中庸之見為通謀，前者不實則後者亦必有誤，老子曰「物壯則老，是謂不道，不道早已」(《老

23.《淮南子》〈道應訓〉：「物盛而衰，樂極則悲。」《抱朴子》〈暢玄〉：「樂極則哀集，至盈必有虧。」《新論》〈誡盈〉：「勢積則損，財聚必散，年盛返衰，樂極還悲，此人之恆也。」

24.《戰國策》〈蔡澤見逐於趙〉：「語曰：『日中則移，月滿則虧。』物盛則衰，天之常數也。進退、盈縮、變化，聖人之常道也。」

子》三十)，這表示物極則死而不反，物極必反實非自然法則 (且非老
莊學說的基礎) 25，亦不是正確的人文觀念 26，以此推論中庸之道是
反中庸之舉，足見無知者論道是一大惡行。

　　中庸思想情逾於理，其旨在於維護平和的心境，這是中國文化的
主流氣息，其大病是庸俗，知識與理想皆因此不為所重。中庸思想使
求道的意義大為降低，於此真理決定於人情，道德的觀念深受世故污
染，正義不彰而姑息之風流行，同時自私的態度多有，但個性創意罕
見，因「以和為貴」的作法為「以和致和」(《漢書》〈劉向傳〉)，中庸之
道畢竟是集體主義而非個人主義，菁英主義乃受風俗習慣折損。主張
中庸者必主張「心莫若和」(《莊子》〈人間世〉)，而中和的主張是為避免
煩惱，故曰「大人無親無疏、無愛無惡，是謂太和。」(《譚子化書》〈仁
化〉「太和」) 中庸本是儒家之說，其意原為正道，當中庸觀點因退卻者
援用而轉成中和取向時，中庸之說的儒家精神已為道家思想所取代，
於是中庸的標準消失，「心如止水」的平靜成為修養目標，知識與道德
皆為之寂滅，中庸與虛無已相去不遠。《中庸》曰：「喜怒哀樂之未發
謂之中，發而皆中節謂之和，中也者天下之大本也，和也者天下之達
道也，致中和，天地位焉，萬物育焉。」(《中庸》一) 由此可見在原始
儒家中，中和意謂中的，中庸是求道精神而非寬容態度，故「君子和
而不同」(《論語》〈子路〉)，因其「心平和而不失中正」(《春秋繁露》〈循
天之道〉)，而「中正然後和調」27，是以和乃為通而非同，和而不同
即是入世而脫俗。然就事實或人性而論，中庸思想的心理欲求是平和，
虛無主張的心理欲求是寧靜，而平和與寧靜相通，可見儒道交合必是

25.《庾子山集》〈哀江南賦序〉：「天道周星，物極不反。」
26.《讀通鑑論》〈齊武帝〉七：「天下之勢一離一合一治一亂而已，離而合之，
　　合者不繼離也，亂而治之，治者不繼亂也。」
27.《管子》〈五輔〉：「夫民必知義，然後中正，中正然後和調。」《管子》〈幼
　　官〉：「畜之以道則民和，養之以德則民合，和合故能習，習故能諧。」

假道學，因為求道是追求真理而不是尋求快樂，不論快樂的定義為何。
高尚的快樂定義是「無憂為樂」，而達成無憂的思想捷徑是否定憂與樂
的真實性，此即所謂「不憂不樂，德之至也」(《文子》〈道原〉)，其說
是「悲樂者德之邪，喜怒者道之過，好惡者德之失，故心不憂樂，德
之至也。」(《莊子》〈刻意〉) 28 以和為樂者自我合理化的簡易方法是虛
構一種中庸的宇宙觀，在其想像中「太清之始也，和順以寂漠」(《淮
南子》〈本經訓〉)，「道者無形，平和而神」(《新書》〈道德說〉)，如此「萬
物和同者德也」(《淮南子》〈俶真訓〉)，「和愉虛無所以養德」(同上)，
而養德之道在於處中。處中實為抱空，由是玩世不恭的態度常出，此
乃道家化的儒家，富有反智的機靈，誠為知識性的自瀆，或是自殘式
的尋歡 29。

　　取法中庸則處事必以妥協為尚，寬容與謙虛成為美德實因求和者
眾，這是眾口鑠金之效，於是中庸與平庸同意，而君子必主「人不可
為人所容」(《宋元學案》〈古靈四先生學案〉「陳襄」)。老子曰：「道，沖
〔盅〕而用之，或不盈，淵兮似萬物之宗，挫其銳，解其紛，和其光，
同其塵，湛兮似或存。」(《老子》四) 這顯示中庸之道是世俗化，於此
道德必然沈淪，因其典範意義已失，而普世價值降為普通標準。求道
而不講絕對義理必思「寬舒而仁，獨樂其身」(《管子》〈內業〉) 30，在
此想之下「上善若水」，因為「水善利萬物而不爭，夫唯不爭，故無
尤」(《老子》八)，然「與世無爭」竟成世德之大者，人道零替堪為憂

28.《淮南子》〈原道訓〉：「喜怒者道之邪也，憂悲者德之失也，好憎者心之過
　　也，嗜欲者性之累也。」《漢書》〈主父偃傳〉：「怒者逆德也。」
29.《杜工部集》〈戲作俳諧體遣悶二首〉二：「是非何處定，高枕笑浮生。」羅
　　貫中《三國演義》序詞：「滾滾長江東逝水，浪花淘盡英雄；是非成敗轉頭
　　空，青山依舊在，幾度夕陽紅。白髮漁翁江渚上，慣看秋月春風；一壺濁酒
　　喜相逢，古今多少事，都付笑談中。」
30.《春秋繁露》〈仁義法〉：「內治返理以正身，據禮以勸福；外治推恩以廣施，
　　寬制以容眾。」

患，何況人道不興則鬥爭必盛。中庸的道德觀以為「善惡太分明，亦有時而失」（《貞觀政要》〈論忠義〉）31，其理想是「寬而正，可以懷強」（《孔子家語》〈致思〉），但寬和與正直往往不能同在，故曰「唯有德者能以寬服民，其次莫如猛」（《左傳》昭公二十年）32，諺云「做事須循天理，出言要順人心」，這顯然是樂觀的安慰性說法，因為道德的立場是為所當為而不求各方滿意，「閹然媚於世也者，是鄉原也。」（《孟子》〈盡心〉下）33「鄉愿，德之賊也」（《論語》〈陽貨〉），「鄉原似中和，所以亂德」（《晉書》〈戴逵傳〉），然則「弘量不以容非」（《任彥升集》〈王文憲集序〉），寬容為偽善乃因行善是執一而非守中，可知「和事佬」必為鄉愿。中國文明尚德，然其真理觀念有所不明，以致道德思想的根據難免缺失，中庸主張因此乘虛而入，造成「厚道」的歪論，這使中國士風頗有為德不卒之病，而民情常有敷衍了事之習34。道德本於知識，而知識基於真理，真理為絕對而不為相對，所以中庸的道德立場為害甚大，因為中庸思想其實是相對主義，若無參考（比較）對象則中庸之道無從建立35，可見中庸是正道的附庸，亦即攀附或寄生於真理的養心拙計，然求道不能退而求其次，故中庸之說為假道學。

二、虛無與自然

中庸思想是愚昧者的真理觀，虛無主義是畏縮者的真理說，雖然在論道上愚昧者必定畏縮，而畏縮者必定愚昧，但主張**虛無**較主張中

31.《舊唐書》〈蕭瑀傳〉唐太宗曰：「善惡太明，亦有時而失。」
32.《宋論》〈仁宗〉六：「寬柔者之能容物，人所知也；寬柔者之不能容物，非知道者不知也。」
33.《論語》〈公冶長〉：「子曰：『巧言、令色、足恭，左丘明恥之，丘亦恥之；匿怨而友其人，左丘明恥之，丘亦恥之。』」
34.《紅樓夢》七十六回：「事若求全何所樂。」
35.《讀通鑑論》〈唐德宗〉三十三：「夫折中，至當之理，存其兩是而後可定其一得，守其一得而後不惑於兩是。」

庸更為困難與無理，故其邪惡尤深而罪惡尤大，縱使畏縮者常較愚昧者更無意於為惡。主張真理為虛無是大逆不道之事，因為這是污衊真理的豪舉，而其自相矛盾尚屬小事，蓋虛無不能為真實，若信萬般皆是空則無庸力陳其事，強調虛無必是心虛，為掩飾心事而將虛無指為真相，此乃以欺世之法自慰，其不義遠甚於因自誤而誤人。「虛無謠詭，此亂道之根也」(《潛夫論》〈務本〉)，「古之學道無自虛空入者」(《蘇文忠公集》〈送錢塘僧思聰歸孤山敍〉)，然後世「學者皆操窮理盡性之說，而以虛無為宗，至於實學則置而不問」(《通志》〈昆蟲草木略〉一「序」)，其念是「知心無物則知物無物，知物無物則知道無物」(《關尹子》〈五鑑〉)，此種唯心主義的虛無思想「目空一切」或「眼不見為淨」，所求不過是心靈平靜，而竟以死心為法，可謂自斃以逃難。「人以累物為患，必以忘物為賢，其失一也」(《粹言》〈人物篇〉)，不能面對現實而以現實為不真，這是虛無主義者的一致心態，然現象不是事實而事實不是真理，為現實之情不如人意而忽視事實已是可憐，因此而捏造真理以迎合己意則是可惡，而可憐之人必有可惡之處，智勇雙全方為有智有勇，虛無之說是無勇之智，畢竟是不智。「虛無寂滅，非所以貫本末而立大中」(《宋史》〈朱熹傳〉)，然而無力求道而心有不安者「以虛靜推於天地、通於萬物」(《莊子》〈天道〉)，號稱「虛無恬淡乃合天德」(《莊子》〈刻意〉)，反而自命得道無疑，這是世上最可不勞而獲的信仰，故廣受無為者歡迎。主張虛無者必定自賤，或者希望自己從未存在，也就是有自我消滅的意向，這表示虛無主義者大都是怯懦的人，但因其難以坦然承認，故反有任智強辯與放情自大的表現，此種內外不一的困境與強調虛無的窘狀相似，皆由抗拒良知而起。

虛無的主張有內在的衝突性，因為「虛無」若為真則「主張」必為假，易言之「主張虛無」是「撲空」，愈強調虛無愈是虛偽（虛張聲勢），莊子曰「心有天遊，室無空虛」(《莊子》〈外物〉)，其意雖以虛無為道但不以道為虛無36——道若為虛無則虛無主義無從成為道說——

可見虛無之說主張有而非主張無，這證明其說不可能為正確。事實上，虛無主義的本質或目的不在於真相解釋，而在於精神安慰，所謂「道者，虛無、平易、清靜、柔弱、純粹素樸，此五者道之形象也」（《文子》〈道原〉），其說顯然不為論理而為抒情，故「通於道者反於清靜」（《文子》〈道原〉），「致虛極，守靜篤」（《老子》十六），是清心寡慾的功夫，不是格物致知的功課，而靜修者乃「不尊卓絕之行，不驚微妙之言。」（《關尹子》〈五鑑〉）因為虛無之說在道理上有自我推翻之虞，但其旨僅為安定心神而已，所以相信虛無者多是無能的好人，道德為其關懷而知識非其所重，於是「所謂虛者，非空洞無物之謂也，不以好惡利害蔽其明是也」（《司馬溫公集》〈答韓秉國書〉），虛無一說竟為勸善之用，故自謙者當「虛心平意以待須」（《管子》〈九守〉）。深感生命艱辛者常覺（願）現實不真，中國的虛無主義盛行顯與超越性真理觀稀少關係密切，因為生活困苦是人類歷史的常情，若無上帝信仰使人寄託永恆之想，則求生者亦歎「人生似幻化，終當歸空無」（《陶淵明集》〈歸園田居〉四），由是論者乃稱「天下本無事，庸人擾之為煩耳」（《新唐書》〈陸象先傳〉）37，虛無的觀點竟成及時行樂者與禁慾自制者共同的信念，可見虛無思想之無稽（任人解釋與利用）38。不求道則不求知，不求知則不重文，虛無主義者必是唯心主義者，而唯心主義者必不好學，在其眼中「語與法對」（《六祖壇經》〈付囑品〉），因「萬法盡在自心」（《六祖壇經》〈般若品〉），故論道乃是「多言無益」，於是真理即使不是虛無，也應以虛無之事待之，由此可知中國的虛無主義所以盛行，

36.《莊子》〈人間世〉：「氣也者，虛而待物者也，唯道集虛。」《淮南子》〈精神訓〉：「靜漠者神明之定也，虛無者道之所居也。」《管子》〈心術〉上：「虛無無形謂之道。」

37.《六祖壇經》〈行由品〉：「菩提本無樹，明鏡亦非台，本來無一物，何處惹塵埃。」《高子遺書》〈語〉：「其實無一事，不要惹事。」

38.《焚書》〈虛實說〉：「學道貴虛，任道貴實。」

也與知識不受重視關係緊密。虛無主義是假道學，因它以求道之名求福，自信而無信仰，總以不變應萬變，終究無動於衷，如此「得道之士外化而內不化，外化所以入人也，內不化所以全身也」（《淮南子》〈人間訓〉）39，主張虛無而有得道之說豈非多餘，可見其自作聰明而自尋煩惱。

　　虛無主義的宇宙創造論不得不為「有生於無，實生於虛」（《文子》〈道原〉）40，此說違背常識，根本不可置信，亦不值一駁。「寂寞者德之主」（《阮嗣宗集》〈通易論〉），宇宙的本原是唯一之神，萬事萬物的起因若不歸諸上帝，則「無中生有」的謬論必然出現，因為「無則無極，有則有盡」（《列子》〈湯問〉），「萬物出乎無有，有不能以有為有，必出乎無有。」（《莊子》〈庚桑楚〉）無中生有一說其實自相矛盾，因為「無」是「沒有」，而「不無」不即是「有」，「無」的觀念須以「有」為前提乃得建立，亦即「有」必先於「無」而存在，故曰「無，若無馬，則有之而后無；無，若天陷，則無之而無。」（《墨子》〈經下經說〉下）朱子曰：「無者無物，卻有此理，有此理則有矣；老氏乃云『物生於有，有生於無』，和理也無，便錯了。」（《朱子語類》〈張子之書〉一）原來有是本而無是末，無是「沒有」而有不是「無無」──故曰「予能有無矣，而未能無無也」（《莊子》〈知北遊〉）──有是真相而無是虛相，解釋「有」所以出現之由只能訴諸上帝，別無他法，然上帝本為真實存有（being），以有釋有似亦無效，這表示何以有「有」是無從追問的問題，此即有為無之始。無中生有之說是無神論的宇宙觀，其錯亂是倒

39.《莊子》〈知北遊〉：「古之人外化而內不化，今之人內化而外不化。」

40.《老子》四十：「天下萬物生於有，有生於無。」《淮南子》〈天文訓〉：「道始于虛霩，虛霩生宇宙，宇宙生氣；氣有涯垠，清陽者薄靡而為天，重濁者凝滯而為地……天地之襲精為陰陽，陰陽之專精為四時，四時之散精為萬物。」《子華子》〈大道〉：「大道有源，其源甚真，名曰空洞，空洞無有，是生三元。」《文潞公集》〈一生二賦〉：「以無入有，為萬化之本原。」

果為因，蓋「生者假借也」（《莊子》〈至樂〉），有可致無而無不可致有，上帝是最初之因與最終之果，有生於神而非生於無，不信上帝者既不能主張有生於有，只得號稱有生於無，可見上帝觀念即使不能解惑也能避免錯誤。有生於無之說雖毫不合理卻頗為盛行，這一方面是因凡夫不信上帝，另一方面是因常人亦知心貴於物，於是所謂有意謂有形，所謂無意謂無形，物質為有形而精神為無形，物質乃由精神創造，「有形出於無形，未有天地能生天地者也」（《淮南子》〈說山訓〉），故曰有生於無。僅就精神與物質的關係而論，「無形者形之君也，無端者事之本也」（《戰國策》〈齊宣王見顏斶〉），「無形而有形生焉」[41]，「有因無而生焉，形須神而立焉」（《抱朴子》〈至理〉），於此「有生於無」之說不無道理，然其理甚為粗淺，何況「無」不等於「無形」而「有」不等於「有形」，「萬物之有形者雖生於無，然生以有為已分，則無是有之所遺者也」（《資治通鑑》〈晉紀〉四引裴頠〈崇有論〉），可知虛無主義絕不可取。在一般用語中，「無中生有」意謂虛假，而非指宇宙創造的過程，可知「空無」可能是人的心境或希望卻不是真相[42]，程頤曰「先儒皆以靜為見天地之心，蓋不知動之端乃天地之心也」（《近思錄》〈道體〉），其所斥其實是意念而非知識所致之失誤。王弼曰：「聖人體無，無又不可以訓，故言必及有，老莊未免於有，恆訓其所不足。」（《世說新語》〈文學〉）由此可見，即使「無」為真相，人亦不可「崇無」，縱令「萬物之有誠皆出於無，然既有則不可以無治之矣」（《司馬溫公集》〈答韓秉國書〉），「濟有者皆有也，虛無奚益於已有之群生哉」（《資治通鑑》〈晉紀〉四引裴頠〈崇有論〉），人生在世必須有為，而「必須」乃是天命，所以有不可能為假，以無為真僅有舞文弄筆之實，絕不合於真理。

41.《淮南子》〈原道訓〉：「無形而有形生焉，無聲而五音鳴焉，無味而五味形焉，無色而五色成焉，是故有生於無，實出於虛。」

42.《劉夢得文集》〈牛頭山第一祖融大師新塔記〉：「不因相何以示覺，不由有何以悟無。」

　　中國虛無主義的又一錯誤是「以有為無」或「以無為有」的看法，
這是悖理之說，本已自我推翻，無庸認真看待。於是可知虛無若是真，
則虛無並非無，或者虛無確是無，而虛無主義卻為真，則世上並非全
然虛無，虛無主義因此竟是錯誤。虛無主義者不能以虛無為假，而必
以虛無為真，然虛無而為真即非虛無，此乃矛盾，所以虛無主義的最
高價值不過是強調「實不即是真」，這雖有理但絕非至理，據此論道實
為以假亂真。老子曰：「有之以為利，無之以為用。」(《老子》十一) 若
說「有」是供「無」所用，則「有」為確實，而「無」便不可能為真，
或者「有利」屬於「有」，而「無用」是「有」之失落，然「無用之
用」又是「有」為真確的證據──故曰「無用之為用也亦明矣」(《莊
子》〈外物〉)──可見「有」為真相而「無」為虛相，證實「無」反而
是證實「真」。莊子曰：「人皆知有用之用，而莫知無用之用也。」(《莊
子》〈人間世〉)「有用之用」與「無用之用」俱是「用」，亦即皆是
「有」，而「皆知有用之用」固為「有」(所反映的情況)，「莫知無用
之用」亦是「有」，況且真為永恆之實，不因人之不知而成虛假，故其
說毫無「去有立無」之效；事實上此言僅是關於現實情狀的批判，不
是針對終極真理的解說，其意本在於破除凡人的得失心，暗示「無能
者無所求」(《莊子》〈列禦寇〉) 乃是寬心逍遙之道[43]，然不真之善不為
善，不善之美不為美，以不美不善為喜誠為不義，不足為訓。虛無之
說其實出於希望而非經驗，因為世界絕不美好而人生本質甚苦，所以
存在而希望不存在是凡人常有的心願，然化有為無既不可能，輕有重
無乃成厭世者的安神策略，但有無顛倒仍為有無之局，價值倒錯卻是
利害相反，以利為害而以害為利乃成兩害而無利，更是受害，故自欺
無不自害。若人自許「無用獲全所以為貴，有用獲殘所以為賤」(孫楚
〈秋杜賦序〉)，這不僅是價值觀念的混淆喪亂，而且是自我作賤的投降
主義，放棄為人的可貴而求為物的無憂，則成功愈多失敗愈大，可見

43.《菜根譚》〈前集〉：「能者勞而府怨，何如拙者逸而全真。」

「無用之用」的主張是「大材小用」的意見，可悲之至。

　　虛無主義的人生觀實為快樂主義，因其深感無憂無慮是最大幸福，故稱「寂滅為樂」，此乃否定一切事物之真實性以平定心情，為逃避苦難而連帶忽視善理，誠可謂玉石俱焚、因小失大。虛無主義為成就美而犧牲善與真，常以情害理或因情說理，頗令意志薄弱者感動而學識疏淺者迷惑，極有誤導之罪。在虛無主義者眼中，「至樂無樂，至譽無譽」（《莊子》〈至樂〉），「無樂無知，是真樂真知」（《列子》〈仲尼〉），因「生死終無別，不如學無生，無生即無滅」（《白氏長慶集》〈贈王山人〉），所以生活的智慧是「逍遙兮絕塵埃，福亦不至兮，禍亦不來。」（石崇〈思歸歎〉）「身適忘四支」確是事實，但「心適忘是非」則為無理，為求快樂而忘我乃是自損44，固然「至適無夢想，大和難名言」（《白氏長慶集》〈春眠〉），生命的可喜卻不在於解脫生命之悲，生活既是苦事，人生的可貴當是因受苦而悟道，若反而變道以適意，這是雙重之失，因為快樂絕不能由專意的追求而獲得。莊子曰：「以道觀之，物無貴賤；以物觀之，自貴而相賤；以俗觀之，貴賤不在己。」（《莊子》〈秋水〉）此說在事實的觀察方面甚是正確，但在真理的論斷上極為偏差，其見實由處世觀念而發，為主與世無爭而認定天道大同，並且表示一切的價值追求均為無謂，這是旁觀者的自由解釋，非有為者的負責思想。虛無主義是反智的理論，然反知則不能為理，虛無主義僅能以顛倒是非立論，其實仍無法有理，即使「合理」僅是合乎個人所知之理（故「人不為己天誅地滅」亦是一理），虛無主義終究不合理，因為事有合理則非虛無。老子曰：「天下皆知美之為美，斯惡矣，皆知善之為善，斯不善矣，故有無相生、難易相成、長短相形、高下相傾、音聲相和、前後相隨，是以聖人處無為之事，行不言之教。」（《老子》二）依此理則智愚無別而好壞不分，更何來聖人（與凡夫相對），可見

44.《白氏長慶集》〈隱几詩〉：「身適忘四支，心適忘是非；既適又忘適，不知吾是誰。」

其說自相矛盾，而且若人人皆知美之為美與善之為善，則人世必為至善完美，如此便無傳道教化的必要，老氏又何須誨示此理。總之，虛無主義本不信道，實無講道之理，但虛無主義者竟多好辯，此因其亟需「自我暗示」(self-suggestion)，故虛無主義若說服力不足，這並不是其說的生存危機，卻是虛無主義者的信心危機。

　　虛無主義與其說是形上學觀點不如說是倫理學觀點，或可說虛無主義是出於價值觀的真理觀，因其人生態度是無為，而人生態度決定其知識立場，故曰「無為即無有」(《文子》〈精誠〉)。與虛無主義在理論上的矛盾一樣，無為之說也有內在衝突的問題，因為無為則無法求生也無法勵志，無為甚有自害之虞，而且提倡無為即是違背無為之舉，無為之說是多餘之言，可知忠於無為必成不知所措，其結果乃是自殺。為免無為之為患，主張無為者不得不以無為為有為，而宣稱「天地無為也，而無不為也」(《莊子》〈至樂〉)，此種以虛假定義申論真理的作法不過是「文字遊戲」，何足觀哉。無為之說的宇宙觀純為捏造，其想像是「虛靜恬淡，寂寞無為者，萬物之本也」(《莊子》〈天道〉) 45，人心有此冥思實因以生為苦而求不生之樂，故曰「無為而尊者天道也，有為而累者人道也」(《莊子》〈在宥〉)，是以「達於道者反於清淨，究於物者終於無為。」(《淮南子》〈原道訓〉) 46 所謂「人生而靜，天之性也」(《禮記》〈樂記〉) 47，其實是好靜者的主意而非深思者的發現，因為動為靜之原，靜是「不動」而動不僅為「不靜」，天道若是靜則宇宙無從創造與運作，可見無為之見是人性化的世界觀。無為之說最適用

45.《莊子》〈刻意〉：「夫恬惔〔淡〕寂寞，虛無無為，此天地之平，而道德之質也。」

46.《范文正公集》〈水火不相入而相資賦〉：「躁以靜為君，有以無為用。」

47.《淮南子》〈原道訓〉：「人生而靜，天之性也，感而後動，性之害也。物至而神應，知之動也，知與物接，而好憎生焉，好憎成形，而知誘於外，不能反己，而天理滅矣。」

於政治，此因政治為人性所趨的必然之惡，於是「道尚虛簡，政貴平靜」（《晉書》〈范甯傳〉），「天地不宰而成化，聖人有心而無為」（《粹言》〈天地篇〉），這是減少政治之惡的必要觀念，然則無為不是正理而僅是除惡之一法。即因政治必然為惡，所以「管得越少的政府是越好政府」(That government is best which governs least.)，「人主以政禦人，政寬則姦易禁，政急則姦難絕」48，但這絕不意謂「為無為則無不治」（《老子》三）49，蓋「非」因「是」而立，有所為乃能有所不為，一概無為豈能有為，若主「無為可以定是非」（《莊子》〈至樂〉），世道必成「叢林法則」。人間為原罪肆虐的世界，人有罪性故常為非，無為之說主張消極卻有積極作用，這便是因為避免過錯的辦法之一是抑制人欲，所以「百戰百勝不如一忍，萬言萬當不如一默」（黃庭堅〈贈送張叔和詩〉），「省官不如省事，省事不如清心。」（《隋書》〈劉炫傳〉）50 在無為的思想中，「天下本無事，在人自擾之」，於是「設法不如息事」（《新唐書》〈韓琬傳〉），「興一利不若除一害」（《元史》〈耶律楚材傳〉）51，此見偶爾確可立效，但人具原罪而必定犯過，個人的生存價值須以將功贖罪之方成就，若是但求無過而不求有功，終竟過多於功而為害世間，可知無為者絕非好人。

　　無為是求安定，安定乃能平靜，而無為是虛無主義的處世態度，所以認定宇宙真相為虛無者，其實皆為世事無常所苦，而有脫離無常

48.楊泉《物理論》：「姦與天地俱生，自然之氣也；人主以政禦人，政寬則姦易禁，政急則姦難絕。」《通典》〈刑法〉三「刑制」下：「條章嚴繁，雖決斷必中，似不及條章輕簡，而決斷時漏。」

49.《呂氏春秋》〈分職〉：「能執無為，故能使眾為也。」《柳柳州集》〈晉問〉：「所謂民利，民自利者是也。」

50.《周書》〈蘇綽傳〉：「善官人者必先省其官。」《蘇文忠公集》〈代滕甫論西夏書〉：「古人有言：『省功不如省事，省事不如清心。』」《困學紀聞》〈諸子〉：「古語云：『上士閉心，中士閉口，下士閉門。』」

51.《陳書》〈蕭允傳〉：「患難之生，皆生於利，苟不求利，禍從何生。」

情態的急切心思 52。「形勢者……離合背鄉，變化無常」(《漢書》〈藝文志〉「兵書略」)，「世異則事異」(《韓非子》〈五蠹〉)，人間並無永恆之事物，無常確為事實（更是現象），然強調無常者皆不喜無常，其心顯有不安，耐人尋味。無常雖是事實，但事實不是真理，強調無常者似亦有此認知，然又不對無常加以批判或超越，反而因此認為（假想）虛無即是真相，而以姑息思想應時，甚不合理。無常其實與虛無不同，無常不是無而是有，甚至無常之情可視為常態，於是無常也可能是常理，而非現象而已；強調無常者因無常而苦惱，一心只圖解脫而不思無常之理，這有如肯定無常卻不欲面對，然主張真相而逃避真相，絕無道理。以無常為虛無是以實為偽，此與主張無為的心態相同，皆是否認真相以便安身立命，故無常之說必假造符合其處世立場的宇宙論 53 ──如稱「與奪隨時，道無恆體」(《魏書》〈任城王傳〉) ──以自我壯大。如老子所謂「道可道非常道」(《老子》一)，真理莫可言狀，亦即具有超越性，無常為可見之情而非常道，故非真理。「知常曰明，不知常妄作凶」(《老子》十六)，強調無常之為非者仍非知常者，知常則必一以貫之解釋「無常為常」之道，不圖此而好言無常者，若非困於變相即是誤以無常為常，其心意都欲目空一切以求自由。無常是凡夫的人生感受，亦是避世為歡者的假道學論點，佛教因富於無常之說而大受中國人認同，此非真正的信仰而是「正合我意」的內情，其見消極退縮而無高貴追求，實有反真理傾向，所謂「無常者即佛性也，有常者即一切善惡諸法分別心也」(《六祖壇經》〈頓漸品〉)，若此說正確則文明當即消滅，可見無常之態雖為正常，但無常之議誠為反常，以反常論道非愚則誣，其情可憫而其心可鄙。

　　虛無、無為、無常、自然等說其實一致，皆為尋求心靈平靜而出，蓋宇宙真相若為虛無，則天道無為而人不須有為，然則世事無常而人

52.《素書》〈本德宗道〉：「病莫病於無常。」

53.《莊子》〈秋水〉：「分無常，終始無故。」

應順其自然，或者萬事萬物為自然而然，則天理無為而人事無常，一切終歸虛無而吾心不必在意；虛無、無為、無常、自然諸說可為形上學觀點，亦可為倫理學思想，此非因其博大精通，而是因其籠統散漫，然其說原意實在於去苦寬心，故就本質而言眾說較似倫理學而不似形上學，但其理錯亂不通，在精神或心理取向上更似美學。人為萬物之靈，為人之苦在於負責，前述各說皆無承擔之見，卻給人逍遙自在的理由，故廣受歡迎，而其中尤令人喜愛者是自然一說，因人之自主自信於此更得認可。「自然之道常與物反」（《道德指歸論》〈人之飢篇〉），蓋自然之義模稜兩可，可為物質世界 (Nature) 亦可為自然法則 (Law of Nature)，可為外在事實亦可為內心感受，可為無理亦可為有理，可為偶然亦可為必然，可為混亂亦可為秩序，可為殘酷亦可為仁慈，可為人亦可為天，總之可為自然亦可為人為（崇尚自然者其實重視人文高於物理）54，所以若不求甚解，自然之道可以解釋（合理化）一切。如此，自然之說使人得以為所欲為——包括無為——求樂者無不引以為據，不論快樂的含意為何。

　　以自然為說者不必講理而多有藉口，因自然莫名其妙，故可高談或可奢談，總是進退有據，或是進退無據。老子曰：「王法地，地法天，天法道，道法自然。」（《老子》二十五）55 此說將自然置於真理之上，殊為不當，因為自然不是神明，真理之上唯有上帝，若信真理為自然則應說「道即自然」，而不應稱「道法自然」56，可見以自然為至道者必將自然神格化，故有謂「神者自然之根也」（《阮嗣宗集》〈大人先生傳〉）。提倡自然者既以自然為無為，又以自然為有為，這表示「自

54.《昭明文選》〈序〉：「若夫椎輪為大輅之始，大輅寧有椎輪之質；增冰為積水所成，積水曾微增冰之凜，何哉？蓋踵其事而增華，變其本而加厲，物既有之，文亦宜然。」

55.《阮嗣宗集》〈達莊論〉：「天地生於自然，萬物生於天地。」

56.《阮嗣宗集》〈通老論〉：「道者，法自然而為化。」

然」與「自然之道」相同，相信自然即相信自然主宰一切，所以「有自然故不可亂」（《阮嗣宗集》〈樂論〉）57；如此，壞事固為自然，好事也是自然，而好壞既然皆是自然，壞便不是壞，萬事皆為好，由此可知，自然論者是以美化手段自我安慰，其無憂是由於無慮。就本義而論，「夫自然者，無為無有之謂也」（《皇極經世》〈觀物內篇〉四），因此信仰自然則無所作為58，然「所謂無為者，不先物為也」（《文子》〈道原〉），而「必然乃自然之極則，適以完其自然也」（《戴東原集》〈孟子字義疏證〉「性」），所以順其自然須先了解自然，而這竟非自然，可見自然之論也有矛盾性，愈強調自然偉大則自然愈不是自然而然。若萬事萬物皆為自然，則死亡亦屬自然，然崇奉自然者都宣稱自然為永生，這是賦予自然超越性的地位（超自然），其實已不自然。在自然的信徒眼中，「無所由而常生者，道也」（《列子》〈仲尼〉）59，「道之尊，德之貴，夫莫之命而常自然」（《老子》五十一），於是「萬物作焉而不辭，生而不有，為而不恃，功成而弗居，夫唯弗居，是以不去」（《老子》二）；自然之說不論因果，「通生萬物則謂之道，生而無主謂之自然，自然者，物見其然，不知所以然」（《劉孝標集》〈辨命論〉），自然所以永恆乃無從解釋，亦非其論者所重，故信者自信而疑者自疑，自然的主張顯然反對知識。自然若被解為物質現象，則「天地不仁，以萬物為芻狗，聖人不仁，以百姓為芻狗」（《老子》五），自然若被解為精神原則，則「吾處天下亦為一物，而物亦物也，物之與物何以相物」（《文子》〈九守〉），不論如何，主張自然即是主張「物無貴賤，因其所貴而貴之，物無不貴也」（《淮南子》〈齊俗訓〉），其旨為「均，天下之至理

---

57. 《禮書》〈皮弁〉：「人為者多變，自然者不易。」

58. 《文史通義》〈禮教〉：「道者自然而已，見為卑者擴而高之、見為淺者鑿而深之、見為小者恢而大之，皆不可為道也。」

59. 《列子》〈力命〉：「窈然無際，天道自會；漠然無分，天道自運。……自然者，默之成之，平之寧之，將之迎之。」

也」(《列子》〈湯問〉) 60，如此「貧者士之常也，死者人之終，處常得終，當何憂哉」(《列子》〈天瑞〉)，可知自然論者是以自我物化之法消愁，因其道是靈性的自殘，故非唯物主義之屬，這是其說可怕的緣故。

三、自我否定

主張虛無是無知，主張無為是無德，主張無常是無勇，主張自然是無能，凡此皆是畏縮退卻的人生態度，放棄身為萬物之靈的角色，卻自認「反璞歸真」而得理順命，其實是自我否定而背棄人道，因為各人皆有天職使命，又有盡己負責的能力，若自比於動物而安於為生，實枉為人類。人有天資亦具原罪，文明是人上進改良的努力，其目標是止於至善而非「復歸於樸」(《老子》二十八)，否則人又何須求知除惡，所謂「克己復禮」乃是「存天理去人欲」，不是「反人情於太素」(何晏〈景福殿賦〉)，若人性本善而無惡，則反璞歸真之說絕無必要，而此說若需提倡，即可見心智啟發乃是必要，然則歸返原始既無可能也非正當。儒家式的反璞歸真是發揚天性，道家式的反璞歸真是放縱人性，然儒家傳統原本著力於探求超越性真理或上帝信仰，其反璞歸真之想若非「與神復合」即是「反求諸己」，故所謂「大人者不失其赤子之心者也」(《孟子》〈離婁〉下)，乃意謂良能的可貴而非教育的無用，所以求道絕非善用天賦而已；道家忽視原罪而反對教化、崇尚自然而否認神意，其反璞歸真之說以野蠻為高貴 (hence 'noble savage')，因為「拙之所在，道之所存」(《鶴林玉露》〈拙句〉)，所以「用拙存吾道，幽居近物情」(《杜工部集》〈屏跡〉二)，然則得道不是進取卻是退守，這與其說是不勞而獲不如說是多此一舉。野性不是天性 61，文明進化不是「還真反樸」(《南史》〈明山賓傳〉)，真理為唯一或一貫，但「一」不是「易」，若以為「知一則復歸於樸」(《呂氏春秋》〈論人〉)，則「知一」

60.《淮南子》〈精神訓〉：「理則均，均則通，通則神。」

61.鄭谷〈自遣詩〉：「誰知野性真天性，不叩權門叩道門。」

實為「因陋就簡」，豈能超凡入聖。子華子曰：「夫道一也，我與道而為三矣（道、我、我與道）。」（《子華子》〈陽城胥渠問〉）此說正誤參半，蓋求道者固不能置身於真理之外而獨立，然求道者不等於道，也不能與道合而為一，因為道不是神，所以「道人合一」實為反璞歸真之意，這是簡化真理的看法。主張反璞歸真者既簡化真理且貶抑人格，蓋真理若不高深則求道者也不高貴，若果「樸素而天下莫能與之爭美」（《莊子》〈天道〉），則「上世樸質，下世文薄」（《論衡》〈齊世〉），一切進德修業皆徒勞無功且自壞本能，此種觀念出於學者而竟唾棄學問，不僅自相矛盾更是自甘墮落，而其說廣受凡夫青睞，正是所論鄙俚的證明。

反璞歸真的主張其實也是圖求清靜的心聲，這是苦於為人而求解脫者的自遣之說，正如其論者上達乏力，其學精進無方，而強不知以為知，自鳴得意。反璞歸真之說忽略歷史、經驗、過程、生存、時間、或變化的意義，雖深察現實之情但極力逃避現狀，其觀念謬誤在於認定人類本性完善，卻又抨擊其沈淪而不能有所解釋，並且罔顧生命歷程的價值與目的，而絕無理想的追求或超越性的概念，於是人生彷彿只是多餘的錯誤，「未生之時」乃成終極的境界，故「聖人之學也，欲以返性於初，而游心於虛也」（《淮南子》〈俶真訓〉）62，可見其所謂樸素實為麻木，此即「歸根反初，無慮無思。」（《柳柳州集》〈瓶賦〉）63不信上帝則不能解答宇宙出現之理，因此「無中生有」便成無神論者的創世說，反璞歸真既不是與神復合之意，其說便意謂「化作空無」，於是所謂「真人」其實是「未生的活人」或是「寄生的死人」，亦即假人64。莊子曰：「不忘其所始，不求其所終，受而喜之，忘而復之，是

62.《淮南子》〈俶真訓〉：「聖人託其神於靈府，而歸於萬物之初。」

63.《莊子》〈天地〉：「有機械者必有機事，有機事者必有機心，機心存於胸中則純白不備，純白不備則神生不定，神生不定者道之所不載也。」

64.《淮南子》〈詮言訓〉：「稽古太初，人生於無，形於有，有形而制於物，能反其所生，若未有形，謂之真人。」

之謂不以心捐〔損〕道，不以人助天，是之謂真人。」《莊子》〈大宗師〉）據此，尋求反璞歸真者事實上只能「活在當下」而順其自然，然人既不知宇宙原狀與人之初性，無為乃成避免人格異化的主要方法，所謂「內靜外敬，能反其性，性將大定」《管子》〈內業〉）65，其意不過是「守拙」。「人之所以為聖人者性也，人之所以惑其性者情也……情之動弗息則不能復其性」《李文公集》〈復性書〉上），「誠能使神明定於天下而心反其初則民性善」《文子》〈下德〉），然人具天性卻有所不足，修養有賴求知，「心性之資於問學，進而賢人聖人，非『復其初』明矣」《戴東原集》〈孟子私淑錄〉下），因此反智的求道者只能期望「漠然若無魂魄，使萬物各復歸其根」《淮南子》〈覽冥訓〉），這是主張反璞歸真者的得道訣竅，但靈性既失則得道無益，可知反璞歸真之說猶不如虛無寂滅一見，因為與其心存假象不如早早死心。

反璞歸真之說為虛假的求道觀，因其主張廢文去知而反對開化，既已自損則豈可能自救，然而持此論者自以為明理得計，絕不宣稱反智背教，這表示求道當即是求知，任何反對知識的學說均自我否定，所謂「依道廢智」《文子》〈道原〉）或「以不知為道」《呂氏春秋》〈知度〉），實為詭辯性的術語，絕不是非知性的道學。求道即是求知，然求知未必是求道，這表示知識是為真理而存在，但真理不為知識而存在，知識是對真理的了解，得道是天人合一或與神復合，於此知識因目的已達而價值盡失，是謂「道德上通而智故消滅」《淮南子》〈覽冥訓〉）。求知是為求道，知識僅有工具性的價值，「為知識而知識」也是玩物喪志之一種，然若因此反對知識，這根本是反對真理，因為知識是人求道的首要憑藉，以知識為有礙得道者，必同時誤解知識與真理，且必曲解是非善惡美醜諸義，於是可見知識的工具性價值非比尋常。相對於西方，中國文明不重知識，然絕不至於輕蔑知識，中國的反智主義主要出自道家，因其所求是安樂而非真相，故常扭曲事理以配合

65.郝經〈遊靈巖寺詩〉：「靜境求初心，滯慮驅萬端。」

心情，誠為邪門歪道。所謂「至智棄智」(《呂氏春秋》〈任數〉)，這是濫
用知識的偽智，其說猶謂「信理者亡是非」(《列子》〈力命〉)，全然自
相矛盾，此類論調所以出現實因求知無力者有感「絕學無憂」(《老子》
二十)，乃圖以想像致知，而冒稱「聖人之道去智與巧，智巧不去難以
為常」(《韓非子》〈揚權〉)，其實是自我諂媚，以敗為功，無知又無聊。
在道家的觀念中，「是非之彰也，道之所以虧也」(《莊子》〈齊物論〉)，
於是「為學日益，為道日損，損之又損，以至於無為」(《老子》四十
八)，其目標是「離形去知，同於大通」(《莊子》〈大宗師〉)，終極境界
竟為空無，然不論真偽，此事若可得知則知識顯然是得道所需，可見
知道者絕不可能反知。

　　真理超越人而存在，亦即「先於」知識而存在──「先後」(時間
觀) 是人的知識觀點──所謂「有真人而後有真知」(《莊子》〈大宗
師〉) 66，若是表示「得道者方能認識真理」則大致無誤，但若意謂
「知識出於智者」則甚是無知 (卻自以為智者)，這猶主張人在道之上
而求道並無意義，如此信道而反知乃是自信有知，其實自我反對。道
家者流所以認為「思慮過度則智識亂」(《韓非子》〈解老〉)，「能智能愚，
期可久也」(魏收〈枕中篇〉)，其政治性的考慮是「知也者爭之器也」
(《莊子》〈人間世〉) 67，於是「知與不知皆不足恃，其惟和調近之」
(《呂氏春秋》〈必己〉)，故曰「遺賢去智，治之數也」(《商君書》〈禁
使〉) 68，此見為愚民之議，不無道理，但其說連帶犧牲菁英，絕非良
策，且就求道而言實是自愚，更非善謀。莊子曰：「忘足，履之適也；
忘腰，帶之適也；知忘是非，心之適也。」(《莊子》〈達生〉) 由此可知，
反智主義是追求快樂的唯物思想，論者以虛構真相營造美感，以自我
物化逃避煩惱，可謂無勇；因其深覺「巧者勞而知者憂，無能者無所

66.《淮南子》〈俶真訓〉：「有真人然後有真知。」

67.《莊子》〈人間世〉：「德蕩乎名，知出乎爭。」

68.《莊子》〈在宥〉：「絕聖棄知而天下大治。」

求」(《莊子》〈列禦寇〉) 69，乃以自貶自毀求福免禍，此為不仁；而若
「『知』忘是非」為可行，則求知竟求不知、感知是為去知、無知勝於
有知，不智之事莫過於此。君子曰「弗知實難，知而弗從，禍莫大焉」
(《左傳》昭公三年)，有知即有責，同時有知即有能，有能而不盡責是
抗命，抗命即使不受天譴也必自戕，畢竟知為良知而能為良能，暴殄
天物是自我糟蹋。重視知識者必以理性為人獸之別的關鍵 (如西方傳
統學術所強調)，理性是致知的本能，且具先天的概念，凡人不論是否
受教皆有相當的知識，人所以為萬物之「靈」正是因此，反智去知之
說其實也是知識的表達，然其理論錯誤尚是小事，立場不正才是大惡，
因為以知反知是靈性詐死，這是欺心之罪，無可救藥。

　　僅次於自殺的自我否定行為是**避世**，避世者必厭世，厭世者不僅
厭惡人類也厭惡自己，蓋凡人認識他人時必以自身為例，亦即以己度
人。中國文明的避世精神甚強 (可見於中國化的佛教)，這不是因為中
國人生活特別困苦——所有文明皆於「克服自然以營生」一事上相當
有成——而是因為中國缺乏上帝信仰，超越性理想境界的感覺稀少，
所以現實的不善令人尤其難受；信仰上帝的社會非無避世或厭世之事，
事實上反現實或反世俗的態度是宗教常情，然而正確的上帝信仰使人
認命入世而有承擔勇氣，迷信者期望得救解脫或來生幸福，終究是不
識超越性真理的俗念。中國文明崇尚人文主義，然極致的人文主義顯
示人的極限，而極限感對常人而言是艱難卻非神聖的感受，於是避世
成為避難之法，無神信仰的人文主義不能造就高貴之志便造成自卑之
心，這是中國文明冒險無功的敗績，雖然「知其不可而為之」的君子
所在多有而愈挫愈奮。中國「正史」中多有隱逸傳之作，顯示避世歸
隱頗為人所重，然而「大率異端皆是遁世高尚底人，素隱行怪之人，
其流為佛老」(《朱子語類》〈論語〉十一)，「避俗只是見不透」(《朱子語

69.《紅樓夢》第十回：「聰明太過則不如意事常有，不如意事常有則思慮太
　過。」

類》〈學〉七），能抗拒紅塵誘惑而節制七情六慾固為不易，但真正的大材是淑世化俗而不動凡心的人，「以高情避世」《世說新語》〈棲逸〉）畢竟不是超然獨立，此與驚世駭俗相似，實為依賴社會而不愛人間的叛逆行為。不論方法為何，避世是脆弱或無能之舉，其惡是不負責任，雖然避世者較常人更多自我負責的表現（需要），但能者多勞，自了不是盡責的目的，己立立人才是做人的義務，因為無人可以完全自立，而貢獻是凡人皆有的能力70。避世的錯誤在於態度而不在於行動（如離群索居），入世而忘情者可能自詡「獨與天地精神往來，而不敖倪於萬物，不譴是非，以與世俗處」《莊子》〈天下〉），這其實是心不在焉，忽視命運而罔顧職守，且對人虛偽應付，不多誠意，可謂欺世盜名。現實世界固然不佳，卻非毫無可為而須離棄，避世者必醜化人世而自認清高，只要權力而不要責任，總以憤世嫉俗為超群脫俗，以麻木不仁為冷靜明慧，以自私無情為獨特有守，所謂「陸沈於俗」《史記》〈東方朔傳〉），或「大隱隱於市」《莊子》〈則陽〉）71，雖「出淤泥而不染」（周敦頤〈愛蓮說〉），但究竟敝帚自珍，無益於人。正因「隱之為道，朝亦可隱，市亦可隱，隱初在我，不在於物」《晉書》〈鄧粲傳〉），隱士「形居塵俗而棲心天外」《晉書》〈索襲傳〉），論者乃以為「賢者避世，其次避地」《三國志》〈許靖傳〉裴注）72，殊不知對聖人而言「隱道能行，然亦不忍」《孔子家語》〈三恕〉）73，何況「出世之道即在涉世中，不必絕人以逃世；了心之功即在盡心內，不必絕欲以灰心」《菜

70.《列子》〈楊朱〉：「古之人損一毫利天下不與也，悉天下奉一身不取也，人人不損一毫，人人不利天下，天下治矣。」此說即是認定「天下本無事，庸人自擾之」，而事若果然又何必有此主張（呼籲），可見這種忽略原罪的理性化論點皆是逃避現實的「懷古」臆想，不得以知識待之。

71.王康琚〈反招隱詩〉：「小隱隱陵藪，大隱隱朝市。」《白氏長慶集》〈中隱詩〉：「大隱住朝市，小隱住丘樊。」

72.《宋書》〈隱逸傳〉：「身隱，故稱隱者；道隱，故曰賢人。」

73.《文子》〈微明〉：「聖人深居以避患，靜默以待時。」

根譚》〈後集〉），傳道行道義不容辭，退隱無時本是宿命，志士又何有安靜之想。

　　避世是於人群中去我，隱者憎人憐己，其實既不自重也不自愛，因為「天生我材必有用」（李白〈將進酒〉），缺乏信心與信仰則必自我埋沒，這是隔絕天人的惡果。「萬物皆備於我」（《孟子》〈盡心〉上），自棄即為棄天，去我雖不能去道，但「人能弘道」的意義因此盡失，而真理的價值不能發揚便有如受損，因為真理是上帝為人所設，人不求道儘管無損於天，然不能善用即是浪費，而浪費可謂濫用，所以就良心而言人確可能「傷天害理」，可知去我有罪。若以為去我乃為無私，或以為無我乃是天真，這不僅忽略人性兼具善惡，而且忽略靈魂不滅之理，何況人不能有二我，「忘我」勉強可言，「去我」無從進行，而「無我」只是想像。人有天性與原罪，求道是自我改良，其法是克制惡念而發揮理性，然則有我即有得道之資，天人合一不是人的敗亡，個人靈魂復歸上帝可稱為大我，而不可謂去我。王陽明曰「聖人之學以無我為本，而勇以成之」（《王文成公全書》〈別方叔賢序〉），這是不辨天人的樂觀說法，因其不信上帝卻信人具充分的天性，故以為道可自得而不必外求，然求道若本於無我，則「勇以成之」已是多餘或是虛假，可見無不能成有，無我則不需求道，更遑論得道。莊子主張「棄知去己」（《莊子》〈天下〉），這表示知與己皆為真實，而棄知去己乃無可，其所謂「吾喪我」（《莊子》〈齊物論〉）僅為假想而非論理[74]，故又說「忘乎物，忘乎天，其名為忘己，忘己之人是之謂入於天」（《莊子》〈天地〉），去我不成而求忘我，這顯然是一意尋求解脫（故忘我意味無憂無慮而非不知不覺[75]），真理非其所望。「道無不在，物何足忘」（《王摩詰集》〈薦福寺光師房花藥詩序〉），人應求道，故去我之說既不正當也不可能，道家即使認為快樂是人生目標，其論道不能以此自豪，

74.《駱丞集》〈與程將軍書〉：「喪我於吾。」
75.蘇軾〈客位假寐詩〉：「豈惟主忘客，今亦我忘吾。」

而仍須就「正己」發言76，可見不論信道與否，討論真理即無法貶損
道與人，以道為虛無而求去我是自相矛盾，因為我若存在而必去之乃
快，則虛無便是人為而非真相。若說「正者虛中無我之謂也」（《粹言》
〈論政篇〉），則去我是為合理，亦即去我是去除個人過失，但因原罪無
法去除，去我既不能徹底也不能成功，縱使成功也無法得道。一般而
言去我實為自制以求安寧，於是「太上無己，其次無名」（《抱朴子》
〈逸民〉），因名為人稱，無名便似無我，而「樹大招風」，「去名者無
憂」（《列子》〈楊朱〉），避世與去我異曲同工，皆是以自抑之法除患消
苦，其法或許有效，但其理無良，故其實有害，因為不安是良知的提
醒，逃避良知而安心是自增隱憂。

　　不由正道而求心安難以解憂，尋樂以去苦既無良效，受苦以去苦
乃成偏方，這即是禁慾的主張。人為不完美的生命，故有欲，慾望有
善惡，惡慾不論是否滿足皆非善事（滿則害不滿則怨），而善慾的實現
甚為艱辛，令人望而生畏，故追求心靈平靜者無不迴避慾望。善慾即
為志，因其意義高貴，使人另眼看待，故不被視作慾望77，可見禁慾
的主張有所失察，相當有理又相當無理78。慾望為原罪的產物，人的
善性不足，故善性亦有慾望，其意是希求至善79，而惡性的慾望不顧
善理只求快樂，故為沈淪的力量，如此發揮善慾且克制惡慾即是上進；
而慾望既出於原罪，禁絕慾望實無可能也無必要，禁慾者的錯誤是為
求心情安定而一概反對動念，善惡輕重之分因此全失，因無犯小過以

76.《莊子》〈繕性〉：「小識傷德，小行傷道，故曰正己而已矣。」

77.《明儒學案》〈河東學案〉下「楊應詔」：「聖人所欲，在天理上用事，有欲
　　與無欲同。」

78.《南軒集》〈答羅孟弼〉：「所謂無欲者無私欲也，無私欲則可欲之善者……
　　若異端之談無欲，則是批根拔本、泯棄彝倫，淪實理於虛空之地。」

79.王弼《老子注》二十章：「學，求益所能而進其智者也，若將無欲而足，何
　　求於益，不知而中，何求於進。」

立大功的行道精神，其舉必是過大於功。若以慾望皆出於人之惡性，則「察天理莫如屏欲」（《宋史》〈胡宏傳〉），「明夫天之道者不欲」（《阮嗣宗集》〈通易論〉）80，蓋「憂患之接必生于自私而興于有欲」（《晉書》〈潘尼傳〉），無慾則理智清明；然而萬事萬物皆為上帝所造而有其意義，慾望實為磨練人心之用，不應全然避免而以為得計，正因「人性欲平，嗜欲害之」（《淮南子》〈齊俗訓〉）81，動心忍性當思神意天理，若以為「致知在所養，養知莫過於寡慾」（《近思錄》〈存養〉），這是無神觀念的反智論，更使禁慾徒勞無功。

　　主張禁慾者是怯懦的好人，因禁慾不易，故堅持此道者常以苦行轉移心念，其「以自苦為極」（《莊子》〈天下〉），是為「不見可欲，使心不亂」（《老子》三）82，這顯然是無勇有謀。禁慾者雖是好人，卻多傾向於認定人性本惡，其見以為「情者性之邪」（《李文公集》〈復性書〉中），而「外事牽我形，外物誘我情」（《白氏長慶集》〈寄李建〉），若不能「見素抱樸，少私寡欲」（《老子》十九）83，則「性不勝情，耽惑成亂。」（《舊唐書》〈張玄素傳〉）84禁慾主張常與知足一說共出，這表示完全禁慾實無可能，「聖人去甚、去奢、去泰」（《老子》二十九），並非一介不取，然真理為絕對，真理觀不應為程度性的說法，可見禁慾不合真理。在禁慾者眼中，「儉，德之共也；侈，惡之大也」（《左傳》莊公二十四年），「禍莫大於不知足，咎莫大於欲得，故知足之足常足矣。」（《老子》四十六）85儘管「知以身取節者則知足矣」（《孔叢子》〈居衛〉），然「盈欲可損而未可絕有也，過用可節而未可謂無貴也」（《晉書》〈裴

80.《曲江集》〈瀧州刺史牛公碑銘〉：「志道莫先於無欲。」

81.《北史》〈李槩傳〉：「人之性靜，慾實汩之。」

82.《三國志》〈秦宓傳〉：「不見所欲，使心不亂。」

83.《王仲宣集》〈安身論〉：「無私莫深乎寡欲。」

84.《阮嗣宗集》〈達莊論〉：「心奔欲而不適性之所安。」

85.司馬遷〈報任少卿書〉：「禍莫憯〔慘〕於欲利。」

顏傳〉）86，故「苦節不可貞，其道窮也。」（《周易》〈節卦〉）87由此可
知，節慾比禁慾更難，「為忠甚易，得宜實難」（《後漢書》〈竇融傳〉），
所以「喪食雖惡必充饑，饑而廢事非禮也，飽而忘哀亦非禮也，視不
明、聽不聰、行不正、不知哀，君子病之。」（《禮記》〈雜記〉下）道家
的禁慾觀點以絕情去憂，這是自然主義的物化取向，並無修養的深意，
固然「不仁者不可以久處約，不可以長處樂」（《論語》〈里仁〉），禁慾
似有遏惡的功用，但求道不是守節而已，況且「救多欲之失者唯仁義
之行」（《讀通鑑論》〈漢武帝〉四），人文主義的精神是勇於冒險承擔，
這包括接受神恩與享受善報，仁者可以久處約可以長處樂，此為樂天
知命的生活態度，符合正義。「以循理為主，何嘗不寧靜；以寧靜為
主，未必能循理」（《王文成公全書》〈傳習錄〉上），道家不如儒家乃是必
然，因為道家主情而儒家主理，主情者退守而主理者進取，人有求道
的使命，為人而退求平安是自我否定，故史上任事失意而轉投道家的
儒者雖眾，這卻是道家思想為失敗主義的證明。

86.《資治通鑑》〈晉紀〉四引裴頠〈崇有論〉：「利欲可損而未可絕有也，事務
　　可節而未可全無也。」
87.《菜根譚》〈前集〉：「驚奇喜異者無遠大之識，苦節獨行者非恆久之操。」

人文主義

第十一章　人文主義

中國文化本質一言以蔽之即為人文主義 (humanism)，此道於先秦時代即已定型確立，後世改變不多。中國歷史無中古階段乃因中國文化的主流思想為儒家，亦即無神信仰的人文主義，故其文明進程不可能陷入反人文主義的「中間時代」，若然則為文明的自毀（文明的立場必為人文主義）。西方的中古時代是人文主義發展至極而上帝信仰出現之後，人文思想與上帝信仰同時僵化沈淪的狀況，此情為「天人之際」探索的迷惘，不是單純的反人文主義取向，更非深刻的上帝觀念批判，因而其現代文明的興起乃為真理的再確認，這即是「替天行道」的終極性人文主義。中國的上帝信仰淡薄，其人文主義未受宗教衝擊而思想始終如一，此可謂古典的人文主義，於是人本精神成為中國人文主義的主要性質，天人一致是其樂觀信念，盡人事而後聽天命則是其勇敢態度，這顯示中國傳統也多少有上帝信仰，故其人文主義隱含悲劇性氣氛，壯烈的格調乃成中國文明風情。

一、人本精神與人類主義

人文主義起於人本精神，人本精神出於人為萬物之靈的自覺，所以人文主義堪稱是人類主義，懸念於斯便將以為所有道理皆是人謀，而稱「若無世人，一切萬法本自不有。」（《六祖壇經》〈般若品〉）[1] 人文主義本是一價值觀而非知識見地，然極端的人文主義以價值 (value) 為事實 (fact)，人文主義的宇宙觀因此產生，於是有說「天地之合和，陰陽之陶化萬物，皆乘人氣者也」（《淮南子》〈本經訓〉）[2]，或曰「天非

---

1. 《潛邱劄記》〈喪服翼註〉：「自有天地即有人類，有人類即有恩愛，而喪紀緣之而興。」

人不盡，故君子盡人以盡天」(《劉蕺山集》〈答秦履思〉五)，人為宇宙主
宰的觀念竟然由人主張 3，可見人文主義必有缺失。人處於上帝與萬
物之間，若人觀察世界時不能不亢不卑，則必趨於自大，畢竟人不可
能不如萬物；然而人必因自大而不安，推崇人類者乃不得不以「配天」
之說為之，故曰「天大，地大，人亦大焉」(《說文解字》「大」)，又有謂
「陶冶萬物，與造化者為人 (為偶)。」(《淮南子》〈俶真訓〉) 人不論如
何狂妄也不能號稱可以自生自主，人文主義者可能主張性格決定命運
──如稱「情故有愛惡，愛惡生得失，得失生悔吝，悔吝著而吉凶見」
(《阮嗣宗集》〈通易論〉)──但絕無法倡議神意服從人心，因為人若自
命為神則神已非神，「神以人為尊」是錯亂之言，然中國傳統富有此見
非因錯亂，而是由於無神觀的人文主義必須將人神格化，這不僅是為
勉勵道德勇氣，也是為填補知識漏洞 (欲蓋彌彰)。中國「正史」的內
容及型態以傳記為主，此乃人本思想的反映，因其人格標準甚為嚴峻
──連道家都說「人而無人道是謂陳人 (陳腐之人)」(《莊子》〈寓言〉)
──所以中國文化特有「君子」形象，同時又別有「偽君子」現象，
蓋人僅得高貴而不得偉大，當人被期望過高時，上達無力者便難免偽
裝以求備，而成君子中的小人，是為偽君子。如此，中國文化似有虛
偽之風，然虛偽是小人對君子的敬意呈現，這表示中國文化的人格要
求超乎凡俗所期，因人文主義以完人為望，而常人無上帝信仰以為告
罪慰藉或定罪標準，故當人自許高尚卻力有未逮時，乃多扭曲迴避之
行。由此可知，中國文明絕非低級，因為偽君子勝於小人，且人自視

2.《三魚堂文集》〈太極論〉:「論太極者不在乎明天地之太極，而在乎明人身
之太極，明人身之太極則天地之太極在是矣。」《魯齋遺書》〈小學大義〉:「人
之一身實萬事萬物之所本，於此有差則萬事萬物亦從而差焉。」

3.《陵川集》〈道論〉:「聖人者道之主宰也。」《陳同甫集》〈與朱元晦祕書〉(乙
巳春):「人不立則天地不能以獨運，捨天地則無以為道矣。」《曾文正公全
集》〈戶部員外郎彭君墓表〉:「降福者天，宰天者人。」

太高總是善意所然（「真小人」是蠻橫惡毒的失敗主義表現），何況「不以成敗論英雄」是道德評判的原則，而這正是人文主義的自尊觀點。

原始的人文主義必為無神信仰的人本觀念，因為發現人貴於萬物甚易，而發現上帝頗為不易；然因人文主義初起之時（古典時代），通向上帝信仰的多神崇拜是流行文化，故「人為神主」乃成人文主義創見4。就本質真相而論，真正的信仰是上帝觀，多神信仰實為無神觀，多神信仰是上帝信仰的前驅，而人文主義先於上帝信仰而興起，故古典的人文主義屬於無神觀，其人本精神正反映於「神因人而立」的說法。中國文明的上帝觀發展不利，其人文主義的「輕神」思想持續至今，這是中國歷史進化不多的例證。文明早期的人文主義力圖破除迷信而倡導理性的道德意識，而政治既為當時學者普遍參與或關注之事，所以改變人君祀神之思而為愛民之心，乃是人文主義者的首要實務。《左傳》有言「夫民，神之主也，是以聖王先成民而後致力於神」（《左傳》桓公六年），這等於說「夫君，神之主而民之望也」（《左傳》襄公十四年），其為民請命的情意甚切，而排鬼滅神的想法由此顯露無遺，故曰「神以人為主，虐其主則非神」（《舊唐書》〈王璵傳〉），此後「陵虐神主」一說乃成暴君的通用罪名（《左傳》襄公十八年）。如此，「人，神之主也；獸，神之屬也」5，人竟成宇宙主宰或至少為最高生命，神既不如人，祭神只是幌子，因「人乃神之主，人安而福至」（《新唐書》〈李藩傳〉），故「取媚神祇，自求多福。」（《張河間集》〈上順帝封事〉）

既然「天道從人者也」（《新唐書》〈盧藏用傳〉）6，「天地之間百神

---

4. 《舊唐書》〈李藩傳〉：「人為神主。」《魏書》〈房景先傳〉：「神無定方，唯人為主。」《讀通鑑論》〈唐中宗〉五：「鬼神者，即人心而在者也。」

5. 《白氏長慶集》〈禱仇王神文〉：「惟神廟居血食，非人不立，則人神之主也，獸神之屬也。」

6. 《明史》〈馮琦傳〉：「上天無私，惟民是聽，欲承天意，當順民心。」《欒城集》〈論明堂神位狀〉：「人情所安，天意必順。」《明史》〈禮志〉十四「服

所食，聖人謂當與人等，推生事死，推人事鬼，故百神之祀皆用眾物，無用人者」（《論衡》〈調時〉），蓋「小事不用大牲，而況敢用人乎？祭祀以為人也，民，神之主也，用人，其誰饗之？」（《左傳》僖公十九年）人文主義反對多神信仰而探索上帝，在上帝信仰未確立之前，人文主義似為無神觀，其實則主人道化的天道觀7，所謂「未知人，焉知鬼」（《文中子》〈王道〉）8，並非無神主張而是人本主張，其想是「胡重於鬼神而自輕也」（《國語》〈吳語〉），故曰「以道莅天下，其鬼不神。」（《老子》六十）梁武帝制曰「事人禮縟，事神禮簡」（《通典》〈樂〉七「郊廟宮懸備舞議」），此為典型的人文主義宗教觀，其信仰若有若無，然因以道德為本，總無真正的奉神意思，但也無嚴重的迷信問題。「夫聖王之制祭祀也，法施於民則祀之，以死勤事則祀之，以勞定國則祀之，能禦大菑則祀之，能捍大患則祀之」（《禮記》〈祭法〉），所以「生為令德，沒為明神」（《梁書》〈張纘傳〉）9，「生為上公，死為貴神」（《孔子家語》〈五帝〉），有德有能者的神格化可視為愚民政策而不必斥為巫術，因為上帝是至善全能，德行超群者似神，崇拜英豪雖非正道但接近有道，仍為可取，不必訾議。古代人文主義者未能認知上帝而以神話教化人心，這是信仰不足的虔誠作為，實為文明進化必需的事業，其功在於淨化宗教與啟迪民智，亦即弘揚道德與理性，此於上帝的發覺有所助益也有所障礙，因為講理方能悟道，但固執人道則不易信神，雖「執有命者不仁」（《墨子》〈非命〉上）10，然執無命者何嘗有德。

紀」：「人心所安即天理所在。」

7.《墨子》〈明鬼〉下：「今吾為祭祀也，非直注之汙壑而棄之也，上以交鬼神之福，下以合驩聚眾，取親乎鄉里，若鬼神誠有，則是得吾父母兄姒而食之也，則此豈非天下利事也哉。」

8.《論語》〈先進〉：「季路問事鬼神，子曰：『未能事人，焉能事鬼。』敢問死，曰：『未知生，焉知死。』」

9.《元氏長慶集》〈唐故使持節萬州諸軍事萬州刺史賜緋魚袋劉君墓誌銘〉：「有志不洩，死當能神。」

人文主義是人的自重思想，亦即**君子主義**，因為人性本善，自重者必自許為君子，小人是人之小者，而「斗筲之人何足算也」(《論語》〈子路〉)。「惟人萬物之靈」(《尚書》〈泰誓〉上) 11，「天地之性人為貴」(《孝經》〈聖治章〉) 12，為人而自比於動物並非自卑而是自貶，因為自卑可能由於原罪，但自貶卻是出自理性，而理性屬於天性或神格，故人自貶為動物實是矛盾錯亂之舉，此乃自毀。「夫人之異於物者，人能明於必然，百物之生各遂其自然也」(《戴東原集》〈孟子字義疏證〉「理」)，人之自貴實為自然，自貶則為病態，由此人不以自然為滿，而以必然為奇，蓋立於自然而有所警覺者自當探問其必然之理，於是超自然的天道便為心靈問題，人的高貴因此更得彰顯。同一物類仍有能力高下之別，「天下之貴莫貴於君子」(《阮嗣宗集》〈大人先生傳〉)，而「人之為人非聖人莫能盡」(《東萊博議》〈齊衛鄭戰于郎〉)，人文主義的原始精神是人類主義，然其進步必成君子主義，因為人生的價值不是勝乎萬物而已，其崇高價值是做一個真正的人，此即超凡入聖。如此，「玩人喪德，玩物喪志」(《尚書》〈旅獒〉) 13，人有其生存的獨特意義，求生或控制萬物絕非人生宗旨，而生活享受更非目的，蓋「天地生萬物所以資於人，然代天而治物者常為之節，使其足用而取之不過，故物得遂其生而不夭。」(《集古錄跋尾》〈唐放生池碑〉) 14 人為萬物

---

10. 《墨子》〈非命〉上：「命，上不利於天，中不利於鬼，下不利於人，而強執此者，此特凶言之所自生，而暴人之道也。」《墨子》〈非命〉下：「命者暴王所作，窮人所術，非仁者之言也。」《墨子》〈非命〉上：「今用執有命者之言，則上不聽治，下不從事。」

11. 《朱子語類》〈學〉二：「人為萬物之靈，自是與物異，若迷其靈而昏之，則與禽獸何別。」

12. 《說文解字》「人」：「天地之性最貴者也。」

13. 《正蒙》〈神化〉：「徇物喪心。」《東里集》〈翠筠樓記〉：「君子之尚於物也，有不在耳目之娛、意趣之適，而在於其德者。」

14. 《了凡四訓》〈積善之方〉：「前輩有四不食之戒，謂聞殺不食，見殺不食，

之靈，「須能盡人之性，然後能盡物之性」（《王文成公全書》〈傳習錄〉
上），若人承擔萬物之靈的責任，便知「天下無棄物也，在處之如何
爾」（《蘇文忠公集》〈書別造高麗墨〉），於是「理好惡則不貪無用，不貪
無用則不害物性」（《韓詩外傳》卷二），然則「市商不通無用之物，工不
作無用之器」（《鹽鐵論》〈本議〉），萬事萬物的定位從此乃可歸正。即因
人為萬物之靈，「萬物之有災，人妖最可畏也」（《韓詩外傳》卷二），「孔
子謂為芻靈者善，謂為俑者不仁，殆於用人乎哉」（《禮記》〈檀弓〉下），
這便是人妖所致的萬物之災；由此可知，不做君子即為小人，小人是
人之妖孽，其惡猶甚於禽獸所為，故有稱「麟者仁獸也」（《公羊傳》哀
公十四年），動物的人格化一方面反映人的自愛，另一方面表示「禽獸」
是專用於人的罵名（指稱動物為禽獸並無意義）。

　　人不僅為萬物之靈，且為神明之靈，所以真正的人不是靈獸而是
聖賢，聖賢是人上之人，亦即人類代表，故曰「天下之眾，本在一
人。」《周濂溪集》〈通書〉「順化」） 15 「天下之本在乎一人，一人之本存
乎一心」（《格物通》〈正心〉中），人的資質雖有異，然其本性一致而目
的相同，以善惡論，人同此心而心同此理，或說「仁也者人也，合而
言之道也」（《孟子》〈盡心〉下），「聖人知我無我，故同之以仁」（《關尹
子》〈三極〉） 16，反之，所謂「獨夫」乃是不仁之人，因其一意孤行。
「遍知萬物而不知人道不可謂智，遍愛群生而不愛人類不可謂仁」（《淮
南子》〈主術訓〉），「仁莫大於愛人，知莫大於知人」（《淮南子》〈泰族
訓〉） 17，同情是人的基本良知與善意，所以自知是知人之本而自愛是

自養者不食，專為我殺者不食。」

15.《北史》〈突厥傳〉隋文帝詔曰：「圓首方足，皆人類也，有一於此，更切朕
懷。」

16.《敬軒文集》〈送郴州守呂希召還任序〉：「聖明篤一視同仁之德，地雖遠而
選授匪輕。」

17.《文子》〈微明〉：「智莫大於知人。」

愛人之本，以己度人固然必有蒙蔽（人皆有其個人性原罪），但確是難以超越的待人之道（人類共通性原罪），故反省是判斷外物的必要憑藉。人貴於物而天意重於人心，所以「君子之於物也，愛之而弗仁，於民也，仁之而弗親，**親親而仁民，仁民而愛物**」（《孟子》〈盡心〉上），然有志於救世的大同主義者竟宣稱，「天地之塞吾其體，天地之帥吾其性，民吾同胞，物吾與也」（《正蒙》〈乾稱〉），這雖富於善心卻缺乏神智，畢竟人只是萬物之靈而非宇宙主宰，承擔者必有能力但絕非萬能，若稱「仁者以天地萬物為一體，使有一物失所，便是吾仁有未盡處」（《王文成公全書》〈傳習錄〉上），此乃無知的慈悲，於事無補且自欺以大。人為萬物之靈一義已顯示宇宙事物有其高下層次，由此推斷可見神為人主，然則人須替天行道而無法從心所欲，於是愛有等差乃為必需，故「君子愛仁以及物，治近以及遠」（《鹽鐵論》〈刑德〉），博愛向是善者心意而非其作法；所謂「聖人一視而同仁，篤近而舉遠」（《韓昌黎集》〈原人〉），這是近乎天德的人道精神，猶有不得圓滿之情，所以「不愛其親而愛他人者謂之悖德」（《孝經》〈聖治章〉），然「不能尊賢則不知親親之道」（《粹言》〈論書篇〉），不事天者不能愛人，愛人無殊實為薄情寡義。總之，人文主義若為正當則真理體系必然存在，人在宇宙中的地位賴此決定，而上帝信仰因此暗生，不明「神、人、物」三者關係即不能正確了解人文的意義，欲提升人文主義的境界則須探究天人之際，因為愈接近神性的人格愈為高貴，由此所見的物性也愈可能精確。

二、天人一致之義

中國文明對於天人之際的探索不深，天人一致的觀點因此盛行，於是人文主義思想停滯，其旨乃限於人本精神而無突破，卻因假天釋人而更使上帝信仰消沈，並使人文主義簡化且僵化，這是中國文明發展的困境或穩固的原因。古典的人文主義以人為本，進化的人文主義

以神為宗，不上不下的人文主義主張天人一致，從此安身立命的觀念
成為求道動機，真理的認識難以精進，平和的態度與自信的立場取代
問道的緊張性，天人交戰是僅有的神聖感受，而其化解卻多為常情常
理的選擇，故安心難免是欺心，求知少有能求備。「天真」一說本來意
謂靈性活躍，後來意味幼稚無知，這是中國求道傳統挫敗不振的證據，
老成世故之風從此興起，憤世嫉俗者冷眼旁觀，而自認得道者無動於
衷，中國文化愛好和平的精神顯然是出於平淡無奇的宇宙觀。論道而
不識超越性便以為「人亦天，天亦人，天人相去其間不容髮」（《徂徠
集》〈與范十三奉禮書〉），或稱「天即神，神即人，人即天，名三而誠則
一」（《遺山集》〈長慶泉新廟記〉），然則「會而通之，天地神人無以異
也」（《歐陽文忠公集》〈易或問〉）18；因感「天人同道，好惡均心」（《論
衡》〈奇怪〉）19，乃覺「天道人事有相命使之義」（《論衡》〈初稟〉）20，
於是「人事備乎下，天道應乎上」（《韓詩外傳》卷三）21，「天人之道其

18.《王子安集》〈拜南郊頌序〉：「敬神以道不以華，天人合應然後駐聲名於上
　　邑，反文物於仙宮。」《舊五代史》〈禮志〉下：「祭祀之意本以為民，窮民事
　　神有乖正直，殺牛不如礿祭，明德即是馨香，望古推今，民神一揆。」

19.《論衡》〈變虛〉：「天人同道，好惡不殊。人道不然，則知天無驗矣……天
　　道當然，人事不能卻也。」《北溪字義》〈仁義禮智信〉：「天理只是人事中之
　　理而具於心者也。」《新五代史》〈司天考〉二：「人事者天意也……未有人心
　　悅於下而天意怒於上者，未有人理逆於下而天道順於上者。」《漢書》〈鮑宣
　　傳〉：「天人同心，人心說則天意解。」《宋史》〈袁甫傳〉：「天意人心實同一
　　機。」《陳白沙集》〈肇慶府城隍廟記〉：「人亦神也，權之在人猶其在神也。」
　　《宋景文公筆記》〈考古〉：「上帝也者，近人理者也。」《北史》〈王晞傳〉：
　　「天時人事同無異揆。」《北齊書》〈王晞傳〉：「天時人事同無異謀。」

20.《明儒學案》〈姚江學案〉「王守仁」：「致吾良知於事物，事物皆得其理，非
　　所謂『人能弘道』乎？若在事物，則是『道能弘人』矣。」

21.《讀通鑑論》〈漢文帝〉二十三：「吉凶之消長在天，動靜之得失在人，天者
　　人之所可待，而人者天之所必應也。」

實一致，人之所為即天之所為也。」（《宋史》〈李綱傳〉下）22 天人既為一致，大人者「先天而天弗違，後天而奉天時」（《周易》〈乾〉），「天不遠人，人不自反耳」（《陳同甫集》〈中興論〉），所以分別天人乃有毀性之虞。如此，理論上人不如天，但實際上天不如人，不信神的人文主義只能崇拜人類，其說號稱天高於人卻配合人，其實乃主人為天王，可見人文主義若不能超越人本精神，則必淪為人本主義的迷信，其害雖不似宗教巫術，但文明的觀念必因此扭曲而消退。

主張天人一致必漠視天人合一之理，因為「天人本無二，不必言合」（《二程語錄》〈遺書二先生語〉）23，或者「人欲天不違，何懼不合并」（《王仲宣集》〈雜詩〉）24，於是天人交戰已不成問題，求道的意義大減。本來「義於人者和於神」（《新唐書》〈李藩傳〉）25，此想在人本思想擴充之下轉趨天人互補之見——如稱「至道深微，惟人是弘；天命無常，惟德是與」（《南史》〈齊本紀〉上）——最終則變成「人主天從」之說，而稱「天意無他，合人心而已」（《宋史》〈吳奎傳〉），此一轉變暗示上帝信仰不堅必致道德意念退卻。天人一致之說若非忽視天人合一即是誤解其道，天人合一之義是以人就天，天人一致之見則為天人相應，然人為可知而天不可見，是以天人一致觀念下的天人合一實為天之就人，故曰「苟能天人合一，永永勿替，天命在我矣。」（《宋史》〈王萬傳〉）由此可知，天人一致之說其實是人本主義，依其見「不愧于人，不畏于天，無羞惡之心矣，天人一也，不愧則不畏」（《困學紀聞》〈詩〉），天人既為一致，而人可能違天，天卻不能背人，人高天

22.《震川先生集》〈洪範傳〉：「吾之所為即天之道，天之變化昭彰即吾之所為。」

23.《明史》〈樂志〉一張鶚曰：「相繼者天之道也……相合者人之情也。」

24.《王臨川集》〈郊宗議〉：「所謂天者果異於人邪？所謂人者果異於天邪？故先王之於人鬼也，或以天道事之。」

25.《魏書》〈禮志〉一：「本於人心，會於神道。」

卑之情於是呈現，其說之錯誤也同時暴露。依理「人道本於性，而性原於天道」（《戴東原集》〈孟子字義疏證〉「道」），然則「未識人倫，焉知天道」（《困學紀聞》〈左氏〉），惟「天道闇昧，故推人道以接之」（《春秋公羊解詁》魯宣公三年），因而「在古人制祭祀之禮，以人道事鬼神」（《戴東原集》〈緒言〉下），此非人本主張，卻是人具神格的主張。人文主義本有信道精神，信道則須自信有道，所以人本立場原與奉天態度不相衝突，易言之，人有天性，故人道與天道雖非相同卻頗為相合，盡人事即是聽天命。如此，「治亂廢興在於己，非天降命不可得反」（《漢書》〈董仲舒傳〉），人能自我負責則天意已然實現，所謂「天聰明，自我民聰明；天明畏，自我民明威」（《尚書》〈皋陶謨〉），其意不是天以人為本，而是人以天為尊，因人發揮良知即是敬天的表現，於是將天擬人乃有謂「天矜于民，民之所欲，天必從之。」（《尚書》〈泰誓〉上）總之，若稱「天以民為心」（《潛夫論》〈本政〉），這可能是人本思想，也可能是神明信仰，因為人有神性（人為不完整的天），所以人本思想原與神明信仰可能共存，然上帝超越人而存在，堅持天人一致之見是無神觀，追求天人合一則尚有信神之心；中國古代人文主義由人本觀轉為天人一致觀，這是上帝信仰探索失敗時無神論的強化展現，然虔誠信神者仍可能強調人本或天人一致，故為此二說不必表示超越性信仰之有無，其判斷根據實在於論者誠心之多寡，心誠者陳述人本或天人一致之說並無非神之意，而心不誠者論述天人一致必是主張人本，此可謂「不誠無物」。

　　天高於人，知天必知人 26，知人未必知天，而不知人則必不知天，然人為未全之天，集眾人之良心亦不足以為天心，以人窺天必定低估上天，這是宋明理學的通病，因其說高估人的天性（幾乎以為人性全善）27。明乎此乃可謂「善言天者必有徵於人」（《荀子》〈性惡〉）28，

26.《國語》〈楚語〉上：「民，天之生也，知天必知民矣。」

27.《經學理窟》〈詩書〉：「天無心，心都在人之心，一人私見固不足盡，至於

然「唯人道為可以參天」(《春秋繁露》〈王道通三〉),因而「人事倫則順
于鬼神」(《韓詩外傳》卷三),故「通天地人曰儒,通天地而不通人曰
伎。」(《法言》〈君子〉) 中國的人文主義者或信神或不信神,而不信者
為多數,所以天人一致的說法大都是人道主張,超越性的概念幾無[29],
如說「無功而祀之非仁也」(《國語》〈魯語〉上),或說「三人占則從二
人之言」(《尚書》〈洪範〉)[30],這皆是人本的宗教觀,其內涵不外道德
與理性,本質上實為無神信仰。如此,學者率認「舉凡天地、人物、
事為,不聞無可言之理者也」(《戴東原集》〈孟子私淑錄〉上),因乏超越
性真理的信仰,傳統中國士人多有理性化的「為道」、「學道」、「論
道」、「問道」等說,而少寓有探尋神意的「求道」說法(王陽明常用
此語但無此意),卻常以「求道」為專務魔法方術之義,可見迷信多是
由於理性而非反理性,因為對凡夫而言,以人道標準或物理方法趨吉
避凶是合理的作法。

　　天人一致之說最重要的論題是道德,蓋道德是人特有的問題,其
原雖出於天理,但上帝與動物皆不受道德約束,故主張「皇天無親,
惟德是輔」(《左傳》僖公五年),其實是以人道為至理,亦即視天道為人

眾人之心同一則卻是義理,總之則卻是天,故曰天曰帝者皆民之情然也。」
《二程語錄》〈伊川雜錄〉:「理便是天道也,且如說皇天震怒,終不是有人
在上震怒,只是理如此。」《公是先生弟子記》:「所謂命者道而已,生死貴賤
貧富,道之制也,君子以為命;所謂天者人而已,人歸之則為諸侯,諸侯歸
之則為天子,人之制也,非己制也,君子以為天。知道者其知命也,知人者
其知天也。」

28.《素問》〈舉痛論〉:「善言天者必有驗于人。」《鹽鐵論》〈紹聖〉:「善言天者
合之人。」楊泉《物理論》:「言天者必擬之人。」《舊唐書》〈孫思邈傳〉:「善
言天者必質之於人,善言人者亦本之於天。」

29.《陳同甫集》〈祭朱壽之文〉:「自昔聖人所以和同天人之際者,豈有奇功異
術哉,使天下無所謂幸不幸而已。」

30.《元史》〈李孟傳〉:「筮不違人,是謂大同。」

倫。《左傳》曰：「非德，民不和，神不享矣；**神所憑依，將在德矣。**」
（《左傳》僖公五年）若人與神俱受道德規範，則神必為虛假，可見中國
的唯德思想是無神觀，而道德是人文主義的教育重點，故道德化的宗
教必是人的自我崇拜，雖然其意義更在於自我要求，因為人具惡性而
行善絕非易事。在天人一致的宗教觀之下，「奉天之道貴以誠質大得民
心」（《漢書》〈郊祀志〉下），「民和而後神降之福」（《國語》〈魯語〉
上）31，「道之以中德，詠之以中音，德音不愆，以合神人，神是以
寧，民是以聽」（《國語》〈周語〉下）32，此說簡直是局外者的看法，有
若超然之見，但因無人可置身於真理之外論道，更不可能不受上帝支
配而評議神意，可知其說絕不真確。善有善報而惡有惡報是道德的期
望，所以道德的原則符合理性，若神「惟德是與」則神意可知而無驚
人之處，於是天人相應，「瑞以和降，異因逆感」（《後漢書》〈質帝紀〉），
「人事失於下則天變形於上」（《陸宣公集》〈螟蟲避正殿降免囚徒德
音〉）33，所謂妖災不過是「人反德為亂」34。如此，「天所視聽皆因
於人，天降災祥皆考其德，非於人事之外別有天命也⋯⋯事有得失而
命有吉凶，天人之間影響相準」（《陸宣公集》〈論敘遷幸之由狀〉）35，「見
不祥而修善則妖反為祥，見祥而不為善即祥還成妖矣。」（《新論》〈禍
福〉）若此說不是迷信之言，則須以道德觀點解釋之，而由此說流行之
盛可知中國的宗教實為道德的工具，因為迷信不可能盛行於學者之間。
事實上，中國式的「人神同性論」主要用於政治上的勸誡──其核心

31.《國語》〈周語〉上：「不禋於神而求福焉，神必禍之；不親於民而求用焉，
　　人必違之。」
32.《新序》〈善謀〉上：「先王務德音以享神人。」
33.《晉書》〈天文志〉上：「政教兆於人理，祥變應乎天文。」《鹽鐵論》〈水
　　旱〉：「政有德則陰陽調、星辰理、風雨時。」
34.《後漢書》〈鄭興傳〉：「天反時為災，地反物為妖，人反德為亂，亂則妖災
　　生。」
35.《明史》〈宋濂傳〉：「受命不於天，於其人；休符不於祥，於其仁。」

理論是「離民怒神」(《國語》〈周語〉下) 36——這是傳統士大夫誘導君主施行仁政的策略，然因其使用極其頻繁，早已為各方所悉而失神喻之作用，足見中國的災異說其實是道德思想而非宗教信仰37。

天人若果一致則天無存在的價值，本來人信仰天是因人有所不足，而後人自信與天無異，這是文明進化的成果，所以天人一致之說原非迷信，而是信仰層次的提升，此即多神教的破除。多神信仰推翻之後，上帝信仰方可能取而代之成為正信，然信仰上帝遠較信仰眾神不易(一般人難以掌握抽象的概念)，於是人文主義若未達極限而發現人上有神，則其宇宙觀自然是以人為本的天人一致論，這正是中國宗教的本質。既不信神則不需宗教，但人畢竟不是至上的生命，其力量有限使人即使認定無神也猶有信仰，這種「無神的信仰」含有宗教情操，它雖不是真正的宗教，卻有宗教的效用，因為人終究不能沒有信仰 (價值觀即是信仰)。在天人一致的無神信仰下，祭祀禱告的必要性甚微，蓋「若鬼神有知，不受邪佞之訴；若其無知，訴之何益？」(《世說新語》〈賢媛〉) 38 顯然道德雖是天命，但人對道德問題認知甚易，道德抉擇多非難事，所以行善無需求神問卜，服從良知便是，這表示在道德化的宗教中，人可以也應當全盤作主39，而神的價值只是聊備一格 (為完整的宇宙觀所必需)。道德標準既然為人神共守，「若以為〔祝〕有益，則詛亦有損也……〔祝〕隱匿過則欺上帝也，上帝神，則不可欺，上帝不神，祝亦無益。」(《晏子春秋》〈諫上〉十二) 超越性是超越理性

36.《貞觀政要》〈君道〉：「事無可觀則人怨，人怨則神怒，神怒則災害必生。」

37.《元史》〈五行志〉一：「孔子作春秋，所紀災異多矣，然不著其事應，聖人之知猶天也，故不妄意天，欲人深自謹焉。」

38.《左傳》襄公十四年：「無神，何告？若有，不可誣也。有罪，若何告無？」
　　《左傳》昭公二十六年：「君無穢德，又何禳焉？若德之穢，禳之何損？」

39.《蘇文忠公集》〈問雯月何以為正〉：「天之應乎人君者，以其德，不以其言也，人君修其德，使之無愧乎其中，而又何禱也。」

而非違反理性，據此上帝為至善但非必為善，然人須遵從理性與道德，而不能以超越性為由行無理不善之事，故「淫祀無福」(《禮記》〈曲禮〉下)，「求於非福則是諂祭」(宋祁〈論國忌疏〉)，雖然這不意謂「以神明有知而事之，乃欲背道妄行而以祠祀求福，神明必違之矣。」(《說苑》〈反質〉) 中國的天人一致說富有道德意識，巫術迷信因此大受批判而不興盛40，如《抱朴子》有言「欲求仙者要當以忠孝、和順、仁信為本，若德行不修而但務方術，終不得長生也」(《抱朴子》〈對俗〉)，這是善惡果報式的左道，其精神與人本宗教觀相去不遠；再者，有國者也不能恃神治民，所謂「有得神以興，亦有以亡」41，意指「國將興，聽於民，將亡，聽於神」42，其主張實為「用賢使能則不占而事利，令明法審則不筮而計成，封功賞勞則不禱而福從，共苦同甘則犯逆而功就」(《通典》〈兵〉十五「風雲氣候雜占」)，這是信道而不求神的人文主義觀點，有情有義。

天人一致則有人無天，如此「吉凶由人」(《左傳》僖公十六年)，而「禍福出于胸懷」(《新唐書》〈李德裕傳〉) 43，實則吉凶禍福僅為利弊

40.《魏文帝集》〈禁淫祀詔〉：「自今其敢設非祀之祭、巫祝之言者，皆以執左道論，著於令典。」

41.《左傳》莊公三十二年：「國之將興，明神降之，監其德也；將亡，神又降之，觀其惡也。故有得神以興，亦有以亡。」《國語》〈周語〉上：「國之將興……神饗而民聽，民神無怨，故明神降之，觀其政德而均布福焉；國之將亡……明神不蠲而民有遠志，民神怨痛，無所依懷，故神亦往焉，觀其苛慝而降之禍。是以或見神以興，亦或以亡。」《說苑》〈辨物〉：「神饗而民聽，民神無怨，故明神降焉，觀其政德而均布福焉。……明神不蠲而民有遠意，民神痛怨，無所依懷，故神亦往焉，觀其苛慝而降之禍。是以或見神而興，亦有以亡。」

42.《左傳》莊公三十二年：「國將興，聽於民；將亡，聽於神。神，聰明正直而壹者也，依人而行。」

43.《左傳》襄公二十三年：「禍福無門，唯人所召。」

得失，此乃物理而不含神意，且常以善惡報應之道呈現，若人自認無罪卻遭逢不幸，則須知「天非虐，惟民自速辜」(《尚書》〈酒誥〉)，其中必有人之失誤，因咎由自取，故人應隨時反省。在天人一致的宇宙中，道德是最高法則而人自為因果，於是「妖由人興也，人無釁焉，妖不自作，人棄常則妖興，故有妖。」(《左傳》莊公十四年) 44 在人文主義的思想傳統中，所謂妖怪實為心魔，這是良心的墮落現象，不是鬼神的威脅誘惑所致 45，同理「不見性命，不知禍福」(《嵇康集》〈宅無吉凶攝生論〉) 46，「意之所存便為禍福」(《三國志》〈許靖傳〉)，故「禍之來也，人自生之；福之來也，人自成之。」(《淮南子》〈人間訓〉) 人為德主而道為永恆，天人一致，所以「人能守一，一亦守人」(《抱朴子》〈地真〉)，「始終如一，是之謂大吉」(《荀子》〈議兵〉)，而因道德為天下共同的倫理，故「當至公，大吉之徵也。」(《三國志》〈蔣琬傳〉) 道德是人的行為準則，道德的原則已可使人處事無疑，但一方面世事的道理不能盡以道德觀點解釋，另一方面無理的人生苦難令人勇氣消沈，所以人文主義仍無法徹底解惑除惡，命運的感受乃不因人本精神的振興而減，事實上以堅持道德的態度面對命運的打擊，確是人文主義最可展示的高貴人格表現，可見天人一致的觀點實與人文主義有所扞格。追根究底而言，「豈唯貴賤禍福哉，凡人之聖賢不肖莫非命矣」(《王臨川集》〈對難〉)，然「禍福在天而善惡在人」的人文主義卻是中國思想主流 47，其「善惡決定福禍」的觀點更顯示，中國人文主義實為無神信仰的人本主張，這使中國文明富有高貴的精神，也富有悲劇性的格調，而其缺乏關乎此事的自覺正證明其情如此，甚至更增其悲愴性。

44.《北史》〈崔浩傳〉：「災異由人而起，人無釁，妖不自作。」

45.《左傳》昭公八年：「作事不時，怨讟動于民，則有非言之物而言。今宮室崇侈，民力彫盡，怨讟並作，莫保其性，石言，不亦宜乎?」

46.《震川先生集》〈顧夫人楊氏七十壽序〉：「命之所不至，性之所不盡也。」

47.《王臨川集》〈推命對〉：「夫貴若賤，天所為也；賢不肖，吾所為也。」

三、人道與天命

　　先有天人不一的感受，然後有天人合一的想法，天人一致的觀點並無天人合一的思想，人文主義最初秉持人本立場，其後主張天人一致，這是人的自壯，或是人文主義發展至極限之前必經的心境，而因人具原罪缺陷，完人理想不可能實現，人愈壯大愈感能力有限，於是人不敵天的覺悟乃起，此時天人不一的真相出現，天人合一的希望同時產生，因為人的天性使人相信天人之際必有聯繫。然而超越性的領域永遠無法超越，人文主義能面臨極限而不破滅，正因天人有永隔之處，於是人得以盡情發揮其自由意志，不受神意桎梏而自我實現，雖然這不表示「人定勝天」，但精神上人類的成就已立於不敗之地而無可限量，因為人文主義的觀念是「知其不可而為之」且「不以成敗論英雄」48。如此，人文主義的尊嚴得自「盡人事而待天命」（胡寅〈讀史管見〉），這是「謀事在人而成事在天」的坦然態度49，因其認命所以無畏，既為無畏乃不可挫。所謂「盡人事然後聽天命」，其實強調善盡人事而不重聽天由命，儘管「豈曰人謀，亦惟天命」（《南史》〈梁本紀〉中），然人事可圖而天意難探，「邪正由於人，吉凶在乎命」（《劉孝標集》〈辨命論〉），或者「吉凶在我，運數由天」（《南史》〈梁本紀〉下），故「知命者必盡人事」（《鶴林玉露》〈人事天命〉）50，況且盡己已無餘裕，何有聽候天命之暇。「人事盡處便是命」（《朱子語類》〈程子之書〉三），不盡人事則無從發現天命，「雖禍生非慮，蓋亦有以而然」（《南

48.《宋史》〈范祖禹傳〉：「君子之道或出或處，易地則皆然，未易以功名優劣論也。」

49.《了凡四訓》〈謙德之效〉：「造命者天，立命者我。」

50.《蘇文忠公集》〈墨妙亭記〉：「君子之養身也，凡可以久生而緩死者無不用，其治國也，凡可以存存而救亡者無不為，至於不可奈何而後已，此之謂知命。」

史》〈宋本紀〉中），故仁者「盡己之智而聽於人，盡人之智而聽於神」
（《元豐類稿》〈閬州張侯廟記〉），而「拘於鬼神者，不可與言至德」（《素
問》〈五藏別論〉），蓋「命則付之於天，道則責成於己」（《宋學士集》〈祿
命辨〉）51，「修身不言命，謀道不擇時。」（《元氏長慶集》〈訓別致用〉）
命運既是神意所定而不可易，處事應以理智而「天命不可專任」（《元
豐類稿》〈先大夫集後序〉），然則「人貴量力，不貴必成」（《新唐書》〈高
郢傳〉），「論成敗者當以人事為主，必推命而言則其理悖矣。」（《史通》
〈雜說〉中）52依理，上帝在真理之上，所以信仰上帝優於信仰真理，
然神意不可測而真理相當可知，因此行事應首重理性，不能必求了解
神意而後舉動，如是乃可謂「太上畏道，其次畏天。」（《慎子》〈外篇〉）
理性是人所具有的首要天賦，盡人事必須善用理性，聽天命則是服從
理性，「聖人知天而盡人之理」（《讀通鑑論》〈唐高祖〉一），故「知命者
不立乎巖牆之下」（《孟子》〈盡心〉上），而「功名大立，天也，為是故，
因不慎其人，不可。」（《呂氏春秋》〈慎人〉）深刻的人文主義必減少人本
觀念而增加認命精神，然上帝信仰未立則人本思想必盛，於是天人的
緊張性強烈，這是中國人文主義充滿不安氣氛的緣故，因而乃有折衷
意見認為「雖天之所舍，其禍福吉凶大者在天、小者由人」（《孔叢子》
〈答問〉）53，但這仍無法安撫人心，畢竟天人之際難辨，且神若為真
則人不得自主，故人文主義的宿命終究是「盡人事以聽天命」（《宋史》
〈李綱傳〉下），而不知其所以聽從者竟為何。

　　信仰上帝者必以天命解釋人事，信仰不深者則以人事解釋天命，

51.《讀通鑑論》〈齊高帝〉二：「義不可襲者也，君子驗之於心，小人驗之於
　　天。」
52.《新唐書》〈李泌傳〉：「夫命者已然之言，主相造命不當言命，言命則不復
　　賞善罰惡矣。」
53.諺云：「大富由命，小富由勤；大事由天，小事由人。」此說其實是不信神而
　　以人為天。

中國人文主義畢竟抱持無神觀，其傾向是務實而不求神，同時卻有奉天的精神，此即「盡人事以顯天命」，故曰「雖天道有盛衰，亦人事之工拙也」(《隋書》〈北狄〉)，或說「雖運之盛衰屬于天，而其亡信有由矣。」(《新唐書》〈突厥傳〉下) 樂觀的人文主義者認為「盛衰之理雖曰天命，豈非人事哉」(《新五代史》〈伶官傳〉)，這有否定天命之意，但其見卻是「所謂天命無非人事」，然天命的定義有異而名義猶在，即使名存實亡也非真正消失，可見談及天命者不論觀點如何，必於天命有所信仰或承認，此與論及上帝者同。不論信神與否，行道必須盡人事然後聽天命，故重視人事而不強調天命者未必不信神，這在教育的作為上 (為因材施教) 尤然，中國的無神論即常因此而起，不可深信。總之，人文主義與上帝信仰之間存有緊張的關係，但無衝突對立之勢，因為人是神所造，人具不全的天性，所以人之自信與信神並非絕對違背。中國文明精神可謂是「虔誠的人文主義」，其強調人事之法常是強調天命不可恃，這其實藉天命說人事，絕非反對天道，卻是弘揚人道，故於正視人生遭遇時 (尤其是受挫時)，又有「三分人事七分天」的說法。中國人文主義對於天人之際的看法是「自求多福」，諺云「作福不如避禍，避禍不如省過」，又說「非宅是卜，唯鄰是卜」(《左傳》昭公三年)，或「百萬買宅，千萬買鄰」(《南史》〈呂僧珍傳〉) 54，這即是盡人事而後聽天命的態度，以此「臨河救溺，不卜命之短長」(《晉書》〈隱逸傳〉)，而「防姦雄莫若除盜賊」(《李泰伯集》〈慶曆民言〉「省盜」)，認命顯然是好好做人的最佳辦法。「立德之基有常，而建功之路不一，何則？循心以為量者存乎我，因物以成務者繫乎彼」(《陸士衡集》〈豪士賦序〉)，所以「天時不如地利，地利不如人和」(《孟子》〈公孫丑〉下) 55，「世衰道亡非天之所為也」(《新語》〈明誡〉)，蓋「國不可以災

54.《尸子》〈廣澤〉:「匹夫愛其宅，不愛其鄰。」《白氏長慶集》〈凶宅〉:「人凶非宅凶。」

55.《尉繚子》〈戰威〉:「天時不如地利，地利不如人和，聖人所貴人事而已。」

祥論興衰，家不可以變怪論休咎」(《通志》〈災祥略〉一「災祥序」)，「人
之過在於哀死而不愛生」(《中論》〈脩本〉)，「志窮則凶」(《困學紀聞》
〈易〉)，故盡性即是盡命56，自助者天助 (God help those who help
themselves.)。

　　先盡人事後聽天命的態度具體呈現於卜筮的作法，此即「卜以決
疑，不疑，何卜?」(《左傳》桓公十一年) 57「古者卜以決疑，今人疑生
於卜」(《顏氏家訓》〈雜藝〉)，這是人文主義由盛轉衰的現象，雖然這未
必是中國古代文化實際的變化情形。根據負責的信仰，「先盡人事，念
而不能得，思而不能知，然後問于著龜」(《白虎通義》〈著龜〉)，故「毛
澤未盡，人力未竭，未可以雩也……其時窮，人力盡，然後雩，雩之
正也。」(《穀梁傳》定公元年) 如此，「太上脩德，其次脩政，其次脩救，
其次脩禳」(《史記》〈天官書〉)，「聖王之舉事必先諦之於謀慮，而後考
之於著龜」(《說苑》〈權謀〉)，蓋「庶人至賤也，而猶在著龜之前，故
盡人之明而不能決，然後謀之鬼焉。」(《日知錄》〈卜筮〉)「夫著之為言
耆也，龜之為言舊也，明狐疑之事當問耆舊也」(《論衡》〈卜筮〉)，這
是以人文主義解釋神意所得的信仰觀點，其實是求己不求天，然猶有
如此藉天數論人道之說者，正顯示深刻的人文主義必究天人之際，而
非固守人本立場。不盡人事而聽天命即可謂迷信 (迷信是對於超越性
真理問題不用理性或僅用理性看待的態度)，「信鬼神者失謀，信日者
失時」(《說苑》〈反質〉)，「史以天占人，聖人以人占天」(《法言》〈五
百〉)，而因以人占天即盡力謀事，故「聖人不煩卜筮」(《左傳》哀公十
八年)。盡責者必盡人事以待天命，「福不可請，禍不可諱」(《墨子》〈非
命〉上)，「勝可知而不可為」(《孫子》〈軍形〉) 58，算命不僅迷信且無

　　《北史》〈崔浩傳〉:「興國之君先修人事，次盡地利，後觀天時。」
56. 《申鑒》〈俗嫌〉:「學必至聖，可以盡性；壽必用道，所以盡命。」
57. 《舊唐書》〈張公謹傳〉:「凡卜筮將以決嫌疑，今既事在不疑，何卜之有。」
58. 《孫子》〈兵勢〉:「善戰者求之于勢，不責于人，故能擇人任勢。」

盡責之意，「遠謀莫過於道」（《格物通》〈謀慮〉上），所以「至人不相，達人不卜」（《嵇康集》〈卜疑〉）59，「君子不處幸」（《呂氏春秋》〈遇合〉），「求前知，非聖人之道也。」（《日知錄》〈卜筮〉）60 道德的精神是行善而不求報，其次是求善有善報，其次是「不求險而利也」（《柳柳州集》〈與楊誨之第二書〉），是以「卜者世之餘伎也，道之所無用也」（《柳柳州集》〈非國語〉上「卜」），「古者德行求福，故祭祀而寬；仁義求吉，故卜筮而希。」（《鹽鐵論》〈散不足〉）

　　虔誠是盡己以奉神，迷信是屈己以事神，信仰是不斷以理性質疑而無法推翻時的服從意志，無知不能深信，反知則必輕信，「淫德好神」（《漢書》〈郊祀志〉上）61，「小數詳而大道隱」（《日知錄》〈占法之多〉），探究天人之際當以智效誠，而非鑽研神意。周敦頤曰：「筮，叩神也，再三則瀆矣，瀆則不告也。」（《周濂溪集》〈通書〉「蒙艮」）此說藉迷信推展教化，功過參半，若不論其信仰觀點的錯誤，而以道德意識評議之，則可見人文主義的盡己認命精神，其自我負責而不奢求神助的態度，與猶太教徒所謂「不妄用上帝之名」相同62。人文主義是超越多神迷信而邁向上帝信仰過程中的世界觀，其念不是以人代天，卻是以天待人，因此「輕卜筮、無神明者，悖；背人道、信禎祥者，鬼神不得其正」（《史記》〈龜策列傳〉），人道乃因天道而立，所以人的自尊無妨天的偉大。天人不一不是天與人的矛盾，天人合一不是天與人的平等，天人交戰是人上通於天的困境，不是天與人爭的優勢，人文主

59.《史記》〈蔡澤傳〉：「聖人不相。」

60.《王文成公全書》〈傳習錄〉下：「聖人不貴前知，禍福之來雖聖人有所不免，聖人只是知幾，遇變而通耳。良知無前後，只知得見在的幾，便是一了百了，若有個前知的心，就是私心，就有趨避利害的意。」《陳同甫集》〈丙午復朱元晦秘書書〉：「聖人之於天下，時行而已矣，逆計預防皆私意也。」

61.《日知錄》〈周中於信以覆詛盟〉：「有道之世，其鬼不神。」

62. ' Thou shalt not take the name of the Lord thy God in vain.' Deuteronomy 5: 11.

義發揚人的天性而未識天為主宰，故能提升人格而無法增加人力，卻
於人力極限到來時彰顯人格尊嚴，可見人文主義須以天道信仰調和乃
得進化，此非天人合一的完成，而是天人交戰的成功。天人交戰的成
功是人所支持的天道勝利，亦即人自我超越而升天，此非人類共同的
成就，而是個人的突破，因為生命是孤獨的靈魂63，只能自力更生而
不能集體得道64，所以原來的人文主義是人類主義，而後來的人文主
義是君子主義，君子上達而小人下達，人文主義畢竟是個人主義。人
不如天而人群之中有天才，天才替天行道而凡人不解，故推行天道必
須愚民，於是「聖人舉事先定於義，義已定立，決以卜筮，示不專己，
明與鬼神同意共指，欲令眾下信用不疑」《論衡》〈辨祟〉65，由此可
知盡人事有時可以聽天命達成，因為善處人事便是執行天命，解釋神
意即是推展神意，假借天意行事可能是天意所欲。

　　人文主義始於人的自愛而終於敬天，所以人文主義的失誤必是人
自視太高，但這個錯誤是人文主義的發展所必經歷，由此原罪表現可

---

63. 《王仲宣集》〈詠史詩〉：「自古無殉死，達人共所知。」《曾文正公全集》〈君
　　子慎獨論〉：「獨也者，君子與小人共焉者也。」《紅樓夢》一百二十回：「誰
　　與我逝兮，吾誰與從；渺渺茫茫兮，歸彼大荒。」

64. 《陵川集》〈積慶堂記〉：「積德累功，天必報施，不在其身，在其子孫。」中
　　國的唯德思想以善凌真，其天道觀念隨之扭曲，個人為小而集體為大的說法
　　因此流行，永恆的定義也成為大我長存，此種錯誤皆源於「道德至上」之
　　見，因為道德實為人倫，以人道為優，自然於天道有所誤解，「禍延子孫」
　　或「福澤後代」的善惡報應觀即是其例。

65. 《洪範口義》卷上：「聖人凡舉一事、發一政，若有疑於心者，必用卜筮以
　　決之。……然則聖人果有疑乎？曰無也。既無其疑，何用其卜哉？……猶謂
　　之考疑者何也？即見聖人不專任其斷，而思與天下同之也。」《子華子》〈晏
　　子〉：「聖人窮造物以為識量，然且龜卜筮著以為決，所以立言於公也。」《荀
　　子》〈天論〉：「日月食而救之，天旱而雩，卜筮然後決大事，非以為得求也，
　　以文之也，故君子以為文，而百姓以為神。」

知人文主義不是真理，卻是探索真理所應抱持的想法，因為人若不覺
「天生麗質難自棄」，便無求道的動力與得道的希望（此種不盡合理的
態度所以為必要亦是原罪使然）。「君子敬其在己者，而不慕其在天者」
（《荀子》〈天論〉），「不頌人以已然，而譽人以所當得」（《震川先生集》
〈送王汝康會試序〉），「行有不得者，皆反求諸己」（《孟子》〈離婁〉
上）66，人文主義非不信神而是主張自信在先，非不求人而是強調自
強為重，此乃為道之本，絕無自立道義之意。所謂「凡物有乘而來，
乘其出者，是其反者也」（《荀子》〈大略〉），將一切事物發生的原因歸
諸事物本身當然不對，正因其見有違常識，可知「自求」之說是人文
思想而非物理觀念，其通用之誤在於將物擬人，然此種人本的宇宙觀
實有愛物之心，故曰「錯〔措〕人而思天，則失萬物之情。」（《荀子》
〈天論〉）人本思想實為價值觀而非宇宙觀，因為人不能自生亦不能創
造萬物，然而人竟有此「唯我獨尊」的看法，這不是真相的判斷而是
事實的認知，也就是對於現實狀況的接受，其意念是負責或是認命；
負責者當仁不讓，認命者見義勇為，二者本質一致，然負責者重視事
實而認命者感受真相，事實源於真相而負責出自認命，所以人文主義
是省思天人之際所獲心得，雖非直探真理之見，但確是求道的態度。
如此，人文主義者的思想層次高低差異頗大，其下者以人為主，其上
者以天為本，然人具天性而天超越人性，故兩者並不抵觸，而皆持自
我要求的負責精神（因此皆屬人文主義）。心懷天道則自主不為僭越，
於此對天負責即是自我負責，然則「禍福無不自己求之者，詩云『永
言配命，自求多福』，太甲曰『天作孽猶可違，自作孽不可活』，此之
謂也。」（《孟子》〈公孫丑〉上）強調自我負責者主張「吉凶由己」（《抱朴
子》〈君道〉）67，強調對天負責者認為「邪正由於人，吉凶在乎命」
（《劉孝標集》〈辨命論〉），其間實無衝突，因為主張吉凶由己者必定認

66.《尸子》〈恕〉：「惡諸人則去諸己，欲諸人則求諸己。」

67.《詩經》〈十月之交〉：「下民之孽匪降自天，傳沓背憎職競由人。」

為邪正在人，並且相信吉凶即使不繫於邪正，也含有天命安排的神聖意義，不可以人情計較，由此可見所謂「致精誠、求諸己、正大事，則神明應矣」(《申鑒》〈時事〉)，可能表示吉凶由己，也可能表示吉凶由天（天如何應人乃非人所可期）。

　　君子求道無所不用其極，行道則「鞠躬盡瘁，死而後已」(諸葛亮〈後出師表〉) 68，人文主義以人為萬物之靈而要求其承擔萬物之命，於是人類主義進而為君子主義，君子主義進而為聖人主義，聖人的形象乃是完人，然完人絕無可能存在（出現），所以聖人主義不得進而為完人主義──故「人也者物之至者也，聖也者人之至者也」(《皇極經世》〈觀物內篇〉二) 69 ──因此人文主義的高貴性竟是出於「知其不可而為之」的悲劇精神，其自全的信仰乃為「人事盡則天悔禍」(《宋史》〈權邦彥傳〉)，亦即「天無絕人之路」或是「皇天不負苦心人」。好勝心使人產生比較心，於是「人比人氣死人」，反之，良心令人樂見他人成就，因為良心是通貫人類之心，而所有人皆是人類之一員並可以代表人類，雖然無人可以為人類代表；人文主義雖有人類主義與聖人主義的不同境界，然君子主義是其共同的精神，君子成人之美也自我實現，「舜何人也，予何人也，有為者亦若是」(《孟子》〈滕文公〉上) 70，這即是人文主義的通神氣概。以人本精神而論，「棄之不如用之之易也，死之不如棄之之易也，能棄之弗能用之，能死之弗能棄之，此人

68.《蔡中郎集》〈月令問答〉：「道長日短，與危殆競，取其心盡而已。」《論語》〈泰伯〉：曾子有疾，召門弟子曰「啟予足！啟予手！詩云『戰戰兢兢，如臨深淵，如履薄冰』，而今而後，吾知免夫。小子！」《晉書》〈劉毅傳〉：「丈夫蓋棺事方定。」《文山先生文集》〈自贊〉：「孔曰成仁，孟云取義，惟其義盡，所以仁至；讀聖賢書，所學何事，而今而後，庶幾無愧。」

69.《孟子》〈離婁〉上：「聖人，人倫之至也。」

70.《孟子》〈離婁〉下：「舜人也，我亦人也。」《黃氏日抄》〈讀禮記〉五「文王世子」：「薄待天下而下聖人一等以立之法，是聖人為有異於人，而人不可以望聖人也，寧有是理哉。」

之大過也。」(《戰國策》〈秦攻魏急〉) 71 人文主義的義務感兼含求生與求
道，因上帝信仰缺乏而完美主義強烈，其殉道信念原本不強，卻有求
生與求道兩全的樂觀想法，但人具原罪而世間絕不如理想，在現實困
難的壓迫下，委曲求全成為人文主義的常情，而其道德意識又使「殺
身成仁捨生取義」的危機四伏，因此「任重道遠」是人文主義者咸感
悲壯的心境72，於是求生以為求道而求道以勵求生，二者本末已然分
別，不能雙全，故曰「生於憂患而死於安樂」(《孟子》〈告子〉下) 73。
總之，人是孤獨的性靈，因其性靈人可以獨立，因其孤獨人不能負最
終之責，所以人的義務止於盡己，盡己之義人人皆同，但其務人人不
同，這使人孤獨而不寂寞 (志衰者寂寞而不孤獨)，獨立的能力且使孤
獨成為一種地位而非處境，於是人與上帝相似，而又不獨立於其外，
然則人可以負責乃是有能，不需負全責則是有福，「死而後已」正是
「有限」所給人的永命恩遇。

---

71. 《三國演義》一百六回：「軍事大要有五，能戰當戰，不能戰當守，不能守
　　當走，不能走當降，不能降當死耳。」

72. 《論語》〈泰伯〉：「士不可以不弘毅，任重而道遠。仁以為己任，不亦重乎?
　　死而後已，不亦遠乎?」

73. 王弼《老子指略》：「存者不以存為存，以其不忘亡也；安者不以安為安，以
　　其不忘危也。」

第十二章　歷史與文明

第十二章　歷史與文明

　　歷史是文明的過程，文明是歷史的成就，所以歷史與文明雖非同義，然其實質無殊，唯相對而言歷史是「量」而文明是「質」，量變未必造成質變，歷史悠久不必是文明優越，且歷史須經解釋乃見文明，而歷史所含眾多事情甚不文明 (uncivilized)，可知所謂「文明歷史」是進化的事跡，不是變化的趨勢，因為文明有其極限，當極限到來之後歷史大勢是文明的停滯乃至惡化，此可謂「歷史的結束」或「文明的末世」。中國史學的一大特色是其文字古今通用無改，這使學者可以輕易了解數千年史料，而對歷史的變化別有篤實的體會，也對史上學者的歷史感得以深察，此種「上友古人」的傳承關係使中國歷史研究富有生命力與累積性，文明演進的跡象及其意義因此更清楚流露。

　　中國文明可能獨立發展，但中國民族不可能獨立於人類演化的脈絡之外而產生，況且原始人並非文明的建立者，所以中國遠古人種不論如何興旺或進化，皆不是中國文明獨步於世的原因或證據。**中國早期文明的演進歷程與西方相同（但時間較晚）**，燧人氏代表先於石器製作的用火文化，伏羲氏代表野獸被馴服之後畜牧生活的開始，神農氏代表稍後興起的農業時代，有巢氏代表石器時代結束後的陶業與聚落發展階段，黃帝象徵聚落社會進展為城邦聯盟的時期，倉頡象徵中國文字的出現，其後銅器時代來臨（約為夏商周「三代」2000–500BC），隨之而起的鐵器時代即是中國統一政權（秦帝國）建立之時，同時形成者是各式的宗教信仰與哲學思想（諸子百家）。中國古史傳說包含千年進程（黃帝至夏桀），這是中文發明後思古者追本溯源之作（傳說事跡愈早者形成愈晚），其想像力、理想性、乃至道德感均不強（與羅馬的上古傳說性質類似），現實性濃厚而少有啟發性，對於宇宙創造之情

且未有深究（無上帝觀）1，甚乏可觀之處。三皇五帝的傳說內容愈接近中國歷史開端愈富於道德意識，在精神意義上也愈為可信2，如《尚書》記事始於堯舜，《論語》道古僅及堯舜，而堯舜傳說 (c.2400-2200BC) 富有道德意義，這已顯露中國文明的唯德取向。據傳堯寬容而舜嚴厲，由此統治者人格的變化所反映者，是中國政權由分散走向統一之勢，而漢代傳說「夏尚忠、商尚鬼、周尚文」，此亦呈現整體文化提升的趨向，蓋「忠」意味社會組織嚴密、「鬼」象徵宗教信仰興盛、「文」表示教育學術發達，先政後教而先情後理本是文明初期的演變大況，可見古代（先秦）中國文化的本質與西方無異。

中國的文明觀完整出現於諸子百家的學說中，而其立國精神的確立則在漢武帝獨尊儒術一舉，以此東周至秦漢可謂是中國歷史的古典時代。諸子百家之說的現實性（政治性）甚高，其起源問題深受重視即已顯示此情，因為恢弘的真理觀念與生活環境或文化傳統幾無關係，而且職業（王官）與地域是各家學說形成的基本要素，這更證明諸子百家的思想層次實不高明，雖然諸說皆力圖展現其普世性。儒家所以成為中國學術思想的主流或典範，乃因其說理念即為人文主義，而人文主義本是文明觀的基準，故儒家相對於其他眾說不僅正確且為完整3，任何一家（尤其是反文明的道家）取代儒家而為中國文化正統，

---

1. 上帝一詞始見於周代典籍，但正確的上帝觀念未即出現，神明出身於人鬼的說法可證明其上帝信仰絕無超越性，而傳說三皇等遠古偉人的形象為人獸合一，此為自然神信仰觀點的表現，其人文主義精神已極薄弱，更遑論超越性概念。

2. 《大戴禮記》〈五帝德〉：「宰我問於孔子曰：『昔者予聞諸榮伊，言黃帝三百年，請問黃帝者人邪？抑非人邪？何以至於三百年乎？』……孔子曰：『……生而民得其利百年，死而民畏其神百年，亡而民用其教百年，故曰三百年。』」《太平御覽》卷七十九引尸子曰：「子貢問曰：『古者黃帝四面，信乎？』孔子曰：『黃帝取合己者四人，使治四方，不計而耦，不約而成，此之謂四面。』」

必然造成中國文明的嚴重偏枯4。事實上儒家是諸子百家成立的依據或標準，雖然這不表示儒家是最先出現者（有此一說亦不為過），但儒家思想必然興起甚早（應與道家齊壽）5，因為文明精神不得不是儒家式的觀點。所謂諸子百家其實主要不過是儒、道、墨、法、陰陽五家，而各家思想又與儒家關連緊密（不論其間異同如何），可見文明的觀念不可能紛紜繁雜，此於文明初創之時尤然。在精神含意上，道家是退縮的儒家態度，墨家是依附儒家的反對者（故墨家無法成為一種職業或專業6），法家是政治化的儒家變相，陰陽家是企圖突破儒家而誤入歧途的偏鋒，諸家的思想未能與儒家無涉，實因求道者只能超越人文主義而不能迴避之。若說儒家本為以教育為職業的人，然萬事萬

---

3. 《宋元學案》〈勉齋學案〉「詹初」：「儒者人之需也，上焉君需之，下焉民需之，前聖需之以繼，後學需之以開，故其道大、其任重。」《周書》〈儒林傳〉：「考九流之殿最，校四代之興衰，正君臣、明貴賤、美教化、移風俗，莫尚於儒。」《隋書》〈儒林傳〉：「儒之為教大矣，其利物博矣，篤父子、正君臣、尚忠節、重仁義、貴廉讓、賤貪鄙，開政化之本源，鑿生民之耳目，百王損益，一以貫之。」

4. 荀子不是正統儒家，即因其抱持人性本惡說，蓋人文主義必認定人性本善，荀子學說的人文主義精神顯有不足，故已偏離孔門正義，雖然荀子企圖以不同的立論基礎闡揚儒家的具體主張。

5. 儒家本為官學，其興起固早於民間新興的百家學，易言之東方齊魯的學術是中原三晉的先驅。道家思想是消沈的儒家表現，所以在理論上儒家思想應是先於道家出現，而事實上《老子》的成書晚於《論語》，其文不是一人一時所作，且道家在戰國時期並非顯學，入漢之後才風行於世，可見儒家當是諸子百家中最早興起者；然而就思想態度而言，進取與退縮的人生觀乃同時存在，且人之退縮極可能是本性使然（如莊子），而非進取失敗之後才有的表現（如老子），所以若不論實際的情況，儒家與道家在觀念上本是一體兩面，其關係有如天人交戰，故為共生互動，不能以先後評論其義理。

6. 諸子百家多以職業或道術為名，唯獨墨家是以人物（墨徒）立名，由此可見墨家缺乏學術體系與獨立地位，雖然其人事組織最為嚴密。

物皆可教，於是可知儒家包羅萬象──禮樂射御書數六藝是古代中國知識之大全──其學是求道所有的憑藉，能一以貫之則可領略真理。儒家特重道德，道德是人倫，人倫繫於人事，所以儒家學說討論範圍最廣，其他各家所論則頗偏執，孔子「祖述堯舜，憲章文武，德參天地，道貫古今」，此種問道的精神與規模已是至大，豈有另闢蹊徑之途。

政治性格為人性本質，所以文明發展有賴政權的推動，因為文明固然主要是成就於少數不求權力的菁英，但文明為教化人心的事業，而政治是世上最大的社會勢力，且統治者大都為具有學養的知識分子（在古代尤然），故文明推展必與政治措施關係密切──雖然政權所提倡的文化（政治性文明）必非境界最高者──所謂立國精神或文化政策即是此道之呈現 7。中國史學以討論政治為主，這雖也是西方傳統史學的狀況，但中國史學的政治性尤盛，其文化性則相形見絀，易言之中國文化的政治化程度甚高，「正統」問題即是此情之範例。所謂「正統」事實上是「政統」 8，然正統一稱在理念上包含史上一切合於真理的創作與施為，亦即包含求道與行道的傳統緒業，也就是包含「道統」，但實際上道統卻是文人用以抵制正統歪論的對立性名號──「孔子作春秋而亂臣賊子懼」是中國士人想像的撥亂反正「史筆」作用──由此可見中國政治干涉文化之深刻，同時可知中國文明發展與政治變化關係緊密（文化常與政治一齊興衰）。中國統一於秦朝，中國

7.《嘉祐集》〈審勢〉：「治天下者定所尚，所尚一定，至於萬千年而不變，使民之耳目純於一，而子孫有所守，易以為治。」

8. 中國的正統爭議所以激烈乃因國家分合不定與政治認同不一，這反映中國的統一性早已深入人心，但價值觀（甚至道德觀）卻殊不統一，進一步而言這是中國缺乏上帝信仰的「自然」政情，因為上帝信仰若流行則教義將成最高標準而政治將成低俗事務，於是教條既出政策只有迎合，如此正統之爭便將為宗教對抗所取代，這即是西方史上正統一名未出（'legitimacy' 僅為正當性而非正統）而其事少有的緣故。

文明的定型與推廣亦開始於斯，此時極權統治的鞏固與文化制度的確立並行不悖，在「書同文、行同倫」之外，思想的同化與控制尤為重要，始皇焚書坑儒表面上是反對文明，其實是「不知正道為何但知何為非正道」的除汰之舉，此乃尋找文化主流過程中的波折，絕非打擊一切文明的作為9。秦朝的速亡反映一統帝國初建令人難以適應，漢朝重建統一之局，但其實力無法執行中央集權，因而改採「無為之治」10，此非樹立道家為正統（任何政府均不可能倡導無政府主義），卻是立國思想未能設定之前的放任作法，故漢初因襲秦制而執法疏緩，「挾書律」與「妖言令」先是形同具文後為正式廢除，於是百家爭鳴而其優勢不明，中國政治的文明觀猶在摸索之途中。

　　西漢至景帝時七國之亂平滅，一統帝國確實造就，文治的原則亟需決定，未久漢武帝「罷黜百家，獨尊儒術」，中國文化正統由此建立，政治與文明的關係愈形緊密，其後諸子之說竄入儒家求生而難以獨立發展（墨家已亡），同時儒家的素質或層次也因政治化而降低11，於是所謂的法家化儒家、道家化儒家、陰陽化儒家等學派叢出，這一方面呈現儒家傳統的惡化，另一方面則證明儒家義理的完備（各家能與儒家結合顯示儒家貫通或涵蓋諸家之說）。儒術原為王官之學，百家

---

9. 秦始皇執政頗採儒家之說，且廣納儒生，其焚書令以六國史記（政治性書籍）為重點，詩書百家語非其所重，而醫學、農業、卜筮等「實用」資料則不禁止；此令之出與當時學派的鬥爭有關，它恢復學術統於王官的傳統，凡欲習法者以吏為師，其旨顯然在於鎮壓議政之風而非消滅知識探討，坑儒一舉的性質與此亦類似，這是中國政權決定其文化正統之前的挫敗事跡。

10. 在歐洲封建制度於一統帝國覆亡之後形成，在中國封建制度是一統帝國建立之後消滅，然而古代帝國的交通不便，中央集權或中央對地方的控制無法嚴屬周密，故封建之法在秦朝以後數度重現（在郡縣之外局部實施），這表示中央與地方的權力關係是中國政治史的一大重點，且中央所推行的文治教化事業並非迅速普及民間而有移風易俗之良效。

11. 《陵川集》〈辨微論〉「異端」：「儒之名立而異端作，儒之實亡而異端盛。」

原為平民之學，獨尊儒術而罷黜百家似為強化統治權威，然戰國以來諸子之說多有受官方重用者，漢武帝之舉固含政治動機或其個人好惡，但儒家的文明性或正當性最高才是其中選的主因12，事實上各家在此之前不乏人君大力引用推行者，卻無一成為長治久安之道，這即表示儒家的正統化其實是因其最富正統性。中國文明的真理觀無超越儒家之說者，而政治乃為庸俗之事，所以儒家受政權擁護而成「官方說法」，這可能證明儒家的現實性甚強，也可能證明中國政治的理想性甚高，然事實上前者為是而後者為非，因為學術思想的理想性絕不可能不及政治，若中國政治本富有崇高的精神，則其所擁護的道統豈可能反而取向低俗。

儒家的正統地位成立使王莽有奪權與復古改制之機，王莽以其儒學涵養贏得聲望，這是史上篡位者最可敬之例，也是儒家政治性傳統中「禪讓」的首例，可見儒家政治化之後不免逐漸腐化或僵化，故大致上愈為晚近的儒門政風愈為不良。王莽新朝是聖人政治的最後嘗試，其失敗乃為必然，因為凡人必以聖人之施政為專斷或迂腐，故新莽多被視為虛偽而愚昧的書生政治。王莽之後中國政權的「家天下」態度成為常法，統治者自私自利而偽善無情乃是常態，儒家的理想政治不僅未能試驗，儒生的功利精神反而大增；中國政治的敗壞雖不能歸咎儒家，但儒者輔政無法變化人心，這顯示儒家的超凡入聖思想必有缺陷，其失實為上帝信仰的薄弱，因此政可設教而教不可立政。儒家畢竟不是宗教，儒家的政治地位不論如何崇高，神權統治從未因此出現，類似西方的政教衝突亦不見於中國歷史，由是可知儒家實無力抵抗朝廷，更遑論改造為政思想。中國假性的神權政治呈現於帝王對佛教或道教的崇奉，然佛教的心態是棄世，而道教是佛教的仿造物，二者的精神本來是反對政治，其享有大權必因統治者支持所致，絕無力由此監督政務，何況接受朝廷保護的佛道人士多無清高正直的淑世熱忱。

12.《陳書》〈沈不害傳〉：「立人建國莫尚於尊儒。」

儒釋道三家皆乏超越性觀念，因其現實性強，故與政治關係親密，於是文化的提升極為困難，反而有墮落的危機，魏晉清談所以為惡即是因其以政治為動向而反應。

儒學為中國道統，其思想止於天人之際，而未深究宇宙始終及神意安排，上帝信仰發展至隋唐已不進反退，儒學的闡揚也陷於困境[13]，然佛教的傳入刺激文化生機，理學的興起便受惠於此。理學與傳統儒學在觀念上其實無異，然於探討領域上則有所拓展，此即心性觀與宇宙論，這對儒家學說的完整性確有促進，但其思想層次實未因此提高。古典儒學是人文主義，其欠缺是超越性問題的探索，宋明理學雖參考佛學而提出補充儒學的論述，但這主要是關於人性與宇宙的理論性說法，其內涵絕無革命性意義，而且上帝觀念不僅未有增進，更從此普受忽略，因為理學的唯心主義與結構化思想使無神觀益為「可信」。佛教在本質上為無神信仰，其旨趣在於解脫人生苦惱，而非追求真理真相，然則佛法可因人而異，蓋各人的資質與情感不同，求知有共通的標準，求樂卻無一定的法則；因為去苦之道不一，而去知是其訣竅，所以禪宗廣受歡迎，這是佛教中國化的必然後果，畢竟中國文化本有強烈的反智暗潮，而排斥外來佛經的簡易辦法，便是主張學道首重感覺而不恃理智。佛教本非深刻的宗教，禪宗更是不學無術，理學所受的佛教影響主要來自其宇宙論式的啟發，這使儒家的真理體系更加完備，然此為形式的充實而已，不意卻令人誤以為其說已達大成（以致元明兩代思想貧乏）[14]，其實新儒學之新為得不償失，所謂「空談誤事」必定由於所論不真，理學之誤正是不信上帝而奢談天道（其心性之說雖浮華不精但不至於混淆是非）[15]。

13.《廿二史劄記》〈漢儒言災異〉：「上古之時，人之視天甚近，迨人事繁興，情偽日起，遂與天日遠一日，此亦勢之無可如何也。」

14.《四存編》〈存學編〉「上徵君孫鍾元先生書」：「近世言學者，心性之外無餘理，靜敬之外無餘功。」

　　中國文明的獨立性極高，這與中國雄據東亞的優勢有關，其外交
觀念淡薄即反映了中國獨特的天下觀，現代中國版圖之廣大則暗示其
所承繼的朝代不是傳統漢人的政權。「中國」本是一個文化概念而不是
一個地理區域，亦即「中國」是「文明的境界」而非政權的領地（《尚
書》與《大學》均有中國之稱），於是中國文明所顯示者富有「東方的
意義」，然不是「反對西方的立場」，因為文明是人類普世而一致的追
求。「中國」的形式性定義是天下的中土，其精神性定義則是文化的上
國16，此所謂「居域中天，為天下式」（《文潞公集》〈德號繼胡頌〉）17，
如此，「蹈仁義者為中宇，肆凶獷者為外夷」（《晉書》〈四夷〉），而「夷
狄之有君，不如諸夏之亡也」（《論語》〈八佾〉），然諸夏「用夷禮則夷
之」，夷狄「進於中國則中國之」18，中國既為文明之意，自絕於中國
即是自甘墮落，而中國的義務是教化遠人，故曰「天下惡乎定？曰定
於一。」（《孟子》〈梁惠王〉上）在理念上，中國人不是一個種族，而是

15.《震川先生集》〈送何氏二子序〉：「漢儒謂之講經，而今世（明代）謂之講
　　道，夫能明於聖人之經，斯道明矣，道亦何容講哉，凡今世之人多紛紛然異
　　說者，皆起於講道也。」

16.《唐律疏議》〈釋文〉「名例」：「中華者中國也，親被王教，自屬中國，衣冠
　　威儀，習俗孝悌，居身禮義，故謂之中華。」《周書》〈異域〉上：「雨露所
　　會、風流所通、九川為紀、五嶽作鎮，此之謂諸夏，生其地者則仁義出焉。」
　　《史記》〈孝武本紀〉：「天下名山八，而三在蠻夷，五在中國。」《法言》〈問
　　道〉：「五政之所加，七賦之所養，中於天地者，為中國。」

17.《徂徠集》〈中國論〉：「夫天處乎上，地處乎下，居天地之中者曰中國。……
　　苟天常亂於上，地理易於下，人道悖於中國，不為中國矣。」《讀通鑑論》〈晉
　　懷帝〉七：「中華之敗類，罪通於天矣。」

18.《韓昌黎集》〈原道〉：「孔子之作春秋也，諸侯用夷禮則夷之，進於中國則
　　中國之。」《水心文集》〈外論〉一：「為國以義、以名、以權。中國不治夷
　　狄，義也；中國為中國、夷狄為夷狄，名也；二者為我用，故其來寇也斯與
　　之戰，其來服也斯與之接，視其所以來而治之者，權也。」

一種民族，此即上進向化之人，古時夷夏之別不是血統問題而是文化問題，而華夏所謂之異族其實包含自處於化外的華夏種姓，同理，異族之所在不限於邊疆而有深入中原者，畢竟人之上達與否不是決定於物質環境；東夷、南蠻、西戎、北狄實非四種不同種族（故蠻夷戎狄常並稱），也非分居四方，而是中國本位主義之下的世界觀論點，因中國是精神性的天下重鎮或君子國度，故華夷雜處通婚無礙於中國的界定與發展，雖然在政治性的中國建立時，文明意義的中國已大失其道。以德服人的效用未必勝於以力服人，然而文明不可能毀滅於蠻人手中，因為文明也能強化武力而蠻人也有良心，史上中國的外患可能推翻漢人政權，但中國文明未曾因此消滅，這不僅是因外族的能力有限，而且是因其意念絕非反對文明，事實上征服中國領土的邊疆異族無不蒙受漢化，此與世上所有的文明古國歷史情境相似 19，故尊王攘夷即使無效，「南夷與北狄交，中國不絕若線。」（《公羊傳》僖公四年）自春秋時代以來，所謂的「霸業」一方面是政治權力的追求，另一方面是文化勢力的推展，然則稱霸者須是有德有能，而實際上其例罕見，故中國統治者大都虛偽矯情，群臣則多歌功頌德，這是中國歷史的原罪，因為自許高貴絕非自視太高，但力有未逮時則難免自我安慰，而這可能是自勉也可能是自欺。

　　中國文明的奠基大業完成於春秋至戰國時期，其定型與推展進行於秦漢兩朝，故約略而言東周與秦漢是中國歷史的古典時代，此後中國文明精神改變微少，傳統文化一脈相傳而外來挑戰對其衝擊甚為薄弱，中國歷史的分期問題眾說紛紜而無定論，即證明中國文明的進化緩慢且變化不大（於是乃有「停滯」之說）。中國歷史的時代性絕不分明，反對古典價值的「中古」階段未曾出現（魏晉隋唐絕非秦漢文明的反動期），「見山不是山」的懷疑批判歷程既然不存，相對於此的「現

---

19. 'Greece, though conquered, took her conqueror captive.' Horace, *Epistles*, II, i, 156.

代」文化便無從產生20，所以中國的「現代化」也成為爭議激烈的課題。縱觀中國三千年歷史自不可能不見變化，為呈現先後之不同乃有所謂「唐宋變革」一說，其實此說是「攔腰截斷」的區分，前後各千餘年的文化風貌在對比之下當然有別，但其轉變絕不可謂為突發，故唐宋變革不是唐宋之際的變化，而是唐宋時代的變化。唐宋變革表現於政治、經濟、社會、文化各層面，這正顯示中國文明的改造並不巨大（唐宋變革的申論者對於文化一節最乏宏辯創見），因為文明乃是上層文化，普及下層文化的變革不可能在上層文化方面有重大的突破或作用，事實上唐宋變革的精神本質一言以蔽之即是「大眾化」，這其實是舉世各國歷史的共同趨勢，它對文明發展顯然是害多於利。從唐宋變革可見，中國政治由貴族專制轉向皇帝獨裁（於是竟有謂人民地位提高），階級門第衰微而平民社會興起（鄉紳成為官民之間的連繫人物），經濟產業逐漸發達而城市隨之繁榮（工商並不超越農業而興隆），文藝通俗化而學術思想自由化（素質平易而類型多元但少新意），這些發展極不利於精神文明的提升，卻是反映了菁英主義的沒落，並且因為中國缺乏超越性信仰而其集體主義強大（例如家族意識濃烈），世俗價值的興盛對於求道者不構成啟示卻造成威脅，故整體而言中國歷史實為（古典）文明盛極而衰的持續呈現，此可謂「傳統中的蛻變」(change within tradition)。晚清以來，中國文明在西方的衝擊之下發生巨變，傳統文化衰頹而西化限於表面，當此之時世界性的大眾化潮流又推翻了東西對立與新舊對抗之局，下層文化成為主流的價值觀，於此中國文明的情勢從徘徊轉為迷失，乃至可能從此淪喪，這雖多少也

20.西方的現代始於文藝復興，至今已有五百年，中國歷史的現代定義不一而時間短暫，這即是因為中國文明缺乏中古性的反省時期，以致現代的開始沒有著落，如此，以時間長短為斷的「近世」、「近代」、「現代」等說各行其道，而其設定常參考西方歷史的演變特質，這顯示中國文明進化遲緩，其文明層次與素質也絕不高深，因為想法一成不變則提升不易。

是西方文明的危機，然若人類文明因大眾文化飛黃騰達而沈淪墮落，這在西方而言是其自身歷史的變遷（自作自受），但在中國而言卻是其自身歷史的消滅（力竭而終）。

近代以來西盛東衰，因此西方人難免自以為是，東方人則普遍崇洋媚外，二者概非可喜，事實上東西世界各有文化發展難關，而其突破有賴普世性的文明省察。然在求知上，西方認為其困境乃是文明的極限使然，而不覺東方有更為高明的解答，故其向東方學習的意念不強；反之，東方為求急起直追而後來居上，乃於了解本土傳統之餘積極學習西方，故在此文明末期時，能對人類歷史完整認識者乃是東方而非西方。由此可知，以文明歷史進化的程度而言，西方勝於東方，但以體認終極真相的機會而論，東方多於西方，因為西方人了解東方的難度更高於東方人了解西方，雖然此說絕不適用於大多數人。中國是極東，其與西方的對比最是強烈，若東方的求道者畢竟較西方人更可能得道，則中國文明必為探索真理者所不可忽視，此事可由中文的獨特性見得其義，因為真理貫通一切，而中文的獨特性即在其中。上古原始文字皆為象形體系，其後文明進化使象形文字不敷所需，為求精確性的增進與深奧觀念的表達，拼音文字成為新主流，於是人們思考的方式出現劇烈的轉變，然其間原有的差異卻因此驟減；如今世上唯一源於象形文字而轉化成功的主要語文即是中文，這使中國文化傳統因文字持久不變而延續長遠且易於研究，由是中國歷史的悠久既有文獻上的意義，又有求知上的價值，對於探索人類文明的旨趣貢獻良多。尤要者，中文是最適於結論人類最高文明觀念的文字，因為其表意文字（ideograph）的性質相對於拼音文字，更富有「彈性」而較能闡述終極性的抽象概念，西方文字則因文法嚴格與字義精準，反而不易呈現「究天人之際」的思想（此乃「聰明反被聰明誤」，因為真理超越理性），例如中文「天人交戰」、「天人合一」、「天」、「道」、「天理」、「求道」等觀點，即非西方文字所有或可以適切表示者，於是可見原

為「籠統」的中文在進一步追究之下，其實是富有細膩意涵與概括作用的論道文字。總之，中國文明與眾不同，這一方面表示中國文明並非最為優越，另一方面表示中國文明具有高度的參考價值，因為文明是求道的歷史，而真理具有普世性，中國文明的特殊性使其無法超越世界標準，然亦使其得以呈現此種標準的缺失（最佳不是至善），畢竟中國文明雖不如西方文明，但又與西方文明一致而有別。

引用書目

1. 《詩經》
2. 《尚書》
3. 《周易》
4. 《周禮》
5. 《儀禮》
6. 《禮記》
7. 《左傳》
8. 《公羊傳》
9. 《穀梁傳》
10. 《孝經》
11. 《爾雅》
12. 《論語》
13. 《孟子》
14. 《大學》
15. 《中庸》
16. 《國語》
17. 《戰國策》
18. 《吳越春秋》
19. 《越絕書》
20. 《楚辭》
21. 《荀子》
22. 《孔子家語》
23. 《孔叢子》
24. 《老子》
25. 《莊子》
26. 《列子》
27. 《文子》
28. 《尹文子》
29. 《亢倉子》
30. 《關尹子》
31. 《鶡冠子》
32. 《子華子》
33. 《管子》
34. 《墨子》
35. 《鬼谷子》
36. 《商君書》
37. 《韓非子》
38. 《慎子》
39. 《晏子春秋》
40. 《呂氏春秋》
41. 《韓詩外傳》
42. 《公孫龍子》
43. 《孫子》
44. 《吳子》
45. 《司馬法》
46. 《尉繚子》
47. 《六韜》
48. 《尸子》
49. 《素書》
50. 《素問》
51. 劉安，《淮南子》
52. 葛洪，《抱朴子》
53. 王通，《文中子》
54. 司馬遷，《史記》
55. 班固，《漢書》
56. 范曄，《後漢書》

57.陳壽，《三國志》

58.房玄齡等，《晉書》

59.沈約，《宋書》

60.蕭子顯，《南齊書》

61.姚思廉，《梁書》

62.姚思廉，《陳書》

63.魏收，《魏書》

64.李百藥，《北齊書》

65.令狐德棻，《周書》

66.魏徵等，《隋書》

67.李延壽，《南史》

68.李延壽，《北史》

69.劉昫等，《舊唐書》

70.歐陽修等，《新唐書》

71.薛居正等，《舊五代史》

72.歐陽修，《新五代史》

73.脫脫等，《宋史》

74.宋濂等，《元史》

75.張廷玉等，《明史》

76.劉知幾，《史通》

77.杜佑，《通典》

78.鄭樵，《通志》

79.馬端臨，《文獻通考》

80.陸賈，《新語》

81.賈誼，《新書》

82.董仲舒，《春秋繁露》

83.司馬相如，《司馬長卿集》

84.桓寬，《鹽鐵論》

85.張衡，《張河間集》

86.劉向，《說苑》

87.劉向，《新序》

88.嚴遵，《道德指歸論》

89.揚雄，《法言》

90.揚雄，《太玄經》

91.戴德，《大戴禮記》

92.桓譚，《桓子新論》

93.王充，《論衡》

94.班固，《白虎通義》

95.崔駰，《崔亭伯集》

96.許慎，《說文解字》

97.馬融，《忠經》

98.王符，《潛夫論》

99.崔寔，《政論》

100.蔡邕，《蔡中郎集》

101.荀悅，《申鑒》

102.應劭，《風俗通義》

103.曹操，《魏武帝集》

104.徐幹，《中論》

105.王粲，《王仲宣集》

106.仲長統，《樂志論》

107.曹丕，《魏文帝集》

108.曹植，《曹子建集》

109.張揖，《廣雅》

110.阮籍，《阮嗣宗集》

111.嵇康，《嵇康集》

112.王弼，《老子注》

113.王弼，《老子指略》

114.張華，《張茂先集》

115.楊泉，《物理論》

116.潘岳，《潘安仁集》

117.左思，《左太冲集》

118.陸機，《陸士衡集》

119.陸雲，《陸士龍集》

120.孫綽，《孫廷尉集》

121.陶潛，《陶淵明集》

122.裴松之，《三國志注》

123.謝靈運，《謝康樂集》

124.劉義慶，《世說新語》

125.鮑照，《鮑明遠集》

126.沈約，《沈休文集》

127.江淹，《江文通集》

128.陶弘景，《真誥》

129.任昉，《任彥升集》

130.劉峻，《劉孝標集》

131.謝朓，《謝宣城集》

132.劉勰，《文心雕龍》

133.蕭統（編），《昭明文選》

134.徐陵，《徐孝穆集》

135.庾信，《庾子山集》

136.劉晝，《新論》

137.顏之推，《顏氏家訓》

138.駱賓王，《駱丞集》

139.王勃，《王子安集》

140.趙蕤，《長短經》

141.陳子昂，《陳拾遺集》

142.張說，《張燕公集》

143.長孫無忌等（編），《唐律疏議》

144.吳兢，《貞觀政要》

145.張九齡，《曲江集》

146.法海（輯），《六祖壇經》

147.王維，《王摩詰集》

148.李白，《李太白文集》

149.杜甫，《杜工部集》

150.李華，《李遐叔文集》

151.陸贄，《陸宣公集》

152.權德輿，《權文公集》

153.韓愈，《韓昌黎集》

154.白居易，《白氏長慶集》

155.劉禹錫，《劉夢得文集》

156.柳宗元，《柳柳州集》

157.李翱，《李文公集》

158.元稹，《元氏長慶集》

159.李德裕，《李文饒集》

160.杜牧，《樊川集》

161.李商隱，《李義山文集》

162.張彥遠，《歷代名畫記》

163.譚峭，《譚子化書》

164.范仲淹，《范文正公集》

165.胡瑗，《洪範口義》

166.宋祁，《宋景文公筆記》

167.李昉等（編），《太平御覽》

168.石介，《徂徠集》

169.文彥博，《文潞公集》

170.歐陽修，《歐陽文忠公集》

171.蘇舜欽，《蘇子美集》

172.李覯，《李泰伯集》

173.蘇洵，《嘉祐集》

174.邵雍，《皇極經世》

175.周敦頤，《周濂溪集》

176.曾鞏，《元豐類稿》

177.劉敞，《公是先生弟子記》

178.司馬光，《資治通鑑》

179.司馬光，《司馬溫公集》

180.張載，《正蒙》

181.張載,《經學理窟》
182.王安石,《王臨川集》
183.劉攽,《彭城集》
184.郭若虛,《圖畫見聞誌》
185.沈括,《夢溪筆談》
186.程顥,《明道先生文集》
187.程頤,《經說》
188.程頤,《伊川先生文集》
189.楊時(編),《粹言》
190.楊時,《龜山集》
191.蘇軾,《蘇文忠公集》
192.蘇轍,《欒城集》
193.陳祥道,《禮書》
194.朱長文,《琴史》
195.朱長文,《墨池編》
196.秦觀,《淮海集》
197.不著撰人,《宣和畫譜》
198.陸游,《渭南文集》
199.洪邁,《容齋隨筆》
200.朱熹,《朱文公文集》
201.朱熹,《朱子語類》
202.朱熹(編),《近思錄》
203.朱熹(編),《二程語錄》
204.張栻,《南軒集》
205.呂祖謙,《東萊博議》
206.陸九淵,《陸象山集》
207.陳亮,《陳同甫集》
208.葉適,《水心文集》
209.陳淳,《北溪字義》
210.真德秀,《西山文集》
211.真德秀,《西山讀書記》

212.岳珂,《寶真齋法書贊》
213.元好問,《遺山集》
214.羅大經,《鶴林玉露》
215.許衡,《魯齋遺書》
216.俞文豹,《吹劍錄》
217.黃震,《黃氏日抄》
218.吳自牧,《夢粱錄》
219.王應麟,《困學紀聞》
220.郝經,《陵川集》
221.文天祥,《文山先生文集》
222.吳澄,《吳文正集》
223.施耐庵,《水滸傳》
224.盛熙明,《法書考》
225.宋濂,《龍門子凝道記》
226.宋濂,《宋學士集》
227.劉基,《郁離子》
228.羅貫中,《三國演義》
229.方孝孺,《遜志齋集》
230.楊士奇,《東里集》
231.薛瑄,《敬軒文集》
232.吳與弼,《康齋集》
233.陳獻章,《陳白沙集》
234.湛若水,《湛甘泉集》
235.湛若水,《格物通》
236.王守仁,《王文成公全書》
237.崔銑,《士翼》
238.吳承恩,《西遊記》
239.錢薇,《海石子》
240.歸有光,《震川先生集》
241.李贄,《焚書》
242.楊掄,《琴譜合璧》

243. 袁了凡,《了凡四訓》

244. 顧憲成,《涇皋藏稿》

245. 高攀龍,《高子遺書》

246. 洪應明,《菜根譚》

247. 劉宗周,《劉子遺書》

248. 劉宗周,《劉蕺山集》

249. 黃宗羲,《明夷待訪錄》

250. 黃宗羲,《明儒學案》

251. 黃宗羲,《宋元學案》

252. 顧炎武,《日知錄》

253. 王夫之,《讀通鑑論》

254. 王夫之,《宋論》

255. 陸隴其,《三魚堂文集》

256. 顏元,《四存編》

257. 閻若璩,《潛邱劄記》

258. 惠棟,《明堂大道錄》

259. 全祖望,《經史問答》

260. 曹雪芹,《紅樓夢》

261. 袁枚,《小倉山房文集》

262. 紀昀,《紀文達公遺集》

263. 戴震,《戴東原集》

264. 趙翼,《陔餘叢考》

265. 趙翼,《廿二史劄記》

266. 章學誠,《文史通義》

267. 崔述,《考信錄》

268. 曾國藩,《曾文正公全集》

索 引

全新 歷史 巨獻

中國斷代史叢書

穿梭古今　遨遊歷史

集合當前頂尖陣容，給您最精采、最詳實的中國歷史

◆ **先秦史** 朱鳳瀚　　　◆ **遼金元史** 張　帆

◆ **秦漢史** 王子今　　　◆ **明　史** 王天有、高壽仙

◆ **魏晉南北朝史** 張鶴泉　◆ **清　史** 郭成康

◆ **隋唐五代史** 王小甫　　◆ **中國近代史** 李喜所、李來容

◆ **宋　史** 游　彪

秦漢史——帝國的成立　　　　　　　　　王子今／著

　　秦漢時代「大一統」政治體制基本形成，「皇帝」從此成為中國的主人，秦始皇、楚漢相爭、漢武帝、王莽代漢的史事，在此輪番上演。在作者精心的串聯下，拼湊出秦漢時代的嶄新面貌。您知道為什麼認真的秦始皇底下會出現暴政？為什麼東漢神童特別多？本書將與您一同體驗歷史。

隋唐五代史——世界帝國‧開明開放　　王小甫／著

　　隋唐王朝，是中國歷史上最璀璨的時代。文治武功鼎盛，「天可汗」的威儀傲視天下。經濟繁榮發達，社會活潑開放，繁華熱鬧的長安展現世界帝國首都的氣勢。這是唐太宗的帝國、李白的世界，出現中國歷史上空前絕後的女皇帝，氣勢恢弘的時代精神、富麗堂皇的藝術風格，為這「世界帝國」下了最佳註腳！

明史——一個多重性格的時代　　王天有、高壽仙／著

　　明代在政治上專制皇權進入前所未有的高峰，經濟上工商業的繁榮也帶動了社會、文化的活躍，但也使新的問題油然而生，成為明朝不得不面對的新挑戰。想知道朱元璋如何一統天下、鄭和為什麼七下西洋，瞧一瞧皇帝身邊最勾心鬥角的宮廷世界、群臣士大夫的力挽狂瀾，見識明代富庶、奢靡的生活情趣，那你千萬不可錯過！

中國近代史——告別帝制　　李喜所、李來容／著

　　鴉片戰爭以來，中國面臨了三千年未有的大變局。一方面是內外交逼，國將不國；另一方面是一代代的中國人投身救國救民的行列。清政府在變局中被動地回應外來的刺激，終於導致了自身的滅亡，宣告持續了兩千多年的皇帝制度從此在中國壽終正寢。儘管新的共和國風雨飄搖，但告別帝制，走向共和，已然是世界潮流，無法逆轉。